リーのあの瞬間へと舞い戻ることがある。時が止まってしまったかのような、そして母がすばやく機転をきかせた、あの瞬間へと。そしてこう自問する。あの瞬間は、何が特別だったのだろうか。もちろん戦争の前だったら、私があんなことを言っても母はトロリーから逃げ出しはしなかっただろう。一体、母はなぜあのときそんなにもおびえていたのだろうか。

長いあいだ抱き続けていた、この漠然とした疑問がはっきりとした形を帯びるようになったのは、私が社会心理学を学び、人間の行動をさまざまな角度から見られるようになってからである。心理学的な観点からみたとき、ヨーロッパのユダヤ人が大量虐殺されるに至った一番の問題は何だったのか。つまり、どういった心理的過程を経て、ドイツとその同盟国の平均的な、そしておそらくは正常な国民たちが、仲間であり国籍も同じユダヤ人に対して想像を絶する残酷な行為を行ったり、それを傍観したりするような人間に変わっていったのだろうか。最終的に六百万人ものユダヤ人が殺されたのである。

スタンレー・ミルグラム、そしてその服従実験について初めて学んだのは私が大学院生のときだった。その研究は、人間が権威に従ってしまうことを明らかにした驚くべきもので、これまでで一番有名な社会心理学の研究となっていた。彼は初めて服従実験を発表した論文の序文で、これを明確にホロコーストの文脈のなかに位置づけている。これは驚くべきことであるとはいえない。まったく正常な人たちが、なぜあれほど簡単に残虐な殺人者に変貌してしまったのかを考える際、その理由は、まずなによりも心理的なものであると考えられるからである。実際、心理学は第二次世界大戦の終結から今日に至るまで、ホロコーストの説明を試みてきた。そしてミルグラムの研究が出版された一九六三年までには、ナチスが行った恐ろしい行為に関する研究がすでにたくさん発表されていた。そのなかで、彼の研究が特筆すべきものとなったのは、実験室における科学的な研究手法を使って、当初は実現不可能であるかに思えた二つの目標を達成したからである。一つは、冷静な分析をするのが難しいテーマに、ある程度の客観性（他の方法と比較しての話だが）を持ち込んだこと。もう一つは、破壊的な服従

序　文

一九四四年の夏、ハンガリー。ナチスはアイヒマンの指揮のもと、ハンガリー同盟の援助を得て、首都ブダペストのユダヤ人をアウシュヴィッツのガス室に強制輸送する作業を進めていた。ブダペストはその中央部を流れるドナウ川によってブダとペストの二つの地域に分けられている。ユダヤ人の検挙が進められていたある日のこと、ユダヤ人の母親と二歳半の男の子が、ペストに住む親戚を訪ねたあとで、最近引っ越したブダのアパートに帰ろうとトロリーバスに乗っていた。この母親は、他の多くのユダヤ人とは異なり、「仕事のために東部に移住させられる」ことが本当は何を意味しているか、についての噂を信じていた。だからこそペストに留まることをやめ、キリスト教徒としての偽の身分証明書を手に入れて、ユダヤ人の少ないブダへ引っ越したのである。トロリーバスはちょうどブダとペストの間に架かる橋を渡るところで、車内にはバスの車輪のたてる音がゴトン、ゴトンとリズミカルに響いていた。そのときである。その男の子が大きな声を出したのだ。「ママ、どうして僕は他のユダヤ人の男の子みたいに帽子を被らないでいいの?」。この声はたくさんいた他の乗客の耳に届き、そのなかにはハンガリーのナチス軍であるニラスの隊員もいた。絶望的な気持ちに襲われながらも、母親はすばやく機転を利かせて息子の方を向き、「ほら、着いたわ。ここで降りなきゃ」と言って彼の手を摑み、トロリーを降りたのだった。二人が下りた場所はちょうど橋の真ん中で、目的地の家まではまだかなりの距離があった。誰にも止められずにバスを降りることができたのは奇跡だった。

その橋にいた子どもが私である。大人に成長していく間にも、時おり私の意識は、間一髪で危機を逃れたトロ

To ANNE

CREDITS

My use of material from the Stanley Milgram Papers, Manuscripts and Archives,Yale University Library, is by permission of Alexandra Milgram, the copyright owner. Also by permission of Alexandra Milgram is use of material from her personal collection. Permission to use material pertaining to Stanley Milgram from Harvard University Archives, given by Daniel L. Schacter, Department of Psychology. Use of Milgram-related holdings at the Archives of the History of American Psychology, University of Akron, by permission of David Baker, Director.

Portions of Chapter 12 first appears in my chapter, "Perpetrator behavior as destructive obedience," in *Understanding genocide: The social psychology of the Holocaust*, edited by Leonard S. Newman and Ralph Erber, copyright by Oxford University Press, Inc. Used by permission of Oxford University Press, Inc. The drawing (Figure 12.1) is used by permission of O. C. Ferrall. The story on pages 348-349 is reproduced from *Lieutenant Birnbaum: A soldier's story* by Meyer Birnbaum with Yonason Rosenblum, with permission from the copyright holder Artscroll/Mesorah Publications, Ltd.

Various passages as well as a table (on page 155) from Stanley Milgram, "Conformity in Norway and France: An experimental study of national characteristics,"Doctoral thesis, Harvard University, 1960, reprinted by permission of Alexandra Milgram, who controls all rights. Dialogue from the film *Obedience* ©1965 Stanley Milgram; ©renewal 1993 Alexandra Milgram. Voice-over from the film *The City and the Self* ©1973 Stanley Milgram and Harry From; ©renewal Alexandra Milgram and Nitza From.

Photo credits are with the photographs in the photo section.

THE MAN WHO SHOCKED THE WORLD:The Life and Legacy of Stanley Milgram

by THOMAS BLASS, PH.D.

First published in the United States by Basic Books,

A Subsidiary of Perseus Books L.L.C.

Japanese translation rights arranged with Basic Books,

A Subsidiary of Perseus Books L.L.C.,Cambridge,Massachusetts

through Tuttle-Mori Agency,Inc.,Tokyo

トーマス・ブラス 著
野島久雄 藍澤美紀 訳

Thomas Blass, Ph.D.
Hisao Nojima, Miki Aizawa

THE MAN WHO SHOCKED THE WORLD THE LIFE AND LEGACY OF STANLEY MILGRAM

服従実験とは何だったのか

スタンレー・ミルグラムの生涯と遺産

がごく日常的な場面においても起こりうることを示したこと。そのため、この実験を知った人は、その実験が示す望ましくない情報を自分とは無関係なものとして切り捨てることが難しくなったのである。

ミルグラムが服従研究を行ったのは、大学院を出てすぐ、准教授のときだった。この一連の研究は、心理学分野において最も生産的で、幅広く、革新的な彼のキャリアの始まりをしっかりと示すものである。ミルグラムは、小さな世界の研究（「六次の隔たり」としても知られている）、放置手紙調査法、そして都市のメンタルマップと幅広い研究を行い続けた。何十年も前に、私はこのミルグラムという科学者の人となりに興味を持ったのだが、それを調べていくうちに、彼の個性がその研究と同様に普通ではないもので、一言では言い表わせないほどさまざまな側面を持っていることがわかってきた。

私はこの二十年間、彼の驚嘆すべき、そして時として人を悩ます研究に取り組んできた。本書はその成果をまとめたものである。私がミルグラムの最も有名な研究である服従研究を特に賞賛するようになったことに、ナチス支配下のハンガリーで苦しんだことが関係しているのは否定できない。しかし、誰もがミルグラムの研究から得るものがあるはずだと信じているからこそ、私はこの本を書いた。ミルグラムの研究は、人間のインタラクションの最も基本的な部分にスポットライトを当て、私たちの生きているまさにこの社会に対する見方を変えてしまう力を持っているのである。

日本版への序文

スタンレー・ミルグラムは、社会心理学を専門とする学者でしたが、普通では考えられないほど幅広く多様な興味を持つ人でもあって、旅先で出会ったさまざまな文化を楽しんでいました。彼は、四十年ほど前の一九六六年と一九六七年に日本に来ています。そして、日本のことを「三日月の形をした魔法の島々」と呼ぶほど好きになったのです。

ミルグラムが初めて来日したのは一九六六年六月のことで、博士課程の学生であったロバート・フレージャーに会うためでした。ミルグラムは、香港、シンガポール、バンコクの華僑が、台湾と北京という二つの中国のそれぞれにどういう態度をとっているかを、自分で生み出した「放置手紙調査法」という手法を使って調べていましたが、フレージャーはその調査を手伝っていたのでした。フレージャーは、日本人の学生の同調行動に関して博士論文のための調査を終えたばかりでしたが、その結果は思いもよらぬ奇妙なものでした。ミルグラムは翌年の夏に再び東京を訪れて、フレージャーの再実験を観察しました。手続きが正しいかどうかを確認したのです。結果は昨年と同様で、奇妙ではあるけれども、妥当なものであったということがわかりました。

ミルグラムは、日本の日常生活のなかに美しさが満ちあふれていることに感銘を受けていました。滞在しているホテルの窓からは庭の滝が見え、買い物に行けば品物は美しく包装される。ミルグラムは、日本の現代の木版画の虜となり、有名な作家の作品を一ダースほど持ちかえって、自宅の壁に飾りました。未亡人であるアレクサンドラ・ミルグラムは今もその家に住んでいます。

このように、ミルグラムと日本にはつながりがあります。この本を読んでいただければ、ミルグラムがあなたに無関係どころではないということをわかっていただけるでしょう。きわめて重要な服従実験の背後にある複雑な人間というものもよくわかるようになることでしょう。また、服従実験ほどは知られていないけれども、彼は他にもすばらしい研究をしています。本書を楽しんで読んでいただきたいと思います。ミルグラムの革新的な研究を手がかりとして、読者の皆さんが自分自身のなかにある社会的な世界の働きについて新しい知見を得ることができたら、これに勝るものはありません。

二〇〇七年三月

メリーランド州ボルチモアにて

トーマス・ブラス博士

謝辞

一九七〇年代の初めに、アメリカ心理学会（ＡＰＡ）のある会議で私はスタンレー・ミルグラムに一度だけ会っている。短い会話を交わしただけだったが、そのことを昨日のことのように覚えている。ミルグラムの書いた本が何冊か机の上に展示されており、彼はその前に立っていた。心理学の教科書で写真を見たことがあったのでミルグラムだとわかり、近づいて自己紹介をしたところ、なんと、私の指導者で論文のアドバイザーをしていたアーロン・ハーシュウィッツのことを知っていた。ミルグラムが服従研究をエール大学で行っていたとき、アーロンはニューヘブン（エール大学の所在地）における、地元の退役軍人病院で博士課程修了者向けの社会心理学プログラムを運営していたのだった。自己紹介のなかで私はハーシュウィッツと関係があることを言った。するとは「ああ、私はアーロン・ハーシュウィッツからたくさんのことを学んだよ」と返したのである。これを聞いて私は驚いた。彼はもうすでにかなりの名声を得ていた。そこでも、千人もの聴衆がいる講堂で講演をしていた。それなのに、今の自分があるのは、世話になった人たち、知性を刺激してくれた人たちのおかげだと認めるだけの謙虚さを持っていた。

本書のためにいろいろ調べていく過程で、彼が示した右のような様子も、複雑で時として不可解な人格のほんの一部に過ぎないということがわかってきた。それも、特に最も彼らしいというものでもなかったのである。

たくさんの人が直接間接に、この不可解な断片をつなぎ合わせる手伝いをしてくれた。何十人もの人たちに助けてもらったが、そのなかでもとりわけお世話になった人の名前を記すことにしたい。

まず、サーシャ・ミルグラムに心から感謝する。一九九三年の春に初めて彼女のアパートで会い、そこで午後二日に渡って、素晴らしい場をもつことができた。サーシャは、スタンレーとともに暮らした生活の細部までも思い出してくれた。それから十年もの間、私は何度か訪問を繰り返し、電話といえば数えきれないほどかけさせてもらったが、サーシャはどんなときにも快く親切に応じてくれ、スタンレーについてのさらなる情報と発見をもたらしてくれた。それだけではない。個人的に保存していた論文や思い出の品を見せてくれた。そういったものがなければ、このスタンレー・ミルグラムの物語は完成しなかっただろう。また、スタンレーの姉弟であるジョエル・ミルグラムとマージョリー・マートンにも深く感謝している。彼らは、特にスタンレーの子ども時代について、きわめて貴重な情報を提供してくれた。ミルグラムの子どもたちであるマーク・ミルグラムとミシェル・マークスには、父親としての様子、そして家族を大切にする男だったという彼の人物像を膨らませる手助けをしてもらった。

エール大学にミルグラムの関連資料があるということを最初に教えてくれたのは、スイスのミルグラム研究家であるフランソア・ロシャだった。ロシャは、私が行き詰まったときにはいつでも常に励ましてくれ、執筆に集中する手助けをしてくれた真の友人だ。ハロルド・タクーシアンはミルグラムの教え子の一人で、他人が目標を達成する手助けをするのを本当に楽しんでいる。一九九三年のアメリカ心理学会の大会で、私がミルグラムについての招待講演をするように取り計らってくれたことに始まり、この十年にわたって手助けしてくれた。また、真剣にこの本を執筆しようと考え始めたとき、当時ランダム・ハウス社の上級編集者だったサミュエル・ヴォーンは、これがやるに値する仕事であるという確信と、それを私ならできるという自信を与えてくれた。これこそがそのときの私に必要だったものなのである。

ダイアン・カプランはエール大学の文書係で、サーシャ・ミルグラムが寄付した九十箱につまった文書類を、手馴れた手つきできちんとしたスタンレー・ミルグラム文書という整理された所蔵品に変えてくれた。数多くのニューヘブンへの調査旅行のときに，彼女が手助けをしてくれたことに感謝している。ハーバード大学文書館の職員のみなさま，オハイオのアクロンにあるアメリカ心理学の歴史文書館（AHAP）にも感謝したい。一九九八～九九年にかけて，私はAHAPが主催する年次賞であるJ・R・カンター・フェローを受賞していたので，AHAPには行きやすくなった。

自分の本拠地に目を向けよう。UMBC図書館の職員，特にマイケル・ロマリーは長年にわたって助けてくれたが，それは非常に貴重なものであった。そしてこの伝記の調査，そして執筆の両方の段階において支援してくれた学部長，カルロ・デクレメンテに心からの感謝の気持ちを表明したい。

幸運なことに，二人の才能のある人間に手助けをしてもらえた。私の代理人であるテレサ・パークと担当編集者のアマンダ・クックである。二人とも私のこの伝記に対しての私の思いを理解してくれ，それを現実のものとする手助けをしてくれた。アマンダは編集者としての厳しい目と熱意を持っていて，この本の編集者としては理想的だった。そして原稿の校正をしなければならなくなったときに，疲れを知らずに手伝ってくれたマイケル・デネニーにも非常に感謝している。

この本の調査にきわめて重要だったのは，ミルグラムの同僚，教え子，そしてそれ以外の多くの人たちが提供してくれた情報と洞察だった。直接会って話した人，電話で会話をした人，そして時には電子メールを通してやり取りした人もいた。もしかしたら記し忘れている人がいるのを恐れるのだが，次の方々に感謝を表明したい。ロバート・エイベルソン，スコット・アームストロング，ジョージ・ベラック，アーサー・エイサ・ベルガー，シドニー・ブラット，ノーマン・ブラッドバーン，ジョセフ・ブロステック，ロジャー・ブラウン，ジェローム・ブルーナー，ロビー・チャフィッツ，ステファン・P・コーヘン，レーン・コン，トム・コトル，ロザモンド・デーナ，フロレンス・デンマーク，アラン・エルムズ，ポール・エレッラ，ケネス・フェイゲンバーム，ロイ・フェルドマン，ヒルリー・フィッシャー，エヴァ・フォーゲルマン，バーナード・フライド，ハリー・フロム、サム・ガートナー、ジョーン・ガーヴァー、デイヴ・グロスマン中佐、ポール・ホランダー、ロンナ・カバツニック、アーウィン・カッツ、ハーブ・ケルマン、ジェームズ・コーン、ニジョール・クディルカ、ハワード・レーヴェンタール、レオン・マン、ブレンダン・マハー、エリナー・マヌッチ、ロバート・マクダナフ、マリー・メルビン、ウィリアム・メノルド、ヘドウィン・ナイマーク、ロバート・パーマー、ロバート・パンザレラ、E・L・パトゥロ、ジェームズ・ペンベーカー、トム・ペティグリュー、シャロン・プレスリー、ソロモン・レッティ、エレノア・ロシャー、ロバート・ローゼンタール、ジョン・ロスマン、エヴァ・サベナ、ジョン・サビニ、アン・サルツマン、ジョン・シャファー、ヴィンセント・シェルマン、レオナルド・シガー、マウリー・シルバー、チャス・スミス、ソール・スタインバーグ、フィル・ストーン、ハンス・トッホ、ジュディス・ウォーターズ、アーサー・ウェインバーガー、ラビ・アビ・ウェイス、ウォルター・ウェイス、ハーブ・ヴィーナー、デイビッド・ウィンター、エド・ジグラー、そしてフィリップ・ジンバルドへ。

最後になってしまったが重要なことを一つ。妻・アンの手助けに感謝の気持ちを表明したい。配偶者に感謝を表明するのは、ほとんど決まり文句だが、この本はアンの文字通りの意味での忠実で献身的な手助けがなければ始まらなかったのである。ミルグラムの人生と研究についての興味を伝記という形にしてみてはと最初に提案してくれたのは彼女だった。そして、優しく、しかし、しつこいほどせっつかれて、ついに私はこのプロジェクトにとりかかることにしたのだった。そして精神的にも物質的にもたゆまぬ励ましと援助を与えてくれた。このなかには彼女が昼には自分の仕事と子どもたちの世話をしたうえに、昼間だろうが、夜だろうが、どんなときでもワープロを手伝ってくれたことも含まれる。このおかげで、とても大変な仕事がだいぶ助かったのである。

目次

プロローグ

権威ある人間からの合法的な命令であると思いさえすれば、それがどんな命令であっても、良心の呵責に苦しむこともなく、非常に多くの人が、言われたとおりに行動をしてしまう……。私たちの研究の結果から得られる教訓は、次のようなものである。ごく普通に仕事をしている、ごく普通の人間が、特に他人に対して敵意を持っているわけでもないのに、破壊的な行為をする人たちの手先になってしまうことがあり得るのである。

スタンレー・ミルグラム、一九七四年

1

スタンレー・ミルグラムが衝撃的な形で一般の人びとの注目を集めるようになったのは一九六三年の秋のことである。彼は、後に「服従実験」として知られるようになった実験を、エール大学の彼の心理学実験室で行った。この実験によって明らかになった驚くべき事実をこのとき、アメリカ中の新聞が報道したのである。ミルグラムが見出したのは、コネチカット州ニューヘブンに住む平均的なごく普通の住民が、何も悪いことをしていない人に対して、人体に有害な可能性がある非常に痛い電気ショックを与えることがあるという事実だった。学習における罰の効果を調べるための研究に協力するため、被験者は、ある心理学実験に教師役で参加した。そして、教師役の被験者は、もう一人の学習者役の被験者が単語の暗記テストに間違えるたびに、学習者に電気ショックを与えるように実験者から命じられたのである。それも、学習者が間違えるたびに電気ショックの強さを十五ボルトから始まって、四百五十ボルトまで十五ボルトずつ増やしていかなくてはならないと命じられたのである。結果として明らかになったのは、六五パーセントの被験者が、単に「実験者が命令した」というだけの理由で、実験者の命令に最後まで従ったということであった。

このびっくりするような実験は、今現在に至るまで心理学の歴史のなかで重要なものとして、議論を巻き起こし続けている。なぜならば、人は権威のある人物に命じられれば、力で強制されなくても破壊的な行動をしてしまうことがあること、そして、悪意もなく異常でもない人が、非道徳的で非人間的な行為を行うことがあり得ると言うことが明らかになったからである。さらにいえば、ミルグラムの実験は、社会的な圧力があるときには人はそれに素直に従ってしまうのだということを私たちに改めて気づかせ、個人の道徳性について私たちが思っていたことを根本から揺るがせてしまった。道徳的なジレンマに直面したとき、普通は、人は良心に従って行動すると考える。しかし、権力が社会的な圧力を加えているような状況では、私たちが持っている道徳概念などはたやすく踏みにじられてしまうということをミルグラムの実験は劇的な形で示したのである。

※　※　※

社会心理学は、人の思考や感情や行動が他者によって直接的・間接的にどのような影響を受けるかを研究する心理学の一分野である。人の日常生活のほとんどは、他の人と影響しあいながら成り立っているので、社会心理学は、第一印象、魅力、敵意、集団圧力、援助行動などのごく普通の日常生活の幅広い行動を対象としている。

この分野には長い過去がある。人が他者の行動を理解し予測しようと思ったときから始まったと言える。古代の書物には、社会的な行動に関して人が蓄えてきたさまざまな洞察のなかでも、時の試練に耐えたものがたくさんある。たとえば、数千年前に書かれたユダヤの学問の枠を示す『タルムード』という書物には、「入れ物ではなく、重要なのはその中身」という箴言がある。(1) こんなことを言わなければならないというのも、人が説得されるかどうかは、議論自体の内容によるのではなく、説得する人の魅力や人種、性別などに影響されるという現代の実験的な研究においてなんども繰り返し立証されてきた事実があるからである。

社会心理学の起源は古いが、実験科学としての社会心理学の歴史は新しく、たかだか百年程度のものに過ぎない。社会心理学における最初の実験は、ノーマン・トリプレットという心理学者によってなされたとされていて、その論文は、一八九七年の『アメリカン・ジャーナル・オブ・サイコロジー』に掲載されている。(2) トリプレットは、人が釣り竿のリールを回すという作業をするときには、一人でするときよりも、他の人と競争するときの方がもっと早いということを実験によって示して見せた。

スタンレー・ミルグラムは、アメリカの社会心理学が、第二次世界大戦直後から隆盛を極め始めたときに、心理学の専門家としての仕事を開始した。戦後の社会心理学者たちは、社会的な行動に関する新たな洞察を見出すための理論と方法を生み出すことに関して、限りない自信に満ちあふれていたのである。

一九六〇年代初頭において社会心理学がポジティブな自己イメージを持っていた原因は二つあった。まず第一に、多くの社会心理学者は、第二次世界大戦中に、自分たちの持っている技術が、士気、宣伝、調査、態度や行動の変容プログラムなどにおいて非常に役に立ったということを知ったのである。(3) たとえば、限られた貴重な食料を節約するために、栄養はあるが人気のない食べ物を人びとが食べるように食生活を変える試みを行ったりした。さらに重要なのは、第二次世界大戦が始まる前にナチスドイツから亡命してきたクルト・レヴィンの影響である。一般的には、レヴィンこそが実験社会心理学の父であるといわれている。

二十世紀前半のほとんどの間、アメリカのアカデミックな心理学は、ジョンズ・ホプキンス大学の心理学者であったジョン・ワトソンが提唱した行動主義に支配されていた。ワトソンは、行動に関する客観的で実験的な科学を生み出そうとしたのである。(4) 心のなかの経験を研究する試みをエセ科学として退ける一方で、彼は一九一三年の『サイコロジカル・レビュー』に投稿した論文で、行動主義を提唱した。後に「行動主義宣言」と呼ばれることになるこの論文は、次のように始まる……。

行動主義者の視点からすれば、心理学は真に客観的で実験的な自然科学の一分野である。……内観は全く心理学の手法ではありえないし、意識による恣意的な解釈に依存してしまうということを考えれば、内観から得られるデータにはなんの科学的な価値もない。

実験心理学は、一八七九年に世界で初めてライプツィヒ大学に心理学研究室を開設したウイルヘルム・ヴントにさかのぼることができるが、このワトソンの行動主義宣言は、その実験心理学が何を目指していて、どのような手法を使うかについて、一般的に広く受け入れられてきた考え方に対する攻撃だった。ヴントにとっては、心理学の実験とは、心、すなわち意識の中身を内観という手法によって研究することであった。内観心理学者になるためには、集中した訓練が必要であったが、そこで得られた技術は信頼できるものではなく、同じ手法を使ったとしても異なる研究所の異なる心理学者がやれば結果が異なっていたのである。

ワトソンの批判は、内観主義心理学に内在する問題点の指摘という点では適切なものであったが、少し言い過ぎであって、主観的な経験というものを科学的探求の枠外に追い出してしまった。ワトソンの行動主義の後継者のなかで最も重要なのは、B・F・スキナーである。スキナーのラジカルな行動主義の中心概念は強化である。スキナーの考えによれば、刺激に対する反応としての行動に引き続いて、報酬としての強化があれば、刺激と反応の間につながりができる。たとえば、赤い円盤をつつくと下の皿に餌がでてくる（強化）が、緑の円盤をつついても餌は出てこないということをかごの中のハトが見出せば、そのハトは、赤い円盤を繰り返しつつくが緑の円盤は無視することを学ぶ（ここでは、赤い円盤が「刺激」、つつく行為が「反応」、餌が出てくるのが「強化」である）。

行動主義は二十世紀前半のアメリカ心理学を支配したが、その一分野である社会心理学も例外ではなかった。社会心理学を正規の授業に取り入れた最初のテキストであるフロイド・オルポートの『社会心理学』は、一九二四年に発行されたが、行動主義の影響の下にあった。[5] そこでは、社会的行動場面における学習と条件づけの役割が重視されていた。

行動主義者にとってみれば、社会的行動のなかにとりたてて「社会的」なものがあるわけではないのである。社会心理学は、他の人のことを刺激の一つである社会的な刺激と呼ぶ点だけが違う個人の心理学であり、物理的な刺激と同じように学習された反応を引き起こすだけのものであった。その立場に立つジョン・ダシールは、一九一四年から三四年までの間の社会心理学の研究を一九三五年にレビューして、「とりわけ留意しておかねばならないのは、人がその仲間に対するときの客観的な刺激-反応の関係については、社会的な状況でない場面のそれと異なるものはなく、そこには新たな概念も新たな原理も必要ではない」と述べている。[6] この章では、他者が存在するか否かという要因が、何らかの機械的な課題、言語課題、パズルなどを行うときの人の成績に影響するかどうかを調べる実験がレビューされていた。これらの実験は、比較的単純で、つまらないものが多く、現実場面における社会的なインタラクションの豊かさや複雑さをとらえそこなっているものが多かった。

クルト・レヴィンと彼の学生たちのおかげで、実験的な方法を社会的に意味のある行動に応用することができるようになった。彼らによって、社会心理学の分野における強化理論の支配に幕がおりることになったのである。

レヴィンはユダヤ人の心理学者で、一九三三年にドイツからアメリカに移住した。一九三三年にヒトラーがドイツの首相になった後、ユダヤ人を縛るさまざまな法律が作られるようになった。[7] レヴィンは、ユダヤ人はいずれナチスドイツにはいられなくなるだろうと予測し、ナチスからの辞職命令が出される前に、ベルリン大学の教授職を辞し、ドイツを出国していたのである。コーネル大学で二年間教授を勤めた後、アイオワ大学に職を得て、一九三五年から九年間勤務した。

レヴィンはベルリン大学で終身在職権を持っていたときからすでに、理論と実験の両方における革新者として受け止められていて、彼のもとには、アメリカを含む海外からの学生が集まってきていた。アイオワ大学に移ってからは、新たに一群の学生が彼のもとで学ぶようになり、そのなかから、後の社会心理学の分野における優れた学者が輩出している。ベルリン大学にいるときのレヴィンの研究は、動機づけ、記憶、人格心理学、児童心理学などに関するものであった。アイオワ大学では、彼の興味は社会心理学に変わった。この変化は、一九三九年に最初の報告がなされたリーダーシップスタイルに関する一連の実験に見て取ることができる。この実験について、社会心理学の分野のある歴史家は、「手法の大胆さという点で新境地を開いたもの(8)」であると述べている。レヴィンは、亡命者としてドイツとアメリカの社会的な雰囲気の違いを体験しているので、異なったリーダーシップのスタイルが、ごく普通の人びとに大きな影響を及ぼすことにきわめて敏感になっていた。彼は、学生だったロナルド・リピットとラルフ・K・ホワイトと一緒に、自由主義型、権威主義型、自由放任型という異なる三つのリーダーシップの効果を明らかにするための実験を行った(9)。

この三人の研究者たちは、十一歳の少年たちが週に一度集まって仮面を作るなどのいろいろな活動をするクラブを作った。そして、このクラブを指導する大人が、この三つのタイプのリーダーシップを演じたのである。権威主義型のリーダーは、子どもたちの意見を聞くことなく一方的に物事を取り決めた。このリーダーは、子どもたちからは距離を保ち、褒めたり批判したりはしたが、理由は述べなかった。民主主義型のリーダーのもとでは、リーダーとクラブメンバーが一緒に意思決定をした。リーダーはいつでも友好的で、子どもたちを励まし指導した。評価するときには、かならず理由を述べた。自由放任型のリーダーは、積極的な指導は何もしなかった。友好的ではあったが、子どもたちが求めない限り、特に積極的に情報を提供することはなかった。指導者は、クラブの間を巡回していたので、どのクラブもこの三つの種類のリーダーシップを体験した。子どもたちの行動は、この間ずっとシステマティックに観察されていた。その結果としてレヴィンの研究チームが明らかにしたのは、作業の生産性については、民主主義的なリーダーのグループと権威主義的なリーダーのグループがほぼ同じで、自由放任型のグループを上回るということと、民主主義的なグループのリーダーが最も好まれるとともに、権威主義的なリーダーの元ではメンバーの攻撃性が高まるということであった。

レヴィンが発見した基本的で重要な概念のいくつかのものは、現代の社会心理学の中心的な要素となったが、それは、レヴィンの学生たちやレヴィン自身の熱心な活動が他の人たちに影響を与えたためである。基本的な概念の第一のものは、たとえばリーダーシップのスタイルというような一見したところ目に見える形にするのが難しそうな社会的インタラクションでさえも形にすることができ、したがって、その効果を実験室内で検討することができるということがある。第二に、何が社会的に重要かということに関しても、実験的手法を介して明らかにできるということである。レヴィンの学生のなかでも最も重要な社会心理学者であるレオン・フェスティンガーは、一九五七年に認知的不協和の理論を提唱した[10]。これは、人が二つの食い違う信念を同時に持つと、飢えや渇きと同様な不快な状態に陥る。そのため、人はその状態から解放されようとするという考えに基づく理論である。フェスティンガーと彼の学生たちは、きわめてインパクトの大きい実験室実験を行って、この理論から生まれる仮説を検証した。ミルグラムたちの世代の社会心理学者は、彼らの影響を受けて、社会心理学でどんなことでも明らかにできるという可能性と実験的操作というものがいかに強力であるかを体得していったのである[11]。

レヴィンのもたらした第三の考え方は、現在の社会心理学の基本的な理論的立脚点となる状況主義につながるものである。レヴィンによれば、行動は、彼が「生活空間」と呼んだものの関数である[12]。この生活空間は、ある具体的な場面、「今、ここ」における個人に働く可能性のある力すべてからできあがっている。社会心理学者のなかでも重要な理論家であり実験家でもあるE・E・ジョーンズは、ある場面における状況的決定因というものをレヴィンが「生活空間」という概念を用いて強調したことには重要な意味があると述べている。

［レヴィンは］人のことを心理的空間のなかに存在する一つの点であると考えていた。そして、この点は、その空間に働いている力の場によってある方向にしか動けないのである。……長い発達の歴史を経て人が作りあげられるという考え方に立てば、同じ場面に直面したとしても、個々人がそれに対してそれぞれ異なるユニークなやり方や目立つ点を強調することになるだろう。その一方で、環境のなかの力がぶつかり合ったところの点として人をとらえる立場に立てば、その同じ場所に立つ他の人にも同じものが知覚され、相互に関係する行為が生まれるだろうということが強調されることになる。実験をすることによって、そのような共通する行為のパターンを特定できるかどうかを知りたいのである。(13)

ミルグラムは状況主義者で、身の回りの状況がその人の行動に強い影響を与えると固く信じていた点では、他の多くの心理学者と同じだった。しかし、ミルグラムを二十世紀における偉大な社会心理学者にするとともに、その研究を独創的なものとしたのは、目に見える状況の力だけでなく、誰も予期していなかった状況のなかから目に見えない特徴を取り出して見せたところにある。ミルグラムの実験と著作にみられる統一的なテーマは、状況のなかにあるけれども言葉に出しては語られない社会的なルールや規範のような、ふれることのできないものが、一般に考えられているよりも強い影響を人の行動に及ぼしているということであった。本書では、ミルグラムがこれらの目に見えず言葉でも語られない規範をどのように実験のなかで目に見えるようにしていったかについて示していきたい。そのなかには、ニューヨークの地下鉄のなかで若い男が高齢の乗客に席を譲るように頼む実験から、募金箱からお金を盗み出すかどうかが、似たような行為をテレビで見た後でどう変わるかを特別のテレビ番組を作って研究することまでもが含まれている。彼は、放置手紙調査法という手法や、スモールワールド実験のような目新しく、楽しい実験手法を生み出した。そして、社会のなかで見えなかったルールや規範を明らかにするだけでなく、私たちが持っている直観は、自分自身や他の人の行為を予測するためにはあまり信頼に足るものではないということを私たちがびっくりするようなかたちであらわにしたのである。

ミルグラムは、複雑な人間で、性格や行動にはいくぶん謎めいたところがあった。そのため、周りの人が彼に対して示す態度は、好意から軽蔑まで振幅が大きかった。しかしながら、私たちの興味をひくのは、ミルグラムを同世代の科学者から一段と抜きんでたものとした彼の持つ特徴である。それは、彼が旺盛な好奇心を持っていたことと、その好奇心を満足させるだけの創造性を持っていたということである。

ミルグラムは、その好奇心の赴くままに、社会心理学の範囲を大きく超えて、都市のメンタルマップや「親しい他人」のような未知の領域を探検するようになった。そしてその結果、滅多にはありえないようなこと、すなわち、時と場所を超越した行動の普遍性を二つも見出したのである。その一つは、人が権威にきわめて簡単に服従してしまうこと、もう一つは、巨大なネットワークのなかの点を非常に効率よく結びつける「六次の隔たり」の存在である。

限りない好奇心のせいで、ミルグラムは科学的に許されるぎりぎりのところまで行ったし、リスクも犯した。これはとりわけ、服従実験という前代未聞で論議を巻き起こした研究に関して当てはまる。本書に示したように、これらの実験は単に学問の壁を飛び越えて、法律やビジネス倫理や医療といった幅広い領域で議論されるだけでなく、ドラマ的な想像力もかき立てて、映画や演劇にまでされている。ミルグラムの著作のあれやこれやをいろいろ引用した驚くほど多彩な文章を見れば、彼の仕事がどれだけ現代生活に影響を及ぼしたかがわかるだろう。

本書は、スタンレー・ミルグラムの物語であり、彼の人生、彼が作り出した独自の科学、そして一般の人びとの生活に対して及ぼした広範囲にわたるインパクトについての本である。

第1章
名前のない街で

スタンレー・ミルグラムは、一九三三年八月十五日に、東ヨーロッパからのユダヤ人の移民である父サミュエルと母アデルの間に生まれた(1)。二人が出会ったのは、アメリカに来てからで、一九三一年二月に結婚した。彼らに前後してアメリカに渡った何千人のユダヤ人と同様に、彼らの家族たちも、理想の地、チャンスに満ちた場所というアメリカのイメージに惹かれてわたってきたに違いない。熟練したパンとケーキの職人であるサミュエルは、第一次世界大戦後の一九二一年にハンガリーから移民としてきた。そして、その数年あと、ドイツで修行をするために数年間ヨーロッパに戻っている。スタンレーは、父親のことを思い出して、「きわめてたくましく、パン生地を何年にもわたってこね続けた両腕は骨太で、顔にはユダヤ的な温かさと生まれた地マジャールをしのばせる高いほお骨が同居していた」と述べている(2)。身長は五フィート八インチ（百七十センチあまり）で、スタンレーは、父親はユーゴスラビアのチトー元帥に少し似ていると思っていた。母のアデルは、一九〇八年にルーマニアで生まれ、五歳のときに母親とアメリカにやってきた。アデルは小柄で背が低く、やさしかった。朗らかな性格で、何にでもすぐ笑った。アデルは誰からも好かれるおばさんで、何かトラブルが発生したときには誰もが仲裁を求める家のなかの賢者だった。

サミュエルとアデルは頻繁に引っ越した。大恐慌のころのことで、大家たちは競って、居住者を引きつけ、また出て行かないようにするためにいろいろサービスをしていたのである。ガス代や電気代を無料にしたり、家賃を一月分割り引くなど、居住者にとって魅力となるようなさまざまな「割引」がついていた。その割引のおかげで居住者はだいぶお金を節約することができたし、契約が切れても、さらによい条件を申し出てくれる大家を別に見つけることができた。ミルグラム一家も他の家族と同様で、何年かおきに荷物をまとめては、ときにはほんの一、二ブロック先のところに引っ越したりしていた。

スタンレーが生まれたとき、一家は南ブロンクスの一角、ボイントン通り千九百二十番地にある小さなアパートで暮らしていた。西側はブロンクス川で、川が東側にカーブを始めるところで、南側はブルックナー大通りだった。一九二五年になっても、この地域には農地がいくらか残っていた。ブロンクスのこの一帯には、まだ名前がつけられていなかったが、このあたりの人たちの間にはしっかりとした近所意識があった。通りは人びとのエネルギーとやる気で満ちあふれていて、みんなが生活をよくしようとしていた。

後年、スタンレーは次のように述べている。

そのあたりはいつも人びとの活気に満ちていて、プリント模様の木綿の服にエプロンをつけた、太って生き生きした女性たちが、アパートの前で椅子に座ってひなたぼっこをしていたり、黙って編み物に集中したり、乳母車を揺らしながら噂話をしていたりした。たくさんの子どもたちがあたりを走り回っていた。いつも母親は窓を開けて「シー……モア」とか「アー……ヴィング」というようにまるで歌を歌うように名前を長く引き延ばして叫んでいた。これが母の呼び声だった。いろいろなところからの移民がいたが、どこから来たともしれぬ新参者というわけではなく、多くは東ヨーロッパからのユダヤ人だった。彼らの多くは小さな商店で働いているか、自分の店を持っているかのどちらかだった。事務員や、秘書や、学校の先生も何人か住んでいて、そのおかげでこのあたりの格式が高められていた……。ここに住んでいるパン職人や、印刷工や、事務員や、専業主婦は大きな望みを持って頑張っていた。それは、自分自身のためというばかりではない。今そこの通りで野球をやっている子どもたち、近所のキャンディー屋が世界の果てだと思っている子どもたちのためでもあったのだ。(3)

スタンレーはサムとアデルの二人目の子だった。(4) 姉のマージョリーは一年半前に生まれていた。スタンレーは亡くなった祖母の名前、ヘブライ語で喜びという意味のシムチャという言葉からつけられた。しかし、この喜びという感覚こそ、姉のマージョリーが失ってしまったもののようだった。というのは、彼女は、両親の気を引くためにこの赤ん坊と競わなくてはならないことを感じており、「そんな子は、ゴミ焼き場に捨てちゃえ」などと言ったりした。そして、いつでもスタンレーのベビーベッドに物を投げ入れたりしたので、母はついたてで赤ん坊を守らなくてはならなかった。姉はいつも赤ん坊を叩いては怒られていた。

年下の弟、ジョエルが五年後に生まれた。ジョエルについてのスタンレーの最初の思い出は、ボイントン通りのアパートの玄関に置いてあった大理石の上がり段に姉と一緒に腰掛け、新しい赤ん坊についてあれこれ想像していたということだった。「ママが赤ちゃんを産むために病院へ行ったことを知っていた。マージーは赤ちゃんは女の子だと言った。私は弟が欲しかった。私たちは言い争ったが、私たちでどうこうできることではないことは知っていた。どっちになるかを決めるのは病院なのだ」。(5)

ジョエルは大きくなると、兄のいたずらの共犯者になった。(6) それは、彼らが十代になっても続いた。彼らはこのいたずらを一緒に楽しんだだけでなく、そのおかげで、生涯にわたる兄弟の絆をしっかりと深めていったのだ。

こんな出来事があった。スタンレーたちは、ウェックス（ウェクセルバウムの愛称）にテレパシーが出来ると信じさせてみようとしたのだ。それを証明するために、スタンレーはウェックスを自分の部屋に連れて来た。そして、彼に、自分はある数字を思い浮かべているが、その数字はもうすでに紙に書いて、ベッドの下にある鍵のかかる箱のなかに入れてあるんだと言った。ウェックスはスタンレーの心を読み、その数字を何なのか言ったのである。実際には、ウェックスが数を言った後、ベッドの下に隠れていたジョエルがすばやくその数字を紙に書き、鍵のかかる箱にその紙を滑り込ませていたのである。

こんなこともあった。スタンレーとジョエルはリビングルームの床でふざけて取っ組み合いをしていた。その部屋の家具のなかに装飾付きのフランス製のコーヒーテーブルがあってカーブしたバロック様式の脚が四本ついていた。その真ん中はへこんでいて、直径三十インチ（七十五センチ）ほどの透明な丸いガラスで覆われていた。彼らはそのコーヒーテーブルにぶつかり、ガラスを壊してしまった。この失敗を両親から隠そうとして、こわれたガラスの部分をセロハンでしっかり覆った。何週間かは露見しなかったが、ある日、客がやってきて、カップと受け皿をテーブルに置いたところ、すぐ下に沈んでいってしまったのである。

名前のない街に住む子どもたちにとっての生活の中心は、ワード通りにあるＰＳ七七という地元の小学校だった。(7)その正面玄関の両脇には二本の白い柱があった。荘厳な柱のおかげで、建物のなかに入ろうとする人は、非常に重要なことが中で行われているということをあらためて認識するのだった。建物の重々しさをさらに増していたのは、服装規定であった。(8)男の子は白いシャツにネクタイを付けなければならなかった。三年生までは赤いネクタイで、それ以降はブルーのネクタイになる。女の子についても同様の「制服」があり、ある形の白いブラウスと、赤い（後に青）飾り帯（サッシュ）か蝶ネクタイかリボンを首のまわりに巻かなければならなかったのである。この制服は、単純ではあるが、皆を社会的に、そして経済的に平等にするための役割を担っていた。校長先生はこの制服のおかげで、すべての子どもたちが平等と感じていると信じていた。母のアデルは、毎日子どもたちが何を着るかを決めたり、いろいろ着せ替えさせたりする手間がなくなるので、この服装の決まりを非常に喜んでいた。学校と歩道の間にはきれいな花畑があった。あるとき、アデルはスタンレーに、子どもはチューリップから生まれるのだと言った。(9) その後、彼は小さな生命があるんじゃないかと思って、学校の花畑に咲いていたチューリップを何度となく観察したものだった。

スタンレーの賢さが、家族以外にも明らかになったのはPS七七でのことだった。(10) 幼稚園に通っていたころのこと、母親が夜に姉の宿題を手伝うときには、彼もよく母親の隣にいた。ある夕方の宿題は、エイブラハム・リンカーンについての議論だった。次の日、スタンレーの幼稚園の先生が、クラスのみんなにこの偉大なる大統領について知っていることがあるかどうかを聞いてみたところ、小さなスタンレーは手を上げ、昨晩母親から小耳にはさんだことを繰り返して語った。その先生は非常に驚いて、校長先生に連れ歩いてもらって、スタンレーはあちらの教室からこちらの教室まで、リンカーン大統領についての話を語ったのである。

実際、小学校の先生たちはスタンレーのことを非常に頭が良い生徒として記憶していた。ジョエルは、大人になってからは兄の偉業を誇りに思ったけれど、子ども時代はそうではなかった。(11) スタンレーの成績が飛びぬけて良かったため、特に悪いわけでもないジョエルの成績が悪く見えてしまったからである。ジョエルの三年生のときの担任であったスティラー先生は、五年前スタンレーが三年生だったときの担任でもあった。ジョエルがテストで悪い点を取ったときには、彼女はがっかりした様子でそれを返しながら、お兄さんがどれほど成績が良かったかを言って聞かせたのである。

近所の少年たちの大半は暇な時間は校庭や道路で野球をして過ごした。スタンレーはスポーツがあまり得意ではなかったので、あまり参加しなかった。その代わりに、科学に対する興味がどんどん膨らんでいった。年上のいとこがスタンレーに化学の実験セットをくれたので、時間があると彼はいつでもそれをいじっていた。時どき彼は友達と一緒に実験をした。そのなかの一つが、ブロンクス川にナトリウムが入ったフラスコを沈めるというものだった。その「ナトリウム爆弾」が破裂したときに現場に駆けつけたのは、消防自動車と子どもを心配した母親たちであった。(12) 彼は常に実験をしていた。かつてインタビューに答えて、「呼吸をするのと同じくらい自然なことだった。私はいろいろなものがどのように動いているのかを知りたかったんだ」[13]と語っている。
スタンレーが子どもだったころに経験したことで、特筆すべきことが二つある。[14]その後の彼の専門家としての人生を支配することになることの最初の現れとなるものである。最初のものは集団の力に関するもので、スタンレー自身の言葉によれば、次のようなことだった。

ある夏の日、子どもが車にはねられるという事故が起こった。近所の人間はボイントン通りを一方通行にするように要求した。抗議する人たちは、殴り書きで書いた即席のプラカードを掲げながら歩道に集まった。みんなは「座り込みだ、ストライキだ！」と唱え始めた。牛乳の箱を積み上げたバリケードが道を塞ぐように作られ、人びとはその牛乳の箱に座り、車が通れないように邪魔をした。
警察が到着した。警官といくらかのやりとりがあった後、この事件は終わった……。私は、もしももっと上品な地域だったとしたら、こんなことは起こらなかっただろうと考えた。しかしこれが一九三〇年代のブロンクスだったのだ。お人好しばかりが住む街ではなかった。そうして、私たちは一方通行の道路を勝ち取ったのである。

もう一つの出来事はスタンレーが四歳か五歳のときのことである。近所に住んでいた一歳半年上の彼のいとこ、スタンレー・ノートンが遊びに来た（二人は同じ祖母にちなんでスタンレーと名前を付けられていた）。彼らはベッドルームの二つのベッドの間の床の上で、遊んでいた。ミルグラムによれば「ベッドの柱から柱までベルトを伸ばして、その距離を〈測定しよう〉と決めた。ベルトがはずれて、ベルトの穴に突き刺す鋭い針の部分がいとこのスタンレーの頭を直撃し、そのせいで少し血が出た。彼は泣きだし、台所で母親と話していたマリーおばさん（いとこの母親）の元へ駆け寄っていった」。

大声で母親に叱られ、ミルグラムも泣き出した。たとえそれが事故であって、いとこを傷つけるつもりはなかったとしても、彼は自分が悪いことをしたと思ってつらかった。「もちろん、怒られるのはつらいことだ。しかし、これで私はいったい何を学んだのだろうか。その後何年もしてから、私は再び、他の人に危険が及ぶかどうかを考えずに何かを測定しようとして批判の対象になったのではなかったか」。

サミュエル・ミルグラムは子煩悩な父親だった。(15) 彼にとって、子どもたちは世界で最も賢く美しい子どもであった。彼は子どもたちをいつも自分の「宝物」だと言っていた。マージョリーはハンガリーのお姫様だった。そして、国旗への忠誠の誓いとマザーグースの詩を暗誦することができる四歳の息子、スタンレーをしばしば自慢した。スタンレーは自分自身のアイデンティティを強く父親に結びつけ、崇拝しさえした。

六十センチの背の高さから物を見る子どもにとってみれば、どの父親も大きく強いものとして見えるのが当然だが、サムはとりわけたくましかった。……アパートの絨毯の上で寝そべっている父親の胸に飛び込んだり、膝を滑り降りたりすることがどれほど楽しかったことか。……後になって、私も自分の子どもをもつようになってわかった。日曜の朝、私がベッドで寝ていると、彼らはベッドに飛び込んできて、私の膝の上でバランスを取ったり、足を土台としてその上でちょっとしたサーカスを繰り広げたりする。そして、おどけたしぐさをしてはくすくす笑うのだ。そのとき私は父を思い、父の心地よい胸に飛び込むことがどれだけ至福の時だったかを思うのである。

誰もがスタンレーは父親に似ていると言った。そのことは、スタンレーにとっては非常に誇らしいことだった。のちに、スタンレー夫人は次のように語っている。

彼の外見はお父さんそっくりでした。……鼻の先のところが平らになっていたんですよ。もちろん、初めて会ったときにはそんなことは言いませんでしたけど。でも、お父さんの写真を見たときに、なんてそっくりなんだろうと思いました。だからこういうこともあったんでしょう。というのは、スタンレーが小さなころに、お父さん側の親戚がヨーロッパから渡ってきて、その家を探していたんだそうです。そのとき、彼が公園で遊んでいるのを見つけて、すぐにサムの息子だとわかったのだそうです。(16)

子どものころの思い出のなかでスタンレーが最も好んで生き生きと語った思い出は、ウェストチェスター通りに並行して走っている高架の鉄道の向かいにあるワード通りの新しいアパートに一家が引っ越しする際に、父親と一緒に行ったときの話である。(17)

ほとんど家具が引っ越し用のトラックに積み込み終わった後で、父は服や小物を新しいアパートに持って行こうと考えた。……母は外からどう見られるかを気にするタイプだったので、おそらくはそれには反対していたと思うのだけれど、父は服やランプ、それから小間物類を手押し車に積み込んで、数ブロック先の新しい家に運んでいこうとしていた。なんとそのとき、私はその手押し車に乗っていかないか、と父から誘われたのだ。……その一帯は手押し車で道を行くようなところではなかった。黒いシボレーやビュイックのセダンのような立派な車が並んでいる通りだったのだ。そのポイントン通りを手押し車を押していく父はまわりの人には奇妙に見えたことだろう。しかし、そのとき私は五歳になったばかりだった。どんなフリゲート艦の船長だったとしても、このときの私ほど、そう、束になった服の上に座ってポイントン通りを北に新しい家に向かっていくときの私ほど、誇りをもって海峡を見回したりはしなかっただろう。その船はまさにヘラクレスのように力強い私の父親によって動いていたのだ。

※　※　※

一九四一年十二月七日の真珠湾の奇襲によってアメリカが第二次世界大戦に参戦したとき、ミルグラム一家はワード通り千二百三十九番地に住んでいた(18)。ここは、ポイントン通りの前の家から二ブロックしか離れていないところだった。そのブロックの通りに面した一列は、ほとんど同じように見えるレンガ作りの二軒で一戸を共有する住宅がずらっと並んでいて、それぞれの家の前には猫の額ほどの芝生があった。ミルグラム一家は、その住宅の二階部分に住んでいた。彼らが引っ越したのは、ジョエルが生まれてすぐのことで、家族の増加に対応するために、前の家よりは少し広いところに引っ越したという次第である。

戦争で世の中が慌ただしくなって行くに連れ、サムは、軍隊に召集されないようにしなければいけないと考えていた。四十三歳になっていたので、召集される可能性は少なかったのだが。しかし、第一次世界大戦中には、サムは戦争に参加して、捕虜になったので、またそんな目に遭いたくないと考えていた。そこで、一九四二年も押しつまったころに一家は一時的にニュージャージーのカムデンに移り住んだ。サムは造船所の溶接工としての訓練を受け、そこで働いた。戦争を遂行するために必要な仕事に就いていることが、徴兵をまぬがれるためには必要だと考えたのである。もちろん、家の近くでも戦争に関係した仕事を見つけることはできただろうが、もしもドイツ軍がアメリカ本土を攻撃するとなれば、間違いなくニューヨークが主な攻撃目標になるだろう。サムはドイツ軍が進んだ戦争技術を持っていることをよく知っていたので、アメリカ本土にまで届く長距離ロケットも発射できるはずだと信じていたのである。スタンレーは両親がナチスドイツを恐れているということをよく理解していた。父親の家族はヨーロッパに住んでいたわけだし、サムとアデルはラジオを通して世の中の変化をよく把握していた。

ミルグラム一家はあまり宗教的に厳格な方ではなかったが、文化的なアイデンティティは強く、叔父や叔母が訪ねてきたようなときには、家の中はイディッシュ語の美しい響きで満たされた。過越《すぎこし》の祭や新年祭のようなユダヤ教の祝日はちゃんと祝われたが、宗教的な意味での祝日というよりは、親族が集まる機会として利用されている方が多かった。スタンレーは、ユダヤ教における洗礼式であるバル・ミツバをすませるまでの数年間、午後のヘブライ語の学校に通っていた。

戦争が終わった翌年に行われたバル・ミツバの祝祭で十三歳になったスタンレーは短いスピーチをした。それは、最近の出来事についての彼の関心を示すものであった。

私も、イスラエルの民の一人となれる年となったことをうれしく思う。それと同時に、戦争で疲弊したヨーロッパのあちこちで我が同胞のユダヤ人たちをおそった悲劇を知るにつけても、この儀式の荘厳さを思うとともに、これが私たち同胞の、そして私の物でもある遺産を考える機会になると思う。私が、私の両親がその生涯を通してやってきたのとおなじようにこの遺産を慈しむことができるかどうかはわからない。しかし、同胞を理解するとともに、歴史が私たちすべてに課した責任をわれわれの物とするために、最善を尽くしたいと考えている。現在は、変化の期間であり、世界全体が大いなる変化を遂げている。おそらく、私にとってこの十三歳という年は、ユダヤの人びとにとっての新たな時代の始まりを示すものとして、また、正義と自由、そして祖国イスラエルの新しい時代にとっても重要なものとなるだろう。……迫害と苦しみと戦争が終わりを告げ、イスラエルがシオンの丘にすみやかに建国されますように。アーメン。(19)

一九四五年になってすぐ、戦争も終わりに近づいてきたころ、一家はブロンクスの近くに戻り、ホイーラー通り千二百十四番地に五部屋あるアパートを借りた。サムは義理の兄弟とともに近くのパン屋を買いとり、そこで仕事を始めた。子どもたちは、再びPS七七に通学することになった。

一九四七年の秋、スタンレーは家から数ブロック離れたところにあるジェームス・モンロー高校に入学した。クラスメートでミルグラムの少年時代の最も親しい友人の一人であるバーナード・フライドによれば、その学校は設備がよくととのっており実験道具も十分にある、美しく機能的な学校だったとのことである。[20] 一九二五年にモデル・スクールとして設立された学校で、すべてが巨大で印象的だった。ミルグラムが在籍していたころ、生徒数は三千五百人から四千人の間だった。ニューヨークの学校のなかでは最も大きな舞台があり、その大きさは、ラジオ・シティ・ミュージック・ホールに次ぐものだったと言われていた。「法の終わるところ、専制政治が始まる」というウィリアム・ピットの格言が刻まれた大理石の石板が正面入り口の上に掲げられていた。

この学校では、IQが高く成績がよい生徒を特別クラスに入れるというクラス編成をしていた。ミルグラムのIQは百五十八で、同級生のなかでは最も高かったので、その特別クラスに入れられた。彼は、高校を三年で卒業したが、夏の特別コースを取ったり、各学期にプラスアルファの講義をいくつかとったりして、知識を深めていた。

スタンレーの同級生のなかに、フィリップ・ジンバルドがいる。彼は、後に社会心理学者、そしてアメリカ心理学会会長になった。ジンバルドは、後にスタンフォード監獄実験で有名になることになる。これは、模擬的に作られた刑務所のなかで、ごく普通の大学生たちに受刑者役と看守役という異なる役目を割り振るのである。すると、彼らの行動は、役目に従って非常に大きく変ってしまうということを実験で示したものである。ジンバルドは、ミルグラムのことを同級生のなかでも最も頭のよい生徒だったと記憶している。[21] たいていの生徒が『デイリー・ニューズ』を読んでいるようなときに、『ニューヨーク・タイムズ』を読むようなタイプだったというのである。

モンロー高校でスタンレーは、アリスタという学生クラブのメンバーだった。[22] 彼は、「サイエンス・オブザーバー」という学校新聞の編集者になり、演劇の演出をした。彼はまた卒業アルバムの編集スタッフで、各卒業生の写真の下に韻を踏む対句を書く担当になった。彼はクラスで最も人気があった生徒会副会長のフィル・ジンバルドに次のような対句を捧げている。

フィル副会長は背が高くスラリ、
青い瞳にゃ女もコロリ

自分自身には、次のような奇妙な対句を書いている。

クラスで最もおかしなヤツは
自分の対句を書くヤツさ

彼はモンロー高校ではデートもしなかった[23]。法律や医学や学問の世界で後に成功した成績の良い他の同級生たちと群れるということもなかった。現在、世界的に有名な寄生虫学者として知られているラファイエット大学の名誉教授で、ミルグラムの親友のバーナード・フライドはこう説明している。

大学に行って何かをやりとげて、プロフェッショナルになりたいというのなら、うまく扱える自信ができるまでは、女には近づかないことだ。……異性とのいざこざに巻き込まれたらうまくいくものもいかなくなる……そのせいで人生の目的が変な方向へずれかねない。

サムと彼の義理の兄弟が一緒に買い取ったパン屋は非常に上手くいっていたが、二人の間でもめ事がおこり、共同経営は長続きしなかった。[24] 一九四七年にサムはクイーン地区のリッチモンドヒルに自分の店舗を買った。そこに行くまでに三本の電車に乗らなくてはならず、一時間半もかかったので、サムは平日は下宿して、週末だけ家に帰ってきた。アデルもそのパン屋で働いたが、彼女は毎日電車で通い、夜遅く帰ってきた。ジョエルは浮浪児のように地下鉄の駅のそばで彼女の帰りを待つこともあった。

非常に大変だということがわかったので、一九四九年に家族は店から数ブロックしか離れていないリッチモンドヒル通り百九番に引っ越した。スタンレーはジェームズ・モンロー高校から転校せず、卒業まで毎日クイーンズから通学した。

クイーンズに転居したのにはもう一つの理由があった。ジョエルが青春期にさしかかるにつれて非行に走るようになり、問題を起こす友人と遊び歩くことが多くなってきた。あるとき、ジョエルは仲間たちと事件を起こした。車の窓ガラスを割り、警察に捕まったのである。アデルはその柄の悪い友人たちが近所にいれば、息子が犯罪者になってしまうことを恐れた。

しかし災難は、引っ越した後も続いた。サムが店舗を買ってすぐ、経営が上手くいかなくなってしまった。前の持ち主の不誠実な行いのせいである。以前の持ち主が、店から二十ブロック内で他のパン屋を開業してはならないと契約書で取り決めていたのだが、以前の持ち主は妻の名義のパン屋をすぐ近くに開店した。そのせいで、サムが当てにしていた客がみんな奪われてしまったのである。金銭状態は投資の失敗で、さらに悪化していった。サムの兄弟の一人が、近い将来砂糖の値段が暴騰するから、投資すれば儲かると勧めた。そのとき、アデルは持ち家を買うためのお金八千ドルを苦労して貯めていた。サムは兄弟が言った通りになると信じていたので、アデルに金を出してくれるように頼んだ。彼女はいやいやながら一言も文句を言わずに金をサムに渡した。ところが砂糖の価格は暴落し、サムの投資は大失敗した。

一九五〇年の秋、スタンレーはクイーンズ大学に入学した。家に近いということと、他のニューヨークの市立大学と同じく、学費が無料だったという理由からである。スタンレーが入学したとき、そこは比較的小さな学校で、主に六つの小さなビルからなっていた。これらは、以前、矯正院だったもので、芝生の中庭を取り囲むように建てられていた。レムゼンホールだけが新しい校舎で、これは大学のために建てられたものだった。同じ学校に通っていたマージョリーはこの大学を「ニューヨーク市立大に行くようなものだったし、たしかに大学らしいキャンパスライフもあったわけだし」と述べている。[25] 通うのに便利だったという点を抜きにしても、クイーンズ大学は勉強するには良い大学だった。一九五三年のフォード基金のランキングでは、人文科学でアメリカ第二位、社会科学で第十位であった。[26] 人びとはクイーンズ大学を「ニューヨーク市立のハーバード大学」と呼んだ。

スタンレーは、大学に進学する前は、主に化学と生物学のようなハードな科学に興味があった。しかし、クイーンズ大学では、彼の知性の「もっと柔らかい」部分が前に出てきた。[27] 彼は政治科学を専攻したが、英文学、音楽、芸術のコースも取り、実際に副専攻として芸術を選んだ。彼は学業において抜きん出て優れていた。政治科学における学校の賞を受け、討論技術の優秀さを示す証明書を授与された。全米政治科学成績優秀者認定協会のメンバーとして認められ、ファイ・ベータ・カッパのメンバーでもあった。彼は課外活動にも積極的に参加し、国際関係クラブの会長となり、弁論部の副会長にもなった。音楽にも手を染め、クラスメートとともにブロードウェイのミュージカルのようなものを作ったり、詩を書いたりした。

一九五三年の夏、大学一年が終わったとき、スタンレーはフランスとスペインとイタリアを原動機付自転車で回った。[28] 九月上旬、彼はポケットにたった二ドルあるだけという状態でジェノヴァの米国領事館にたどりついた。そこで、彼はお金が尽きたと嘆願すると、四十代後半の母性愛に満ちた心優しい女性副領事は、若干の金銭的な援助をしてくれた。家に帰るために、彼はアメリカ行きのドイツ船の船員たちに、乗せてもらえないかと交渉した。最初は断られたが、スタンレーは食い下がった。これこそが後年、役に立った彼の特徴の一つである。

最終的に船員たちは折れて、無線通信士としてスタンレーを船に乗せてくれ、心地良い部屋まであてがってくれた。

この夏彼は三つの国を訪れたが、大部分はフランスにいた。七月十五日から八月十四日まで、彼はソルボンヌ大学のフランス語コースを取った。(29) これはフランス語をマスターするのに非常に役に立った。そのとき非常に流暢に話せるようになったので、後年彼が有名になり、フランスのテレビに定期的に出るようになったとき、フランス人はスタンレーもフランス人だと思うほどだった。この夏、彼はフランス人の少女、フランシーヌに恋をした。(30) 初めての恋人である。彼はまた、フランスという国にも恋をした。その後の人生で、彼は何度もフランスに戻ってくるようになる。

年も終わりに近づいた一九五三年の十二月十一日の夜、父サム・ミルグラムは心筋梗塞で、寝ている最中に亡くなった。(31) 彼はベッドを次男ジョエルと共同で使っていた。つまりサムは昼間は寝ていて、夕方起きてパン屋に仕事に行き、ジョエルは夜そこで寝た。十二月十一日の夜、ジョエルは父親の目覚し時計が鳴っているのを聞いたが、父親はいつまでたっても出てこなかったのである。

アデルたちはひどく困ってしまった。精神的な動揺はもちろんだが、サムが死んでしまったので、一家は本当に貧乏になってしまったのである。彼は生命保険をかけていたが、パン屋の店舗を買うためにそのお金を使ってしまっていた。しかし母アデルは逆境に負けてしまうような人間ではなかった。工夫を凝らすことが出来たし、へこたれなかった。パン屋で夫の手伝いをしていた経験があったので、すぐ別のパン屋の仕事を見つけた。

スタンレーにとっては、学校が無料だったのと、大学にいる四年間の間にニューヨーク州から千四百ドルの奨学金をもらえたので、(32) 父親の死による経済的打撃はさほどきつくはなかった。姉マージョリーはそのときには小学校で教師の仕事をはじめていたので、翌年結婚するまで一時的に母親を助けた。

父の死がスタンレーに及ぼした影響はなんだろうか。それは、おそらく自分が早いうちに死んでしまうとしたとき、自分自身の未来の家族を経済的な苦境から守らなければならないと決心したことであろう。実際のところ、結婚したとたんに、スタンレーは妻に自分は五十五歳で死ぬと思うと言っている。[33] これは、彼の完璧な健康状態を考えるとずいぶん奇妙なことに思えた。スタンレーの妻はこう語っている。

彼は五十五歳で死ぬとよく言っていたものです。そのたびに私はただ彼を見つめるだけでした。スタンレーは私が知っているなかでも、精神的にも肉体的にも最も健康な人間の一人でしたから……風邪を引いていたときでも、普通に過ごしているだけで治ってしまうのです。だから彼が五十五歳で死ぬといったとき、「あなたはお父さんとは違う人よ」と言っていたんです。

ミルグラムは優秀な成績で学士号を取り、クイーンズ大学を卒業した。政治科学を勉強したことから、国務省の外交局で仕事をすることに興味が湧いていた。一九五二年の春、大学二年生のとき、国務省の試験官に外交局で勤務するためにはどういう単位を取っている必要があるかを問い合わせ、入局試験のための試験問題の見本を請求している。大学四年生のときには、コロンビア大学の国際関係学部の大学院に応募し合格している。[34]

このころ、多くの出来事がいっぺんに起こり、その結果としてミルグラムの人生は大きく方向を変えることになった。スタンレーの少年時代の友達、バーナード・フライドはスタンレーがクイーンズ大学に入学したのと時を同じくしてニューヨーク大学に入学していた。バーナードは生物学を専攻していたが、まだ大学院で心理学を専攻する可能性もあったので、副専攻として選択した心理学も勉強し、結果としてその分野にも詳しくなっていた。フライドは大学四年生の間、「スタンレーとほぼ一日中一緒にいて、心理学について知っていることを……彼に講義していた」ことをはっきり覚えている。[35] ミルグラムの興味が心理学に移ったきっかけはこれだろうとフライドは考えている。

すでにこのころ、ミルグラムは政治科学に対して失望するようになっていた。彼は、思考する人であると同時に行動する人でもあったので、その当時の政治科学の特徴だった哲学的なアプローチには満足できなかったのである。一九五四年の春学期が始まったばかりのある日、スタンレーが大学上級者向けの社会科学セミナーで話をしていたのをたまたま学部長が耳にして非常に感激し、ミルグラムにハーバード大学の社会関係学部の大学院に行ったらどうかと尋ねた。(36) ミルグラムはその大学院のプログラムのことを知らなかったのでパンフレットを取り寄せた。それを読んで彼は新たな世界を知った気になった。彼は、政治科学者たちが興味を持っていた集団の現象であるリーダーシップのスタイルや大衆の説得などを経験的、科学的手法を用いて研究することができることを初めて知ったのだった。その先頭に立っていたのが社会心理学者だったのである。彼は社会心理学の博士号を取得するプログラムに応募することにした。

一九五〇年代の間、フォード基金の行動科学部門は、大学生のときに行動科学以外の分野を勉強していたけれども、大学院に入学する時に行動科学の分野に専攻を変えた若い学生のために奨学金を用意していた。(37) この奨学金は大学院の一年当たり千八百ドル*であった。スタンレーはこれに応募し、一九五四年の四月にこの奨学生に選ばれた旨を伝える電報を受け取った。(38) この年の奨学金には、五十七もの学校から百三人が応募してきた。ミルグラムは奨学金を手に入れた二十二人の内の一人であり、そのなかでさらにハーバード大学の社会関係学部に入学する八人のうちの一人であった。

母はこれが特別にすばらしいことであると誇らしく思った。彼女は、スタンレーがユダヤ人として初めて、フォード基金のプログラムに選ばれたのだと家族に言った。(39) フォード自動車の創設者、ヘンリー・フォードが反ユダヤ主義者であったことを考えると、(40) このことは特筆すべきことだ、というのである。ジョエルもマージョ

＊訳注　当時のレートに換算して、約六十五万円。以下も同様。

リーも母のそんな発言を覚えているが、彼女の言ったことは事実として間違っていたことがわかった。一九五四年から五五年の間に、この奨学金を受け取った二十二人のリストのなかには、アメリカ東部の学校出身で典型的なユダヤ人の名前を持つ学生はたくさんいた。おそらく母は、民族的な誇りのあまりに「最初」と言ったのだろう。実際の話、ミルグラムはクイーンズ大学からフォード基金の奨学金を受け取った最初の学生だった。

ミルグラムはフォード基金相手にはうまく立ち回れたが、ハーバード大学を相手にしてはそうは問屋がおろさなかった。ハーバード大学への入学願書は、準備不足という理由で却下されてしまった。(41) クイーンズ大学在籍中、心理学の授業を一つも取っていなかったのだ。一九五四年五月三十日付けの社会関係学部に宛てた手紙のなかで、彼は却下されたことに対して非常に失望していると述べるとともに、矛盾があることを指摘した。(42) すなわち、もし彼が心理学に関係する授業を取っていれば、大学生のとき、行動科学ではない分野を勉強している学生のために用意されたフォード基金の奨学金を受け取る資格がないことになってしまうからだ。彼は、この「準備不足」を取り返すために、コロンビア大学の夏期講座で週に五日間のコースをとる計画であると述べている。これは、一般的な心理学の授業一年分に相当する。それと同時に、クイーンズ大学の人類学・社会学部の部門長の指示のもと、集中的な読書をするとも書いている。

彼は、社会関連学部の高等学位委員会の長であり、実際に大学院プログラムの長でもあったゴードン・オルポートから返事を受け取った。(43) オルポートはミルグラムが秋から通常の大学院生として入学してくるためには、夏に受ける予定の授業だけでは不十分ではないかと思っていた。彼はミルグラムに不足分を埋めるために来年、特別研究生として認められるよう、特別研究生のことを扱っているハーバード事務局へ出願することを薦めた。そして彼は「本学部があなたに出願するように薦めた」と担当部局に一言伝えておくと書いていた。その秋、オルポートはコースの選択をアドバイスした。そして「来年に通常の学生として応募した方がよいのではないか……夏の勉強計画はその場合、無駄になるだろう」というのである。ミルグラムは、オルポートの助言に従い、六月三十日にハーバード大学の特別研究生事務局から入学許可をもらった。

オルポートの手紙には、はっきりと、一年準備をしてから、来年に通常の生徒として入学許可をもらうように書いてあった。これは、その一年の準備期間に学部の授業を取っておく必要があるということになる。しかしミルグラムは別の計画をたてていた。この秋、彼が特別研究生であったとしても、社会心理学の博士課程の通常の学生が履修すべき単位を取ることができるならば、一年を無駄にせずにすむのである。もしも最初の年によい成績を取れて、なおかつ、翌年に正規の学生として履修できれば、最初の年にとった単位を博士課程に必要な単位にさかのぼって充当することを頼めるだろうと考えたのである。

そこで、彼は夏の計画をがらりと変えた。彼はニューヨーク付近の三つの異なる大学、ブルックリン大学・ハンター大学・ニューヨーク大学の学部の六つの授業に登録した。[44] そのうち五つは心理学で、一つは社会学だった。彼はそれぞれの学校で二つずつ授業を取った。ブルックリン大学では性格心理学と社会心理学における折衷主義という題目の講義を受講した。ハンター大学では一般心理学と社会心理学におけるゲシュタルト・アプローチを、そして、ニューヨーク大学では児童心理学、言語と社会という二つの授業を聴講した。彼はすべての講義で四段階の成績でAを取った。

オルポートとミルグラムは、その間連絡を取り合っていたが、ミルグラムはある手紙のなかで「あなたとあなたの学部がしてくれた寛大な考慮と助言に対して心から感謝しています。その両方と楽しく有益な関係を築けることを楽しみにしています」と述べている。[45] そしてオルポートはミルグラムに向けた手紙のなかで、彼が秋にもケンブリッジに来たときは会いに来るように言っており、「そのときに、あなたが興味を持っていることを来年になってから進められるように計画を議論しよう」と書いている。[46]

二人が出会ったこの初期のころのやりとりが、学生と恩師という彼らの将来の関係を形作ったのである。ミルグラムのアカデミックな人生のなかでオルポートは最も重要な人間となるとともに、いつも彼を励ましてくれる精神的な支えとなっていった。困難な状況にあっても、尽きることないエネルギーと粘り強さを持っているミルグラムに対して、オルポートはいくぶん感嘆の念を抱いていた。そしてスタンレーに反発を覚えさせることなく何かをさせようとするときには、どれくらいの圧力を加えたらよいかをオルポートは知っていた。その一方、スタンレーは、あまり強引にしなくてもやりたいことは通してしまうオルポートのことを、いつでも尊敬していた。

後年、オルポートが亡くなった後に、ミルグラムは彼のことを敬愛と感謝の念をもって思い出している。「ゴードン・オルポートは私の人生の恩師であり、友人であった。彼は赤ら顔をした、謙虚な人で、愛すべき資質が彼のなかにあるのは誰でもがわかっていた。……彼は私の可能性を確信させてくれた。オルポートは私の精神的、感情的なよりどころだった。彼はほかの人のことを深く配慮していた(47)」。

ミルグラムがハーバード大学に行ったことは、彼が成長していくなかでの一番の転機となった。これによって彼は興味のあるさまざまなことのなかから、ある一つの決まった仕事を選択することになったのである。彼には親しい友人ができ、そのうちの何人かとは死ぬまで友情が続くこととなる。クイーンズ大学では、たくさんの女性に興味を持ったが、深い関係にはならなかった。彼はハーバードで自信を深めるにつれ、女性たちとより成熟した関係を築くことになる。

しかし、そうしたことは、一九五四年の夏の時点の彼には何一つわかっていなかった。今のところは、彼はただ単に寂しかったリッチモンドヒルでの暮らしから抜け出したことを喜んでいた(48)。家の近所の若い男性は鈍くて、無学で、無骨であった。彼は、知的な仲間に飢えていた。さらに、学問の道に入ったことで学生としての身分が延長され、徴兵を免れた。彼のハーバードへの準備は完了していた。それではハーバードは彼を受け入れる準備ができていただろうか。

第2章
ハーバードでの成功

ミルグラムが大学院で勉強をはじめるためにハーバードにやってきた一九五四年の秋、社会関係学部は活気づいていて、そして急速に成長していた。このプログラムは社会心理学、臨床心理学、社会人類学、社会学の四つの学問領域を統合するために一九四六年に設立された[1]。創立者はそれぞれの分野で傑出していた四人で、分野順にゴードン・オルポート、ヘンリー・マレー、クライド・クラックホーン、タルコット・パーソンズというそうそうたる面々だった。この四人のいずれもが、これらの異なる学問領域を知的なまとまりとしても、また、運営の単位としても一つの屋根の下に統合しようという壮大なビジョンを持っていた。そのなかでも、最も積極的に、そして断固としてこの統合を推し進めようとしていたのが社会学者のパーソンズだった。

彼らのビジョンは単なる砂上の楼閣といったものではなかった。第二次世界大戦の間、戦争協力のためにさまざまな政府機関がスポンサーとなって、行動科学や社会科学のさまざまな研究者たちが行った生産的なチームワークを正しく反映していたのである[2]。たとえば、社会心理学者のクルト・レヴィンは、文化人類学者のマーガレット・ミードと一緒に、貴重な資源の無駄遣いを減らすために大衆の食習慣を変えるという政府のプロジェクトや、中央情報局（ＣＩＡ）の前身である戦略的事務局（ＯＳＳ）のための訓練学校を設立するのにも一役買っていたのである。

ゴードン・オルポートは人格の研究だけでなく、社会心理学の分野においてもパイオニアであった。早くも一九三五年のころ、彼は「態度」の概念こそが社会心理学の中核であると考えていた。(3) 現在使われている社会心理学の教科書の「態度」の定義も彼の定義に基づいている。また、偏見の研究と宗教的な信念の研究の分野においてもこれまでにない独自の貢献をしている。(4) 彼は、内在的な宗教的指向と外在的な宗教指向を測定可能な方法で区別できるようにしたのである。内在的な宗教的指向の人とは信仰の中核にある価値に深く関わる人のことで、外在的な宗教的指向の人とは、自己の地位を得たり他者に受け入れてもらったりという目標のために宗教を利用する人のことである。性格心理学の分野で、独創性に富んだ貢献をしたヘンリー・マレーは、主題統覚テスト（TAT）を考案したことで最もよく知られている。主題統覚テストは、臨床心理学者たちが現在でも診断法として用いているテストの一つである。クライド・クラックホーンは四十年以上にもわたってナバホ・インディアンの文化について詳しく研究し書物を書いている。(5) そしてそこから、人間行動一般に関する洞察を見出した。タルコット・パーソンズの人生の目標は、社会科学の統一であり、著作や講義のなかで、すべてを包括する理論や共通の言語を作り出そうと試みていた。批判する人がいなかったわけではなかったが、この分野における彼の指導的な地位は広く認知され、一九四九年にはアメリカ社会学会の会長に選ばれている。(6)

『アメリカン・サイコロジスト』の一九四六年四月号には、この社会関係学部の設立が報告され、なぜそんな学部を作ったのかについての説明も掲載されている。(7)

アカデミックな領域では学部間の境界線は今でもはっきりとしている。しかしながら、最近十年の間に、社会文化的・心理言語的科学の統合が進みつつある。このことは、アカデミックな世界では広く知られていたが、まだそれを指し示す適切な言葉が存在していなかった。そこで、私たちハーバード大学では、「社会関係」という言葉を採用し、今生まれつつある学問分野を特徴づけるとともに、その確立に力を貸したいと思う。この学問分野は、これまで伝統的には社会学の主題として考えられていたようなデータや理論だけでなく、社会システムのなかの個人を取り扱う科学的心理学の一部も含むものである。さらには、文字のある社会における社会・文化的なパターンについての文化人類学の一部も関係しているのである。

その学部の学際的な目的は、次の二つの方法で実現されることになっていた。(8) まず第一に、四つの異なる学問領域のメンバー間での共同研究を促進するための社会関係研究所を設立した。第二に、どの専門に属していたとしても学生が学部を構成する四つの社会科学のそれぞれの内容と手法についての知識を十分にもたねばならないことが、カリキュラムのなかに履修条件として明記された。大学院一年生の間に、すべての学生が学部の四つの主要な領域のそれぞれから科目を一つずつ必須科目として（すなわち中核の科目として）受講しなければならなかったのである。社会関係の分野において学際的な取り組みが有効であることを具体的に示すために、二つの異なる必修コースの授業が共同で開催された。実際に、ミルグラムが大学に入ったときの最初の学期では、二つの主要なコースである「社会文化人類学の課題と概念」と「臨床心理学の課題と概念」の授業の三分の一以上が共同で行われた。(9) 学生たちが四つの必修分野のそれぞれにおいて十分な能力を身につけたかどうかを確認するために、彼らは四つのテストを受けて合格する必要があった。カリキュラムのなかで、相互によい影響を与えあうための仕掛けとして設定されたのは、「社会関係二〇一」という講義だった。この講義では、異なる講師が来て自分たちの研究領域をそれぞれの観点から学生に伝えるというものだった。

理念はともかく、このプログラムを創設した人たちも就職市場という現実のことを考えないわけではなかった。ハーバード大学を一歩外に出れば、アカデミックな分野やプロフェッショナルな分野においては伝統的な区分が支配的だった。学部の学生には社会関係学士号を与えることができたが、大学院生にその博士号は授与しなかった。学際的な統合という学科の理念はあったが、大学院生は社会人類学、臨床心理学、社会心理学、社会学など、それぞれの分野に専門化し、そしてそれぞれの分野で博士号を取ることになっていた。

結果的に言えば、学問の境界を越えて協同をしようというこの大胆な実験は、失敗に終わっている。一九七〇年になって、社会学者たちが出て行ってしまったのである。[10]しかし、この事実上の終末に至る萌芽は、このプログラムがそもそも構想されたときから内在していた。それは、組織構造の問題である。一九四六年に社会関係学部ができたとき、社会学は、まるごと新しい学部に移動して、社会学部は独自の学部としての存在を終えたのだが、心理学の方は、それとは異なっていた。心理学部は二つに分かれ、社会心理学者や人格心理学者や臨床家などの社会科学を指向する心理学者たちは社会関係学部に合流したが、自然科学としての心理学を指向する学習理論家や視知覚の研究者や生理心理学者たちはもとのところに残ったのである。このことは、新しく作られた社会関係学部にとっては明らかな不安定材料になった。[11]というのは、ロジャー・ブラウンやジェローム・ブルーナーのような若い心理学者にとっては、新しい学部との関わりに、まだ曖昧で不確かな点が残ったからである。これらの若い心理学者は、幅広く多様な興味を持っていたので狭い専門に閉じこもるのを拒否していたが同時に、心理学部に残った心理学者とも研究上の興味を共有していたのである。

しかし、スタンレーがこの社会関係学部に入学したのは、この学部の「黄金時代」のことで、個々の人が将来への不安を持っていたとしても、それはあたり一帯に広まっていた楽観的な空気のおかげで見えにくくなっていた。[12]学部への入学申請書は毎年何百通と届いていて、それは定員をはるかに超えるものだった。ミルグラムが入学したときには、同じ課程に百十人位の生徒がいた。まだ設立十年程度の歴史の浅い大学院課程に、こんなに人気が集まるのは驚くべきことである。ここは一九五四年にフォード基金の評価委員会から認定を得ていた。そして学部の創立者が思っていたとおり、学際的な共同研究は活発に行われていた。端的な例として、『自然、社会、文化における人格』という本がある。[13]これは、心理学やほかの社会科学を専攻している学生の必読文献として指定されていた。そのなかの一つの章には、次のような記憶に残る警句が載っていた。非常に単純だが、人間の本性に関する真実を突いている。

人は誰でもある意味で、次のとおりである。

（1）すべての人と似ていることもある

（2）一部の人と似ていることもある

（3）誰とも似ていないこともある

ハーバードでの二年目に、スタンレーは多彩な教授陣からたくさんの知的な刺激を受けて成長した。また、社会関係課程の講義のおかげで、社会科学に対する幅広い興味を持つようにもなった。(14) そのお返しに、スタンレーもこの学部には記憶に残るような跡を残している。ミルグラムのアドバイザーの一人で、生涯にわたる友人でもあったロジャー・ブラウンはこのように述べている。(15)

スタンレー・ミルグラムがハーバードの大学院生だったとき、私は助教授で、私たちはセミナーや授業で何回か顔を合わせました。心理言語学のセミナーは一学期続いたものだったけれど、そこで思い出せるのは、スタンレーの発表だけですね。授業はすばらしいものでしたが、やはり本の上での議論が中心だったわけです。ところが、スタンレーは、言い間違いがいっぱいある会話や修辞でいっぱいの会話、赤ちゃんの初めての言葉、精神障害者の会話などを録音して、テープレコーダで聞かせてくれたんです。どれもウィットに富んだ形で編集してまとめてありました。彼は、まず実態を認識、その後で説明、となるように作って私たちに示してくれたというわけです。また、スタンレーと一緒に出た集合行動についての講義も思い出します。彼は一時期まったくその授業に関係する本を読んでいませんでした。その代わりに何をやっていたかというと、彼はボストン中を回って、いろいろな集団に参加して、その集団のいろいろな興味深いスナップショット写真を持ち帰ってきたというわけです。

ハーバードでの最初の年、ミルグラムは大学院生用の寮であるパーキンズホールに住んでいた。その当時、学生の部屋には電話はなかった。廊下に公衆電話が設置してあって、その階の住人たちはそれを使っていた。電話がかかってくると、誰かが部屋から出て受話器をとるまでベルが延々と鳴りつづけることがあった。さらに、電話を取った人は、電話の本来の受け手を呼び出さなければならない。この取り次ぎは面倒だった。というのは、受話器を取ってみるまで誰にあてた電話かがわからないからである。何らかの決まりが必要だった。ミルグラムは思いついて、電話の脇に次のようなカードを貼り付けた。

面倒な電話の取り次ぎを公平にするために、電話を一回取り次いでもらった人は、電話を二回取り次ぐこと（電話がかかってきたときに当人がいなかった場合を考慮して二回にしてある）。

ルールが存在しなかったところに、どう行動したらよいかを示すガイドラインとしての規範を作り上げたのである。(16) その五年後の一九五九年、ノルウェーとフランスで博士論文を書くための仕事を二年間した後にハーバードに戻ってきたときのことである。ある大学の寮で公衆電話をかけようとしたら、その傍らに次のようなカードが貼られていることに気づいた。「面倒な電話の取り次ぎを公平にするために、電話を一回取り次いでもらった人は、電話を二回取り次ぐという伝統を守るように……」。こうして、ミルグラムは、このルールがキャンパス中に広まっていたことを知ったのである。

社会関係学部の本部は[17]、ハーバードヤードという大学内の広場の北東の角にあるエマーソンホールにあった[18]。その長方形の形とテラコッタ風装飾は落ち着いてエレガントに見えた。入口の側面に立っている巨大な煉瓦作りの柱だけが仰々しく見えた。北口の上に飾ってある石板には「そのあなたが御心に留めてくださるとは／人間は何ものなのでしょう」という旧約聖書の詩編からの引用が彫刻されている。これが、この建物がハーバード大学においてキリスト教の伝道をしていた人たちの本部として使われていたというそもそもの起源をさりげなく思い出させていた。

この建物が造られた初期のころに、ジョージ・サンタヤナやアルフレッド・ノース・ホワイトヘッドのようなきらめく哲学者たちがこの教室で講義をした。アメリカ心理学を作り上げた一人であるウィリアム・ジェームスも同様であった。一八〇〇年代後半、ジェームスはハーバード大学の哲学部のなかに心理学研究所をつくり、アメリカではじめて心理学の博士号の取得者を出した[19]。ガートルード・ステインがラドクリフ大学にいたとき、彼女はエマーソンホールでジェームスの心理学の入門コースを受けた。ハーバードの伝説によれば、学期末試験のとき彼女はテスト回答用紙に、「この試験を受けたくありません。外にいる方がすてきですから」と書き、立ち上がって出て行った[20]。話によると、ウィリアム・ジェームスが試験を返すとき、そこには「ステインさん、あなたは真に哲学の意味を理解しておられる。よって成績はAです」と書いてあったという。

オルポートのオフィスは、エマーソンホールのなかの学部の管理事務室の並びにあった。一九五四年の秋の学期の授業に出るために、ミルグラムは、九月二十七日にケンブリッジに着いた。そのあとすぐにオルポートと会い、どの授業を取ったらいいかのアドバイスを受けている。その後の何回かの相談を経て決まった学習計画によれば、ミルグラムはその年度のおわりまでには、通常の生徒と足並みをそろえることになるだろう。博士課程の学生のカリキュラムには若干の個人差はあったが、専門にかかわらずすべての学生は最初の年に四つの必修科目を取らなくてはならなかった。それぞれの科目の最終試験が適格者選抜試験も兼ねていて、それに通過することが博士号を取得するために必要だった。ミルグラムは秋学期において社会人類学と臨床心理学、春学期には社会学と社会心理学でその試験を受けることが出来た。[21] 一九五五年六月九日付けのゴードン・オルポートからの手紙に、「当学部は、あなたが社会心理学の博士号取得に必要な必須条件を満たしていると認めます」と書いてあった。[22] 四つの授業における彼の成績はそれぞれBプラス、A、Aマイナス、Aだった。彼は、その最初の年に、それ以外の三つの授業でもAを取った。[23] 最初の年の履修課程は特に大変だということを考えれば、これはきわめてすぐれた成果であるといえよう。

ずば抜けてよい成績を取ったおかげで、彼は一九五五年秋からの年度には全日制の学生となることが学部から認められた。先にミルグラムが考えたとおり、初年度に取った授業の単位は、一九五六年の秋には、博士号取得の必要条件を満たすための単位として遡《さかのぼ》って彼に与えられることになった。[24] もはや、最初の年度に彼が特別研究生であったことを示す跡は全くなくなっていた。

ミルグラムが最初の学期に取った授業の一つは認知過程論だった。その授業は、ジェローム・ブルーナーによるもので、ブルーナーは、ゴードン・オルポートやロジャー・ブラウンと並んで、ミルグラムの恩師であり生涯の友人となったのである。一九四〇年代と五〇年代に行われたブルーナーの研究は、心理学における「認知革命」に一役買い、アメリカの心理学から機械論的な行動主義の影響を取り除く役割を果たした。ブルーナーは一九五四年から五五年にハーバードに入学した八人の奨学金を得た学生の進捗状況のレポートをその奨学金プログラムの管理者、ロバート・ナップに送った。[25] ブルーナーは、ミルグラムが「際立って素晴らしい仕事をする」としている。実際、彼は認知過程論の授業において最も成績の良い生徒で「非常に論理的な思考をする人である」とも記されている。

自分のやったことが客観的な成績として残ったので、ミルグラムは非常に満足していた。最初の年の終わりまでには、彼はゴードン・オルポート、ロジャー・ブラウン、タルコット・パーソンズ、そしてジェローム・ブルーナーの授業を受講した。ミルグラムにとっては、これらの人たちは、世界を見る新しい窓を開いてくれたことになる。その窓を通して見ることによって、物理的なリアリティだけでなく、社会的なリアリティにはその基盤となる構造があるということ、そして、その構造は統制された実験や質問紙調査法や人格や態度に関する自己評定による測定法などの道具によって把握することができるということも学んだのである。ミルグラムはこれらの授業を通して新しいアイデアを知っていった。また、それだけでなく、自分でもアイデアを考えてみようという気になってきた。最初の年度の終わりまでには、彼の頭のなかは、研究してみたい一ダースあまりのいろいろな研究案であふれるばかりになっていた。もっと重要なことは、彼は社会心理学の分野で仕事をしようと決めたということだった。ロバート・ナップは行動科学奨学金をもらっているすべての学生にアンケート用紙を送っていた。そのなかの質問に、「今後、行動科学に関する分野で仕事をしたいですか」というものがあり、ミルグラムは「はい、今年私はこの領域が本当に好きになりましたし、もし可能なら、これに関する研究をし続けたいと思っています。社会心理学の分野で博士号を取得し、たぶん、授業したり研究したりすることができる、ある程度の規模の大学の心理学の常勤教授になれればと思います」という回答を寄せている。[26]

しかし、当面は、ミルグラムが新しく見つけた愛は実現しそうになかった。一九五五年の春、ミルグラムはフォード基金に二年目も奨学金をもらえるよう、延長を申し込んだ。[27] フォード基金は彼のすぐれた成績に非常に満足しているけれども行動科学の奨学金は一年間だけで更新はできないとロバート・ナップから知らされた。[28] 彼は非常に落胆した。その学期の終わりのころに、社会関係学部は初年度の素晴らしい成績を根拠に、スタンレーを全額支給の奨学金に推薦したが、[29] ハーバード大学中央奨学金委員会は受け付けなかった。

金銭的な援助がなければ、ミルグラムは大学院で勉強を続けることはできない。そして、もしそのまま学校を辞めてしまえば、徴兵猶予も解除されてしまう。次の年に徴兵される可能性は非常に高かった。軍隊に入ったとしてもスタンレーのアカデミックな経歴のための役にはたたないだろう。なぜなら、軍隊を除隊した元兵士に教育資金を給付する復員兵援護法は、一九五三年七月の朝鮮戦争終戦の後に廃止されていたからである。

ミルグラムにとって軍隊に入らざるを得ない状況に直面したのは、これが初めてではなかった。一九五一年の秋、予備役将校訓練団（ＲＯＴＣ）のプログラムがクイーンズ大学で開始され、ミルグラムはそれに参加していた。[30]朝鮮戦争が一九五〇年の春に勃発した時、アメリカ政府は復員兵援護法と徴兵制度を復活させた。これらは、第二次世界大戦が終わったときに停止されていたものである。なぜ彼がそのプログラムに登録したのかについては、記録が何もなく、またミルグラムの家族も誰も知らないのだが、おそらくいずれにせよ避けられないとわかっていたので、最もよい方法を選んだのだろう。戦争が起こっている国家では、ミルグラムは、卒業してしまえば徴兵されて当然の人であった。予備役将校訓練団のプログラムを終了していれば、彼は一般の召集兵としてではなく将校として軍隊勤務ができるのである。[31]予備役将校訓練団の訓練が終わっても、卒業まで毎学期予備役将校訓練団の講義を受けることが必要になる。結果としては、ミルグラムはこれを終了できなかった。予備役将校訓練団授業の六学期分に相当する部分を大学三年生であった一九五三年に終えた後、彼は四年生の段階でまだ二つ授業が残っていた。彼は予備役将校訓練団の授業に登録したが、一九五三年の秋の四年生の最初の学期、航空科学十三という授業を、十一月十六日に中断してしまった。[32]これは、間違いなく次の二つの要因によるものだろう。一つは、前年に朝鮮戦争が終わり、徴兵される見込みが少なくなったこと、もう一つは、そのころには彼は大学院への進学を決心していたことだった。

一九五五年の初夏になっても、ミルグラムは来年度の金銭的援助の当てがなかった。絶望的になったからか、奨学金の継続は不可能であるというのは「確固たる方針」であるとすでに聞いていたにもかかわらず、六月六日に行動科学の奨学金事務局に、以前に出したのと同じ奨学金の更新をお願いする手紙を出している。[33] このとき、クナップは同情こそしてくれていたが、はっきりとした否定の返事を送ってきた。[34] フォード基金の理事長は、この奨学金自体を打ち切ることに決めていたのである。

一年目の学生にとってみれば、非常に厳しい授業と、読み終えるのは不可能と思えるほど長い必読書のリストによって引き起こされる慢性的な不安、さらには、三時間にもわたる単位認定試験の恐ろしさ、[35] これらを無事にくぐり抜けたばかりか、よい成績まで残したのに、すべてが水の泡と化してしまうのである。去年はうまくいったのに、今では自分自身が信じられなくなっていった。いったい自分は誰だろう。いったい自分はどこに向かっているのだろう。自分がわからなくなっていた。彼はマンハッタンのコモドールホテルで夏の間仕事をした。この仕事は、来学期の授業料をまかなえるほどの給料ではなかったが、不安定なときに、現実に立ち返る儀式として毎年やっていた。前年に引き続き、ほとんど毎年そこで仕事をしていた。コモドールホテルで夜フロント係として働きながら、仕事の合間に六つの大学の授業の勉強をしていたのだ。仕事をしていないときは、クイーンズの家にいて、心理学の本を読んだり、自分を対象にして睡眠学習の実験をしていた。これは明らかに目的もなく多忙にするためだけの仕事であった。そうしていると絶望を感じないでいられたのである。[36]

夏も半ばになってようやく、来年に関する希望の持てる知らせが届いた。七月二十一日、彼は、オルポートの秘書でなんでも知っているエレノア・スプレーグという女性から明るい知らせを受け取ったのである。[37] その手紙には、ミルグラムが奨学金希望者のリストの上の方にいるので、たぶん援助を受けられるだろうと書いてあった。「心理学科の助手がもっと必要なのはわかっています。あなたは助手になれると思います。秋の仕事については心配していません。教育の手伝いか調査の手伝いの仕事が見つかるでしょう」と彼女は書いていた。

その予測のとおりに、ミルグラムは春学期と同様、大学院の助手の仕事を手に入れた（その次の年も彼はまた両方の学期でその仕事を手に入れることになる）。しかし一九五五年から五六年にかけて助手になったことは、ミルグラムがその場の金銭的な問題を乗り切る以上の意味合いを持っていた。長い目で見ると限りなく重要であり、つらく先が見えなかった夏を補って余りあるものとなった。この秋、彼は教授の一人、ソロモン・E・アッシュの下で働くことになったのだが、アッシュこそは、ミルグラムに科学という面で最も大きな影響を与えることになるのである。(38)

※　※　※

ソロモン・アッシュは、哲学的な問題への深い興味を創造的でわかりやすい実験のやり方に結びつけ、そこからはっきりした結論を導き出すというすぐれた能力を持っていることで、広く尊敬されていた。彼はスワスモア大学の教授だったが、一九五五年から五六年の年度に客員講師としてハーバード大学の社会関係学部に招聘されていた。その年度の秋学期に、サバティカルのためイギリスのケンブリッジに行ってしまったジェローム・ブルーナーの代わりを務めるために客員教授として呼ばれたのである。ブルーナーもオルポートも、これがアッシュを呼ぶちょうどよい機会であると思っていた。(39)

オルポートはこの年、ミルグラムにアッシュの助手になるように命じた。秋、ミルグラムは「社会関係一〇七」「社会行動の心理学基盤」という二つの授業で助手として勤め、春学期にはアッシュの調査の助手の仕事を続けることになった。アッシュはスタンレーの仕事ぶりに非常に満足し、学部長のタルコット・パーソンズにその旨を伝える手紙を送った。(40)この手紙のおかげでミルグラムはハーバードにいる間ずっと、助手の仕事を確約されたのである。

アッシュが有名になったのは、彼が同調行動の研究のために、非常に単純だけれども強力な実験手法を生み出したことにあった。アッシュが同調行動に関する実験を行ったのは、その当時支配的だった考え方が、「ほとんど例外なく、個人が集団圧力に対して隷属するということを強調するだけで、人が自分をとりまく環境から独立しようとかそれと生産的な関係をもとうとしているという可能性については全く無視していた」[41]からである。アッシュはその支配的な考え方には全く反対であった。アッシュは人の本性については、もっと楽観的に考えていた。人の社会的な行動は、社会的圧力に対して単に受動的に反応するのではなく、その場面で選択可能な行動を積極的によく考えた上で重み付けした結果の合理的なプロセスであることが多い。これは、その当時一般的であった社会的影響過程を機械論的にとらえるという行動主義に起源を持つ考え方とは大きく異なる考え方であった。行動主義者にとっては、新しい行動を学習したり維持したりするのには、強化や報酬が中心的な役割を果たす。彼らの考えによれば、過去において、他者の意見に同調するといつでも、その後でなんらかの褒美になるようなことが続いて起こるから、私たちは社会的な圧力に屈するということになる。行動主義の刺激・反応の言葉に言い換えれば、過去に獲得した強化のせいで、他者の意見が刺激となり、それが自動的に同調反応を引き起こすというわけである。[42]これに対して、アッシュの社会的なインタラクションに関する見解はもっと合理的なものであり、これが、クルト・レヴィンとその学生が始めた行動主義の支配から社会心理学を解放する動きを後押しするものとなったのである。

アッシュの同調行動の実験手続きのポイントは、ある人がふと気づいてみると自分が他の人と明確に対立する場面にいることに気づく、というところにある。[43]ロジャー・ブラウンによれば、この実験パラダイムは被験者にとっての「認識論上の悪夢」である。[44]たとえば、独立と同調に関するアッシュの古典的な実験はこうである。被験者が約束の時間に実験室に到着すると、他の七人の被験者はもうすでにテーブルに着席している。アッシュはこの実験の目的は知覚判断の研究であると説明する。全部で十八回行う試行のそれぞれで被験者たちには四本の垂直な線が提示される。テストのたびにやることは同じである。ある一本の長さの線分と同じ長さの線分を、残りの三本のなかから見つけることである。被験者は順番に口頭で自分の判断を言う。当初、その実験はばかばかしいくらい簡単に思える。しかし、あるときから被験者はジレンマに陥ってしまう。というのは、実は、彼だけが本当の意味での純粋な被験者だからである。ほかの七人はアッシュの仲間なのだ。彼らは「サクラ」と呼ばれ、十八回の内十二回は間違った判断を言うように訓練されていた（この十二回の試行が研究にとって「重要」な試行と呼ばれる）。

最初の二回のテストでは、ほかのメンバーは正しい答えを言って、特に何事もなく進む。三回目では、三番目の線が正しいものなので、被験者はそう言おうと待ち構えている。ところが最初の被験者は「一番目の線です」と答える。そして二人目も「一番目の線です」と言う。ほかの参加者も「一番目の線です」と答える。回答が進むにつれ、真の被験者は何かが変だと考えるようになる。自分の番になったときには、その被験者は、自分の判断を信じるか、それとも意見が一致しているほかのメンバーの答えにあわせるかを今すぐ決めないといけないという困った状態に陥っていることに気づくのである。驚いたことに、だいたい十三の試行において、真の被験者は、実験的に作り出されたいつわりの多数派に合わせた回答をしたのである。

アッシュは標準的な実験方法を確立したうえで、さまざまなバリエーションを施した実験を行って、同調行動が増えたり減ったりする要因は何かを明らかにした。たとえば、多数派となるメンバーの人数の大小、課題の難しさ（ほかの三本の線の長さの違いを変化させると難しさは変わる）、ほかのメンバーの間での意見の食い違いがあることの重要性（サクラの内の一人がほかの多数派のサクラとは異なり正答を言う）などについて研究した。

※　※　※

もはや金銭の心配もなく、新たな自信に支えられ、ミルグラムは、ハーバードでの二年目を気ままに過ごしていた[45]。彼はごく自然に、きままな想像力、開けっぴろげな愛想のよさ、皮肉っぽいユーモアのセンスを示すことができ、また時どき自惚れて見せるなどうちとけた人柄を見せるようになっていた。一九五五年の秋に社会臨床心理学の専門家向けのゼミを一緒に出席したリチャード・ソロモンとジョージ・マンドラーら若手の教授陣と、ハーバードの流儀に反して、ファーストネームで呼び合うようになった。彼は友人のジョン・シャファーを小さな即席の寸劇とパロディに参加させた。彼は路上で誰とでも話ができるようなタイプだった。彼は寮の自分の部屋に一、二時間座って、目を閉じて、複雑な構造を持つ映画を頭のなかで上映してみたりすることもあった。また、クラスメートの仲間とペヨーテ（ドラッグの一種）をやったりもした。その仲間の一人に、やがて臨床心理学者になったロバート・パルマーがいた。パルマーはそのペヨーテで感覚が異様に鋭敏になるという経験をしたことを覚えている。ケンブリッジの街を運転しているときに、信号がありえないほど明るく輝き鮮明であったり、部屋のなかを歩いたとき、白いリノリウムの床の表面に赤と緑の色が浮かんでいるのが見えたりしたのである。

一九五六年の春学期、アッシュの研究助手として働きながら、ミルグラムは四つの授業に登録した。二月二十一日、学期が始まって三週間目、彼はスプレーグ女史から、助手を兼務している学生が受講できる最大の授業数（三つ）を超えているという手紙を受け取った。彼はその手紙への返事を書いて、彼女の規則の解釈に異議を申し立て、もし彼女が正しいということになれば学部長に請願するつもりであり、「あなたの考えが正しかったときに備えて、私はすでに飾り字を用いたラテン語の手書きの請願書を書いてくれる代書人を探しているところです。きっと効果があるでしょう」と皮肉っぽく付け加えておいた。(46) 学部規程に関してならば文書化されていたものだろうが慣習的なものだろうがなんでも知っていて「歩く規程集」と呼ばれていたエレノア・スプレーグがもちろん正しかった。ミルグラムの学部長への懇願は却下され、彼は授業を一つ落とした。

また彼は、高等学位委員会の実際の長であるフレデリック・モステラーに、夏季の授業を二つ取る事に関して手紙を書いているが、その内容はあつかましいものであった。彼は「事務局が私の授業計画に関して反対することはありえないようなので、それではいけないという連絡が来ない限り、この件は、学部によって満足いくものとして承認されたとみなします」と手紙を締めくくっている。[47] 彼の自惚れにもかかわらず、というより、そのせいかもしれないが、「それではいけないという連絡が来た」に違いない。なぜなら成績証明書を見たところ、その夏の授業は一つしか取れていなかったからである。

第3章
ノルウェー、そしてフランス

ミルグラムが博士論文の題材に選んだのは「国民性」だった。国民性とは、ある文化を他の文化から区別する特徴のことである。ミルグラムが異なる文化の差異に興味を持ったのは、一九五三年の夏、フランスとスペインとイタリアを旅行しているときのことだった。ハーバードに戻ってきてから、彼は、この興味を学問的でより体系的なものにした。一九五五年の春には、必修だったオルポートの社会心理学の授業で、さまざまな国のステレオタイプの分析に取り組んでいた(1)。さらに一年後、彼はロジャー・ブラウンの国民性に関するゼミを受講し、このトピックに関する百以上の論文や本を読んだ。一九五五年から五六年度にかけてアッシュの教育・研究助手として勤めたときに、アッシュの集団圧力実験を経験していたおかげで、比較文化研究というあいまいでとっつきにくい領域のなかから、具体的で研究可能な問いを引き出すという実験テクニックも身につけていたのである。すなわち、二つあるいはそれ以上の国民性を同調の程度によって比較するにはどうしたらよいか、という問いの形にしたのである。

彼はオルポートにこの博士論文の指導者になって欲しかった(2)。二人はすでに友好的な関係を築いていたし、文化の相違と民族間の関係の研究は、オルポートの幅広い研究テーマの一つだからだった。もしかしたら、重要だったのは、オルポートの指導の仕方だったのかもしれない。ミルグラムの研究上の着想を伸ばし、広範囲に実行させてくれたからである。オルポートの学生であったトム・ペティグリューも、「ゴードンは、個性のユニークさを強く信じる人でした。そして、自分が人に言っている通りのことをまさに博士課程の学生に対して実践しました。学生が自分のしたいことをしたい方法ですることを許してくれたんです」と言っている。(3)

ミルグラムは、一九五六から五七年度で社会心理学の博士号取得のための必須授業をほとんどすべてを取って、一九五七から五八年度にかけて博士論文のための研究を行おうと考えていた。(4) そのためには研究資金が必要だった。とりわけ、彼はその実験を海外で行う必要があると考えていたからである。いろいろ調べた結果、一九五六年の秋になって、社会科学研究評議会（SSRC）が提供している研究訓練奨学金が適切なものであり、受給資格も満たしているということがわかった。(5)

オルポートは一九五六年の春から海外に滞在していた。ミルグラムは、旅行中にわざわざ面倒をかけるようなことはしたくなかったが、社会科学研究評議会奨学金の申し込みの締め切りは一九五七年一月七日で、オルポートは十二月の初めまでアメリカには戻って来ない予定だった。そこで、ミルグラムは十月十七日に、イタリアにいたオルポートに博士論文の審査委員会の主査になってほしいというお願いと、彼がやろうとしている研究の概要を書いた長い手紙を送った。(6)

本当ならエマーソンホールで話すべき事をヨーロッパに滞在しているあなたに相談するのは心苦しいのですが、締め切りがあるので、ぜひお話をしたいのです……私は一九五七年から五八年にかけて、国民性についての論文を書こうと思っています。そして、あなたに審査委員会の主査になっていただきたいのです。……あなたのほかに私がついて学びたいという人はハーバード大学にはいませんせん。国民性そのものを研究のテーマとしている人はいますが、私の研究方法はあなたのものに近いのです。たとえば、あなたの本の『偏見の心理』の第六章の「集団の差異の科学的研究」にあるようなものです。(7) もちろん、いろいろと意見が異なる部分もありますが、それも、全体としては同じ考えであるというなかでのことです。

ミルグラムがオルポートに語っているのは、国民性の違いについての論文を読んでみたが、それらのほとんどが書斎派が頭で考えた印象批評にすぎず、具体的な行動を直接的・体系的に観察するような客観的で科学的な研究に基づくものがほとんどないということであった。ここで彼が思い浮かべている実験的な手法とは、アッシュの助手をしていたときに詳しくなったもののことだった。彼はイギリス、フランス、ドイツで、アッシュの同調行動の実験を比較文化的な追試として行おうと考えていた。その実験は、もともとアッシュの実験の変化形で、線の長さを判断する代わりに一対の音を区別するという実験だった。こう変えたことによって実験手順は安上がりなものになった。というのは、「圧力集団」の誤った回答を前もって録音しておけばよいからサクラを使う必要がなくなったからである。

オルポートにあてた手紙の最後に、彼は、この計画に対する彼自身の意気込みは「ずっと高いレベルで持ち続けていますが……それがあなたにも伝わるでしょうか。いずれにしても、このアイデアはそんなに悪いとは思わないのではないでしょうか。必ずや私の論文の主査になっていただけると思っています」と書いている。

オルポートはローマから返事をくれ、ミルグラムがやろうとしている分野に全体として同意するとともに、ミルグラムが書いてきたことには価値があると認めてくれた。彼はミルグラムが国民性に興味を持っていてそれに関して広い範囲の書物をすでに読んでいることを喜んだ。そして、この研究がお互いにとって満足のいくようなものにするということを条件に、彼はミルグラムの論文を指導することを引き受けた。しかし、実験そのものが気がかりだった。「説明してくれた実験は実行できないのではないかと心配しています。(8) 実験のための施設や被験者が手に入るかどうか、ヨーロッパ側に協力してもらえるかどうかについて楽観的過ぎるようです。その点がまず問題です。これは非常に深刻な問題で、ずっと尾を引く問題になるかもしれません」。オルポートはミルグラムに、十二月初めにケンブリッジに戻って、直接会って相談するまでは「一時保留」にするように伝えた。

オルポートがハーバードに戻ってきてから直接面談したおかげで、ミルグラムの研究計画はもっと現実的で、実行可能なものとなった(9)。三カ国で同調行動の比較をするやり方から、アメリカとノルウェーの二つの国の比較をするやり方に修正した。オルポートは、オスロにある社会研究所が異文化研究には都合がよいという理由からノルウェーを勧めた。その研究所は、その時点で実験的手法を用いて比較文化研究を行った数少ない研究を創始した組織でもあり、またその中心的なオフィスの役割も果たしていた。それは、集団の規範から逸脱した結果を複数の国の間で比較する研究であり、短期間のみ存続した比較社会研究所（ＯＣＳＲ）によって行われたものである。そこには、ラグナー・ロメットベイトやステイン・ロッカンのような異文化の調査に興味を持っているスタッフがいた。その組織とそこにいるスタッフたちなら、ミルグラムや彼の研究を快く受け入れてくれると考えたのである。

オルポートはロメットベイトとロッカンに手紙を送り、ミルグラムが社会科学研究審議会に提出した提案書のコピーを同封して送るとともに、ミルグラムがそちらで研究を行うことは可能か、また受け入れてくれた場合、必要なものを提供してもらえるかどうか質問した(10)。オルポートは同時に、「ミルグラムは若く、熱心な研究者で、エネルギッシュで、打てば響くような人で、友好的な二十三歳くらいの青年です。きっとあなたたちも気に入りますよ」と付け加えておいた。その返事がオルポートに届いて、ロメットベイトとロッカンはどちらも、ミルグラムの研究に本当に興味があると述べていた(11)。彼らは、社会研究所とその付属機関であるオスロ大学の心理学研究所（心理学部）両方にいる技術の細部に詳しい人にミルグラムのことを伝えてくれた。

ミルグラムは、研究訓練奨学金の申請書を一九五六年の最後の週に社会科学研究評議会に送付した。一九五七年の三月二十六日に、ミルグラムは、社会科学研究評議会から手紙を受け取った。彼は次点だったので、もしも奨学金受給予定者のいずれかが辞退すれば、奨学金を受け取れることになっていると知った。[12] 実際、辞退者が出たために、二週間後の四月十日には、彼は十二カ月の間に総計三千二百ドル（当時のレートで約百十五万円）の奨学金を受け取ることになったのである。[13]

ところが、不運なことに、二カ月後ミルグラムはオルポートから「六月六日の会議で、学部はあなたが統計学の試験を落としたという評価を下した」旨を知らせる手紙を受け取った。[14] 博士号取得のために必要な科目として、学生はさまざまな分野における自分の能力を証明するためのいくつかの特別試験にパスする必要があり、統計学もそのなかの一つだった。それは一年に一回、春しか受けられないため、ミルグラムは一番早くても来年になってから、もう一度受けるしかなかった。

オルポートが社会科学研究評議会の事務局長のエルブリッジ・シブレーにこの予期せぬことの成り行きを知らせると、シブレーは「かなり困惑した」[15]。というのは、統計学の技術は、博士論文のための研究データの分析に必須だったからである。ミルグラムはシブレーに、自分は統計学の試験を失敗したけれど、統計学の能力は、一九五六年の夏季統計学コースを終了していることを考慮に入れれば、研究計画の必要を満たしていると思っているし、そう言われたこともあるとの旨の手紙を出した。[16] それでも、もしシブレーがこれで満足しなければ、ミルグラムは研究で使うデータ分析の技術の詳細な記述を含む「統計学小論文」を提出する用意があり、ノルウェーに旅立つ前にこれをやりたいと提案した。オルポートとフレッド・モステラーが、シブレーにミルグラムの能力を保証したので、シブレーはミルグラムに、追加の統計学の準備をする必要はなく、研究準備を進めてかまわないと伝えた。[17] モステラーからのこの再保証にはシブレーも応じないわけにはいかなかった。というのは、モステラーは統計学の分野の優れた専門家だったからである。

ミルグラムは七月に奨学金の一カ月分を受け取りはじめ、[18] それを使って夏の間中、ハーバードの学生を使って研究手順の予備実験を行った。

ミルグラムがノルウェーに出発する前に片付けておかなくてはならない問題がもう一つあった。彼の博士論文の提案に対して論文審査委員会が会合を開いて、その提案を正式に認可するという手続きが必要だったのである。委員会のメンバーの大部分は、夏の間は不在だったので、その会合は秋学期の初日、教授陣のすべてがケンブリッジに戻ってくる九月二十三日までは開くことはできなかった。

ミルグラムの博士論文の審査委員会は九月二十四日に行われた。委員会はミルグラムに、アドバイスや批判を行ったが、これはどこの大学の論文審査委員会でもよくあるプロセスで、彼の提案は承認された。[19]その後に送った手紙のなかで、オルポートは、論文審査委員会で議論された論点をまとめた後、ミルグラムの健全な判断力を全面的に信頼するという意味の言葉を添えて締めくくっている。

しつこいようですが、研究計画には変更がつきものです。[20]あなたが、新しい環境やノルウェーの同僚からのアドバイスにうまく対応できることを示してほしいと思っています。それから、私たちに相談することなく、研究テーマを「ノルウェーの鰊市場」に変えてしまわないように！

素晴らしい年になるように祈っています。

心を込めて

ゴードン・W・オルポート

十月五日、ミルグラムはオスロに向かう定期船、ベルゲンスフィヨルド号に乗ってニューヨークを出発した。それはノルウェー・アメリカン・ライン社が最近購入したきれいな船であった。そして、何ということもない晴れた日にオスロに到着した。秋の空気は気持ちよく、町は柔らかな十月の太陽の光に満ちていた。人びとは日々の仕事に没頭して、忙しそうだった。到着してから何日か後、女友達に宛てた手紙でミルグラムは、社会研究所でミルグラムの受け入れ側の人が、かわいい金髪の秘書を出迎えによこしたけれど会えなかったと冗談ぽく書いている。(21)オスロは、パリやローマやマドリッドのような街とは違い、アメリカの街みたいで、大きな車が通りを行き交っているし、道行く人の着ているものを見ると、ミネアポリスのような田舎町みたいだと思っていた。女の子はみんな魅力的で背が高く、「小さなスタンレーの上にそびえ立っていた」。とはいっても彼に釣り合う背の高さの女の子たちもいないわけではなかったので、そうした子たちと知り合うのを楽しみにしていた。彼はオスロについて「明らかにコペンハーゲンほどの魅力はない。というより、やや魅力不足である」と手記に記している。しかし、このおおざっぱな第一印象は、研究のためにここで一年過ごした後では、この町と人びとに対する大いなる慈しみを含んだ微妙な視点を持つようになる。実際、一カ月後には、彼はオルポートに「自然の恵みがふんだんにあるわけでもない土地から、ノルウェー人が作り出したものに対して、尊敬の念を抱いています。とはいえ現代のバイキングたちに、グリーグはバッハと同等ではないし、イブセンもシェイクスピアほどではないということをうまくわからせてあげられる人がいるといいのですが」と書いている。(22)

ミルグラムを受け入れてくれたのは社会研究所だったが、そこにはミルグラムの実験に適した部屋がないことがわかった。(23)そこで、彼らは研究するうえで親しい関係にあるオスロ大学の心理学部の地下室を使えるように手配してくれた。ミルグラムのノルウェー時代の一番の恩師でありアドバイザーでもあった社会心理学者のラグナー・ロメットベイトは両方の組織で仕事をしていたのである。この機関と学部の教授陣と職員がよく手助けをしてくれたほかに、ミルグラムは二人の著名なアメリカ人社会心理学者のアドバイスももらうことができた。というのは、エール大学のアーヴィング・ジャニスと、ミシガン大学のダニエル・カッツの二人がたまたまフルブライト基金から派遣された学者として同じ所に来ていたからである。

ミルグラムのオスロでの最初の一カ月は、実験手順を準備するという複雑でこまかい技術的な仕事で手一杯だった。穴開けや電線をつなげたりすることや、教示や一対の刺激音、それから圧力集団の役目を果たす人たちの声をテープレコーダーに録音したりすることなどである。準備の仕上げは、被験者を使って予備実験をすることだった。被験者の母国語で実験を行うため、ミルグラムは心理学部の博士課程の生徒、グットーム・ランガードを雇っておいた。ノルウェーでの実験者の声は彼のものであり、彼は被験者の募集やほかの細かなことも手伝ってくれた。

十一月中旬までには、ミルグラムはよく手入れされた実験器具を決まった場所に配置し、被験者を受け入れる体制を整えた。実験結果を普遍的なものとするために、彼は生徒役をする被験者がノルウェーのすべての地域から間違いなく集められるように手配した(24)。これはそんなに難しいことではなかった。というのは、オスロ大学は当時、この国でただ一つの総合大学だったので、そこの学生たちは南はオスロ周辺から、北は北極圏内にある北部のノール・ノルゲあたりまで、あらゆる地方からやってきていたからである。

被験者と約束の時間を取り決めるときはいつでも、迅速にやることが重要だと強調されていた。というのは、同時にやる被験者は六人いて、みんながそろわないと実験が始まらないからである(25)。被験者が研究所に到着すると、彼はコートを椅子の上に置くように言われる。そこには、すでにほかの人の服が高く積み重なっている。1から6まで番号が振ってある一連のドアが並んでおり、被験者はノルウェー語で「被験者6」と書いてあるドアに連れて行かれる。これらの仕掛けによって、ほかの被験者がもうすでに部屋の中に居るという印象を与えているのである。ドアの中は小部屋になっている。被験者はその小部屋で着席し、ヘッドホンを付けて、マイクも渡される。

この実験でやる作業は、二つ提示される短い音のうち、最初の音と後の音のどちらが長いかを判断するものであった。三十回の課題があり、そのたびに二つの異なる音がイヤホンを通して聞こえてくる。ほかの五人の被験者の意見を聞いた後で、その被験者が最後に判断を下すことになる。もちろん、この五人の意見はミルグラムの仕込んだサクラの意見である。三十回のなかには実験の中核ともいえる重要な試行が十六回ランダムに挿入されていて、そのとき、サクラたちは異口同音に間違った答えを言った。それら十六回の試行のとき、ミルグラムの被験者たちは、苦しい葛藤に直面することになる。それはアッシュの被験者がかつて直面したのと同じ種類の葛藤なのである。「自分の判断に従うべきか、それとも集団の重圧に屈して、彼らが言う間違った回答に同調すべきなのだろうか」。

被験者はまた、ほかの被験者が実際には、実験室にいない「偽りの集団」であったことを知らなかった(26)。それぞれの被験者には、集団の声だけが聞こえたのだが、それはミルグラムが前もってテープに取り、巧妙に一致させて再生していたのである。これがどれくらい巧妙だったかというと、実験が終わった後で、被験者たちに、実際に「生きていた」被験者はあなただけだったんですよということを納得させるのに手間がかかったくらいだった。

ミルグラムにはあふれるほどのユーモアのセンスがあった。まるでユーモア自体が勝手に動き出しているかのようだった。そのため、博士論文を書いたときも、論文というものは真正直なもので、ときには眠気をもよおすくらいまじめに書くものだという常識や慣習には縛られていなかった。博士論文のなかで、架空の圧力集団の実用上のメリットについてこう書いている。「この集団なら、いつでも実験者の都合のよいときに実験を行えるし、何度同じ演技をさせても、テープ上の人格はギャラを要求しない(27)」。

最初の実験では、重要な試行十六回のうちの六二パーセントで、被験者は間違った回答をする偽りの多数意見に屈した。実験の後、ミルグラムは質的な情報を得るため、参加者に対して個別に面接をした。面接後に、この実験の本当の目的と詳細を説明した。ほとんどの被験者は、多数派の答えが自分に影響していることを否定するか、認めたとしてもその影響を低く見積もった。ミルグラムはオスロでの研究期間の間に、ゆっくりとではあるがノルウェー語を使える程度にはなっていたが、最初の実験のころは、被験者の母国語のノルウェー語では十分に面接ができないのではないかと心配していた。しかし、すぐにそれは杞憂だったということがわかった。それは、英語で面接ができたからである。ミルグラムは、明らかにびっくりした様子で「被験者の人たちが、みんな英語で自分自身を十分に表現できるなんて信じられますか」と書いている。[28] 百五十人の大学生の被験者のうち、英語の知識不足で面接を受けられなかったのは、一人もいなかったのである。

二番目の実験でミルグラムは、正しく答えることになんらかの価値があるようにしたらどうなるかを調べてみた。もし学生の行動が深刻な結果につながるとすれば、同調行動は減るかもしれないと考えたのである。そこで、彼は学生たちに、この実験から得られた結果は、飛行機の安全シグナルのデザインに応用することになっていると伝えてみたのである（これ以降の実験のバリエーションでは、この教示が使われている）。これによって同調行動は五六パーセントまで下がったが、この数字と、ベースライン条件と呼ばれる最初の実験の六二パーセントの間の違いは、統計学的には有意ではなかった。

二番目の実験は飛行機条件と呼ばれたが、この条件のように不正確に回答すると結果が重大になるようにしても、人は仲間からの圧力に五〇パーセント以上も屈してしまうのである。ベースライン条件と飛行機条件の違いは、被験者がどれくらい正確に答えよう（正しく答えなければいけない）と動機づけられていたかにあった。しかし、どちらも他人が聞いている（と思っている）前で答えなければならないという点では同じだった。そこでミルグラムは考えた。この人前で答えるという点をなくせば人はより自立的に考えるのだろうか、それとも、同調という特性は人に深く埋め込まれてしまっているので、答えが人に聞かれるかどうかに関わらず集団圧力に屈するのだろうか。

次の実験では、被験者の別のグループが飛行機実験と同じ課題を受けたが、一つだけ大きな違いがあった。それは、他の「被験者」の答えをインターフォンを通して聞いた後で、被験者は答えをグループの人の前で発表するのではなく、紙に書くよう指示されるのである。このプライベート条件では、同調率はさらに下がった。しかし、予測していたほどではなかった。被験者たちは依然として、おおよそ五〇パーセントは多数派の意見に同調していたのである。

ミルグラムの最初の博士論文の研究提案書では、ノルウェーとアメリカの比較をすることになっていた。彼はノルウェーのデータを集めた後でアメリカに戻り、アメリカの大学生の集団に対して同じ実験をして、比較することを考えていた。この二つを一年でやろうとしていたのである。社会科学研究評議会に提出した研究申請書に同封した研究提案書で、彼は、アメリカ人はノルウェー人よりも同調的だろうという仮説を立てていた。この予測は主に印象に基づくものでこれは確信を持って立てた仮説というよりは、経験に基づく推測に近い。ミルグラムの主な目的は、実験的な方法を用いて、異文化間における行動の違いに関する客観的な証拠を手にするというところにあった。したがって、アメリカ人とノルウェー人のどちらが同調的かを決めるというよりは、そもそもそのような違いを特定することができるかというところにあったのである。

このアプローチは、戦後の社会心理学者の間に広まっていた考え方とは大きく異なる。多くの社会心理学者は、理論に基づいて、これはこのようになるはずだという方向をもった予測をすることこそが、純粋科学に近づく王道だと信じていたのである。この考え方は、「よりハードな」科学から受け継いだ考え方であり、その背景には明示も意識もされていなかった次のような動機づけがあったと考えられる。すなわち、仮説をたててそれを実験によって検証することができれば、その研究者の科学的な面における鋭さと洞察力を証明できるというわけである。

ミルグラムは自分自身を明確に社会心理学に属するものであると考えていたが、社会心理学が仮説とその検証という枠組みを強調しすぎることに対しては反対していた。

社会心理学では、実験の最も重要な機能が仮説の証明であるという考えが広まっているが、それは間違いである。実験の結果がどうなるかを予測するというまっとうな理由がないことはないが、その予測には根拠もなければ望ましいものもないということも多い。今回の集団圧力実験は、統制された観察場面・測定場面として考えられたものである。国民というものに関しての客観的な記述が非常に簡単なものでさえ得られていない現在の状況では、温度計に仮説が必要ないのと同様に、実験に仮説は必要ない。測定器具の示す数字からわれわれがどんなことを推測できるかということと、その測定器具が役に立つかどうかには関係はない。(29)

実験室での高い同調行動、被験者やそれ以外の人との議論、オスロでの生活体験などを通して、ノルウェー人が個人主義であるという仮説が、ノルウェー人自身の行動と価値観という現実の前にもろくも崩れ去ってしまったということがミルグラムにはすぐわかった。彼の見るところ、ここの社会は集団の結束と結合が重んじられる平等主義の社会で、そこから飛び抜けたり、目立ったり、注目を浴びすぎてしまうと、眉をひそめられてしまうようなところらしい。ミルグラムのノルウェー人の同僚は、彼にジャンテロヴェン、「ジャンテ法」と呼ばれているものを教えてくれた。(30)それらの十の「戒律」が、ノルウェーやそれ以外のスカンジナヴィア地域で見られる集団の結束の規範を目に見えるものとし、さらには維持したりするのにおそらく役立っているのだろう。その命令のうちの三つは次のようなものである。

汝、他人より自身を信じることなかれ
汝、他人より自身が知る人であると信じるなかれ
汝、他人より自身が賢いと思うなかれ

ミルグラムはオルポートに、最初の三つの実験が終わったときに、詳細な報告を送っていた[31]。彼は、ノルウェーの被験者の間で見られる一般的な結果のパターンが、ハーバードで予備検査をしたときのアメリカの被験者の結果に非常に似ていることに気づいた。ノルウェーとアメリカの違いに関する彼の仮説は全くのところくつがえされたのである。「ノルウェー人はアメリカ人より明らかに他人の意見に左右されないだろうという私の仮説は実験結果と合いませんでした」と彼は書いている。さらに彼は、「ちょっとここに住んでみれば、ノルウェー人が気質、物の見方、生活スタイルの点でほかのヨーロッパ人よりもさらにアメリカ人に似ているということがわかるでしょう。国民性について実験的な差を見つけようとしているときに、比較しがいのない国を選んでしまったわけで、この結果を無駄にしてしまわないようにするのは、非常に大変です」とまとめている。

結果がこのようになってしまったので、ミルグラムは、ノルウェーとの比較対照国として、アメリカの代わりになる見込みのある国はどこかと考えるようになった。フランスがすぐに頭に浮かんだ。一九五三年の夏にパリで生活した経験があったので、フランスでは批判的な判断と意見の相違が大切にされていて、ノルウェーよりもずっと社会的な意見の一致が少ない国であると知っていた。「フランスがとても良いと思います。北欧系からラテン系に切り替えないといけません。ノルウェー人とフランス人はお互いをとても違う（結婚してもその間に子どもが生まれないくらいに）人種だとみなしています」とオルポートに書いている[32]。

ミルグラムは、最初のいくつかの条件だけでもおもしろく予想を超えた知見が得られたので、最初に予定していた条件以外にもさらに実験のバリエーションを作ってノルウェー人の同調行動の限界を調べる必要があると考えていた。また、結果の一般化についても悩ましい問題点があった[33]。たとえ、どんなに多くの追加実験を大学生のサンプルを使ってやったとしても、そこで得られた結果は、国全体の人の意見を反映しているものなのか確信が持てなかったのである。たしかに、彼の被験者の学生はノルウェー中から来ている。しかし、その当時、オスロ大学に来ているのはノルウェー人のなかの千人に一人なのだ。そこで、ミルグラムは大学生でない被験者を使った実験を少なくともいくつかの条件について行う必要があると考えていた。

オルポートはミルグラムの実験が進んでいるのを知って喜んだ。[34] 彼は修正した計画の理論的背景は筋が通っていて説得力があるので、その計画でよいとした。計画を変更すると、ミルグラムのノルウェー滞在を延長しなければならなくなる。ちょうど二月の半ばのことで、ミルグラムは五月末までにノルウェーでの追加実験は終わるだろうと考えていた。それは二年間の奨学金が終わる一カ月前で、月々もらえるお金もそこで終わってしまうのである。どの国と比較するかに関わらず、もう一年分の奨学金が必要であることは明らかだった。この問題について呻吟しているとき、「聖書の奇跡が起こったとしか考えられない」手紙を受け取った。[35] それは、エルブリッジ・シブレーからのもので、社会科学研究評議会が博士論文完成奨学金をちょうど始めたことを知らせるものだった。これがあれば、ミルグラムは、二年目の博士課程研究を続けるための資金援助を得ることができる。研究計画を詳細に述べた申し込み用紙をすべて記入するほかに、さらに、自分の現在の研究を良く知っている人間からの非公開の評価が必要だった。そこで、オルポートはすぐにシブレーに手紙を送って、以下のように力強い推薦の文章を書いている。「ミルグラムは非常に頭が良く、彼の研究もこのように素晴らしく進展しているので、もう一年支援してくださるようお願いします[36]」。そして、ミルグラムは一九五八年三月二十日に奨学金の一年延長の知らせを受け取った。[37]

次に、彼はノルウェーの大学生たちとともに、いくつかの追加実験をデザインする作業に取りかかった。一つは、被験者が批判を聞いたときにどのような反応をするかをテストしたかった。そこで彼は「あいつは目立とうとしてるのかね」といったようなサクラたちからのコメントをテープに録音した。これを、被験者がほかの人間の誤った反応とくいちがう正しい答えを言った後すぐに、もう一つのテープレコーダを用いてミルグラムが差し挟むようにした。こういった類の周囲からの非難（この条件を「非難条件」と呼ぶ[38]）があると、同調率は七五パーセントにまで跳ね上がったのである。

学生を対象とした最後の実験は、それ以前の実験で明らかになった知見を説明するときに、ほかの説明の方が正しいかもしれないという可能性を排除するためのものであった。実験後の面接で、何人かの被験者は自分の答えが正確かどうかが定かでなかったので他人の意見に合わせたのだと主張した。自分の答えの方が正確だという自信が持てたなら、他人の意見に同調せずにすんだかもしれないというのである。彼らの主張が正当かどうかを検討するために、ミルグラムは、被験者が答えを言う前にベルを鳴らすと、一対の音がもう一度流され、もう一度確認することができるという要求を出せるように研究手順を修正した。このベルの音は、実験者に（そしておそらくは、ほかの「サクラの被験者」にも）聞き取れるようになっている。こうすると、同調率はいくらか下がって、六九パーセントになった。特筆すべきことは、このベル条件で繰り返しを要求したのが、二十人の被験者のうち五人だけだったということである。大多数の被験者は音を再度聞く機会があってもそれを利用しないのである。それは、被験者が他人の意見に屈するのが自分の答えに自信がないからではなく、まさに彼らの同調傾向の反映であるという強い証拠であると考えられる。

ミルグラムがこれまでの実験で得た同調行動のレベルは、学生のみに当てはまる何らかの特異な事情のせいなのかもしれない。そうではないことを確認するために、アメリカでいうならゼネラル・エレクトリック（GE）かウェスティングハウスにあたるノルウェーのエレクトリスク・ビューローの工場労働者を被験者として検証実験をおこなうことにした。実験のストーリーをできるだけ信頼できるものとするため、ミルグラムは非常に注意を払って、被験者に、本当の労働者階級のアクセントを聞かせるため、同じ工場の従業員の声を使って、偽のほかの被験者の新しい録音テープを作成した。ミルグラムは、このグループの被験者たちに飛行機条件と非難条件の二つの条件の実験を追試した。

その結果、学生に比べて労働者は他人の意見に左右されにくいということがわかった。飛行機条件の同調率は四九パーセントで、学生の同調率が五六パーセントであったのに比べて少ない。非難条件では、六八パーセントが他人の意見に屈した。学生の同調率は七五パーセントだった。しかし、これらの違いは統計学的に見れば有意ではなく、偶然の変動の域に収まるものだった。実際、この二つのグループの同調率はほぼ同じと考えてよく、全体としてみれば、これらの実験を通してノルウェー人の重要な行動特性についての示唆を得ることができたのである。

実験の倫理的な側面に関してどう思ったかを知るために、ミルグラムは実験から二カ月たって、ノルウェー人の被験者であった学生にアンケート用紙を送った。その質問の一つは被験者が実験後すぐにどのように感じたかを尋ねるものであった。彼らの大部分はいったい何が本当に起こっているのか理解できなくて困惑していたとのことであった。

二番目の質問は、「現在の時点で考えて、あの実験は倫理的でしたか、それとも倫理に反していたと思いますか」というもので、非常に非倫理的、非倫理的、倫理的、倫理的でも非倫理的でもない、の四択で答えることになっていた。この質問に回答した九十一人の被験者のうち、非常に非倫理的であると答えた者は一人もいなかった。八人は非倫理的、十四人は倫理的、そして大多数の六十九人の被験者はこの実験を倫理的でも非倫理的でもないと評価したのである。

三番目の質問は「あの実験に参加したことに関して、今どのように感じていますか」というもので、「参加できて非常に嬉しく思う」から「参加してしまったことを非常に残念に思う」まで、五つの答えから選ぶ形式になっていた。最後の選択肢を選んだ人は誰もいなかった。九十三人の回答者のうち一人だけが残念と述べ、大多数の七十人の被験者はこの実験に参加できて嬉しい、もしくは非常に嬉しいと言った。この質問は、後年、物議をかもした実験においても、再度使われることになる。

論文のなかで、ミルグラムは実験後の調査の結果を被験者の観察で締めくくっている。

実験には被験者を偽るという点が含まれていたのだけれども、ほとんどの被験者は実験に参加したことを喜んでいるようである[39]。それには、次のような理由が考えられる。まず第一に、この偽りが個人的な利益のために使われたのではなく、学問的知識を増やすためであるということを理解していたからである。また、実験が本当はどのようなものであるのかということを早めに教えてもらったことを評価していた。実験でどういう行動をした被験者であっても、私たちがこの実験の本当の目的と実験手法についての情報を開示して、彼らを責任ある立場においたということを知っていた。また、この実験プロジェクトがうまくいくかどうかは、彼らがこの責任ある立場を喜んで引き受けるかどうかにかかっていると言うことも知っていた。二十分のあいだ彼らの尊厳を損なったとしても、私たちは信頼を広めることによって尊厳を再確認した……ほとんどの被験者は、この実験において偽ることが必要であることを納得してくれたし、それを道徳的に非難はしなかった。しかし、この問題について何か決定的な結論があるべきだというのではない。倫理に反することがあるならば、世論調査をご都合主義的に使ってみたとしても責任を免れるわけにはいかないし、そもそも、そんな調査で何か結果が出たとしても、この問題には本来無関係だろう。

この当時の心理学者として、実験の倫理にこれほどまでに注目を注ぐというのは、普通ではなかった。アッシュもその例外の一人で、同調行動の実験に関するさまざまな報告書のなかで、自分の研究の倫理的な問題について語っている。たとえば、アッシュは報告書のなかで、「（実験の）状況は実験者に特別の責任を課すことになり、実験手続きにふさわしいだけの安全策を施すようにさせる。これは筆者である私の経験であるが、一瞬の痛みや不快さよりもはるかに重要なのは、実験者が被験者をどう取り扱うかということなのである」と書いている[40]。ミルグラムはこれらの報告書を読んでいたが、倫理に関する質問についてオルポートに報告するときに、アッシュについては言及していない[41]。彼が倫理問題に関する検討をしたときに参考にしたとしているのは、アッシュではなくリチャード・クラッチフィールドという社会心理学者と、名前は書かれていない他の人であったりした。しかしながら、アッシュの著書を読んだり、ハーバード時代にその助手をつとめたなどの関係があったからこそ、ミルグラムが倫理問題に神経質になるようになったと考えるのが、もっともらしいと思われる。

＊　＊　＊

ミルグラムはノルウェーでも、その後のフランスでも、非常に多くの時間と精力を実験に費やしたが、社交にも力をそそぎ、友達も増やし、ローカルな学生生活にとけ込むとともに、アメリカにいる家族や友達とも活発なやりとりを行っていた。また、休みには、ほかのヨーロッパ諸国への旅行もしていた。

ニューヨークの友人に宛てた手紙で、社会関係学部のメンバーによって行われている研究のなかで、彼の博士論文のための研究が最も重要なものの一つとして、ハーバード大学で誉められていると聞いたといっては自慢した。(42) しかし、彼は、これはさほどのものではないということを認めてはいた。というのは、そもそもこの噂を流したのが、彼自身だったからである。母親やジョエル、マージョリーには、手紙やおみやげを送っていた。あるとき、ジョエルに木製のノルウェー製の小さな彫像をいくつか送った後で、それは自分が彫ったのだと明かした。(43)「気候と食事が変わると、外見や性格もずいぶん変わるものだ」と書いている。母親には、自分の実験の進捗状況を知らせていた。その返事で、母親の方でも彼のやっていることを誇りに思うと述べたり、小さな車を買ったこと、こんな映画を見たとか、そういったものについてのおしゃべりを書いたりしてきた。(44) そして彼女は面倒見の良いユダヤの母だったので、フォルクスワーゲンを運転するときは特に気をつけるように言い、イギリスへ旅行の計画があるのを聞けば、彼に一、二着スーツを買うように勧めたりした。「でも、こっちに帰ってきたとき恥ずかしくないのを買うんだよ」。また、その後の英国への旅のときには、インフルエンザが大流行しているからできれば行かないようにと言ったり、当座預金の限度額を超えてお金を使わないように諭したり、すてきなユダヤ人の女の子を見つけたかどうかを知りたがったりしていた。

しかしミルグラムは、暗い手紙を書いてくることもあった。ハーバードのクラスメートのジョン・シャファーに宛てた手紙は、ミルグラムのその後を予言するような痛切さに満ちたものであった。

僕の本当の意味での精神的な故郷は、フランスでも、地中海の国々でも、イギリスでも、スカンジナビアでも、北ドイツでもなく、ヨーロッパの中央なんだ。ミュンヘンや、ウィーンや、プラハといった都市に囲まれたあたりだ……。私は一九二二年にプラハのドイツ語を話すユダヤ人コミュニティに生まれ、その二十年くらい後に、ガス部屋で死ぬべきだったのだ。いったいなぜブロンクスの病院なんかで生まれてしまったのかわからない。(45)

ノルウェーでミルグラムがしたことのなかに、その後本当に楽しみの一つとなったスキーがある。オスロを取り囲むノードマーカ山の雪化粧をした丘のきらきらした美しさによってこのスポーツにはどうしようもなく引きつけられていた。スプレーグ女史に宛てた手紙で、「オスロについたときには全く滑り方も知りませんでした。そして、オスロを去る今になってもちゃんと滑り方を知っているわけではないんです。でも、ノルウェーにいる間の、夕方早く、静かな山道を長いこと滑り降りてきたことや、飛ぶように滑ったスキーで粉雪が雲のように舞って日に照らされていたことが印象的でした(46)」と書いている。

ノルウェーの生活がもっと楽しいものになったのは、女の子の知り合いができたからだった(47)。一九五八年の一月に、彼はイギリス人の女の子、ロザリンドと知り合い、彼女がイギリスに帰るまでの三カ月間、つきあっていた。土曜日になると彼らはスキーに一緒に行き、彼のアパートで料理をした。スタンレーは彼女と恋に落ちたわけではなかったが、彼女のことがとても好きだったし、いつも一緒に行動できる幸せに満足していた。

ミルグラムがオスロにいたとき、彼は学生村（Studentbyen）という、オスロを取り囲む山の上にある学生居住地のアパートにノルウェー人の学生たちと住んでいた。(48) 彼と同じアパートに住んでいた学生の一人にアーン・オーラブ・ブルントラントがいたが、彼は、後にノルウェーの首相となるグロ・ハルレム・ブルントラントと婚約していた。ミルグラムは、こんなに密着した場所に五人も住んでいて、それでも非常に上手くやっているのを見たことがなかった。友情や共同体意識が非常に強くなっていたので、年度末に別れなくてはならなくなったときには本当に悲しかった。

ミルグラムはノルウェー人に対して温かな感情を抱くようになったが、それは、彼の周りの物理的な環境に対する反応とは全く対照的なものだった。この国を去った後に、ノルウェーの友人に手紙を書いて、「オスロのじめじめした季節といえば、街の古い建物のオシッコをかけたような壁に空から雨が降っていたよね。肺炎、蓄膿症、それに気の滅入る時期だった。不快な季節だ。でも、いったん太陽が出てくると、それは本当に気持ちよく、濃密で、光がすべてを琥珀色に洗い流してくれた(49)」と書いている。

ミルグラムは結局、当初の予定よりもノルウェーに長く滞在した。(50) 彼は三月後半には学生を被験者とする実験を完了させていたのだが、大学生以外の被験者をこの最後の時期になって見つけるのは難しいとわかったからである。エレクトリスク・ビューローの工場労働者をそろえるには、五月中旬までかかり、その被験者を使って二つの実験を完了するころには、七月の中旬になっていたのである。(51) 彼は研究所でコンピュータを使うために、オスロにもう一カ月滞在した。データをＩＢＭカードにパンチ入力し、それらを分析し、暫定的な結果をまとめた。パリに旅立ったのは八月の中旬のことだった。

スタンレーはオスロのときより、パリの生活にもっと早く、簡単に慣れた。一九五三年の夏から五年経っていたが、ほとんどたいして変わっていないように思えた。彼はこの町の外見の美しさに魅了された。

パリは世界で一番好きな都市だ。美しさは格別だ……秋、褐色や金色に色づいた楓の葉っぱがリュクサンブール公園の大理石でできた古典的な彫刻の側にひらひらと舞い落ちてくる時、秋の霧で空気がかぐわしくなる時、そしてセーヌ川が季節によって色合いを褐色、深紅、オレンジ色と変えていく時……オスロは町で、コペンハーゲンは都市で、ニューヨークは大都市で、パリは都会なのだ……[52]。

しかしながら彼はフランス人に対して複雑な感情を抱いていた。彼がフランスに到着してからすぐ、ハーバードのクラスメートだったソール・スタインバーグへの手紙のなかで、オスロのときのようなサポートをここでも手に入れられるかどうかについて悲観的なことを書いている。「この国は、自己中心さ、不誠実さ、不機嫌さであふれかえっている。これらのくそったれの酒好きのカエル（フランス人たちのこと）が協力的といっても、誇大妄想をしているラバ程度のものだ[53]」。

その一方で、数カ月後、別の友人に当てた手紙では、いつでもパリのペースにぴったり合っていると感じていると書いた。「気分が落ち込んだときには、ちょっと散歩に出かけて、混雑した市場や慌ただしい狭い小路、騒がしい広場などに行けばいいのです。そうすれば、自分が人類の仲間であるという気分で高揚してくるのです。笑い、叫び、顔をしかめ、冗談を言い、いかさまをし、泣いて、歌って、駆け引きをし、議論し、微笑み、爆発し、後悔する……そんな人たちの仲間なんだと[54]」。

ミルグラムがパリに慣れると同時に、その誘惑についても知ることになる。パリでの生活について、アメリカの親しい友人に当てた手紙で、彼はこう回想している。

私の「お友達」の女性がパリを去ったとき、私はフランスの売春婦の値段を調べてみた。とても高いのだ。女たちは労働組合に入っているに違いない。千五百フランで手に入るのは、パリにおける並の「お相手」だ。五千フラン（現在の換算レートで十二ドル五十セント。もちろん闇市場のレートだけど）払えば、フランス語を上手く話せるわれわれみたいなアメリカ人の男ならシャンゼリゼ通りで素晴らしいフランス人の売春婦を買える。もちろん私は五千フランをぱっと使えるわけはない（いやはや、この三週間の生活費だ）。セビリヤだったら状況はもっと簡単で、スペイン人の売春婦は一ドル十セントだ（四十四ペセタ）。ユダヤ人の売春婦はみつかりっこないだろうが……。[55]

オスロにいるときと同様、彼は地元の学生生活にどっぷり浸かった。彼はジュールダン通りに位置していたフォンタン・ヴィクター・ライアンという、パリ大学に関連した多くの学生が住む居住地の一角にある住宅を見つけていた。古典的な庭が一望できる床から天井まである素敵な窓がついた個人向けの現代的な部屋を月二十ドルで借りたのである。フランス政府から食事の補助金をもらえたので、一日に六十セント以下で充分に食事ができた。彼はアメリカの友人に宛てた手紙で、彼はこのヴィクター・ライアンの部屋に入ることができたのは実はズルをしたからなんだと打ち明けている。[56] 手紙にはそれ以上の説明はなかったが、おそらく食事の補助金の資格と同様、生徒の居住地の一部屋に住むには、パリ大学の学生でなくてはならなかったのだろう。彼はその振りをしていたのである。

彼はヴィクター・リヨンには、そこの横暴な管理人のせいでほんの短期しか滞在しなかった。[57] 一九五八年の十一月、彼女は、彼が夜更かしをしてずっとタイプをしているし、朝は朝で起きるのが遅いという理由で立ち退かせようと脅した。学生に守らせたいとしていた厳しいルールに反するずぼらな行為だと思ったのである。彼は何とか留まることができたが、ヴィクター・リヨンに住む生徒が出している、いかにもフランスらしい会報「ヴィクター・リヨン新聞」に、彼はこの「独裁者」とのトラブルについての記事を載せたことが問題となった。それは彼女が抑圧的な雰囲気を生み出していることへの痛烈な批判の記事だったのである。

管理人のマダムにとって、このフォンダンで最も重要なのは、科学の本でも、美術の学生のスケッチブックでも、住人が書いたものでもなく、夜勤の守衛が午前一時過ぎに帰ってくる学生の名前をうらやましく思いながら記録した小さなノートなのです。……このノートは……こっそりのぞいてみると、私にとって見れば、ビクター・リヨンで行われている悪の象徴ともいえるものなのです。

ほかの寄稿者たちもこの会報に同じような意見を載せたが、管理人はこの記事に非常に腹を立て、ハーバードの彼の学部へ苦情を申し立てた。(58) この事件は、結局は地区の責任者たちがミルグラムをかばってくれたので、コップのなかの嵐程度ですんだ。社会関係学部の高等学位委員会でもこの件をミーティングで取り上げたが、タルコット・パーソンズが学生の居住地の責任者たちから、ミルグラムをかばう手紙を受け取っていたので、ミルグラムに対しては、特に何もなかった。そのうちの一人が次のように書いていた。「あの会報のおかげで、学生たちは自分たちが要求していたものの大部分を獲得したのです。会報に載っていたいくつかの記事に書かれていたことはほとんどが真実でした。ミルグラムの率直さ、よい意味でのユーモアや、誰にでも示す人懐っこさなどのおかげで、彼は仲間の学生たちみんなから感謝されています。……すべての面において、彼は責任を自覚して振る舞っています」。この手紙のおかげで問題は完全に解決したが、社会関係学部の高等学位委員会においてミルグラムについての議論がなされたという短い記録が卒業の記録に残ることになった。

❊　❊　❊

フランスで研究支援を得ることについてはオルポートと同様にミルグラムは悲観的だったが、それには根拠があった。パリに到着して二カ月後の十月半ばになるまで彼は実験室として使える適当な場所を見つけることができなかった。それができたのは、ジェローム・ブルーナーがミルグラムの代わりにソルボンヌ大学社会心理学実験室のロベルト・ページ教授とダニエル・ラガシェ教授に連絡を取ってくれたからである[59]。この二人のおかげで、アントニーにある巨大な学生用住宅地区の一部の二部屋を使えるようになった。ここの利点は、被験者になってくれそうな人たちが近くに住んでいるので、ちょっと行くだけですぐに被験者になってくれそうな人に声をかけることができることだった。

ここには、フランスのあらゆる地方から学生たちが来て住んでいたので、ノルウェーのときと同じように広い範囲の地域からの代表であると考えることができた。フランス語で行ったということをのぞいて、ミルグラムは実験をノルウェーで行ったものと可能な限り同じものとするように手段を講じた。ミルグラムが細かいところまで注意を払った例として、ノルウェーで使ったのと同じ刺激のテープを使い、フランスで録音したテープをそれにつなぎ合わせ、同じテープレコーダーで再生した。「フランスもノルウェーも交流電気は五十サイクルだったので、テープのスピードの違いも許容範囲に収まる程度だということが確認できた[60]」。

ノルウェーと同様に、ミルグラムはベースライン条件、飛行機条件、プライベート条件、非難条件、ベル条件の五つの条件で実験を行った。もしミルグラムの主な目的がノルウェーとフランスにおいて同調と自立を直接的な行動で比較することであるならば、なぜそんなにいろいろな種類の実験を行ったのかと疑問を持つ読者もいるだろう。両方の国で、同じ実験を繰り返せば十分情報が得られるのではないだろうか。ミルグラムは、二つの国で複数の実験を行った理由を以下のように述べている。

ノルウェーで一つ、フランスでも一つだけ実験、そして複数の結論を得るというのでは表面的な結果しか得られない……。国民性の違いを研究することに興味があるというのなら、同調行動の例を一つだけ比較するのではなく、複数の実験結果のパターンを二つの国で比較することに興味を持った方がよい。なんらかの

表 3-1　ノルウェーとフランスで行われた五つの実験条件において，多数派への同調が起こった試行数の比率

条件	エラー（同調）が起こった試行の比率（%） ノルウェーの学生	フランスの学生
ベースライン条件	62	50
飛行機条件	56	48
プライベート条件	50	34
非難条件	75	59
ベル条件	69	58
比率の平均	62	50

コントロールできない要因が存在するために、国ごとに同調の絶対的なレベルが上がったり下がったりするのかもしれない。しかし、一つの国のなかでは、これらの要因は決まった方向にしか影響を与えないだろうし、また、実験の結果にランダムな影響を与えるということもないはずだ。[61]

それでは、どのようにしてフランスの学生とノルウェーの学生を比較したのであろうか。平均して、フランスの被験者は多数派に対して同調するのがノルウェーの被験者よりもいくぶん少なかった。おおよそ、五〇パーセントである。ノルウェーの場合は、重要な試行のうちの六二パーセントで同調行動が起こっていた。この差は統計的に有意である。さらに、この全体的な違いには驚くほどの一貫性があったのである。フランスの被験者たちは、五種類の実験それぞれについて、ノルウェー人より同調率が低かった（表3-1参照）。[62]

さらに言えば、同調率は全体としてフランスの被験者よりノルウェーの被験者で高かったが、それぞれの実験の間での変動のパターンは両方の国で類似していた（図3-1参照）。[63] たとえば、両方の学生たちで、ベースライン条件より、飛行機条件の方が同調率は低かった。そして両方の国で、仲間からの非難があれば彼らに同調しやすくなる傾向がある、などである。

集団圧力に対する同調に関してのフランスとノルウェーの差異が一般的で

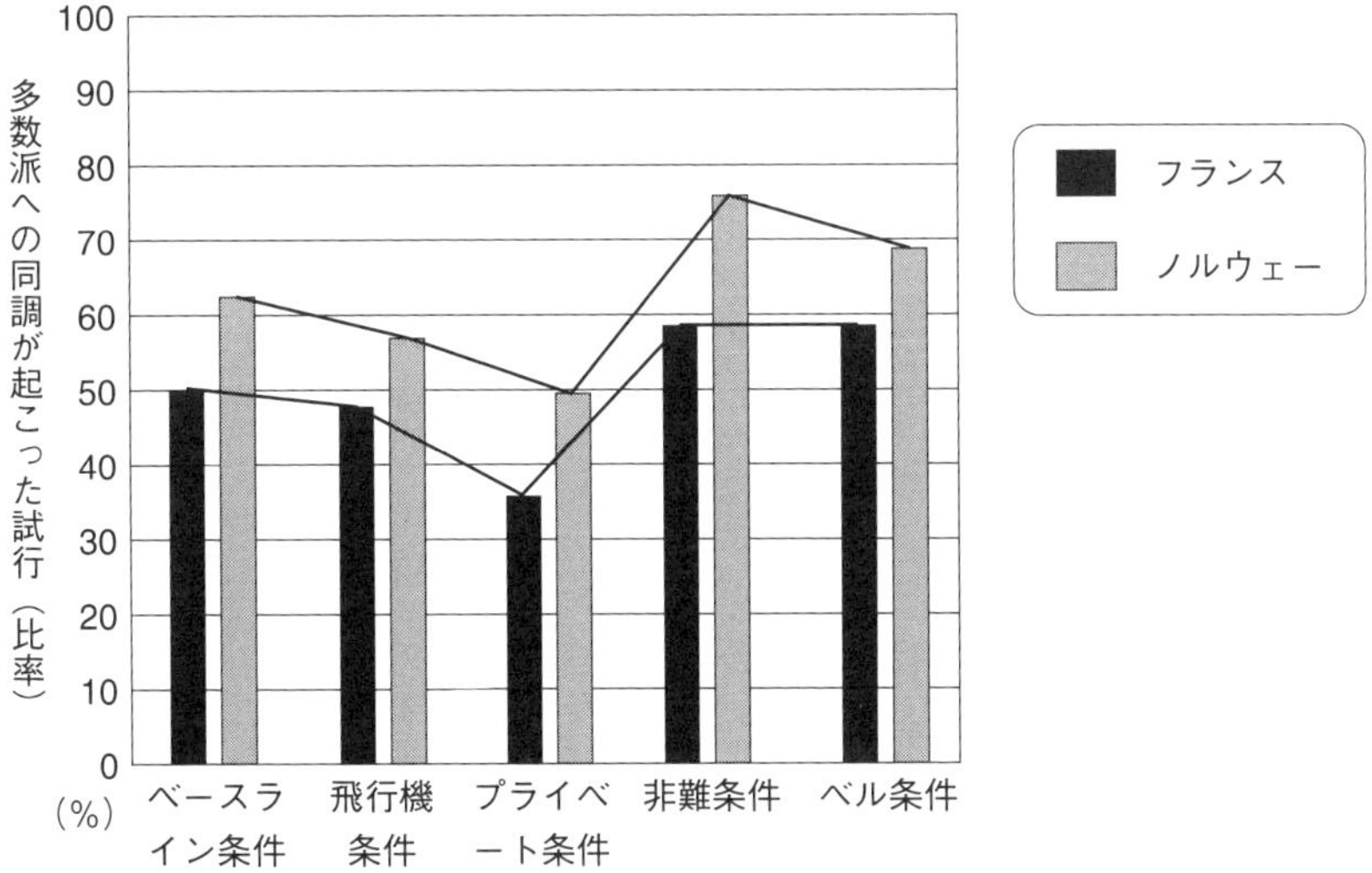

図3-1　ノルウェーとフランスにおける実験の5条件の間での同調のレベルの違い

あるということをさらに確実とするデータも見つかった。ベル条件では、答えを言う前に被験者は音をもう一度鳴らすように要求することができた。その条件では、フランス人学生の二十人中の十四人という大多数が要求したのに、ノルウェー人の学生では、二十人中五人しか要求しなかった。同様に、フランス人は、一人を除くすべての被験者が少なくとも一度は集団圧力に抵抗したが、ノルウェー人で重要な試行のすべてで多数派に従ったのは一二パーセントだった。フランス人の学生がより個人主義的であるのは、彼らが実験場面でより反発を示し、ときには感情的になることからもわかる。非難条件でほかの「被験者」から非難されたときには、半分以上の被験者がなんらかの形で非難に言い返していたのである。そのうちの二つは非常に激しいものであった。[64] ノルウェーではこういうことはほとんど起こらなかった。

　ミルグラムは、ノルウェー人労働者と比較するために、フランス人労働者を被験者として実験しようと考えていた。しかし、五月の統計の試験準備もしなくてはならなかった。工場労働者のサンプルを付け加えるとなると研究がはなはだしく遅れるとともに、勉強の邪魔にもなるということを心配したのである。

ミルグラムの異文化研究は広い範囲にわたる革新的で重要なものだった。それは国民性というテーマを、書斎のなかの空理空論の対象から科学的な探求の対象に変えたという点で画期的であった。実験を振り返ってみたとき、ミルグラムは、それぞれの国において実験室の外の日常生活で観察される文化の特徴に実験結果がぴったり重なっているということに気づいて驚いた。(65) ノルウェー人には強いグループ・アイデンティティと社会的責任感がある。彼は、「こういった類の社会結合力が高い同調につながるというのは別に驚くべきことではないだろう」と述べている。

それとは対照的に、フランス社会の特徴は、まとまりがなく意見が多様であることである。それは社会的な圧力に対して個人が抵抗するときに備えて免疫をつけていることになる。さらに、フランスには不服従という伝統がある。フランスの市民は、批判的な判断に高い価値を置き、その傾向は、ミルグラムによれば「ときには、常識的な範囲を逸脱することもある」ほどのものなのである。これ自体、フランスの被験者の間での同調率が比較的低かったことを説明できるのではないかとミルグラムは議論している。

ミルグラムは、フランス人の学生を対象とした同調実験を二月後半に終了して、アメリカには船で三月に戻ろうと考えていた。しかし、帰国の予定は数週間遅れることになる。フランス人のガールフレンドが妊娠しているかどうかを確認する必要があったからである。彼はノルウェーの友人に、「よくあることなんだ。そのたびに私は、枕をともにするなんていう無責任なことはやめようと思うんだけどね。ああ、全く！」(66) と書いている。

ミルグラムの人生に大きな影響を及ぼす一章が終わった。ヨーロッパに一年半滞在したことは、のちに彼が普通以上に幅広く多様な興味を持つ人間になるうえで重要な役割を果たしたことは間違いない。ミルグラムの大学院の学生であるレオン・マンは次のように語っている。

都市、映画、劇、文学、哲学、歴史、社会・政治の動きなど、スタンレーは興味や感性といった面で非常に国際的かつヨーロッパ的でした。スタンレーには洗練されたヨーロッパ人の生活スタイルがありました。それは、柔らかい話し方、探究心、広い話題に関する興味、手振りなどです。彼は学者であると同時に知識人でした。(67)

さらに重要なことは、彼が専門家として成長したことだった。彼の同調行動研究は先駆的な研究だった。行動に関する異文化の違いを研究するのに客観的な技術を用いたのは、彼が初めてだった。今や彼は人間の行動について新しい洞察を生み出したり、独創的な研究をしたりする能力が自分にあると知ったのである。目標は高くなり、科学研究者として平凡なレベルに留まらなかったのも、このときの経験があったからだった。この実験はその後にも影響を及ぼすことになる。彼は、ノルウェーの実験の後で被験者にアンケートを書いてもらっていたが、その優しいコメントのなかには、明らかに後にミルグラムが物議をかもしただましを使った研究をやめさせたかもしれないような倫理的な問題点があることにふれているものがあった。実際、ミルグラムの服従実験は、この同調行動の研究からうまれたもので、アメリカに戻ってすぐ、具体的な形になりつつあったのである。

第4章

プリンストンからエールへ

ヨーロッパから戻ったミルグラムは自信に満ち溢れていた。彼は、独力で野心的な研究を創始し、そしてそれを成し遂げ、異文化研究を新たな段階に進めたのである。ヨーロッパに出発する前に落としてしまった統計学の試験も合格さえしたのである（それも「一番」で）[1]。この試験をうまくこなせたのも、ノルウェーとフランスでの実験データを統計手法で処理した経験が一役買っていた。ヨーロッパで研究するだけでなく、社会科学の分野における最高の知性を持つ仲間と過ごして知的に刺激を受けたハーバードでの三年間のおかげで、今や彼は自分の人生で何をしたいのかを確信した。それは、学問的なキャリアを積み上げて、自分でなくてはできないような研究をするということである。

二年間、ほかの国に行った後、もう一度ケンブリッジに戻ったのは非常に気分が良いことだった。その夏を楽しんだり、クラスメートや昔のガールフレンドと再び連絡を取ったりして、怠惰に過ごしたため、学位論文の進み具合は遅々たるものだった。彼は必死に住むところを探し、とうとう美しいアパートを見つけて、「ケンブリッジでの最後の至福の年」[2]を学位論文を完成するために費やすことにした。

夏の間は、クイーンズの実家で過ごすこともあった。その夏の終わりのころ、ちょうど家に戻っていたときに、当時プリンストン高等研究所にいたアッシュから手紙が届いた。(3) これがミルグラムの計画を大きく変えたのである。

アッシュは、一九四七年からスワースモア大学の教授の職に就いていたが、一九五八年から六〇年の間は、プリンストン高等研究所の客員メンバーとなっていた。この研究所は広大な自然保護地に隣接した牧歌的なところにあり、一九三〇年に慈善家のルイス・バンバーガーとキャロリン・バンバーガー・フィールドによって純粋な知識追究を目的として創立された。静かで辺鄙なところに作られていたのは意図的で、気が散ることなしに学術的な活動に取り組めるようにしていたのである。

アッシュは、同調行動に関して書いていた本の編集を手伝ってもらおうとして、ミルグラムに連絡を取って招いたのである。(4) この仕事は一九六〇年の六月いっぱいまでかかりそうで、給料は四千二百ドル（約百五十万円）だった。(5) ミルグラムはアッシュの誘いを受け入れるか否かで悩んだ。(6) アッシュほどすぐれた人からの誘いを断るのは馬鹿げていると思ったし、また、職探しをするときの推薦人として彼ほど力のある人はいないだろう。そのうえお金が簡単に手に入るのだ。しかしその一方、すでにハーバードで一年間、アッシュと仕事をしていたので、これ以上、彼の手伝いをしても知的な面では得るものはないかもしれないのである。

結局、ミルグラムはアッシュの申し出を受け入れることにした。ケンブリッジに比べて静かなプリンストンの方が、自分の学位論文を執筆するのに集中できるのではないかと思ったからである。それに加えて、彼は博士号取得に必要な科目である社会心理学における主題セミナーを取っていなかったので、その代わりとしてアッシュと一緒に行う仕事を認めてもらうように学部に願い出て、認められた。(7)

まだ高校生だった一九四九年の三月一日から、ミルグラムは「思考」というタイトルの日記をつけ始めていた。(8) もうそろそろ十一年目にさしかかっていたが、彼はそこに時どき、自省的な文章を書き付けていた。一九五九年の十月二日に書いたことを見てみると、彼がプリンストンに向けて準備をしていたときには、まだ気持ちがはっきりと定まっていなかったことがわかる。

明日、私はふくよかな恋人だったケンブリッジを離れて、きらめきのプリンストン研究所に向かうことになる。いったいどういうことになるかまだわからないが、こんなときに私を導いてくれる本能を信じている。私が非常に成長したというのは、まだ早いだろうか。ヨーロッパは、私の成長のための苗床だった。その成果は今実りつつある……今年の夏はあんまり生産的ではなかったが、楽しかった。女性との関係は満足のいくものであったし、イーニッド（一九五六年の夏に初めて出会った女の子で、バーナード大学で数学を専攻していて、ハーバードのサマースクールに参加していた）との関係も元に戻ったし、そこから深い性的な満足も得られた。まだ運命の女性は見つけていないし、毎日安定して生産的な労働をするということからはかけ離れた生活である。まだ芸術的な欲求と学術的な欲求を統合することの手がかりさえつかめていない。しかし、私のなかには、すべてを達成できるという確信が生まれている。この気持ちの高ぶりもあと一時間もすれば消えてしまうかもしれないが、今のところは気分もいいので、これでいい。これも、きっとちょっと前に飲んだホットチョコレートのせいなんだろう。

彼はアッシュとの仕事を引き受けたのだが、そのとき彼は、いくらかの時間は自分の学位論文のために使ってもよいだろう、研究所の近くの住居は手配されるだろう、研究所との関係は公的なもので研究所で仕事をしたと履歴書に記載できるようなものになるだろうと期待していたのである。(9) しかし、その期待のうちのどれくらいがあらかじめ明示されていたのかは、今ではよくわからない。

結果としてわかったことは、正式に研究所での地位を認められたいという期待が叶わなかったどころか、吸い取り紙一枚さえも自由に使うことさえままならない状態になっていた。(10) 住む家のことも誰も考えてくれなかったので、プリンストンのウィギンズ通りにある個人向けアパートの狭苦しい借間に腰を落ち着けなくてはならなかった。事務手続上、ミルグラムは存在しない人間だった。というのは、アッシュと研究所の管理部門の間の書類のどこにも彼の名前は出ていなかったからである。[11] ミルグラムは学位論文に取り組むことだけはできたが、アッシュは本の編集の手伝いから離れて、彼が学位論文に時間を割くことに対していい顔をしなかった。そこで、ミルグラムは結局、学位論文を夕方や週末にやる羽目になった。あるとき、この軋轢がもたらすプレッシャーに耐えがたくなり、ミルグラムはアッシュに辞表を書いて郵便箱に投函した[12]……。が、これは最後の瞬間に取り戻した。

結局のところ、ミルグラムにとってこの年は非常にストレスが多く、元気の出ない年となった。[13] 学位論文は締め切りに遅れずにできあがり、アッシュの本も完成したが、後味は悪かった。ミルグラムは、自分が編集過程で行った仕事の質を考えれば、アッシュの本の表紙になんらかの形で自分の名前が記されて当然だと考えていた。もちろん、共著という形ではないにしても、単に序文に「ミルグラム氏に感謝する」と書かれるよりはもっと専門的に意味があるようなものであるべきだと思っていた。しかし、この件についてはアッシュは譲らず、ミルグラムはフラストレーションのあまり、アッシュへの手紙のなかでこういうタイトルにしたらどうかと提案しさえしたのである[14]（これも結局のところ、実際には送らなかった）。

　『同調に対しての独立』
　ソロモン・E・アッシュ著
　S・ミルグラムがいたにもかかわらず

明るい面がないわけではなかった。[15] 外交政策の専門家であったルイス・フィッシャー、歴史家で外交官であったジョージ・F・ケナン、原子科学者で当時のこの研究所長だったJ・ロバート・オッペンハイマーなど、それぞれの分野の第一人者たちと食事をともにし、刺激を受けたのである。ミルグラムは、ときどき、研究所の中心棟の前にある何マイルもの美しい芝生の広がりを見つめては、自分の状況をよくよく考えるのをやめて、ほっと一息をつくのだった。

しかし、たいていのときは意気消沈していて、その気持ちを友人に宛てた手紙のなかで吐露している。

唯一の楽しみは道路の縁石に腰掛けて、空を見上げては、渡り鳥がときどき冬に備えて南に向かって飛んでいくのを見ることだ。こんな長い時間一人でいることに慣れていない。寝るときになれば、枕をともにしたいと思えるようななかわいい女の子の顔を思い出したりするよ。(16)……もう、気力がないし、不安だし、不満だし、退屈だし、うんざりしている。どうやら私は、立場不安症、単独症の初期、セックス不足病にかかっているらしい。自分がちっぽけな男で、どこかに参加できる全体主義運動でもないかと探しているところなんだ。(17)

ある夜のこと、孤独からくる単調さをうちやぶるために、衝動的にニューヨークまで車を走らせ、グリニッジビレッジのコーヒーハウスに飛び込んだ。(18)彼は近くに座っていた客と会話を始め、仕事の重荷を少し降ろした気になった。たまたま相手になった客は、歌手で俳優のセオドア・ビケルであることがわかった。

家族の人たちはどうしていただろうか。(19)アデルはパン屋で働きつづけ、子どもたちみんなが出て行った後も、クイーンズのアパートを今や一人で守っていた。ミルグラムの姉、マージョリーはクイーンズ大学で教師の資格を取り、一九五四年にロングアイランドの実業家と結婚するまでの短い間だけ、一年生を教えた。スタンレーがハーバードに入学した年である。今や彼女は家を切り盛りする専業主婦としていつも忙しかった。弟のジョエルは大人になった証として一九五六年に沿岸警備隊に入ったが、最初から嫌で、六カ月後にはそこを辞めた。スタンレーの薦めもあって一九五七年に、ニュー・パルツにあるニューヨーク州立大学（SUNY）に入学した。彼は卒業する一年前の一九六〇年に結婚した。

困難な年ではあったが、その間中、ミルグラムの気持ちが沈み込まずにすんだのはいつでもオルポートが支援してくれて、学位論文を書き始めたときにも、彼を信頼してくれたからであった。

一九五九年十一月四日、オルポートに手紙を書いた。「私は、古典と呼ばれるような名論文を書こうという気力をすべてなくしてしまって、ごく普通の学位論文を書くということに力を注いでいます……。自分の書いた物のレベルには満足していません。もっと時間があれば、上手に文章を書けるのでしょうが、今の進み具合だと、文法的な間違いがないようにするくらいがせいぜいです[20]」。これに対して、オルポートは次のように返事をした。「進捗報告をうれしく読みました。目次は理解しやすく作られていて、非常にすぐれた論文ができるのは確実でしょう……名著を書こうとして名著を書いた人はいないのです。人は、頭のなかにあることを話すのだし、またその人ができることしか話せないものです。で、それがときとして名著となるのです。とはいえ、私たちは結局のところ、無難でしっかりしていて規定に従っている論文でよしとせざるをえないのでしょうけれど[21]」。

一九六〇年の一月十六日、ミルグラムはオルポートに「学位論文は前の手紙で報告したときより進みました。とはいえ、そこで予告していたところまでは進んでいません。計画では最初の草稿を一月上旬までに完成させるはずでしたが、これはできませんでした。論文のアウトラインを同封しました。それにどこまでできたかをチェックを付けています。見て頂ければわかるように、十四個の実験すべて書き終えました[22]」と報告した。オルポートはこう返事をした。「あなたの進捗状況のレポートはいつもしっかりしたものになっています（実は、まだあなたの論文の一語たりとも見ていないのですが！）。しかし、あなたがしっかりこれに没頭しているのがよくわかります。最終締め切りの四月一日までには完成した論文か、あるいはほぼ完成した論文を見せてもらえるものと思っています。ただし、それについてもあなたに任せます」[23]。

一九六〇年二月二十九日に、ミルグラムはオルポートにある章の草稿を送った。これは、「実験に関するある章の途中のバージョンです……。論文のアドバイザーとしてあなたは何と羨ましくも大変な立場にいらっしゃるのでしょう。まるで『ニューヨーク・タイムズ』『クリスチャン・サイエンス・モニター』そして『マンチェスター・ガーディアン』のすべてを担当している夜勤の編集者として働くようなものですね[24]」と書いていた。それに対してオルポートは、「たぶん見落としているのでしょうが、実験五に対して意地悪なコメントをしようと思ったんですが、どうしてもできませんでした。明確に書いてあり、的を射ていますし、非常に簡潔です[25]」と返事をした。

ミルグラムは三月の最後の週に学位論文を完成させ、オルポートに送り、四月一日の締め切りに間に合った。五月三日に彼は社会心理学者でエール大学心理学部のシニアメンバーであるレオナルド・デゥーブから、社会心理学部の准教授の就職口があり、もし興味があるなら学部に出向いてもらって話す機会を設けようとの旨の手紙を受け取った[26]。

ミルグラムはデゥーブにすぐに返事を書いて、その職に「明らかに興味がある」けれども、もうすでに来年に向けてハーバードから非常によい職の申し出があるので、この選択肢も十分考慮してから返事をしたいと伝えた[27]。彼はデゥーブに、会う機会を設定するためにまた来週連絡をすると書いた。ミルグラムは駆け引きをしていたわけではない。実際この秋から用意されていた職があったのである。それは、ジェローム・ブルーナーとジョージ・ミラー、そしてほかの高く評価されている認知心理学者たちによって率いられる、新しく作られた認知研究センターでの特別研究員であった[28]。

デゥーブとの会合の場でエール大学から提案があり、ミルグラムは、いくぶんためらい、そして友達と相談したあげくそれを受け入れることにした。彼は准教授になり、初年度の給料が六千五百ドル（約二百三十四万円）

ということになる。[29] どのようにして、またなぜエール大学の方を選んだかを説明するために、ミルグラムはオルポートに手紙を書いた。

これは非常に難しい選択で、誰も私の代わりに決めてくれそうにはありませんでした。そこで、私は霧がぐるぐると渦巻くのにまかせ、最後にふらふらっと私の足はエール方向に向いたのでした……。私は、マイク・ワラック、アッシュ、ロジャー・ブラウン、ディック・クラッチフィールドなどの優れた友人たちに投票をしてもらいました。その結果は、ハーバードを選ぶべきだというものでした。そんなことをしても全然役に立たないということがよくわかったので、好みに従って手探りで行こうとしたのです。私の運命の糸がエールの申し出の何かにぴったりはまったのです。それはいったいなんだったのでしょう。地位、挑戦、「ハーバードという実家」を離れて自分の力を試すという機会でしょうか。[30]

オルポートは春のころ、ミルグラムが学位論文を完成させる以前から、彼がアカデミックな地位を得られるように手助けしていたので、自分の秘蔵っ子がエール大学に就職できることを喜んだ。[31] ミルグラムは、エールの教授陣に就いていたハーバードの三人の卒業生の仲間に加わることになる。その三人のすべてがオルポートの学生だったので、オルポートはミルグラムに、「鼻高々の雄鶏」みたいだよと伝えた。[32]

オルポートは、ミルグラムの完成した学位論文を受け取った後、学部に属している二人に読んでもらうよう頼んだ。これがこの学部のやり方だった。彼らはその論文を読み、批判し、いくつかの変更を提案した。

そのうちの一人はエール大学の大学院でトレーニングを受けた社会心理学者のハーバート・ケルマンだった。彼は、説得と態度変化の研究の先駆者のカール・ホブランドと緊密な関係をもって研究を行っていた。彼の博士論文の主査もホブランドだった。彼は、一九五七年に社会心理学の講師として、社会関係学部に加わり、一九六二年にミシガン大学へ異動し、一九六九年に社会倫理学のリチャード・クラーク・カボット教授としてこの学部に戻ってきた。この教授職は、一番最初にゴードン・オルポートが勤めたものである。ケルマンは、社会心理学分野において多くの貢献をしたが、研究倫理に関するものが最もよく知られている。ケルマンは、実験の場面で騙《だま》しが非常によく使われることに対して批判していたので、同僚の社会心理学者たちも実験を行うときに生じる倫理的なジレンマに敏感になるようになっていた。ミルグラムの学位論文に対しては、幅広いコメントをし批判も行ったが、「構想においても、またその実現においても非常にすぐれた研究であり……潜在的には大きな重要性を秘めているものである」と判断した。(33)

ミルグラムは六月一日に、査読者の批判に基づいて改訂した学位論文をオルポートに送った。オルポートは改訂版を提出期限までに受け取ったことを知らせる返事を出し、次のようなコメントで締めくくった。

前に言っていなかったかもしれませんが、あなたの論文は本当に優れていて、プロとしての優れた筆致で書かれており、あなたの今後のすばらしいキャリアを予見させてくれます。私はあなたの仕事がうまくいくように温かく見守っています。たとえ、それがエールでの仕事であってもね。(34)

心を込めて

ゴードン・W・オルポート

アカデミックな分野において成功するには、重要で目立つ研究プログラムで名前を表に出していくことが必要であることをミルグラムは知っていた。彼は、ロジャー・ブラウンに、アッシュがやったような重要な結果を生む現象を見つけたいと伝え、その後、「それについて本当に悩んだ」。(35) プリンストン研究所での滞在の最後の年までに、研究のテーマが何になるかはわかっていた。それは、権威への服従の研究である。

ミルグラムが服従に対して興味を持ったのは、小さいころから自分はユダヤ人であるというアイデンティティを持っていたことと、ホロコースト*を理解したいと考えていたからだった。ホロコーストと服従の研究の関連については、『社会的世界における個人』という彼の著書のなかに明記されている。

私の実験研究のパラダイムは、……権威についての一般的な関心を科学的に表現したものである。私たちの世代、とりわけ私のようなユダヤ人、にとって、第二次世界大戦での残虐行為のせいもあり、これに対する関心は持たざるを得ないのである。……ホロコーストが私の精神に及ぼしたショックのために、服従に対する私の興味はエネルギーを与えられ、ここで記されている実験のような形で結実したのである。(36)

権威に対するミルグラムの幅広い関心を具体的な研究プランに変えることを可能にする実験の手法に思い至ったのは、一九六〇年の春か初夏のころのことで、アッシュのためにプリンストンで働いていたその最後の数カ月の間のことだった。そのアイデアはアッシュの同調行動の実験に基づいたものだった。ミルグラムは、アッシュの実験と服従を研究するための彼の実験手法のアイデアのつながりについて次のように述べている。

私が考えていたのは、アッシュの同調実験を人にとって意味のあるものにするための方法だった。同調するかしないかを調べるために線分の長さを判断するという課題を使うことには満足できなかった。集団がある個人に圧力を加えて、その人に対する何らかのはっきりとわかる行動をすることにしたらどうだろうと考えた。たとえば、だんだん強まる電気ショックを与えるというように、人に対して攻撃的な行動をするので

＊訳注　ナチスによるユダヤ人の大虐殺

ある。しかし、集団圧力を研究するには……、集団圧力がない場面で人がどのように行動するかを知らなければならない。まさにそのとき、私の考えは、この実験における支配関係そのものにターゲットをしぼったのである。いったい、人は実験者の命令にどこまで従うのだろうか。これこそ、まさに光り輝く瞬間だった……。(37)

その「光り輝く瞬間」が起こったのはいつのことだったかを正確に特定することはできないが、一九六〇年の三月二日から六月の終わりまでの間のことと範囲を狭めることはできる。三月二日付けのオルポートに宛てた手紙で、ミルグラムはやってみたいと思っている研究プロジェクトを数多く列挙しているが、そのなかには服従研究は入っていなかった。(38)ミルグラムは六月のほぼ終わりまでアッシュのために仕事をした。アッシュは、あるインタビューに答えて、ミルグラムが去るときになって彼が服従の研究をしようという計画をもっているということを初めて知ったと述べている。(39)興味深いことに、五月十一日には、イスラエルの諜報員が、かつてナチスの役人であったアドルフ・アイヒマンを、アルゼンチンのブエノスアイレスの郊外にある彼の自宅から誘拐してイスラエルに連れて行くという事件が起こった。六百万人のユダヤ人を殺害したことについてアイヒマンが果たした役目に対して裁判を受けさせるためであった。この出来事によって、ミルグラムの心のなかで、服従研究が結晶化されてきたというのはたしかにあり得る話だった。

※ ※ ※

ミルグラムがニューヘブンに到着したのは一九六〇年九月上旬のことだった。(40)講義は九月後半までは始まらないことになっていたので、その時間を使って講義計画をたてるとともに、最も大胆でもっと重要な実験のデザインの構想について思いを巡らせていた。ニューヘブンは退屈な場所と聞いていたのに、その町が都市再開発と美化のための活発なプログラムのさなかであることを知ったのはうれしい驚きだった。

エール大学の建物は彼の目には特に良いものとは映らなかった。彼にとっての美のものさしは、ハーバードの芝生と木に満ち溢れた開放的なキャンパスだったからである。エールのネオゴシック（彼に言わせれば、エセ・ゴシック）は、重々しすぎ圧迫的な感じを与えるもので、アメリカの建築の歴史の中心的な流れからはずれた異質な輸入物であると彼は考えていた。とはいえ、重々しいレンガの壁の奥に隠れたすばらしい中庭のいくつかに慰めを見出していた。よく腰掛けたりした中庭のなかでも最も好きだったのは、大聖堂のようなスターリング記念図書館の真ん中の右側に位置する、高級感あふれるロマネスク様式で飾られた美しい古典的な庭だった。[41]

学期が始まってから、ミルグラムがやらなければならない仕事は、火曜日の午後に、小集団の心理学のセミナーの担当をすることと、十人の学生が卒業論文を書くアドバイスをすることだった。プリンストンでのストレスばかりの一年の後で、学究生活の自由さを楽しんでいた。週に六日は好きなことをできたし、セミナーは好き勝手なやり方でできたし、自分の興味だけに従って研究を行うこともできたのだ。しかしながら、ハーバードこそが彼にとってのアカデミックな分野における楽園を具体化したものであったし、またこれ以降もそうだったろう。その学期の間に、彼はオルポートにこう手紙を書いている。

　ケンブリッジからニューヘブンへの移行は非常に上手くいっています。そしてエールでの生活はとてもすばらしいです。たしかに、ここでは「あなたは（ネズミの）心理の研究をされているのですか、それとも、人間の研究をされているんですか」という類いの質問をされることもありますが。心の奥底では、偉大な大学なんだから、と思いさえすればなんでも我慢できます。もちろん、偉大さにかけてはハーバードの方が上というのははっきりしているわけですが。[42]

ミルグラムはヨーク・スクエア・プレースの褐色砂岩の張られた外壁のよくある賃貸アパートの二階に、三部屋の家具つきの部屋を借りていた(43)。それは二つの意味で手ごろだった。一つはそれを大学から安価に借りられたということである。もう一つは、そのアパートの所在地が、メインキャンパスとセダー通りにあるエール大学ニューヘブン病院の両方に近かったのである。後者には、心理学部のオフィスと実験室があったのだ。

そんな利点はあったが、ミルグラムはその部屋を気に入らなかった。アパートの壁の色は、色彩のスペクトルのなかに含まれていないような名前もないわびしいもので、彼は引っ越してきたその瞬間から、内装はゴミ箱にたたき込もうと思っていた。据え付けの家具ときたら不格好な物で、これが大学の所有物でなかったとしたらゴミ焼却場に持って行くようなものだと友達に言っていた。ある日のこと、みすぼらしいリビングルームのカーペットに我慢ならなくなったので、それを丸めて、その当時彼が使っていたレンタカーに押し込んで、そのままレンタカー屋に返してしまったのである。

ミルグラムは、プリンストンを去ろうとしていたときから、服従を研究しようという計画を立てていたが、彼がエールで最初に行おうとした研究は、まったくそれとは違うものだった。それは、芸術的な感性と科学への興味を混ぜ合わせたものを反映したものであった。また、そのせいでたまにドラッグに手を出すという習慣が続いていた。これはハーバードの大学院生だったときに少数の友人と一緒にペヨーテを試したときのようなものであるが。しかし、今回は、学術的な目的という正統的な衣をまとっていた。

一九六〇年十月七日、ミルグラムはアメリカ諸学会審議会に対して、二千ドルの少額の研究助成金を要求する研究提案を行った(44)。芸術に関する美的判断へのメスカリン*の効果を調べるためのものである。ミルグラムは、オルポートに推薦状を書いてもらうことを頼む手紙を出したときに、これは単に副次的な興味に基づくものであっ

＊訳注　メキシコ産のサボテンからとれる幻覚を引き起こすドラッグ

て、社会心理学を忘れたわけではないと書いている。[45]ハーバードでのドラッグの経験に加えて、この件に関する権威ある書籍であるハインリヒ・クルーヴァーの『メスカル』だけでなく、オールダス・ハクスリーの『知覚の扉』を読むことによっても彼の興味はかき立てられていたのである。別に驚くべきことではないが、彼の提案は通らなかった。[46]しかし、メスカリンが行動に及ぼす影響についての興味は持続し、自分を実験台にしてそのドラッグを試してみた。[47]そして一九六三年の二月、同僚や大学院生と一緒に、メスカリンを摂取することで、ダーツを投げるとき、正確さが増すかどうかを調べる非公式の実験を行った。[48]

何年にもわたって、彼はときどきほかのドラッグを使っている。[49]社会場面ではマリファナ、筆が進まないときにはアンフェタミンとコカインを使ったのだ。彼は自分が書いたものを見てみれば、それを書いたときにどのドラッグを使っていたかがわかると言っていた。ドラッグが違えば、及ぼす効果もはっきりと異なり、そしてその効果は表現の仕方によってわかると考えていたのである。

メスカリンの研究許可を申請したときでさえ、彼の研究の中心テーマは服従だった。彼は十月十日オルポートに宛てた手紙でこう述べている。

　来年私は……服従に関する一連の長い研究を行う計画を立てています。この一連の研究はそれだけで独立した研究として成り立ちますが、このプロジェクトにおいてはドイツ人の国民気質を調べる準備でもあります。そのなかでは、「権威への服従」の比較実験的な手法が重要な役割を果すはずです。[50]

十月と十一月、ミルグラムは三つの政府機関に対して、服従実験についての調査計画に財政的な支援が得られる見込みがあるかどうかを事前に尋ねる手紙を送った。その最初のものは、十月十四日に海軍研究事務所の集団心理学部門の長であったルイジ・ペトルロに送ったもので、そこは、その当時、集団に関する社会心理学の研究を支援する中心的な組織だった。事前の問い合わせにしてはその手紙は非常に長いもので、実際のところ、その最後の部分は、数カ月後に正式の提案として提出されたものと同じであった。六ページにわたる手紙のなかで、ミルグラムは服従の研究の重要性を主張し、使う予定の実験手法の概要を述べている。

服従は、誰でも知っているように、社会生活の構造のなかの基本的な要素である。どのような権力システムにおいても、命令に対しての反応に命令と実行の構造が内在している。

問題は、服従の限界という話ではない。ある状況、たとえば、戦争時の軍隊でのように、他の人を殺すように命令されることもあるだろう。その場合には人はその命令に従うだろう。また、自らの命を破壊するような命令が下され、それに応じるということもあるだろう。したがって、この研究の目的は、決して服従の絶対的な限界を定めようとするものではない。実験室場面では、私たちは最大限の服従を引き起こすような条件を作り出すことはできない。現実の生活のなかの状況だけが、人から最高度のレベルの服従を引き出すことができるのである。

しかし、この質問に対しては、多少異なった視点から近づくこともできる。ある人が「多少なりとも」実験室という場面にふさわしい状況で命令を与えられたとしよう。そのとき、どのような条件がより服従させやすくし、どのような条件が服従しにくくするのかを検討することができるだろう。

理想としては、実験場面は、被験者がある特定の行為をするように命令されるというようなものであるべきだろう。そして、その行為が人間関係において重要なテーマでありなおかつ、被験者にとって個人的にも重要なものでなければならないだろう……。

（本計画の実験において）被験者たちは、人間の学習に関する実験を行っているのだと信じている……。

（被験者は）一列に並んでいるいくつかのスイッチで構成されているコントロールパネルを操作する。一番左のスイッチには「一――非常に軽いショック」とラベルが張ってある……そして一番右のスイッチには「十五――極限のショック：危険」とラベルが張ってある。このコントロールパネルを使って，被験者A（何も知らない被験者）が，被験者B（被害者）に段階を持った一連のショックを与えることができる……被害者である被験者Bが実際には苦痛を与えられていないことは言うまでもないことで，彼は実験者の仲間である。被験者Aはこのことを知らず，実際に被験者Bに対してショックを与えていると信じている……。

その学習実験が進むにつれて，被験者は次第に強いショックを与えるよう命令される。内心の抵抗が強くなり，ある段階になって，被験者は実験を続けることを拒否するようになるだろう。この決別点以前のことを私たちは服従と考えるが，それは被験者が実験者の命令に従うからである。この決別点が非服従の行為である。(51)

ミルグラムは，この実験のバリエーションとして可能ないくつかのものについて書いているが，同時に，現時点で実験の形を特定の物に決めてしまうのは「馬鹿げている」とも述べている。これは用心深い留保だったといえるだろう。というのは，その手紙のなかで触れられていた四つの実行可能な実験のバリエーションのうち，何も知らない被験者が「教師」側のメンバーの一人になるという条件だけが，実際に後で行った実験にいくらか似ているところがあるだけだったからである。ミルグラムはその手紙を短い自伝的な記述で終えており，そこでアッシュとの仕事に触れていた。彼はアッシュに知的な面での影響を受けていると述べているが，同時に，それぞれの興味が根本的に異なっているとも書いている。「（アッシュの）影響が私の研究に見られるのは明らかである。実験のバリエーションを体系的に作り出すアッシュの技術を私は特に高く評価している。私とアッシュが異なるのは，彼は判断や認知，思考などの領域に興味を持っているところである。私自身の興味の中心といえば，社会的な行動を重要な観察対象としているというところにある」。

ペトルロに宛てたミルグラムの手紙には、実験で使われることになるショック発生器の基本の形のラフスケッチが添えてあった。このラフスケッチは、翌年になって非常に重要な意味を持つことになる。というのは、攻撃性に関する研究者であるアーノルド・バスも似たようなショック発生器を翌年発表するからである[52]。このスケッチがあったおかげで、ミルグラムはショック発生器を自分が先に作ったこと、少なくともバスの影響を受けたわけではないということを証明できたのである。ミルグラムはバスがこの機械を真似したのではないかと疑った[53]。バスに連絡を取って[54]、その疑いは和らいだものの、完全に払拭することはできなかった[55]。

十一月中旬に、ミルグラムは他の財政的支援の見込みがあるかどうかを確かめるために、国立精神衛生研究所と国立科学財団の二つに問い合わせの手紙を書いた[56]。このときまでには、彼は、これらの手紙のなかで触れていた予備実験の準備に没頭していた。予備実験の結果を正式な助成金申請書に含めて、申請書を補強しようとしていたのである。

予備実験は、ミルグラムが担当していた小集団の心理学のクラスのメンバーによって遂行された[57]。ミルグラムは、学生とともに小集団に関する研究文献を読んでいたので、実際に実験を行う経験をさせたかったのである。さまざまな可能な候補を検討して、最後に二つが残った。一つは、服従実験の予備実験であり、もう一つは集団内におけるコミュニケーション・パターンの研究であった。最終的にどちらにするかは学生たちの投票に任せ、彼は教室を出た。もう一度教室に戻ってきたとき、服従実験の方がほんの少しの差で勝ったということを知った。

ミルグラムは、実験に必要なショック発生器の概略図を学生に渡した。一週間も経たないうちに、彼らはその概略図のものを実際に作り上げてくれた。その予備実験はリンズリー・チッテンデン・ホールの一階にある、すばらしい相互作用研究室で行われた。その実験室を所有していた社会学部が、ミルグラムと学生に使用許可をくれたのである。十一月下旬と十二月上旬にかけて、その実験室でそれぞれ異なる五回のセッションの実験を行った。予備研究についての報告書のなかで短縮版の実験手続きを書いているが、基本的な実験のテクニックは、海軍研究事務所に宛てた手紙のなかで彼が記述したものに非常に類似している。[58] ミルグラムは、予備実験の結果を次のように記述している。

実験をする前に、実際にそれがどんな感じになるかを正確に描くことは難しい。そこで、最初の被験者を待ち受ける私たちのなかに、ある程度の興奮と期待が生まれるわけだ。この実験は、私の監督の下に小集団のクラスの学生が行ったもので、十分に統制がとれていたとは言い難い。しかし、そのように統制がとれていない条件下で行われたものであっても、被験者が示した行動は学生や私でさえも驚くものだった。服従実験の記録映像を見た人たちは、思わず自分が神経質な笑いを漏らすことに気づくだろう。実験室のマジックミラーの後ろからこの実験を観察していた学生たちにもこの神経質な笑いがさらに強調された形で現れた。そんなことはあり得ないと思うかもしれないが、私が報告するように、それは実際に起こったことである。自分が目にしていることの重要性を学生たちが完全にわかっているとは思わないが、何か途方もないことが起こっているという全体的な理解はあったのである。そこで、彼らは、実験が終わった後で、その当時教員は立ち入り禁止だったモリーの酒場に私を連れて行き、その気持ちをぶちまけたものである。[59]

三つの財団からミルグラムが受け取った手紙によれば、どの財団も彼が考えていた研究を受け付けることを考慮していることであった。そのなかでも、全米科学財団（ＮＳＦ）の可能性が最も高かった。そこで、一九六一年の一月二十七日に、彼は全米科学財団に正式な申請書を送った。[60]「服従のダイナミクス――社会心理学的実験」というタイトルで、一九六一年六月一日から一九六三年五月三十一日までの二年間に三万三百四十八ドル（約千百万円）を要求するものだった。

その助成金申請書には、予備実験についての説明とそこから得られた結果、それに被験者の行動を示す何枚かの写真がつけられていた。二十人のエール大学の学生を被験者に使っただけという、少人数のサンプルだったので、量的な分析結果を示すことはできず、その代わりにミルグラムが結果の質的な分析結果を記している。それによれば、ミルグラムが服従を研究するために設定した実験室での手続きが有効であることを予備実験で確認しただけでなく、それによって予想もしていなかった問題行動が発生したことを示したというのである。端的に言えば、ミルグラムが見出したのは、人は自分が深く信じている行動の基準に反することであっても、命令されれば従ってしまうということだった。同様に重要なことは、被験者はすぐに実験という現実を受け入れるのである。被験者は、非常に痛い電気ショックをもう一人の被験者に与えているということを信じた（その人は、電気ショックを受けているように振る舞ったが、実際には彼はミルグラムと学生たちとグルになっていて、電気ショックは全く受けていなかったのである）。被験者たちは緊張していた。ある被験者は、神経質に髪の毛を引っ張り、椅子を握りしめ、繰り返し顔をこすった。また、汗ばんだ手を何度も拭いながら、あたかも「学習者役の被験者」に対して、自分がやっていることを後悔していることを伝えようとするかのごとく、困ったように首を振る被験者もいた。ほとんどの被験者は、実験者の求めに応じて、ためらわずに最も激しいショックを送った。しかし、学習者に与えた電気ショックを試しに自分でも受けてみないかと尋ねられると、それは拒否するのだった。

ミルグラムが助成金を受けた一連の主な実験は、予備実験に基づいていたが、さまざまな点で異なるところもあった。まず第一に、電気ショック発生器は予備実験の時に使ったものよりもずっと洗練されたものになっていた。予備実験で用いたコントロールパネルは、六つのスイッチが二列に並んでいて、三十ボルトずつ上昇するようになっていた。実験の信憑性を増すために、本実験で使ったものはより本物らしくなっていた。三十個のスイッチが一列に並んでいて隣に進むに従って十五ボルトずつ電圧が増すようになっていた。二つめの違いは、予備実験では電気ショックを与えられることになっていた「学習者」は、曇りガラスの向こう側にいて、「教師」

（被験者）は学習者をぼんやりとではあるが見ることができた。本実験のほとんどの実験条件では、二人は壁によって隔てられていて、学習者の反応は聞こえるが見ることはできなかった。ただし、いくつかの実験条件では、学習者は教師と同じ部屋のすぐ近くにいることもあった。

三番目は重要な違いで、予備実験では被験者はエール大学の学生だった（また、申請書でもエール大学の学生を使うことにしていた）。本実験では、被験者として、ニューヘブンやブリッジポート、そしてその近郊の二十歳から五十歳までの成人の志願者を使うことにしたのである。実験の主な部分が終わった後で振り返ってみて、ミルグラムは被験者をこのように変えたのはよかったと思った。というのは、見出した知見が大学生だけでなく一般人に当てはまるということが言えたおかげで、論拠が強化されたからである。もともと被験者の母集団をこのように変えたのには次のような二つの要因があったからである。その一つの要因は、同僚からの批判でミルグラムはそれを気にしていた。[61] ある同僚が、ミルグラムの予備実験の結果を聞いて、それは一般の人には当てはまらないと言ったのだ。その人によれば、エール大学の学生は非常に攻撃的で競争心に富んでいるので、躊躇なく他人を踏みつけにしかねないというのである。

二つ目の要因は時期の問題だった。ミルグラムが助成金の採択通知を受け取ったのは、一九六一年五月三日のことだった。[62] 通知を受け取るとすぐに実験に取りかかろうとした。しかし一九六〇～六一年の学年暦はほとんど終わってしまっていて、学生たちは九月二十日になるまでキャンパスには戻ってこない。そこで、夏の間に実験を始めるために、彼は六月十八日発行の『ニュー・ヘブン・レジスター』に求人広告を出すとともに、ダイレクトメールを出して勧誘も行い、そのコミュニティに住む成人を募集した。その月の終わりまでには三百人ほどの被験者の候補集団を集めた。さらに、その夏中、彼は電話帳からランダムに選んで勧誘の手紙を送り、被験者の候補となる人を増やした。秋学期が始まるまでには、すでに最初の四つの実験を完了していたのである。[63]

ミルグラムの助成金申請書には、「被験者に対する責任」という表題の節が含まれていた。これは、普通には見られないものだった。ミルグラムが服従実験を計画し、実行していたとき、倫理についてはほとんど何も前例がない真空状態だった。実験場面で倫理的な側面から被験者を守るためのガイドラインはまだ存在していなかった。研究者は研究が倫理上の問題に抵触するかどうかを考えるときには、自分自身の判断に基づくことが多かった。そうでない場合でも、同僚に非公式の意見を求めるのがせいぜいだった。ある実験をするかどうかを考える際には、倫理の問題は科学的な価値に比べ優先度が低かったのであり、そもそも倫理のことなど考慮されないことも多かったのである。(64)

ミルグラムが書いた助成金申請書にはこう書かれている。

最後に、実験に参加してくれる人たちに対して研究者が負うべき責任に関して、重要なことに触れておく必要がある。被験者が苦しい立場に置かれ、そこで強い感情が喚起されることは間違いない。このような環境のもとでは、被験者が実験室から解放される前に、彼が精神的に健全であることを保証する仕組みが必要である。被験者を気楽にさせ、自分が行ったことが適切なことであったということを保証するために必要なことはなんでもする必要がある。(65)

助成金申請書のなかで、いくらミルグラムが被験者の精神的な安定に配慮を見せたからといって、実験の過程で被験者が激しいストレスを感じずに済んだというわけではなかった。実際問題として、すべての被験者に対して完全に同様の「デブリーフィング」（実験後の種明かし）ができたわけでもない。とはいえ、最低限として、被験者は「犠牲者」が実際には怪我をしていないということは理解して実験室を去っている。(66)そういう問題はあるが、一般的に言って、ミルグラムは時代に先駆けて、実験を計画するときに被験者の福利厚生に関して明確に注意を払っていたということはできるだろう。

全米科学財団による再検討プロセスの一貫として実施箇所の訪問があり、一九六一年四月十三日にエール大学に全米科学財団の社会科学事務局の長であるヘンリー・リーケンが社会心理学者のリチャード・クリスティー、社会学者のジェームス・コールマンらを伴ってやってきた。その訪問についての「日誌」によれば、リーケンはやや批判的に「ミルグラム博士は、事前にちゃんとした理論を持ってもいないし、それを作ろうという計画もないというのが明らかだ」と書いている。[67]

この現場訪問は助成金の再検討プロセスの一部というわけでは必ずしもなかった。リーケンの委員会は被験者に対する懸念があったのでニューヘブンに来たのである。彼らの質問に対してのミルグラムの返答は、委員会の心配を和らげた。それにもかかわらず、委員会は、もしも被験者になにか望ましくない影響が発生した場合、国立科学財団とエール大学のどちらに責任があるのだろうかについて、顧問弁護士に問い合わせた。弁護士は、法的にはエール大学が責任を負うと考えていた。

全米科学財団の調査団の最終評価は「価値あり」ということだった。[68]調査団の議論の記録によれば、彼の提案は「重要で基本的な社会現象に関する大胆な実験」とある。彼の提案の長所に関しての調査団の意見は分かれたが、最後に下された判断は、この提案を採択するように勧告するというものだった。ミルグラムは一九六一年五月三日に、六月一日から二年間で総計二万四千七百ドル（当時のレートで約九百万円）の助成金を受け取ることができるという通知を受け取った。これはミルグラムが要求した金額より約五千六百ドル（約二百万円）少なかった。これは、委員会がミルグラムは「被験者の汚染」の問題についてあまりにも無頓着だ、とりわけ被験者としてコミュニティの住民を使うならば特に問題だ、と考えたために減額されたのである。実験の詳細についての情報はすぐに広がるだろうから、被験者になってくれそうな人間の数はミルグラムが考えているよりも減るはずだ。そこで、委員会は、被験者の数が少なくなれば、支払いも少なくなるだろうからと、金額を減らすようにすすめたのである（参加してくれた被験者たちにお金を払うのは、その当時もまた今現在でも、心理学研究においてよく行われることである)。

助成団体が助成金申請書の可否の判断をするのを待つのは、ベテランの科学者でも不安にさせられるものである。財団が手持ちの助成金の総額よりも多くの申請を受け取るのは常のことで、審査結果がどうなるかは予測できない。そんなときに、不安の種を紛らわせるあることが起きた。一九六一年一月の終わりに、マンハッタンのインウッドで行われたパーティで、アレクサンドラ(サーシャ)・メンキンに出会ったのである。(69) 彼らの育ってきた環境や経験にはいくつかの共通点があった。サーシャもヨーロッパから移住してきたユダヤ人の子どもだった。双方の両親とも、宗教を堅苦しく守る方ではなかったが、お互い同士はイディッシュ語で話をしていた。とりわけ、子どもに聞かせたくない話をするときにだが。サーシャの父親はスイスのジュネーブで生まれた。彼女の祖母が大学で勉強するためにロシアからやってきたのだ。第一次世界大戦前のロシアでは、ユダヤ人の女性が高等教育を受けるなどということは考え難いことだったからである。結局サーシャの家族はアメリカに移住し、父親はそこでエンジニアになった。と、言ってもサーシャは父親のことは覚えていなかった。まだ幼い頃に亡くなってしまったからである。母親もロシアからアメリカに移住してきていて、そこで夫となる人に出会い、結婚した。スタンレー同様、サーシャもブロンクスで生まれた。母親はダンサーで、ダンスを踊ったり人に教えたりするのが仕事だった。

サーシャはマンハッタンにあるハンター大学を卒業していた。母親に似て、ダンスに興味があり、そのトレーニングを受けていた。スタンレーに会ったのは、会社で事務仕事をしているときのことだった。彼女は五フィート五インチ(約百六十三センチ)で、小柄で活発だった(スタンレーは五フィート七インチ、約百七十センチしかなかった)。彼女は気軽に話しやすいタイプだった。二人には、芸術や旅行などの共通の趣味があることがわかった。その夜スタンレーはほとんど彼女の側を離れなかった。初めての出会いの夜が終わるまでには、彼女にとっても、ミルグラムは相性が非常によく、彼こそが自分のための男性だということに気がついていた。その晩、彼はサーシャを彼女のグリニッジのアパートに車で送ったのだが、そのとき彼はすでに将来一緒になることを考えていることを匂わす言葉を思わず口走った。彼女の方を向いて、彼は「あのね、俺はひどい夫になると思うよ」と言ったのだ。サーシャはそんなに彼が率直に言ったので驚き、彼を見つめてこう尋ねた。「ええと、どうしてかしら」。彼は「だって、ときどき夜遅くまで仕事をするんだ。ひどいもんだよ。気分が乗ってくると途中じゃやめられないんだ」と彼は答えた。サーシャの答えは、「あなたと結婚する人なら誰でも、ありのままのあなたを愛するんじゃないかしら」だった。お互いに魅力を感じていたにもかかわらず、スタンレーがデートの申込みの電話をしたのは二、三週間たってからのことだった。

実際、彼女に会うために彼が毎週車を走らせるようになるのに、そう時間はかからなかった。エール大学での親しい同僚であるハワード・レーヴェンタールは二人の恋愛関係について興味深く、洞察に満ちた見方をしている。

> ミルグラムは、サーシャから強い印象を受けたようだ。たしかに、彼女はダンサーでみんなの心をつかんだように、彼の心もつかんだんだ。彼女は、人間的な魅力のある温かい人だった。スタンレーにとって強い魅力だったのは、美という点だった。彼女は優美だったし、彼にはいろいろな点で美術作品のようにアピールしたんだね……彼女は美しいものを産み出すような人だったんだ……そんなことができる人はめったにいないし、その点が二人の関係を引きつけあった重要な点だったんでしょう。……彼女は、毎日の行動のなかにある種の優雅さを付け加えるような人でした。(70)

このカップルに対する彼らの母親たちの反応は対照的なものだった。部分的には同じ理由に基づくものである。サーシャはスタンレーより四歳半年上だった。最初、スタンレーの母親はこのことが気になっていた（そのうち、サーシャのことを気に入ってしまうのだが)。一方、サーシャの母親はスタンレーに有頂天になった。三十二歳にして、サーシャがついに運命の人を見つけたのだ。賢く、高い教育を受けていて、何をしたらよいかをよくわかっている人を。

当時のエール大学の心理学部の大学院生で、スタンレーから見れば、このようなことをたくさん経験してきているはずのデイヴィッド・シアーズはこう言った。[71]「ニューヘブンにいたままで、こんな関係を維持できっこない。彼女と別れるか結婚するかのどちらかにしないとね」。スタンレーは結婚することに決めた。彼らは一九六一年十二月十日に、グリニッジ地区のユダヤ教会堂で小さな結婚式を行った。[72]主として直近の家族が出席した。いつでも鋭い観察者だったスタンレーは、結婚式の間、カントル(ユダヤ教礼拝の先唱者)がガローシュと呼ばれる防水の靴カバーを付けていたということを後になってよく思い出したものだった。

ミルグラムの人生はさまざまに変わろうとしていた。彼のアカデミックな経歴のなかでも最も生産的で最もやりがいのある時期に入りつつあった。ヨーロッパでの実験だけでなく、ハーバードとプリンストンで学んだことのすべてが服従実験に活かされ、彼はスポットライトの下に送り出されようとしていたのである。そして、その反響はその後何十年にもわたって続くのである。

第5章

服従――その体験

一九六一年五月、全米科学財団（ＮＳＦ）から助成金申請が認められたという連絡を受けると、すぐにミルグラムは実験の準備を始め、やらなければならないさまざまなこまごまとしたことにとりかかった。(1) ミルグラムの厳密な要求に合うようにするのに、六月と七月のまるまる二カ月かかった。被験者を集め、にせの電気ショックを与える機械を作り、実験手続きを検討し、台本を書き、その練習をし、研究チームも結成したのだ。予備実験の被験者は、すべての問題点が修正されるまでなんどもなんども繰り返しリハーサルさせられた。そしてついに八月七日、実験が始まった。(2)

被験者は、一時間ごとに来ることになっていた。(3) 月曜日から金曜日までは夜六時から十一時までで、土曜日と日曜日は一日中だった。被験者は、エール大学の古いキャンパスがあるハイストリートに位置するリンズリー・チッテンデン・ホールに約束の時間に行くためには、まず、チャペル通りのハイストリートに聳え立つ壮大な時計塔に隠されてしまいそうなごく普通の建物に入ることになる。このリンズリー・チッテンデン・ホールがほかと変わっているところといえば、ゴシック風とロマネスク風がどう考えても変な組み合わせで両立しているという奇妙な建築様式だけだった。

ミルグラムは『ニュー・ヘブン・レジスター』という新聞の七月十八日付けの紙面に求人広告を載せ、被験者の募集を開始した。表向きは「記憶の研究」として志願者を集めたのである。謝礼金は、時給四ドル（当時のレートで約千五百円）と電車賃五十セント（約九十円）だった。一九六〇年代の初期、時給四ドルというのは最低賃金をかなり上回っていて、五十セントあればニューヘブンのほとんどの地域からの往復のバス料金には十分だった。[5] 広告を載せる前、何か問題があるかどうかを確認するため、学部長のクロード・バクストンと議論したときに、この件についての許可を得ていた。[6]

被験者たちの年齢は二十代から五十代までの多岐にわたっていた。[7] いろいろと異なる人たちだったが、共通点が一つだけあった。すべてが男性だったのである。結果の一般性を確実なものとするために、ミルグラムは未熟練労働者から専門職までのありとあらゆるレベルの人たちが被験者になるように手配した。彼らがミルグラムの実験に参加したのは、さまざまな理由による。心理学の実験に興味があるのでやってきた人もいれば、自分自身のことについて何か知りたいという人もいたし、はたまた記憶の研究に特別な興味を抱いているのでやってきたという人もいた。あとは、単に一時間で四ドル五十セントが稼げる機会につられてやってきた人たちだった。

実験室のドアのところで、被験者は実験者に引き合わされる。[8] グレーの実験用の上着を着た実験者は背が低く、幾分いかめしく、痩せた顔をしていた。そしてウィリアムという名前だと名乗った。ミルグラムが実験者に白ではなくグレーの上着を着せたのは、被験者の人たちにウィリアムズが医師であると思って欲しくなかったからである。[9] 医療の権威の力という言外の意味がここで機能しないようにしたのである。被験者は、ウォレス氏（実際の名前はジェームズ・マクダナフ）という、記憶実験に参加するもう一人の人に紹介されることになる。彼は満面に笑みをたたえていたが、どこか神経質そうに見えた。

ミルグラムの実験の中心的な手助けをした二人は、一九六一年八月の初めから一九六二年五月の終わりまでその役を務めた。[10] 実験者役はジョン・ウィリアムズ、学習者役はジェームズ・マクダナフだった。二人ともプロの俳優ではなかったが、生まれつきの才能があった。さらに、繰り返しリハーサルをしたおかげで、迫真の演技でそれぞれの役を演じることができるようになった。[11] 二人とも昼間は自分の仕事を持っていた。三十一歳のウィリアムズは高校の生物教師で、実験者役としてみれば、いかにも効率第一といった感じの厳しそうな雰囲気を醸し出していた。学習者、というよりは犠牲者の役割を演じたのは、マクダナフだった。いくぶん、ずんぐりとした四十七歳のアイルランド系アメリカ人で、愉快で、でしゃばらないタイプで、ニューヨーク・ニューヘブン・ハートフォード鉄道の給与監査役の長だった。雇い主の立場からすれば、管理職にある人間が副業をするのは望ましくないことだったが、[12] 九人の子どもの父親として、彼はもっとお金が必要だったのだ。それに加えて、こうやって夕方に、そして週末にはもっと、別の仕事をすることで、元気を取り戻せるように思えたのである。この実験は昼間の仕事から逃れられるおもしろい気晴らしだった。そしてミルグラムはマクダナフの仕事には満足しているようだった。面接の際のメモに、ミルグラムはこう書いている。[13]「この男は被害者の役割を完璧に果たしてくれるだろう。物腰は柔らかく、受け身だ。アカデミックな雰囲気は全くない……。誰でも彼と仲良くなれるだろう」。

ウィリアムズは被験者に四ドル五十セントの約束小切手を書いて渡した。そして、このお金は、実験で何が起ころうとも被験者のものにしてよいと伝えた。ここで、無条件に前払いしたのは、被験者がお金をもらうために実験者の言うとおりにしたのではない、ということを明確にするためである。

それから、ウィリアムズ（これより後は、「実験者」と呼ぶ）はこう続けた。「私はあなた方お二人に私たちが行っている記憶プロジェクトの説明をしたいと思います。これまで、心理学者は人がさまざまに異なるものをどのように学ぶかを説明するための理論をいくつも提案してきました」。そして、近くにあったテーブルの上にある本を指さしながら「ここにあるカンターによる『教授学習プロセス』という本には、そのなかでもよく知られた理論がまとめられています。そのひとつに、人は間違えたときに罰を受けると物事を正確に学ぶようになるという理論があります。子どもが何か間違ったことをしたときに、親が子どもに罰を与えるというのは、この理論の応用といえるでしょう。折檻されるということがわかれば、子どもはもっとよく覚えるようになりますし、より効率的に覚えるようにもなるでしょう。しかし実際のところ、学習における罰の効果について私たちが知っていることはほんのわずかです。というのは、人に関しての真に科学的な研究はほとんど行われてこなかったからです。たとえば、よく学習するためにはどれくらいの量の罰を与えればいいのかも知りませんし、誰が罰を与えるかによって効果に違いがあるのかどうかも知りません。大人が学ぶときには、同年代の人から学ぶよりも年長の人からあるいは年少の人から学んだ方がよいのかどうかについても、他のことについてもまだまだ知らないことが多いのです。そこで私たちはこのプロジェクトでは、さまざまな職業を持つさまざまな年代の人に参加してもらうことにしました。そのうちの一部には教師役をしてもらい、残りの方には生徒役をしてもらいます。そして、みなさんが教師や生徒になったときにお互いにどういう影響を与え合うかとか、このような学習の場面で罰がどのような効果を持つかについても検討をしたいのです。それでは、あなた方のいずれかに教師になってもらって、もう一人には生徒になっていただきます。普通はここにある紙のくじをひいてもらって決めていただくのですが……」。そして、彼は折りたたまれた二つの紙を手のひらの上において、被験者と「ウォレス氏」（ジェームズ・マクダナフのこと、以下「学習者」と呼ぶ）に選ばせる。

彼は、「ではそれを開いてみてください。どちらがどちらの役割をすることになりましたか」と尋ねる。被験者は「教師」といい、マクダナフは「学習者」と答える。

❊　❊　❊

一九六〇年代の社会心理学者は、まるで手品のようにきわめて巧妙な科学を実践していた。そして、それはほかの社会科学者たちからは、羨望と嘲笑という両方の反応を引き出していたのである。社会心理学の実験のなかでもよくできたものは、科学的な手法がすぐれていたというだけでなく、しばしばその演出方法と脚色がよくできていたせいであるということが多かった。たとえば、今回の場合、「記憶プロジェクト」のために実験室に入ってからのほんの数分の間に、被験者はいくつかのことを信じ込まされるわけだが、実際には真実ではないものもある。第一に、この実験は罰と学習についてのものではない。第二に、先ほど書いたように、ウォレス氏は、被験者とは違ってボランティアで参加しているわけではなく、実際は学習者の役割を演じているジェームズ・マクダナフという物腰の柔らかい会計士なのである。第三に、くじ引きはインチキで、紙にはどちらにも「教師」と書かれていて、被験者はいつでも教師の役になり、サクラであるマクダナフが学習者になるように仕組んであったのである。第四に、この実験で中心的役割を果たしたショックを与える機械は本物っぽくうまく作られてはいたが、実際は学習者にショックを与えてはいなかったのである。

全米科学財団からの助成金が認められてからというもの、ミルグラムが最初にしたことは、ショックを与える機械の改善だった。業者に連絡を取ると、そのような機械は十二月にならないと作れないとのことだった[14]。そこで彼は自分でやることにした。彼は自分が欲しい機械に関するイメージをはっきりと持っており、電気回路に関する実務的な知識も持っていたので、いろいろな業者に必要な部品を注文することができた。しかし、その機械を実際に作るためには、他の人の手助けも必要になった。最後の配線はエール大学で雇っている技術者にやってもらったし、正面のパネルはショックを与える機械が本物に見えるように、専門の彫刻師に作ってもらった。この時点で、二人の電気技師にこの機械を調べてもらったが[15]、これが単なる小道具に過ぎないということが見破られなかったので、ミルグラムは安心した。

この新しい改良型のショック発生機は、箱の形をしていて、横は三フィート（約九十センチ）、高さは十五・五インチ（約四十センチ）、そして奥行きは十六インチ（約四十センチ）の大きさだった。左の上の角にラベルが

図5-1　模擬電気ショック発生器
〔映画『服従』より　Ⓒ 1965 Stanley Milgram, Ⓒ renewal 1993 Alexandra Milgram.〕

張られていて、「ショック発生機、ZLB型、ダイソン機械会社、ウォルサム、マサチューセッツ州・出力十五ボルト～四百五十ボルト」と書いてあった。この箱の正面のパネルは金属製で、レバー式スイッチが三十個、一列に並んでいた。それぞれのスイッチの上にはボルト数を示すラベルがついており、十五ボルトから始まり、十五ボルトずつ増えて、四百五十ボルトまであった（図5-1参照）。それに加えて、四つのスイッチごとに、左から右へ、次のようなラベルがスイッチの下に貼ってあった。弱いショック、普通のショック、強いショック、とても強いショック、激しいショック、非常に激しいショック、危険：強烈なショック。最後の二つのスイッチには、不気味にもXXXとラベルが張ってあるだけだった（図5-2参照）。

あるスイッチが押されると、その箱がジージーといった電気音を発し、スイッチの上にある小さな円形のライトが赤くつき、「ボルテージ発生中」というラベルのついた青いライトが光り、多くのカチッ、カチッといったリレースイッチの音が聞こえ、右の上の角にある「ボルテージ・メーター」のダイヤルが右に振れた。そのショック発生機には、ショックの度合いだけでなく、それぞれのショックの持続時間と反応潜時を百分の一秒単位まで自動的に記録する装置が接続されていた[16]。

本物のように見せかけるために、そしてさらに言えば、意図した効果とみかけを被験者に与えられるように、ほかの細かな部分まで注意が払われた。たとえば、実験の最初に、教師役になった被験者は、その機械に取り付けられた電極から四十五ボルトのショックを試しに与えられるのである。

そして、最後になるが、学習者からの哀れな叫び声と部屋から出せという要求が繰り返されるが、これはあらかじめテープに録音された物で、あるボルト数になると決められた声が再生されるのである。また、正しかったり間違ったりする被験者の回答のパターンもあらかじめ決まっていた。

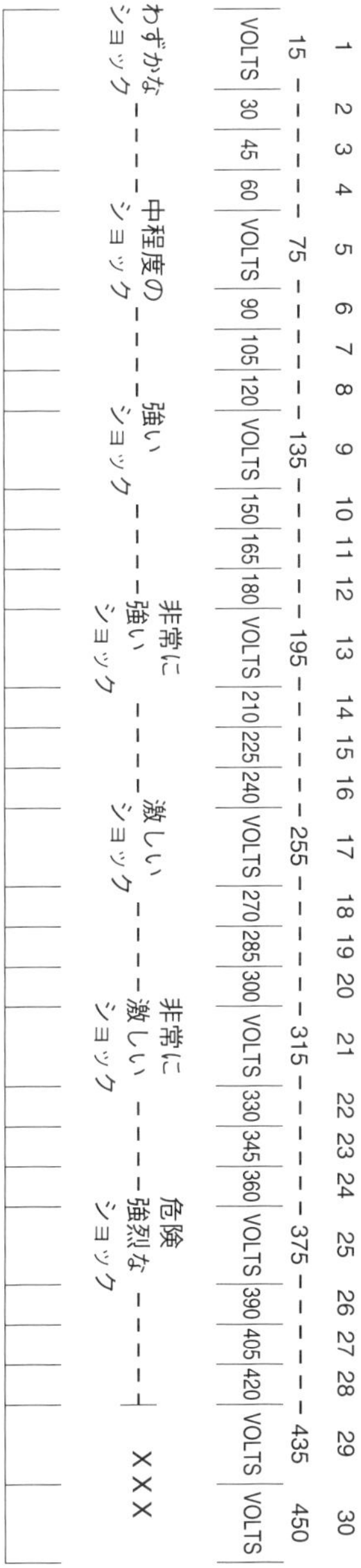

図5-2　制御パネルの表示

〔Milgram, S., 1974, *Obedience to Authority : An Experimental View*. New York : Harper & Row.〕

「それでは、今から学習者の方が罰を受けられるように準備をしてきます。学習者役の方、私と一緒に来ていただけますか。教師役の方、あなたも一緒に来て見ていてください」と実験者が言った。そして、ウィリアムズは、実験室の主要部分からは仕切られている小さな部屋にウォレスを連れて行った。そこは金属製のまっすぐな背もたれがある肘掛け椅子が備え付けられており、その前の台には、四つのスイッチがついていた。ウィリアムズは学習者（ウォレス）をそこに座らせ、ワイシャツの右袖をめくり上げるよう指示した。そして「実験の最中、過度に動くのを防ぐため」その腕を椅子の肘掛に縛り付け、電極を右手首に取り付けた。そして丁寧に電極を糊付けしながら、こうすると接触がよくなり、「火ぶくれや火傷を防ぐ」ことになる、と説明した。さらに、この電極は隣の部屋のショック発生機に接続されているとも付け加えた。

このとき、実験手順のなかで、先に実験者が与えると言っていた罰が、電気ショックであったということが初めて判明する。このように電極をつなげるということがどういう意味をもつかということは、被験者が教師の仕事を始めるとすぐに、悲惨な形で明らかになるのである。多くの被験者は、電気ショックを使うということだけで面倒なことが起こりそうだと気づいていたと思われるが、少なくとも、電気ショックを与える手続きを始める前にそれを拒否した被験者は一人もいなかった。被験者はもうこの実験に関わりを持ってしまったため、その場から抜け出すこともままならず、ウィリアムズが手続きを「ウォレス」に説明するのを見て、聞き続けることになるのである。

＊　＊　＊

実験者　では、学習者役の方、これから起こること、そしてあなたにしていただきたいことを正確に説明させてください。教師役の方がペアになっている言葉のリストをこのように読み上げていきます。「**強い**／腕、**黒い**／カーテン……」などです。これらのペアを覚えておくようにして下さい。次は教師役の方がその対になったペアの、最初の言葉だけ読みます。たとえば、「**強い**」と彼は言うでしょう。それから、言葉を四つ読み上げます。「背中、腕、枝、突進」といったような形ですね。あなたの仕事はその四つの言葉のなかで、どれがもともと「**強い**」とペアになっていたかを思い出すことです。それらの、四つのスイッチのうち一つを押して答えを示してください。手が届きますか。結構です。もし私が最初に言った「背中」が「**強い**」とペアになっていたと思ったら、答えが最初の言葉と教師役の方に知らせるために、レバー1を押してください。もし二番目の言葉「腕」だと思うなら、二番目のレバーを押してください。三番目や四番目の言葉の場合も同様です。いいですね。では教師役の方がもともと言っていた正しい組み合わせは「**強い**／腕」でしたね。そうして彼は後ほどあなたに「**強い**：背中、腕、枝、突進」とあなたに言います。そうしたらあなたが押すのは。

学習者　二番目のレバーです。

実験者　そうです。

学習者　「腕」のレバーを押します。

実験者　その通りです。教師があなたに読み上げるペアのそれぞれについて同じ手順で行ってください。もし答えが正しければ、それで結構です。でも、もし間違えた場合は、電気ショックの罰が与えられます。もちろん、すべての言葉のペアを出来るだけ早く覚えることができれば、あなたにとってはいいことでしょうね。では始める前に、何か質問がありますか。

学習者は、電極が手首につながっているのをしげしげと見た後で、ゆっくりとウィリアムズの方を向いて、こう返事をした。

言っておいた方がいいかと思うんですが。何年か前、私がウェストヘブンの退役軍人局病院にいたとき、多少心臓が良くないことがわかりました。深刻というほどではないんですが、電気ショックを受けるとすると……ショックはどれくらい強くて、どれくらい危険なんですか。

ウィリアムズは即座に、自信たっぷりに、そして少しそっけない口調で、そのショックは痛いかもしれないが、決して危険なものではないと答えた。

つぎに、被験者を大きい方の部屋へ連れて行き、ショック発生器の前に座るよう命じた。小さい方の部屋に座っていた学習者役は、被験者からは見えなくなる。

実験者　いいですね。では、教示をよく聞いてください。まずこの機械が電気ショックを出します。
被験者　はい。
実験者　ではスイッチの一つを下に押すと、学習者はショックを受けます。
被験者　はい。
実験者　そしてそのスイッチを上へあげると、ショックは止まります。このように。
被験者　はい。
実験者　あなたがスイッチから手を離すと、真ん中のところに止まります。これで、どのスイッチを使ったかがわかります。
被験者　はい。

実験者　では、機械はオンになっています。教師であるあなたが、学習者がどんなショックを受けているかを理解するために、試しに電気ショックを受けてみるのが公平だと思うのですが、これに同意していただけますか。
被験者　わかりました。
被験者に試しに電気ショックを与えるのは、ショック発生器が本物だという感じをさらに強めさせるためである。実験の最中に使われた本物の電気ショックはこれだけだった。ウィリアムズは電極を被験者の手首に付けた。
実験者　試しにあなたに電気ショックを与えますので、目を閉じてそれが何ボルトと思うかを言ってください。私がいいというまで、目を開けてはいけませんよ。いいですね。
被験者　はい。
ウィリアムズは三番目のスイッチを押し、被験者に目を開けるように言う。
実験者　はい、それでは、ここにあるボルテージの目盛りを使うか、もしくは、軽い、普通、強いなどの言葉で言っても結構ですよ。電気ショックはどれくらいのボルトだったと思いますか。
被験者　あ、百十五ボルトかな。
実験者　いいえ、実際は四十五ボルトでした。ほらね（実験者はスイッチを指し示す）。
被験者　おやおや〔笑う〕。

実験者　電極が糊づけされているため、少し強く感じるかもしれませんが。こうすることによって完璧に接触するんですよ。おわかりですよね。
被験者　はあ。
実験者　結構です。では教示に戻ります。まず練習をしてみましょう。リストからそれぞれの言葉の対を、はじめから終わりまで一回だけ学習者に読み上げてください。
被験者　はい。
実験者　この二つの部屋の間は防音となっていますので、マイクに向かって直接話してください。
被験者　了解です。
実験者　では、リストを一回全部読み上げたら、次のページに進んで下さい。
被験者　はい。
実験者　このAの行から始めてください。その行にある大文字の単語とほかの単語を読んでください。たとえば、最初の行なら、「強い：背中、腕、枝、突進」と読んでください。
被験者　はい。
実験者　あなたが四つの選択肢を読み上げた後、学習者がスイッチの一つを押します。すると、彼が選んだ数字に対応するランプが光ります。1、2、3、4のいずれかですね〔実験者はショック発生器の上にある回答箱を指差す〕。
被験者　ああ、わかりました。
実験者　彼が正しい答えを言ったら、「正解です」と言って次へ進んでください。その正しい答えにはアンダーラインを引いてあります。
被験者　ああ、はい、わかりました。

実験者　もし彼が間違った答えを言ったら、「間違いです」と言って、彼に、与える電気ショックのボルト数を伝えてください。
被験者　はい。
実験者　罰を与えて、正しい対の言葉を一回読み上げて下さい。そして次へ進んでください。たとえばもし彼が、「強い」に対する答えを3と言ったら……〔これに対応するのは「枝」で、間違った答えである。正解は2で、「腕」と対応している〕。
被験者　ええ。
実験者　「間違い。十五ボルト」と言ってスイッチを押してください。そして「強い／腕」と読み上げ、次に進んでください。
被験者　了解です。
実験者　そうして彼が間違った答えを言うたびに、ショック発生器のスイッチを一つずつ上のものにしてください。
被験者　はい。
実験者　結構です。正確にこの手順に従って行うことが重要なのです。
被験者　わかりました。そうします。
実験者　では、きびきびと読み上げ、テストしてください。ずっとやり続けてください。わかりましたか。
被験者　はい。
実験者　結構です。ほかに質問はありませんか。
被験者　ええと、ないと思います。ないです。
実験者　〔被験者の前にあるマイクを使って話しかける〕では、学習者さん、いいですか。教師が練習のセッションを始めようとしています。言葉のペアを覚えてください。では、始めてください。

最初のスイッチを押すと、まるで追っていた獲物についに手が届くところまできた猫のように、機械が動き出し始めることに被験者は気づく。ジージーといった電気音とともにスイッチの上のライトは鮮やかな赤色にともる。「ボルテージ発生中」というラベルのついた青いランプが点滅し始め、「ボルテージ・メータ」のダイヤルが右に振れ、カチッ、カチッといったリレーの音がこだました。

実験者は、被験者が躊躇し始めるといつでも、それに対応して使われる促しのための文句を四つ用意しておいた。一番目は「続けてください」もしくは「どんどん進めてください」。最後のものは、「選択の余地はありません。続けなければなりません」だった。被験者がこの最後の促しの言葉を聞いても続けるのを拒否すれば、実験はそこで終わりになる。

練習セッションでは十個の単語ペアを使った。これで、被験者に手順のこつを飲み込ませるのが目的だった。

実験者　〔練習が終わったあとで〕結構です。これで練習は終了です。では、本番のセッションに移りましょう。

被験者　はい。

実験者　手順はさっきと全く一緒です。

被験者　わかりました。

実験者　新しいリストを使うこと以外は、ですが。

被験者　はい。

実験者　では、十五ボルトから始めましょう。

被験者　はい。
実験者　そして、彼が間違った答えを言うたび、スイッチを一つずつ上のものにしていって下さい。
被験者　はい。
実験者　よろしいですか。では始めてください。
被験者　**青い**／少女、**素敵な**／日、**太った**／首、**緑色の**／インク、**裕福な**／少年、**す早い**／鳥、**鈍い**／矢、**柔らかい**／髪の毛、**冷たい**／洞穴、**金色の**／月、**硬い**／頭、**濡れた**／アヒル、**勇敢な**／女性、**白い**／馬、**悲しい**／顔、**短い**／時間、**鋭い**／針、**ゆっくりとした**／踊り、**赤い**／夕焼け、**低い**／音、**新しい**／本、**静かな**／夕方、**飼いならされた**／熊、**甘い**／味、**本当の**／話。

被験者は、実験手順のなかのテストパートを遂行する。

被験者　**青い**／少年、少女、草、帽子。**ジー**〔この機械音は学習者が四つあるボタンのうち一つを押して回答したことを示す〕、正解です。**素敵な**／日、空、仕事、椅子。**ジー**、正解です。**太った**／男、女性、桶、首。**ジー**、間違いです。**ブーン**〔ボルテージのレバーを押す時に出る音〕、十五ボルト。**太った**／首です。**緑色の**／草、帽子、インク、林檎。**ジー**、間違いです。**ブーン**。**緑色の**／インクです。**裕福な**／少年、ケーキ、男、少女。**ジー**、間違いです。四十五ボルト、**ブーン**。裕福な少年です。次、**早い**／鳥、車、電車、飛行機。**ジー**、正解です。**鈍い**／ナイフ、棒、言葉、矢。**ジー**、間違いです。**ブーン**。鈍い矢です。**柔らかい**／敷物、枕、紙、草。**ジー**、間違いです、七十五ボルト、**ブーン**。**柔らかい**／髪です。
学習者　うっ！

被験者　**冷たい**／日、日陰、水、洞穴。**ジー**、間違いです。**ブーン**。**冷たい**／洞穴です。
学習者　うっ！
被験者　**金色の**／ドル、ネックレス、月、ペンキ。**ジー**、正解です。**硬い**／石、頭、パン、仕事。**ジー**、間違いです。**ブーン**。
学習者　うっ！〔声が大きくなる〕
被験者　**硬い**／頭です。**濡れた**／夜、草、アヒル、服。**ジー**、間違いです。**ブーン**。
学習者　うっ！　おい、本当に痛いよ。
被験者　**濡れた**／アヒルです。**勇敢な**／女性、兵士、犬、馬。**ジー**、間違いです。**ブーン**。
学習者　うっ‼
被験者　**勇敢な**／女性です。**白い**／雲、馬、岩、家。**ジー**、間違いです。**ブーン**。
学習者　うっ‼! 実験者さん！　これで終わりだ。ここから出してくれ。心臓が悪いんだよ。さっき言っただろ。
被験者　**白い**／馬です。
学習者　心臓が痛くなってきたよ。出してくれ。頼む。心臓が痛くなってきたんだ。もう続けるのは拒否する。出してくれ。
被験者　〔実験者のほうを向いて〕続けますか。
実験者　続けてください。続けて。
被験者　**悲しい**／顔、音楽、ピエロ、少女。**ジー**、正解です。**短い**／文章、映画、スカート、時間。**ジー**、間違いです。**ブーン**。
学習者　〔叫びながら〕うっ！　出してくれ！

被験者　**短い**／時間です。**鋭い**／斧、針、棒、ナイフ。**ジー**、間違いです。**ブーン**。
学習者　うっ！
被験者　**鋭い**／針です。
学習者　〔叫びながら〕もう我慢できない。ここから出してくれ！
被験者　**ゆっくりとした**／歩み、踊り、トラック、音楽。**ジー**、間違いです。**ブーン**。
学習者　うっ！　出してくれ。
被験者　ゆっくりとした踊りです。
学習者　ここから出してくれ。心臓が本当に痛いんだ。ここから出してくれ！
実験者　続けてください。
学習者　俺を引き止める権利なんかないぞ！　出してくれ！　出してくれ！
被験者　**赤い**／
学習者　おい、出せよ‼　ここから出せ！　心臓が痛いんだ。出せ！　出せ！
被験者　煉瓦、薔薇、夕焼け、ワゴン。**ジー**、間違いです。**ブーン**。
学習者　うっ！
被験者　**赤い**／夕焼けです。
学習者　実験者さんよ！　ここから俺を出せ。もうたくさんだ。もうこんな実験なんて俺は知らないぞ。

ショックの強さが増し、学習者の文句がどんどん哀れっぽくなり、また、その要求が強くなってくるにつれて、被験者のいらだちは目にも明らかになってくる。しかし、彼はこういった苦痛の叫びのほとんどを無視した。顔には続けなければという決意が見られる。止めることによってこの実験を駄目にするのは気が進まないように見える。
手順を標準化するために、学習者の文句はあらかじめテープに録音されていた。実験の間、マクダナフは、テープを流したりとめたりしながら、「罰」のボルテージの度合いに合わせた叫びを再生していたのである。

被験者　**新しい**／家、ペット、本、名前。**ジー**、正解です。**静かな**／歌、パーティー、子ども、夕方。**ジー**、正解です。**飼いならされた**／狼、熊、犬、猫。**ジー**、間違いです。**ブーン**。
学習者　うっ！
被験者　**飼いならされた**／熊です。**甘い**／飴、少女、味、ピクルス。**ジー**、間違いです。二百五十五ボルト、**ブーン**。
学習者　うっ！　ここから出せ！
被験者　**甘い**／味です。**本当の**／話、英雄、スピーチ、報告。**ジー**、間違いです。**ブーン**、二百七十ボルト。**本当の**／話です。
学習者　うわあああ！　ここから出せ。ここから出せ。ここから出せ。出せ。聞こえるか。ここから出せ。
被験者　また最初から始めますか。
実験者　はい。
被験者　**青い**／少年、少女、草、帽子。**ジー**、正解です。**素敵な**／日、空、仕事、椅子。**ジー**、間違いです。**ブーン**。
学習者　〔苦悶の叫び声〕
被験者　二百八十五ボルト。**素敵な**／日です。**太った**／男、女性、桶、首。**ジー**、間違いです。**ブーン**。
学習者　〔苦悶の叫び声〕

〔テスト用の単語を口に出すとき、被験者はあたかもその単語が口から出るのに何か問題があるかのように、ときどきためらった。しかし学習者が間違った答えを言ったとき、電気ショックを与えるのには躊躇しなかった。彼が実験者に尋ねることはめったになかったが、そのときにも続けなさいと言う指示に即座に従った〕。

被験者　**太った**／首です。
学習者　俺はもう絶対答えない。ここから出せ。俺をここに閉じこめておくことはできないんだ。出せよ。ここから出せ。
被験者　彼に何も起こりませんよね？
実験者　続けてください。
被験者　**緑色の**／草、帽子、インク、林檎。

学習者は答えない。どんな機械音も聞こえない。回答箱のどの数字も光らない。

実験者　もし妥当と思われる時間、たとえば大体五秒以内に答えなければ、間違いと見なしてください。
被験者　はい。
実験者　そして間違った回答に対するのと全く同じ手順を行ってください。
被験者　三百十五ボルト、**ブーン**。
学習者　〔苦悶する物凄い叫び声[17]〕もう答えないって、言っただろう。
被験者　**裕福な**／
学習者　もう俺はこんな実験は知らない。

被験者　少年、ケーキ、男、少女。〔答えない〕三百三十ボルト、**ブーン**。
学習者　〔強烈な、そして引き伸ばされた、心を引き裂くような叫び声〕ここから出せ。ここから出せ。心臓が痛いんだ。出せって言ってるだろう。
被験者　**早い**／鳥、車、電車、飛行機。
学習者　〔今やヒステリー的に〕ここから出せ。ここから出せ。お前たちには俺をこんなふうにとどめておく権利なんかない。おい出せよ！　出せ！　出せ！　ここから出せ！　出せ！　出せ！

被験者はまるで自分が苦痛を受けているように眉をひそめた。

実験者　続けてください。
被験者　続けるんですか。
実験者　はい。
被験者　**ブーン**、**早い**／鳥です、**鈍い**／ナイフ、棒、言葉、矢。〔答えない〕**ブーン**、三百六十ボルト。**鈍い**／矢です。**柔らかい**／敷物、枕、紙、草。〔答えない〕**ブーン**。**柔らかい**／髪です。**冷たい**／日、日陰、水、洞穴、**ブーン**。彼はもう答えませんよ。
実験者　続けてください。
〔被験者は、気が進まないことを示すようにしかめっ面をしたが、いずれにせよ続けた〕。
被験者　**金色の**／ドル、ネックレス、月、ペンキ。〔答えない〕**ブーン**。**金色の**／月です。**硬い**／石、頭、パン、仕事。〔答えない〕硬い頭です。**ブーン**。**濡れた**／夜、草、アヒル、服。〔答えない〕**濡れた**／アヒルです。**ブーン**。**勇敢な**／女性、兵士、犬、馬。〔答えない〕**ブーン**。**勇敢な**／女性です。どうしましょうか。もう最高のボルトまで来ましたよ。

実験者　最後のスイッチをまた使ってください。

被験者　もう彼の声が何も聞こえないのですが。

実験者　続けてください。

もし被験者が四百五十ボルトまで続けたら、実験者は彼が完全に服従しているかどうかを確認するためにもう二回、そのスイッチを押させた。

被験者　**白い**／雲、馬、岩、家。〔答えない〕**ブーン**。**白い**／馬です。**悲しい**／顔、音楽、ピエロ、少女。〔答えない〕**ブーン**。**悲しい**／顔です。**短い**／文章……。

実験者　すみません、先生、実験は、ここで終わりです。

この実験の終わりは、実験者が影響を評価して、そして種明かしをするということになっていた。そこには、次のようなさまざまな質問が含まれていた。まず、年齢、職業、既婚か未婚か、宗教、教育、軍隊に入ったことがあるか、といった個人情報を尋ねた。次に、被験者に、最後の何回か、被験者に与えたショックを考えたとき、どれほどいらいらして、どれほどつらかったかを答えてもらった。そして、騙しの種明かしをして、「ウォレス」に対面させ、彼がけがをしていないことを見せた。これは被験者との対話の抜粋で、実験手続きに関する種明かしの部分にあたるものである。

実験者　お話しなければいけないのですが、この人は本当にショックを受けたわけではありません。私たちは、よく知らない人に対して、苦痛を負わせなくてはならない状況に置かれたときに、あなたがどう反応するかに興味があったのです。
被験者　はぁ。
実験者　ご覧の通り、実は、彼は私たち実験チームと一緒に仕事をしているんです。
被験者　えっ。
実験者　そして彼は本当にショックを受けたわけではないのですよ。
被験者　はぁ、そうですか。
実験者　私たちはあなたの反応を研究することに興味があったのです。そしてこれ以上はあなたをかついだりはしません。
被験者　ええ、もちろん。
実験者　私たちは人びとから本当の反応を引き出すために、このようにして実験の設定をしなければならなかったのです。あなたは本当に誰かに電気ショックを与えていると思いましたか。
被験者　はい、そう思っていました……。だから何も言わなくなったとき、心配しました。
実験者　ええ。何も聞こえなくなったとき、どんなことを思いましたか。
被験者　私はたぶん彼がただ何も言わないことにしているのだと思っていました。そうすれば私がやめるから、と。私の言っている意味がわかりますか。たぶん気絶か何かしたと私に思わせようとして。
実験者　気絶したと思いましたか。
被験者　そうは思いませんでした。心のなかでは彼が気絶していてもおかしくはないとは思いましたが。心配でしたよ。

実験者　なぜ、私たちがこのようにしなければならないか理解してくださったと思います。わかりますよね。これは看護師が患者に注射しなければならない状況に非常に似ています。つまり、彼女は気乗りがしないかもしれないのです。患者に痛い思いをさせたくないかもしれないのです。しかし医師は彼女に注射するよう命じます。そうして彼女は作業をするというわけです。しかしこれは人間が、他人に多少の痛みを負わせなくてはならないという点で、同じ状況なのです。

被験者　えっ、私はそんなことをするのは好きじゃないです。

実験者　うーん、好きな人はあんまりいませんよ。いずれにせよ、二、三カ月後にこの実験が終わったらあなたに報告書を送ります。それまではこのことについて内密にしていただけるようお願いしたいのですが……。

被験者　わかりました。

実験者　……何故ならあなたが話すかもしれない人のなかに、これからこの実験に参加する人がいないとも限りません……その人たちが事前にこのことについて知っていたとしたら困ります……。ここへ来てこんなことをしたことについてはどうお感じですか。あなたはもう本当のことを……。

被験者　ええ、今真実を知りました……。もう気にしていません……。

実験者　ジミー、出て来て○○さんが帰る前に挨拶したらどうだい。こちらがマクダナフ氏ですよ。

被験者　……そうして今、すべてが終わったというわけですね。

学習者　（マクダナフ／ウォレス）　そんなにひどい気分ではないですよね？

被験者　はい、ひどい気分ではないです。

学習者　（マクダナフ／ウォレス）　良かったです。

実験者　では、本日はお越しいただきまして本当にありがとうございました。お時間を割いていただいたこと、本当に感謝しています。

被験者　煙草を三本も吸ってしまいましたよ。

実験者　〔笑いが起こる〕お越しいただいたこと、本当に感謝しています。報告書はとても興味深いものになると思いますよ。

第6章　服従——その実験

服従実験が明らかにしてしまったのは、人間の行動のなかのちょっと困った側面だった。ミルグラムも、同僚たちも、また後には一般の人びとも、権威がなにも悪いことをしていない他人を傷つけるということにはびっくりした。それも、人に命令を強制させるための手段を権威がなんら持っているわけでもないのにそういうことが起こるのである。ミルグラムは、大きな枠組みに基づいてこの服従プロジェクトを進めていたわけではなかったが、実験を進めていく過程で、いくつかの問いに関しては、はっきりとした答えを出すことができた。

一九六一年の八月から九月にかけて行った最初の四つの実験は、被験者である教師と学習者の物理的・心理的距離の違いによって服従の程度がどう変わるかを明らかにするようにデザインされた一連の実験条件からなっていた。(1) これは、一九六〇年の秋学期の終わりのころに、小集団のクラスの学生と行った予備実験のときにミルグラムが気づいたことに端を発している。この予備実験のときには、学習者は銀メッキのガラスの向こう側に座ったので、被験者は学習者のだいたいの動きを見てとることができた。このとき、被験者たちはこの犠牲者を見るのをいやがっていて、自分がやったことによる「痛みを伴う」結果を見ないですむように頭を反対側に向けていることが多かったということにミルグラムは気づいていたのである。

このような被験者たちの行動が頻発したので、学習者と被験者の距離が被験者の行動にいくぶん影響しているのではないかと考えたのである。そこで、ミルグラムは、「四段階の距離シリーズ」の実験を設定した。これは、被験者と学習者の間の距離を少しずつ縮める四つの異なる実験条件を作って、この問題を体系的に検討してみようとしたものである。距離が小さくなればなるほど、犠牲者に罰を与えるという被験者の役割は、ますます無視できないようになっていくと考えられるからである。

この一連の実験の一方の端の条件は遠隔条件である。実験の設定と本当の実験目的を隠すためのカバーストーリーは、以前に述べたように、学習における罰の効果を見るための実験という名目だった。ショック発生器の前に座った教師役の被験者は、学習者が単語対応付けの課題に間違えるごとに、与えるショックを次第に強くしていく。遠隔条件では、学習者からの文句は口頭ではなされないということになっていた。三つ間違えては一つ正答するという学習者のあらかじめ決められた反応パターンにもとづく回答は、教師側には、電気ショック発生器の上にある回答ボックスのランプの数で伝えられることになっていた。

学習者は、三百ボルトのショックを受けた後に初めて抗議する。教師に聞こえるくらい大きな音でガンガン壁を叩くのである。その後から、回答ボックスになんら答えが現れなくなる。こうなると被験者は、実験者に向かってどうしたらいいかを尋ねるのが普通である。実験者は、こんなときには、回答がなければ誤りであると見なして電気ショックのレベルを上げるようにと答える。学習者は三百十五ボルトのときにもう一度壁をガンガン叩き、それ以降は何の音沙汰もなくなる。

学習者が初めて壁を叩く三百ボルトになる前に実験者の命令に服従するのを拒否した被験者はいなかった。三百ボルトといえば、「非常に激しいショック」と書かれたスイッチ群を通り過ぎて、「強烈なショック」のレベルに入っていたのであるが。リモート条件の四十人の被験者のうち、五人は三百十五ボルト以上に進むのを拒否した。最終の四百五十ボルトになる前に実験者の命令に逆らったのは十四人である。しかし、四十人中の二十六人という六五パーセントにものぼる大多数が、完全に服従して、「危険：強烈なショック」のゾーンを越えて、不気味な「XXX」と書かれたレベルまで続けてしまっていたのである。

人間は権威に服従する傾向が深く植えつけられているということだけならば、なにもミルグラムが改めて言うまでもないことである。しかし、この実験が明らかにしたのは、その傾向が驚くほど強烈であること、そしてある人の意思に反して、その人を傷つけるのは間違っているという、私たちが子どものころから教えられてきた道徳の原理よりもその傾向の方が優先されているということであった。

この遠隔条件は、相互に関係がある「四段階の距離シリーズ」の実験の最初のものにすぎなかったのだが、ミルグラムは、その結果だけをまず一九六三年に『ジャーナル・オブ・アブノーマル・ソーシャル・サイコロジー』に発表した。これが一連の服従実験で最初に公刊されたものとなった。もちろん、この驚天動地の結果自体、発表に値するものであったのだが、ミルグラムは、詳細な手続きを含めて早めに公刊することによって、研究のオリジナリティの優先権を主張しようと考えたのである。(2)

見出したことの重大性を強調するために、彼は何度か、その結果がどれくらい予期できないものであったかを示そうとしていた。たとえば、実験の詳細な手順を、エール大学の四年生、中流階級の成人、精神科医たちに示して、自分や他の人がその状況下でどのように行動するかを予想してもらった。例外なく、この予想は的はずれなものとなった。たとえば、エール大学の四年生は、最も激しい電気ショックまで与えるのは、百人中一、二人くらいだろうと予測したのである。(3)　一九六二年二月に、ミルグラムは、エール大学の精神科の研修医に講演をする前に、彼らに予測させてみた。(4)　その結果を社会心理学者であるE・P・ホランダーに手紙で以下のように送っている。「精神科医は、自分たちの予測の正確さには断固として自信があると言っていたんだけれど、五百倍違っていました。掃除のおばさんたちだってこれくらいの予測ならできるでしょう(5)」。

二番目の実験は音声フィードバック条件だった。学習者はまだ教師から見えない別の部屋にいるが、電圧が上がるにつれ、今回はあらかじめ録音された文句がだんだん甲高くなってくるようになっていた。この抗議の段取りは、学習者が心臓のことについて何も言わない以外は、前述した対話とほぼ同じだった。口頭での文句を付け加えることによって、遠隔条件に比べて服従率はわずかに下がった。つまり、四十人の被験者のうち二十五人、六五パーセントが最大の四百五十ボルトまで続けたのである。

三番目の実験、近接条件では教師と学習者の距離がさらに縮まった。学習者と教師は別の部屋にいるのではなく、一、二フィート離れたところに座っていた。そのため、学習者は毎回演技をしなければならなかった。その抗議の段取りは、音声フィードバック条件と同じだったが、今回教師は、ショックが強くなり、苦痛が増してきたときの被験者の身体反応を目の当たりにするのである。この条件では、教師は学習者が苦しんでいる様子を耳からも目からも知ることになる。このように教師と学習者の距離が狭まることで、従属率は急落して、四〇パーセントまでになり、四十人の被験者のうち十六人しか最後の電気ショックには進まなかった。

この一連の実験の最後となったのが四番目の条件の接触条件で、端的に言えば教師と学習者の距離をゼロにまで縮めたものである。三番目の実験と同様、犠牲者は教師のそばに座るが、一つ重要な違いがあった。つまり、ショックを受けるために、学習者は自分の手をショック・プレートに乗せなくてはならなかったのである。百五十ボルトのところで学習者は手を乗せるのを拒否するので、実験者は、学習者の手をショックプレートに乗せさせて、罰を受けさせるように被験者に命令したのである。

最初の三つの実験は、以前にも行ったことがあるものだったので服従がどれくらいになるかミルグラムも見当がついたが、教師が物理的な強制を強いる最後の実験では、せいぜい一人か二人の被験者が完全に服従するくらいだろうと思っていた。(6) 驚いたことに、四十人のうち十二人、つまり三〇パーセントが最後まで実験を行った。「犠牲者は激しく抵抗し、苦悶に満ちた悲鳴をあげていて、見るに堪えない光景だった」とミルグラムはメモに書いている。(7)

彼は、この実験に参加して服従した被験者のうちの一人の行動を詳細に描写している。その人は三十七歳の溶接工で、ブルーノ・バッタという名前だった。実験者の指示に従って、彼は学習者の手をショック・プレートの上に押しつけたのである。

並んで座っていた学習者は止めてくれるように頼んだが、彼はロボットのように無表情のまま実験を続けた。驚くべきことは、彼が明らかに学習者に対して完全に無関心なことだった。学習者のことをほとんど人間とはみなしていなかった。一方では実験者に対しては従属的で礼儀正しかった。三百三十ボルトで、学習者はショック・プレートに触れることだけでなく、答えを言うことも拒んだ。バッタはいらだって彼のほうを向き、こう言った。「ちゃんと答えて、そして（この実験を）終わらせちまったほうがいいよ。一晩中やってるわけにはいかないんだから」……。この場面は残忍で気が滅入るほどだった。彼がわめき散らす学習者を支配して、ショックを与えているときに見せた固い無表情は、全くの無関心を示していた。彼はその行為そのものに喜びを感じているようには見えず、自分の仕事をきちんとやっているということに満足しているようだった。四百五十ボルトを与えたとき、彼は実験者に向かってこう尋ねた。「この後どうしましょうか、先生？」。声の調子はうやうやしく、協力的な被験者であろうとする意志に満ちており、学習者に対する頑固さとは対照的だった。(8)

図6-1は、遠隔条件から接触条件になるにしたがって服従がしだいに減っていくことを示す図である。(9)被験者の服従の程度が最もはっきりわかる量的なデータは、被験者が学習者に最後に与えた最も強烈な電気ショックの数値であった。しかし、ミルグラムが使った装置では、それ以外にも補助的な指標として、二つのデータを記録することができた。電気ショックを与えるまでの反応潜時とそのショックの持続時間をこの装置は

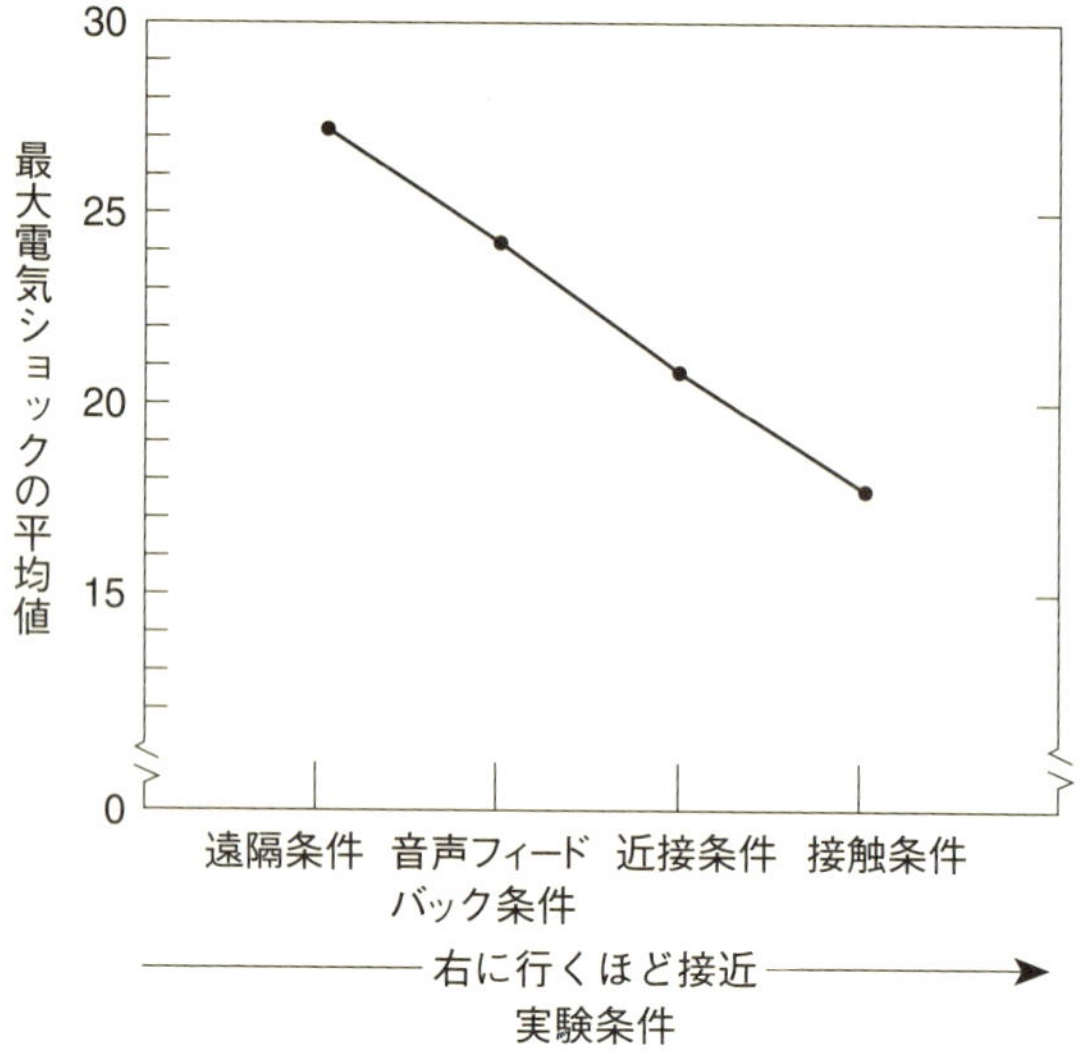

図 6-1　4 段階の距離条件における最大の電気ショックの平均値

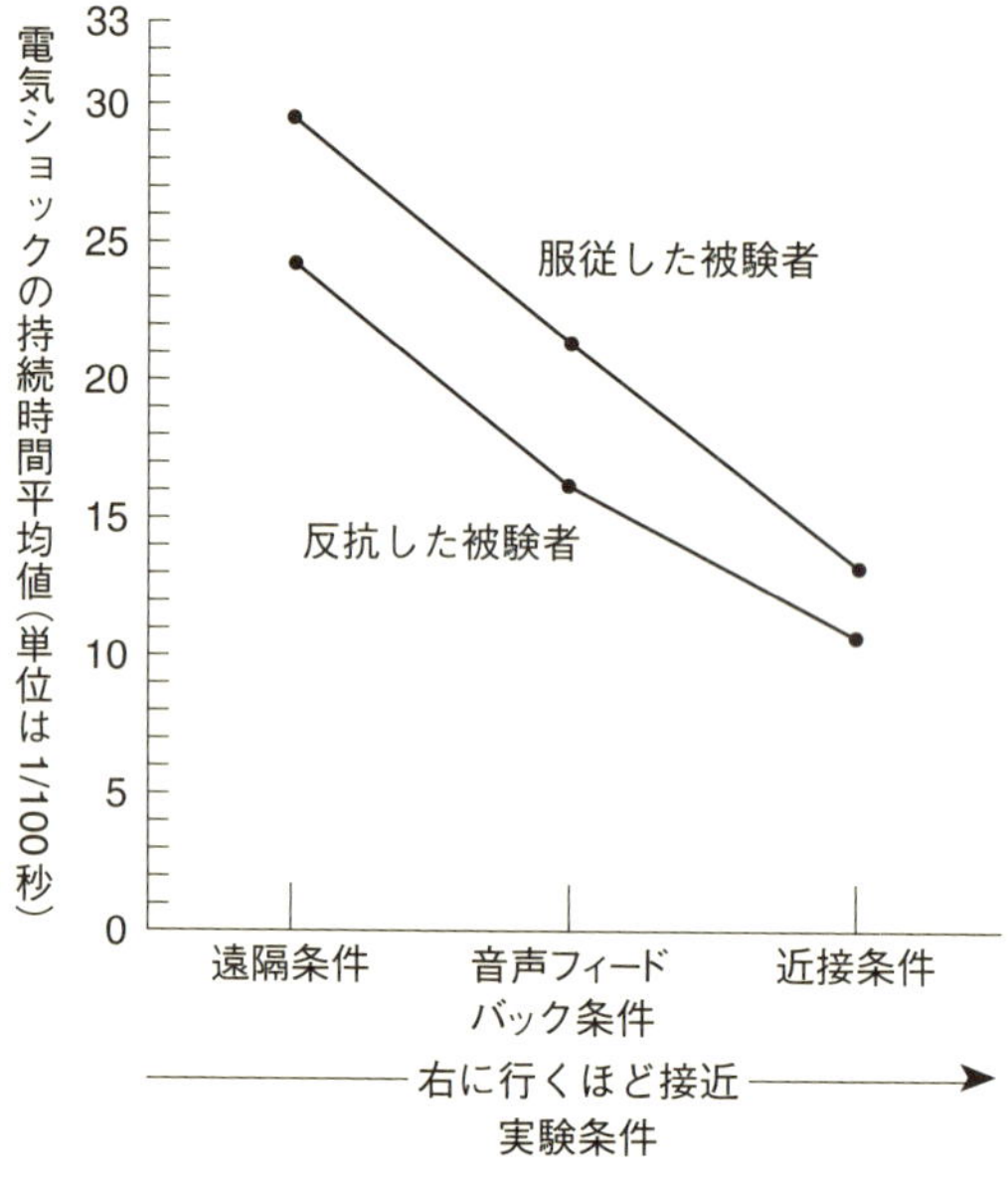

図 6-2　距離を変えた実験場面での電気ショックの持続時間

百分の一秒の精度で自動的に記録していたのである。反応潜時というのは、被験者がショックを与えるまでにためらった程度を示すものであったが、ここからは役に立つ結果は得られなかった。被験者がショックをどれくらいの長さ与えるかという持続時間の指標は、二つの興味深い知見を明らかにしてくれた。[10] しかし、ショックをどれくらいの長さ与えるかという持続時間の指標は、二つの興味深い知見を明らかにしてくれた。それは、これまでに述べた主な結論を補うものである。図6-2は、三条件の被験者に関する結果である（接触条件ではショックの持続時間に関するデータは得られなかった。というのは、ショックを与える板とショック発生器の接続方法がこの場合、異なっていたからである）。この図からわかるのは、一つは、教師と学習者の距離が小さくなればなるほどショックの持続時間が短くなるということである。もう一つは、この三条件のどの条件においても、服従的な被験者の方が服従しなかった被験者よりも、与えたショックの持続時間が長かったということである。

＊　＊　＊

ミルグラムが服従実験のために雇った最初の人は、アラン・エルムズという名前の学生だった。アランは、一九六一年の夏の間、研究助手を務めた。エルムズはケンタッキー出身の痩せた学生で、イェールの心理学部の大学院の一年目が終わったばかりのところだった。彼がミルグラムに初めて会ったのは、一九六〇年の秋学期も終わりに近づいたころのことだった。[11] 大学院の一年生は、毎週あるセミナーに出席しなければならない。そのセミナーでは、一人か二人の教授が話をするのである。ミルグラムはそのセミナーで、服従に対する研究についての話をした。エルムズはそれに非常に魅了されたのである。研究に対して興味を持っただけでなく、ミルグラムがその研究に対して示したその熱中具合にも引きつけられたのである。教授陣のなかのもう一人の若いメンバーであるローレンス・コールバーグの道徳の発達に関する研究にも興味を持ったが、ミルグラムからあふれ出る研究に対する打ち込みように対して、コールバーグの発表にはあまり活気が見られなかった。

大学一年目の終わり、ミルグラムを手伝い始めるちょっと前の七月に、エルムズはケンタッキーの実家に一カ月のあいだ戻っていた。その月の終わりになったころ、ミルグラムからの手紙が届いた。冗談っぽく書かれてはいたけれども、ミルグラムがもうこの時点で取り組んでいる研究の広範囲にわたる重要性を直観で感じ取っていたということが見て取れる。

親愛なるアランへ

君がこの一カ月の休暇を楽しく過ごし、大学生活一年目のストレスから回復していると良いのだが……。『ニュー・ヘブン・レジスター』紙に広告が載ったんだけど、反応が悪くてがっかりしたよ。とはいっても、三百人くらいはよさそうな被験者候補がみつかったので、すぐに困ってしまうというほどでもないのだけれど。でも、近いうちには、もっと多くの人間を研究室に連れてくる方法を考えておいてくれ。それが法務次官としての君の仕事だったしね。人を集めるというのは、実験のなかで非常に重要な実務的な側面だ。アイヒマン氏の立場と似ている点があることは確かだけれども、すくなくとも君は私たちが何をしているのかを誤解しないようにしないといけない。私たちは、被験者の人たちに対して、邪悪な権威からの命令に抵抗し、道徳にもとづく立場を主張する機会を提供しているんだから。(12)

ミルグラムはこれと同じような気持ちをもっと真剣な調子で、ソロモン・アッシュに宛てて同じ六月二十七日に書いた手紙に記している。そのなかで、ミルグラムはアッシュに服従プロジェクトの進行状況について報告している。「もちろんのこと、服従はいろいろと生産的な機能を果たしているわけで、なぜ、私が破壊的な側面に注目するのか不思議に思われるかもしれません。それは、たぶんこれが現代においては最も衝撃的でなおかつ困った形の服従となっているからでしょう」。(13)

このミルグラムからアッシュに宛てた手紙は、二人の関係が進展し続けていることを示すものである。時が経ったおかげで、プリンストン高等研究所時代の行き詰まるような体験の記憶がミルグラムのなかで色あせていき、プリンストンに行く前のように、アッシュへの敬意が再び姿を現したのである。手紙のなかでミルグラムは、計画中のプロジェクトに関してのアッシュの意見を熱心に求めていた。この数日前の六月二十五日の日曜日には、スワスモア大学にサーシャを連れて行き、アッシュとその妻フローレンスに紹介した。[14] ミルグラムは、自分のプロとしての経歴を通して、影響を受け続けていた人としてアッシュの名前を挙げている。アメリカ心理学会（APA）が、一九六七年に顕著な科学的貢献をした人に贈る賞をアッシュに与えたとき、ミルグラムは、「あなたほどこの賞に値する人はいませんし、あなたほど学生や同僚に刺激を与えてくれた人もいません」というお祝いの手紙を送っている。[15] 一九六九年のカナダ心理学会における年次総会での招待講演では、「アッシュによるあるテーマの十の変奏曲」というタイトルでアッシュと彼の同調行動の研究に対する敬意を払ったのである。[16] さらに彼は、アメリカ心理学会に対して特別の賞である金メダル授与者に推薦する手紙さえ書いている。

エルムズとアッシュに対して、近接条件の実験を始める前に語ったプロジェクトの重要性に関してのおおざっぱな予測は、数カ月もたたないうちに、もっと明確な……そしてもっと暗い……ものになるとわかってきた。一九六一年九月二十一日付けの、全米科学財団の長、ヘンリー・リーケンに当てた手紙にこう書いている。

得られた結果は恐ろしく、そして私たちを落ち込ませるようなものでした。人間の特性、より具体的に言えばアメリカ社会で生まれる性格のようなものが、邪悪な権威の指示による残虐行為と非人道的な取り扱いから市民を保護するためのものとしては頼りにならない、ということだったのです。ほんの少し前、私はもっと単純に考えていました。仮に、邪悪な政府がアメリカで樹立されたとしても、ドイツにあったような死の強制収容所を運営するための道徳に欠けているような人をいったい集めることができるだろうかと考えていたのです。今となってみれば、ニューヘブンに来れば、そういう人は集められると思っています。やることがなんであろうと、良心の痛みも感じることなく、正当な権威から命令が来ていると思いさえすれば、ほとんどの人が言われた通りにするのです。[17]

この四つの近接条件の実験は、人間の特性についてありがたくない真実を明らかにしてしまった。それと同時に、これらの実験は、権威に簡単に従うという私たちの傾向が思いもよらないほど強いということを示したのである。それは非常に強く、私たちが持っている道徳原理をも乗り越えてしまうほどのものなのである。この一連の実験は別の点でも重要だった。一九六〇年代後半に、性格心理学者と社会心理学者の間で「特徴／状況論争」が非常に活発に行われるようになっていた。[18] これはウォルター・ミッシェルによって書かれた挑発的な本『個性と評価』によって引き起こされたものである。[19] この論争の中核となるのは次のような疑問である。つまり、もともとの性格と置かれている状況のどちらがより強く、人間の行動に影響を及ぼすのか。ミッシェルは、行動の基盤として、性格の特徴こそが決定力だという伝統的な概念は間違っており、個人の行動は生まれつき持っている特徴よりは、今現在置かれている状況の産物であると主張した。この論争は一九六〇年代、七〇年代を通して決着がつかなかったので、「状況主義者」はしばしばミルグラムの四つの近接条件を自分の論旨を強化してくれる事実として大々的に使った。状況主義者によれば、服従は、教師と学習者の距離という状況的な特徴によって変化するのであって、それはもともとの性格にはよらないのだ、というのである。ミルグラム自身は、状況主義者の見解に同調していた。彼は次のように書いている。「今世紀の社会心理学者が発見した重要な教訓とは、ある場面での人の行動を決定するのは、その人がどのような人であるかということではなく、その人がどのような状況に置かれているかなのだということだ[20]」。

服従に至る道はいく通りもあった。おそらくは、服従した被験者の数だけあったのだろう。第5章の実験に参加した被験者は、好んで言われたとおりにしていたのではない。言葉には現れていなくても、息をのみ、唇をなめるという振舞いから、内面で起こっている葛藤を見ることができる。それにもかかわらず、実験者から何回か促されるだけで、指示された通りの作業をスムーズに行ったのである。

服従はしてしまったが、もっと反抗の意思を示したり、極度の緊張を味わっているということを伝えようとした被験者たちもいた。そんな被験者の一人である工具のデザイナーは、途中に間をはさみながらも、意見を言ったり質問をしたりすることもなく三百九十ボルトまでショックを上げ続けた。

＊＊＊

被験者　**冷たい**／日、日陰、水、洞穴。〔答えない〕間違いです。三百九十ボルト。**ブーン**。**金色の**／ドル、ネックレス、月、ペンキ。〔答えない〕間違いです。四百五ボルト。**ブーン**。**硬い**／石、頭、パン、仕事。〔答えない〕間違いです。**ブーン**。四百二十ボルト。

実験者　そのままお続けください。まだ二つ押していないスイッチがありますよ。

被験者　まだやらなければいけませんか。

実験者　失礼、どういうことでしょうか。

被験者は行っていることの重大さを実感したようだった。それまでは彼の声はきっぱりとしてぐらついたところはなかったのだが、実験者に質問する声は震えていた。

被験者　後遺症が残るんじゃないですか。この実験から抜けていいですか。
実験者　あなたが続けることが必要です、先生。
被験者　ええ、でも彼は大丈夫でしょうか。何も反応がないんですよ。もう「痛い」とも言いませんし。
実験者　すべての組み合わせを正しく答えるまで続けなくてはなりません。
被験者　〔はっきりしない話し方で〕もう彼は覚えられないんじゃないでしょうか。
実験者　あなたが続けることが絶対に必要です。
被験者　〔割れた声で〕ええ、でも答えられる人がいないんじゃないでしょうか。
実験者　さっきも言いましたが、ショックは痛いかもしれませんが、危険ではないのです。続けていただけますか。
被験者　**硬い**／石、頭、パン、仕事。〔答えない〕間違いです。四百三十五ボルト。**ブーン**。**濡れた**／夜、草、アヒル、服。〔答えない〕間違いです。四百五十ボルト。**ブーン**。続けますか。
実験者　はい、続けてください。
被験者　どれを押しますか。
実験者　ボードにある最後のスイッチを使ってください。
被験者　またこれを使うんですね？
実験者　そうです。
被験者　**勇敢な**／女性、兵士、犬、馬。〔答えない〕間違いです。四百五十ボルト。**ブーン**。**白い**／雲、馬、岩、家。〔答えない〕間違いです。四百五十ボルト。**ブーン**。**悲しい**／顔――
実験者　すみません、先生。ここで終わりにしなければなりません。

最後には服従してしまったが、反抗した被験者はほかにもいた。彼は、製図工で、学習者に百九十五ボルトの「ショック」を与えたところだった。

被験者　**赤い**／煉瓦、薔薇、夕焼け、ワゴン。**ブーン**、間違いです。二百十ボルト。**ジー**。

学習者　うっ！

被験者　正解は赤い夕焼けです。

学習者　〔絶望した口調で〕この実験は、もういやだ！

被験者　次は、**低い**／音、雲、橋、声。**ジー**、間違いです。二百二十五ボルト。**ブーン**。正解は低い声です。次は**新しい**／家、ペット、本、名前。**ジー**、正解です！

被験者が間違えたときのポーズを利用して、彼はウィリアムズにかろうじて聞き取れるくらいの声で話しかけた。

被験者　もうこれ以上がまんできませんよ。

実験者　〔被験者が控えめにではあるが絶望しているのを無視して〕続けてください。

実験者の命令に従って何の批判も反抗もすることなく、彼は実験を再開した。いくつかの単語のペアを出題した後で、ため息をついた。犠牲者を傷つけるのはもういやだと思っていて、とはいってもそれを行動に移すことができない、そんな絶望の現れであった。

しかしながら、彼は、三百ボルトになったときに、今起こっていることに対して深い嫌悪の情をもっているということを少なくとも表に示すだけの精神的な強さを持っていたのである。

被験者　次は**太った**／男、女性、桶、首。**ブーン**、間違いです……三百ボルト。**ジー**。
学習者　〔苦悶するような叫び声〕
被験者　わ、わたしはもうこれ以上できません〔椅子がブルブルふるえる〕。
学習者　もう絶対答えない。ここから出せ。俺をここにとどめておくことは出来ないんだ。出せよ。ここから出せ。
被験者　もうできません。すみません。あなたが何か企んでいるのに気がつきましたよ。
実験者　この実験では、あなたがそうやって続けることが必要です。
被験者　はい、わかりますが、私は他人に苦痛を負わせるようなことはできません。あの、私が受け入れられる痛み以上はね。もうそれはとうに越えてしまったようです。
実験者　あなたが続けることが絶対に必要です。続けてください。
被験者　〔椅子がブルブルふるえる〕えーと、彼が受けている電気ショックの一つ一つを私も感じているような気がします。〔溜息〕次は**緑色の**／草、帽子、インク、林檎……。

精神的な苦悩が続いていることを示すように、ショックを与える前に彼は断続的にため息をつき、長い時間をかけていた。この被験者は結局、最後まで服従した。

＊　＊　＊

四百五十ボルトに到達する以前の段階でショックを与えるのをやめた被験者の間にもさまざまな違いをみることができた。その違いの一つは、実験のなかで被験者が最初に抵抗するようになるのが早いのかそれとも遅いのかということだった。アンドレ・モジリアニとフランソア・ロシャという二人の社会心理学者は、実験条件のうちの一つの音声記録をもとに詳細な分析を行った。(21) そこで明らかになったのは、実験を行っているときに早い段階で被験者が反抗すればするほど、実験を途中でやめるようになる確率が高いことと、実験への不同意を示すのがだんだんと高くなるショックを与える段階の早い段階であればあるほど、最終的に与えるショックの電圧が低くなるということであった。モジリアニとロシャは次のように説明している。

認知的不協和の理論が予測するように、不快な共同作業を文句も言わずに続ければ続けるほど、被験者は、「表向き知らされた」カバーストーリーが実際のところ正しいのだと自ら納得させなければならなくなるのである。(22) それは、たとえば、実験者は自分がやっていることをよくわきまえているはずだとか、電気ショックはそれほど危険なものではないとか、実際のところ学習者には特になにも問題がないとか、いずれにせよ実験手続きはやらなければいけないものだし……などである。そこで、「初期」の段階に言葉で反抗するのは効果的である。というのは、長い間受け身で残虐な共犯関係を築いてしまったあとでは、その圧力を低減させるのは難しいからである。

服従しなかったある被験者の一人に大きな製造工場に勤める四十七歳の検査工がいる。最初、練習のリストを読み上げている間、この手順を学ぶのに多少苦労した。しかし、主要なリストに取りかかるころには、手順を習得し、しっかりと進めていた。百二十ボルトになったときには、もうすでに七つのショックレバーを押し、学習者からは「うっ！」といった、まだそれほどきつくない文句を三回聞いていた。

被験者　**濡れた**／夜、草、アヒル、服。**ジー**、間違いです。百二十ボルト。**ブーン**。
学習者　うっ！　おい、本当に痛いよ。
被験者　これ以上ボルテージを上げても大丈夫でしょうか。
実験者　続けてください。
被験者　**勇敢な**／女性、兵士、犬、馬。**ジー**、間違いです。〔溜息〕百三十五ボルト。**ブーン**。
学習者　おい！　実験者さん！
被験者　正解は馬でした。
学習者　これで終わりだ。ここから出してくれ。心臓が悪いんだよ。さっき言っただろ。また痛くなってきたよ。出してくれ。頼む。また痛くなってきたんだ。
実験者　続けてください。
学習者　もう続けないよ。出してくれ。
被験者　どうしたらいいでしょう。彼はかなり動転しています。
実験者　この実験ではあなたが続けることが必要です。先生。続けてください。
被験者　でももしよろしければ、続ける前に彼がどうなっているか見て来たいのですが。
実験者　いえ、いったん始めてしまったら、マイクを通す以外はいかなる接触もできません。あなたが続けることが絶対に必要です。続けてください。
被験者　さて、どうかな。今彼が受けている電気ショックを私なら受けたくないと思うんです。
実験者　選択肢はありません。
被験者　〔皮肉っぽく〕お望みでしたら、小切手はお返しします。
実験者　いいえ。ただ単にこの実験室に来たことで、小切手はもうあなたのものです。そういった問題ではありません。問題は、もしあなたが続けなければ、この実験全部を中止しなければならなくなることです。

被験者　ふーん、今向こうの彼のような状態じゃこの実験はきちんとは行えませんよ。だって彼は心臓が悪いって言ったじゃないですか。だから私は……。

実験者　わかりました。ではこの実験を中止します。

被験者が権威の手中に陥らないために役立つ要因には二つのものがあるようだ。一つは学習者に共感する能力である。彼は学習者の立場に立ってみて、苦痛を感じたのだ。つまり、「今彼が受けている電気ショックを私なら受けたくないと思うんです」ということである。多くの被験者たちにとって、実験者の命令に反抗することは難しい。反抗するということは、有能な、科学の権威としてあらわれてきた実験者の正統性を疑うことにつながるからだ。学習者に対する共感によって、この被験者は主観的な判断をしたのであって、それは必ずしも実験者自身、そして科学者としての彼の存在に対し全体的に異議をとなえたのではないということになるからである。

被験者の反抗へとつながったように思われる二つ目の要因は、彼が発した疑問や反対に対して実験者が答えなかったということである。学習者を見たいという要求を除いて、実験者は被験者の質問を無視し、ぶっきらぼうに実験を続けろというだけで、被験者を安心させることもせず自分を正当化することもしなかった。その結果として、実験者のねらいは裏目に出て、被験者の協力が得られるどころか被験者をいらだたせ意固地にしてしまったのである。(23)

もう一人の服従しなかった被験者は、三十九歳のセールスマンで、実験の後半になって服従することをやめた例の一人であった。彼は実験の最初には、二、三回それほど強くない反対をしたが、それは実験者が無視できる程度のものだった。被験者は三百十五ボルトになるまでそれ以上の反抗の兆候も見せることなく実験を続けた。

学習者　〔身を切られるような物凄い叫び声〕
被験者　**裕福な**／少年……。
学習者　もう答えないって、言っただろう。
被験者　ケーキ、男……。
学習者　もう俺はこの実験には関わらないぞ。
被験者　少女。〔長い中断〕もうこの実験には関係ないって言っています。彼はもういつでもやめられます。そうできるってあなたが言いましたよ。
実験者　いいえ、学習者がそうしたいかどうかに関係なく、私たちは彼がすべての組み合わせを正確に覚えるまで続けなければなりません。続けてください。
被験者　でも、彼の意思に反して続けられるとは思いません。いつでもやめられる選択肢があるのですから。
実験者　あなたがこの実験を続けることが必要です。先生。彼がすべての組み合わせを正確に覚えるまではね。
被験者　いいえ、私は続けない……いや、続けられないです。今、もしあなたが彼に選択肢を与えていなかったなら、そしてもしいったん彼が始めたら続けなくてはならないと伝えたなら、それはわかりますが、あなたはいつでもやめる選択肢を彼に与えていますよ。彼がどうするか決めるのです。
実験者　あなたが続けることが絶対に必要です。
被験者　いいえ、続けられませんよ……。つまり、彼のことを考えたらね。あらかじめ心臓が良くないと言ったんだし、いつでもやめる選択肢が与えられたうえでこのテストを続けるのを拒否しているんです。
実験者　あなたに選択肢はありません。
被験者　〔驚いて〕私に選択肢がないんですか。ふーむ、ふーむ。〔少しの沈黙〕私はあると思います。
実験者　こういうことです。もしあなたが続けないなら、この実験全部を中止します。

被験者　ええ、公正さということを考えるならば、それこそこの時点でしなくてはならないことだと思います。つまり、私が言いたいのは、あなたは彼に選択肢を与えたということで、そして彼は今実験を止めるように要求しているのです。

実験者　では、実験を中止しなくてはなりません。

先ほどの反抗した被験者は、百五十ボルトの早い段階で実験をやめることができたが、この被験者は自分の本当の気持ちを言うまでにその約二倍かかった。割り当てられた仕事をしながら、不愉快に感じている兆候が早い段階から見られたものの、彼はやめるための有効な言葉を見つけるまでに二十回以上スイッチを押したのである。実験者との激しい言葉を交わすなかで、彼は実験者にこの実験のルールを思い出させた。つまり学習者にはやめる権利があるということである。

実際には、この権利は明確にされていたわけではない。もちろん、後で何が起こっても一度渡した小切手は被験者のものと実験者が述べていることから、それは明らかではあったが。しかし、この被験者の頭のなかでは、実験者の権威を損なうことなしに、実験者に対抗するための明確なルールとして姿を変えて意識されていたようである。被験者が実験手続きをとめようとしたことに対して、実験者があらかじめ決まった反応しか返さなかったということが、被験者をいらだたせ、もうやめようという気持ちをさらに強めたのである。

❊　❊　❊

ミルグラムは権威に対して反抗をしやすくするのはどの要因かについても研究している。ミルグラムは、権威には支配的な力があるという思いもよらなかった事実を知らせてくれただけでなく、権威が私たちに及ぼす望ましくない影響に対する強力な解毒剤も提供してくれたのである。彼は、二人の仲間が反乱すれば、権威の力の支配から被験者を解放できるということを実験によって示している。[24] この条件では、本当の被験者一人と二人のサクラからなる三人の教師のチームを作った。実験の途中で、サクラたちは実験者に反抗し、一人は百五十ボルト、もう一人は二百十ボルトのところで実験を続けるのを拒否する。この実験では、本物の被験者のうちの九〇パーセントが反乱に従い、途中で実験を中断した。言い換えれば、被験者の一〇パーセントしか完全には服従しなかったということになる。ミルグラムが行ったほかのどんな実験のバリエーションよりも、権威の力を最も下げるのに効果的だったのがこの条件だった。彼はここから次のような重要な結果を導き出している。つまり、「個人が権威に対抗しようと考えるならば、最もよいのは、その集団のなかから自分のことを支持してくれる人を見つけるということである。お互い同士が手を取り合うということこそが、権威の行き過ぎに対して私たちが持ちうる最強の砦なのである[25]」。

一九六一年の八月から一九六二年の三月まで続いた実験のバリエーションのすべては、リンズリー・チッテンデン・ホールにて行われた。最初の四つの近接条件は一階の相互作用研究室で行われ、その残りは地下室にある実験室で行われた。四番目の実験が完了した後、相互作用研究室から出て行かなくてはならなかった。その部屋を貸してくれていた社会学部が、またそこを必要としたからである。[26] 同じ建物の地下室にある、ほかの研究室の空きスペースが使えるようになったので、二、三週間のうちに、すべての実験装置ごと、そこへ移ることができた。[27]

プロジェクトの仕上げとして、ミルグラムはダウンタウンのブリッジポート千百八十八の大通りに位置していたニューフィールド・ビルディングに、三つの部屋つきのオフィスを借りた。[28] 一九六二年四月から五月にかけて実験室をそこに移し、ブリッジポート調査協会というでっち上げた名のもとで、実験装置を準備した。世の中に広まっているエール大学という権威と名声がなくても、人が破壊的な命令に従うかを見るためで、そのために、実験をエール大学と完全に切り離すのが目的だったのである。その結果、服従率はいくぶん落ちたものの、被験者の大多数がまだ実験者に服従するということがわかった。ブリッジポートでは被験者の四七・五パーセントが完全に服従した。[29]この数字とエール大学で行った同じ実験で出た服従率六五パーセントの違いは統計学的に見れば有意な差とは言えなかった。

ミルグラムは、この結果について以下のように推論している。

有害であったり破壊的でありうる類の命令が正当なものであると受け止められるとするならば、それは何らかの制度的な枠組みのなかで発生しているに違いない。しかし、この研究が明らかにしたのは、その制度としての組織はかならずしも有名であったり目立つ組織であったりする必要はないということである……あらわにされている機能から判断された組織のカテゴリーが、われわれの服従を引き出すのであって、そのカテゴリーのなかでのその組織の質の良し悪しなのではないようである。人間は、立派な銀行だけでなく、みすぼらしく見える銀行にお金を預けることがあり、そのときには安全性の差にはあまり注意を払わないのである。私たちの被験者は、科学実験室という名が付いているかぎり、どの実験室でも同じようにその資格があると考えるのかもしれない。[30]

※　※　※

この一連の実験のなかで最後に残ったものの一つが記録映画『服従』のなかで使うために一九六二年五月に特別に行った実験であった。[31]ミルグラムは発見したことを目に見える形で残している。ほかの被験者と同じ方法で集められた十四人の被験者たちを二日間に渡って記録したのである。被験者たちは撮影されているとは知らなかったので、結果としてごく自然なものとなった。実験の最後に、被験者たちは撮影されていたことを知らされ、ミルグラムはそれを教育上の目的で使わせてもらう許可を求めた。同意してくれた人たちの画像だけを残したのだが、そのなかには服従した人も反抗した人もいた。その結果、権威に服従する人の傾向をうまくとらえた映像が出来上がった。

この一連の実験が完了したことを、一九六二年の六月一日付けで学科長のクロード・バクストンに宛てた手紙で報告している。

リンズリー・チッテンデンの地下の研究所からの旅立ちを宣言したいと思っています。この地下室はとても役に立ちました。最後の被験者を使っての実験は、五月二十七日の日曜日に行いました。「権威に対する服従」に関する一連の実験は、ありがたいことに、これで完了したのです。(32)

そのちょうど二年前に、イスラエルの諜報機関がアドルフ・アイヒマンをブエノスアイレスの自宅から誘拐してイスラエルに連れて行った。エルサレムにて行われた長い裁判の後、彼は六百万人のユダヤ人を殺害した罪で、一九六一年十二月十五日に死刑を宣告された。(33)死刑執行は、一九六二年五月三十一日の真夜中の少し前に行われた。それはミルグラムが服従実験を完了した四日後のことだった。これら二つの出来事がほぼ同時に起こったことは、この実験が、ナチスの犯罪者たちの行動にスポットライトを当てるうえで重要な役割を果たすようになるということを予感させる。

第7章　ショックの後

一九六一年から六二年にかけて、服従実験が進むにつれて、その驚くべき結果の一部がキャンパス中に漏れ始めた。心理学部のメンバーの一人であったロバート・エーベルソンが記しているように、まもなく、心理学部は「その話にどっぷりと漬かるようになった。みんなその噂をし出して……それ一色に塗りつぶされてしまった。そのほとんどは、なにかとっても面白いことがあるらしいというようなことだった」[1]。

しかし、ミルグラムの実験についての情報が広まったのは、それよりもいくぶん遅れてのことだった。ミルグラムは、一九六二年一月十二日になるまでオルポートにさえ話さなかったのである。というのは、このプロジェクトの初期の段階、一九六一年九月にミルグラムは困った事態に陥っていたのだった。ピッツバーグ大学の心理学者、アーノルド・バスが『攻撃の心理学』という本を出版したのである[2]。そのなかに、「攻撃マシン」の図とその使い方が記されていて、それが、ミルグラムのショック発生器と実験手順に似ていたのである。ミルグラムは即座に、そのマシンと実験手順が盗まれたと考えた[3]。

フィリップ・ジンバルドは、このころミルグラムのオフィスを訪れたのだが、非常に奇妙な体験をしたと語っている[4]。何をやっているのかと尋ねたとき、ミルグラムはオフィスのドアを閉めて、話し声が漏れないように扇風機をつけたうえで、バスが自分のショックマシンのやり方を盗んだので、今難しい状況に置かれているのだと話し始めたのである。だから、この実験のことは人には話せないんだと説明した。この話には「ちょっと偏執狂的なところがあった」とジンバルドは付け加えた。

　二人の研究のアプローチには、たしかに似ているところがあった。バスの機械には、だんだんレベルが強くなる十個のショックボタンがついていたし、実験のカバーストーリーとして使われていたのも学習の実験で、被験者は試しに電気ショックを受けるのだった[5]。ある実験条件では、高いショックのレベルになったときに、学習者がうめき声や喘ぎを出してフィードバックをするというものもあった。しかしまた、明らかに異なる点もあった。バスの被験者たちは、学習者を「罰する」ために、彼らが間違えるたびにショックレベルを上げていくのではなく、十個のショックボタンのなかからどれでも好きなものを選べたし、学習課題としてもミルグラムとは異なる「概念学習」課題を用いていた。「概念学習」では、学習者は、異なったパターンで点滅するライトがある「概念」に合致しているか否かを答えなくてはならないのである。また、バスは「指先に電極」を付けたが、ミルグラムの実験手順では手首に電極を付けることになっていた。さらに、バスの研究目的は攻撃であり、服従ではなかった。

　しかし、その渦中にいたときには、この二つの類似がミルグラムを疑心暗鬼にしたのである。バスはミルグラムと電話や手紙でのやりとりをして、自分の手法がミルグラムのとは独立に考えられたものであって、ミルグラムの機械のことは耳にしたこともなかったと伝えた[6]。しかしながら、ミルグラムは完全にその説明を受け入れたわけではない[7]。誰かがミルグラムの電気ショック発生器のことを「バスの攻撃マシン」と呼ぶようなことがあれば激怒した。「バスの攻撃マシン」の写真を送ってくれという手紙をもらったときにも激怒したのである[8]。

　ミルグラムの研究の詳しい内容が明らかになったとき、心理学部で話題の中心になったのは、被験者が被害者に対して予想よりもはるかに強いショックを与えることを厭わないという発見である[9]。研究の倫理性について関心を持つ人は少なかったが、これは、当時、研究に何が求められていたかを考えてみれば当然である。心理学者たちは、実験室内では騙《だま》しをするのが常套手段となっていた。その実験内で被験者に与えた間違った情報を、後で「種明かし」することを考えもしなかったのである。実際、ベンジャミン・ハリスという心理学分野に関する歴史家は、被験者に実験のなかで与えた間違った情報を訂正し[10]、安心感を与えるという実験後の手続きのことを「デブリーフィング」と呼ぶということを初めて印刷物のなかで使ったのはミルグラムである（一九六四年の論文のなかで[11]）と述べている。

しかし、エール大学心理学部のメンバーのなかにも、ミルグラムが被験者たちにきわめて深刻なことを経験させてしまったということを思い悩んだ人が一人はいたらしい。その人は、アメリカ心理学会（APA）に申し立てをしたのである[12]。そのため、アメリカ心理学会が調査を完了するまで一年以上も彼の入会手続きは保留になってしまった。次の手紙は、一九六二年十一月二十三日付けで、入会審査委員会のスタッフの一人がミルグラムに送ったものである。

委員会での投票の結果、あなたがお申し込みの会員資格を受け入れるかどうかの最終決定は来年まで延期することに決定されました。それというのも、あなたが行った研究のいくつかに関する倫理的な責任についての疑問が持ち上がったからです。私は、科学および職業的倫理と行為に関する委員会の事務局長に非公式に問い合わせをして、あなたの研究をよく知っている人からさらに情報を得るように依頼されています。これがこれまでの経緯です[13]。

彼女は、彼の入会申請に関しては良い結果が出ると予想していて、このようなことが起こったせいで、「あなたがアメリカ心理学会に対して今後悪い感情を持たないように」していただければ、と述べていた[14]。

これ以降、ミルグラムは死ぬまで、この実験の倫理性に対し浴びせられた無数の非難に応えていくことになるのだが、このエピソードはその最初のものである。ずっと後の一九七七年になって、全く違う研究をしていたときにも、ミルグラムは、出版活動を通して服従実験の倫理性についての弁護活動をしていたのである。(15)

ミルグラムは、全米科学財団に対して服従実験に支援するよう、追加の二つの補助金申請を行ったが、その最初のものを提出したのが、一九六二年一月二十五日のことだった。(16) ミルグラムによれば、この申請の主な目的は、これまで彼が見出した高い服従率についての理論的な説明を求めるためのもので、そのために、その場面に関わっていると考えられる心理的要因を同定することを目的としていた。ミルグラムが提案した新規の実験のなかには、これまで研究してきた破壊的な行動ではなく、被験者が社会的に望ましい行動を行うように命令される「建設的な服従」を含むものがあった。その実験を具体的にどのような手続きで行うかについてはまだ彼は考えていなかったが、適切なものを思いつくだろうという自信があった。

研究助成は一九六二年の五月二十四日に承認されたが、大きな修正があった。(17) 全米科学財団の事務官たちは、すでにミルグラムは大量の実験データを集めているのだから、さらに実験を行うよりはそれに精力を注ぐ方が望ましいと感じていた。そこで、彼らは、その補助金をすでに完了した実験のデータを分析し、報告するために使うということでミルグラムと合意したのである。(18)

この申請書の外部審査者の一人が、ハーバート・ケルマンだった。ケルマンは、審査報告書のなかで、ミルグラムが非常にすぐれた実験を企画して、予想もできないような衝撃的な結果を見出しているということを認めていたが、ミルグラムの申請については若干の留保を付けていた。(19) それが、ミルグラムがすでに集めたデータを分析し報告するだけのために助成金を支出するという全米科学財団の決定に影響したということは疑いもない。まず第一に、ミルグラムは追加実験の目的は適切な理論を作り上げるための手がかりとするものであると申請書に書いていたが、ケルマンは、ミルグラムにそれができるかどうかを疑ったのである。第二に、ケルマンは研究上の倫理について「被験者に要求する作業としても、また騙《だま》すやり方としても少しやりすぎではないかと思われる」というような疑念を述べている。一九六三年四月、ミルグラムは、実験結果を分析し報告するのを完成するための三度目で最後の助成金の申請書を全米科学財団に提出した。[20] この申請は受け付けられ、ミルグラムはこの助成金の一部を使って、エール大学で一九六二年に撮影された生の記録映像からドキュメンタリー・フィルムの「服従」を作っている。

ミルグラムは、まず、一九六三年から六五年にかけて、服従実験の結果を学術誌に四本の論文として連続して出版した。[21] 最初の論文は、「服従の行動的研究」というもので、一九六三年十月にその当時の社会心理学研究における晴れ舞台であった『ジャーナル・オブ・アブノーマル・アンド・ソーシャル・サイコロジー』に掲載された。ミルグラムの服従研究を出版するのは単純なことではなかった。ミルグラムは一九六一年十二月二十七日に、この最初の論文を同誌に投稿したが、[22] 即座に不採択と決まった。一九六二年一月十五日に、『ジャーナル・オブ・パーソナリティ』という異なる学術誌に投稿したが、これもまた不採択となった。この雑誌の編集長は、臨床医から社会心理学者になったエドワード・E・ジョーンズで、人が自分自身の行動や他者の行動の原因をどのように説明するかについての研究である帰属過程の研究分野で、一九七〇年代から八〇年代にかけて、大きな影響力を持った研究者であった。ジョーンズは、結果を説明する理論がないということを批判して、そこで得られた知見についても、これでは「社会工学の勝利といったところだね」と相手にしなかった。[23] これは、研究者としてのミルグラムのその後のキャリアを通してつきまとうことになる批判を予感させるものであった。一九六二年七月二十七日に、『ジャーナル・オブ・アブノーマル・アンド・ソーシャル・サイコロジー』の編集長であるダニエル・カッツがその原稿に気づいて、出版するために受理したのである。

倫理的な問題こそ、まさにこの当時のミルグラムを悩ませていたものなのだった。ミルグラムの著作や公的な発言では、彼は自分の仕事の倫理的な側面については断固とした立場を取っている。結局のところ、ミルグラムは自分が調べているのは、まっとうなものであるばかりか、社会的に見ても重要な問いであると感じていた。いったい、権威ある人物が人に他者を傷つけるように命じたとき、人はどこまで従うのだろうか。ミルグラムは、罰を与え続けるように「強制」したわけではない。続けるかどうかは結局のところ、被験者自身の判断なのである。さらに、犠牲者は実際にはショックを受けていたわけではないのである。

しかしミルグラムが自分の実験を弁護するときに、実験参加者の苦痛をあまり重大視していないきらいがあった。あるエッセイのなかで彼は以下のように書いている。「多くの被験者にとって、この実験は建設的で実り多いものであったと言っても誇張にはならないだろうと思う。実験に参加したおかげで自己洞察の機会が与えられたし、人間の行為を支配している社会的な強制力について直接的に自分の身になるような知識を得ることができたのだ……。多くの人が自分が重要な科学研究に貢献できたと感じていたし、社会的にみて価値があることに関わる機会が得られて喜んでいる(24)」。

デラウェア大学のある心理学者に宛てた手紙のなかでは、試験で上手くいかなかった大学生に比べれば、この実験に参加した人のほうが、自尊心へのダメージは少ないはずだと主張している(25)。試験を受けている間の学生たちのこわばった表情、そして彼らが単位を落としたときや、Aがとれると思っていたのにとれなかったときの彼らの落ち込みようを見ていたのだ。ミルグラムは、そこに皮肉な状況があるということに気づいていた。「すでに分かり切っていることを知っているかどうかテストするときには、ストレスや緊張、それによる自尊心へのダメージがあってもいいと考えているようですね。しかし、新たな知識を生み出すプロセスとなるとそうしたことは全く認められなくなってしまうのです」。

また別のところでは、「よくできたヒッチコックのスリラー映画を観て指の爪をかみしめている観客ほどの緊張を味わった被験者もほとんどいなかった」というばかげた主張をしたりした(26)。

実験の被験者だった二人はそう考えていなかった。彼らにとって、この実験は、明らかに日常生活のなかで繰り返される行動で感じるストレスをはるかに超えるレベルの苦痛を伴っていたのである。ウィリアム・メノルドが一九六一年に実験に参加したのは、米国陸軍の兵役から解放されたすぐ後のことだった。彼によれば、実験は「地獄だった」(27)。実験が進むにつれ、学習者はますます間違えるようになっていった。メノルドから「本当に玉のような汗がだらだら出た」(28)という。学習者が叫び続けるようになったときには、気の毒に思って、立場を入れ替えたらどうかと提案した。自分の方が早く記憶できると思ったからである。というのは、「あの男は鈍いやつだと思ったからさ。ええと、つまり、どんなＩＱテストを受けてもいい成績は残せないようなやつに見えたのさ……」。

彼の頭のなかでは、「いったいこれは本当のことなんだろうか、……でも、もっともらしくできているし……もう引き受けちゃったんだし」というようなことがかけ巡っていた。被害者が反応しなくなったときが一番難しいところだった。「いったい全体何が起こっているのか全くわからなかった。ええ、あいつを殺しちゃったかもしれないと思ったんです」。それで彼は実験者に、「これ以上やることについて責任は持てない」とはっきり言ったのである。彼が実験を続けたのは、その責任は彼にあるのではなく、実験者たちが全責任を取ると言われた後のことである。

彼は最終的には完全に服従した。つまり「俺は、もうやり過ぎるくらいやっちゃったんだ」。彼によれば、実験の間中、「笑ったけれども、ヒステリックな感じの笑いで、楽しいからじゃなかった……。本当に奇妙だった、というのはね、俺が理性を全く見失っていたということだよ」ということだった。彼は実験の最中、そしてその後の自分のことを「感情の残骸」とか「だめになったやつ」と言っていた。「誰かが俺にあんなことをさせようとすればそうできるんだ」ということがわかったからである。

また別の被験者であるハーバート・ワイナーは、朗らかな男で低い声で歯切れ良く喋る。彼は、この実験に参加した経験について、エール大学のあるグループを相手に次のように語っている(29)。「困ったことに、［学習者は］

実験の早い段階からもたつき始めたんだ……テストをいくらもやっていないのに、ショックのレベルが上がってしまうことは明らかだった……。楽しいのはこの辺までだった。後は、なかなか語るのは難しい……。私の気持ちがどう変わって、葛藤や緊張がどう高まったとかはね」。そしてワイナーは、学習者の痛みの訴えがだんだん強くなっていったことを説明し、心臓の問題についても言ったのに、実験者がまだ続けるように促していたということを語った。「だから、そうしたよ。何回かはね。でも、今度は、自分の心臓の方が緊張してどうにもならない状態になってしまった……。で、灰色のコートを着ている人に向かって、〈すみませんが、もうこれ以上はできません〉と言ったんだよ」。

ワイナーは続いて、実験の真実について知らされたときに、どのように反応したかについても語った。

呆然とした……。騙《だま》されていたことに腹が立ち、すべてのことに憤慨した。この実験を早い段階で止めなかったこと、一体どうなっているのかを見破れなかったことがちょっと恥ずかしかった。自分の心臓については全く気にもかけていなかったが、もしも、私の方が心臓のトラブルを抱えていたらどうなっていただろうか。

冷たい怒りを抱えたまま家に帰った……。そして次の朝［ミルグラムに］電話をかけた。というのは私も彼と同じ准教授だったからだ(30)。そして、私が怒っていること、またこういうことをやっていいのかという疑念を伝え、一度落ち着いて話をすることが必要だと話した。ミルグラムは若干狼狽していたようだが、同意した。そして、一九六一年から六二年にかけて、何回か話し合いの場をもったが、それは私にとって、非常に有益なものとなったし、おそらくは彼にとってもそうだったろう。

そのとき、彼は博士号の研究を終えたばかりのバリバリの研究者で、私が倫理や騙《だま》されたことについて、思いつくままではあるけれども、きわめて強硬に話したのでそれについては非常に気にかけてくれた。さらには、私がそのとき一番気にしたこの葛藤に対する私自身の生理的な反応についても気にかけてくれた。というのは、事前に何の医療チェックも行っていない人たちに対して、不適切かもしれない緊張を課していたわけだからだ……。私は非常に驚いていたのである……。もしも私が心臓にトラブルを抱えていたら、大変なことになったかもしれないのだ。

スタンレー・ミルグラムは同意した。が……彼は自分の実験計画は学長レベルで承認されているのであって、それは多くの人も知っていて、みんなが目的のためにはリスクも正当化されると思っていると述べた。このリスクについては、明らかにミルグラムは私よりも軽く見ていたようである。

ミルグラムは豊かな内的生活を持つ人であって、自分自身に浸ってみたり、深く考え込んだり、反芻したりしていた。こういった類の内省は、メモや日記や観察記録として残されたが、それぞれ一、二ページにも満たない短いものだった。こうしたアイデアはもともと自分以外に見せることを意図して残されたのではなかった。自分の思考を目に見えるものとしておくことによって後になって再び考え直したり、評価し直したりすることができるようにするためのものだったのである。

これらの覚え書きはミルグラムの精神活動をのぞき込むための窓になってくれている。ときには、彼が公刊した物や公的に記録が残る発言ではみられないような内的な葛藤を示してくれることもある。この倫理性についての論争について、少なくとも初期のころには、彼が苦しみながらもさまざまな形で深く突き詰めた検討をしていたことをうかがい知ることができる。

実験を正当化することはできても、倫理的に見て疑わしい要素があると思うこともある。それに、人びとを研究室に誘い込み、ストレスが多く不愉快な状況へと罠にかけていくのは良くないことだとも思う。やってしまったことを元通りにすることはできないが、少なくともこれを再び繰り返さないと決心することはできる。そして、私は全く個人的な決心ではあるが、人を惑わせたり罠に掛けたりするような実験、もちろん、被験者に道徳的な選択を迫ったり、強力な圧力を加えて正しい選択をするのを妨げるような実験はしないことにしよう。こう決心をして、自分自身に満足している。考えてみると、科学探究を行う際に勇気はいったいどんな役割をしているのだろう、勇気は希少な資源なのだということ、そして、すぐに臆病になってしまうのだと思い始めているところだ。(31)

しばらく経ってから、こういった自己に対する懐疑はさっぱり消えてなくなってしまった。不安で一杯の自分に向けた覚え書きはこれ以降見られなくなり、彼がエール大学を去るときまでには、どの発言や書き物をみても、そこには一律に自信に満ちた断言と実験の倫理性を弁護する強い主張があるばかりである。

しかしミルグラムは同時に、この論点に関して、自分とは異なった見解にも正当性があると認めていたので、授業では、彼を批判する者についても公平に取り扱った。実際、授業で使う教材のなかで彼は、役に立つ演習の一つとして、模擬的な「倫理審査委員会」を作って、学生たちが服従実験を批判したり弁護したりした後で、最後には、その審査委員会のメンバーがこの実験が倫理的に受け入れられるか否かを投票して決めるという課題を提案している。(32)

❊　❊　❊

新たな理論が生まれ、洗練された数量化手法がますます使われるようになったおかげで、第二次世界大戦後の社会心理学は、速いペースで発展を続けていた。この分野の成長と拡大がいかに急速なものだったかは、一九五四年の『社会心理学ハンドブック』が二巻だけだったのに、十四年後の第二版が全五巻になったことからもわかるだろう。なお、この第二版にはミルグラムによる章も含まれている。皮肉なことに、これまでにないほどこの分野が花開くようになるにつれて、社会心理学者のなかには、学問の手法とそこから得られた成果に対する疑念をもつ人も現れてきたのである。ある社会心理学者はこれを、「社会心理学の自信の危機」と呼んでいる[33]。社会心理学の実験の倫理について疑問が投げかけられ、ロールプレイングのようなもっと被害の少ない代替手法ではだめなのかということが議論されたのである。研究者たちは、実験者が事前に持っている予期が結果を歪める可能性を気にし始めるようになったし、この分野に蔓延し始めた面白ければよいというような態度や、社会的な意味があるかどうかに関わりなく、うまい実験を企画し、それを行うことのできる研究者が賢い研究者であると誉めそやされることも問題であると思うようになった。ある批判者は、社会心理学のことを「科学分野におけるキンピカのロックンロール」とさえ呼んでいた[34]。この「危機」についての議論となると必ず服従実験が引き合いに出され、議論を盛り上げたり、水を差したりすることになっていたのである。多くの人にとってみれば、この研究は倫理的に見て問題を含む実験手順を利用しているという点で最も悪名高き事例だったのである。しかしながらまた、ある人たちにとって見れば、この研究は社会心理学が非常に重要な社会的な意味を持ちうるということを示す代表的な例ともなったのである。社会心理学の主流が些細で意味のないことを対象にしているとして批判されることもあるが、そのときにはこの服従実験が社会心理学には実質があるということを示す代表格として、いつでも引き合いに出されたのである。

社会心理学の「自信の危機」を引き起こした批判者の一人がマーティン・オーンだった。彼はペンシルバニア大学の精神科医兼心理学者で、彼は心理学の実験という枠組みのなかに誤りを産む原因になる可能性があるということを主張した。彼によれば、典型的なボランティアの被験者は実験室に来るときには、きわめて協力的な気分になっているという。被験者は、実験者である科学者が持っている自分の仮説の正しさを示すのを手伝いたいのである。実験者の手伝いをしたいという強い動機づけがあるために、被験者は実験室のなかにあるさまざまな手がかりに非常に敏感になるのだ。これが、オーンが「要求特性」と名付けたものである。被験者が持つ要求特性のおかげで、（実験上のカバーストーリーではなく）実験者が本当には何を調べたいと思っているかを被験者は理解し、その結果、その要求に応じる最高の被験者となっていくというのである。どれくらいその実験が要求特性の影響を受けているかによって、その実験で見出されたことの妥当性にも疑問符がつくことになる。というのは被験者の行動が、独立変数である刺激が本当に持っている特性に対する真の反応なのか、それとも要求特性のせいで生まれたものなのかがわからないからである。つまり、実験室のしかけや実験者の行動から情報を読み取って、被験者は実験者にとって何がベストであるかを考えたうえで、それに沿うように行動するということなのである。

オーンは、服従実験に対してもこの要求特性の概念を適用して、その実験の妥当性に疑問符をつけた[35]。オーンは、この実験の被験者たちはおそらく、自分が体験したことがつじつまがあわないので、混乱したのではないかという。叫び声をあげ、実験を止めたいと行っている学習者がいる一方で、実験者は全くこのことに動揺していないどころか、全く平静に実験を続けるように被験者に促している。こんなつじつまのあわなさから、被験者はすぐにこの電気ショックがにせものであって、被害者は単に苦しんでいる振りをしているにすぎないと見破っていたのだろうとオーンは考えたのである。

ミルグラムはこの批判に対して、それぞれの実験において、ショックが本物でないと信じていた被験者が少しいたことは認めたが、大多数の被験者は本物と信じていたと主張した[36]。実証的なデータとして、実験が完了した後の一九六二年の夏にすべての被験者に送ったアンケートで得た結果を引き合いに出した。このアンケートの質問の一つでは、実験手順を信用したかどうかということを尋ねていた。このアンケートによれば、被験者の八〇パーセントは、学習者が苦しいショックを本当に受けていたと信じていた。何のショックも与えられていないと確信していたと答えたのは、たった二・四パーセントだった。

オーンの推測が正しいとすると、次のことが問題になる。つまり、被験者が実験室で起こっていることの真実を理解していたとしたならば、なぜ、その人はやめて、席を立たなかったのだろうかということである。オーンは、これについては、被験者が実験を台無しにしたくなかったのでふりを続けたのだと答えている。ミルグラムのそれに対する返答は、痛烈な皮肉をまじえた攻撃的なもので、「オーンの言っているのは、被験者が実験者を喜ばせるために冷や汗を出して、ふるえて、吃音になったりしたというのだろうか。これほど現実から遊離したものはない。まるで、医者を忙しくするために血友病患者が出血しているのだというようなものではないか」というものだった。(37)

※　※　※

ある論文誌に論文が載るには、ピアレビューと呼ばれる研究者同士の相互チェックのプロセスを経る必要があるので数年かかるのが通例で、ミルグラムの服従実験の論文もその例外ではなかった。ミルグラムは、実験に関する最初の論文である「服従に関する行動的研究」を『ジャーナル・オブ・アブノーマル・アンド・ソーシャル・サイコロジー』に一九六一年に投稿した。これが出版されたのは、ほぼ二年後の一九六三年十月のことだった。その論文には、実験手続きの詳細と、六五パーセントの被験者が完全に服従した遠隔条件の結果が掲載されていた。さらにそこには、たくさんのごく普通の個人が科学という権威を帯びたものからの執拗な命令に応じて、罪のない被害者に、痛くて害になりうる電気ショックを積極的に与えるという事実を説明する最初の試みが記されていた。

この論文が出版されたことは、服従研究の歴史における一里塚ともいえるような重大な出来事であった。というのは、これがミルグラムが見出した驚くべき発見が、まずアメリカ国内に、そしてさらには他の国へと、大規模に広がっていく端緒となるものだったからである。この論文が発表される前、服従研究に関する知識はきわめて限られたもので、またでたらめなものだった。いくつかの大学の学生と教授たちは、この話を学問的なつながりを介した噂で知っていた。ニューヘブンやブリッジポートやその近隣のコミュニティの住民は、この実験に参加した数百人の被験者たちの一部を通して聞いていたが、マスコミ経由では一度も報道されていなかったのである。

その論文が出版されて数日もたたない一九六三年十月二十六日の『ニューヨーク・タイムズ』に詳細な記事が掲載され、それには「六五パーセントの人が実験で人を傷つける命令に盲従」という大々的な見出しがついていた。徐々にアメリカのほかの新聞もその話題を取り上げるようになり、十二月半ばまでには、この実験の報道は大西洋を渡り、ハンブルグの『シュピーゲル』やロンドンの『タイムズ』の記事にもなったのである。二つのアンソロジー（選集）の編集者が、さっそく論文の再録許可をもとめてきた。結局のところ、この論文はたくさんのアンソロジーに再録されることになる。

『ニューヨーク・タイムズ』に記事が載った一週間後の十一月二日、『セント・ルイス・ポスト・ディスパッチ』は、ミルグラムとエール大学が被験者に与えた試練に関して、手厳しい社説を掲載した。この社説は、「最近の出来事を振り返ってみても、驚くほど残虐な話を聞いた。それはエール大学で行われた実験である」と始まる。社説はこの後、実験の詳細に触れ、被験者が非常に苦しんでいる様子も生き生きと描写していた。そして次のような結論で終わる。「結局のところ、私たちにわかるのは、……これは盲目的な服従ではなく、明白な拷問であり、それも、六五パーセントの人の服従ではなく、百パーセントの人に対する拷問であったということだ。……偉大な大学がやるべきことであったかどうかは疑わしい」。

ワシントン大学の社会心理学者、ロバート・バックホートがミルグラムにこの社説のコピーを送ったので(38)、ミルグラムは返事を書くことができ、それは一九六三年十一月十六日付けの新聞に、編集者への手紙として掲載された。「この研究がはじまったのは、人間性にとって些細ではないことについてのいくつかの疑問から始まりました。自然法に反するような行為を行うように権威から命じられたとき、善良な人間はどうするのだろうか、ということでした。……誰も傷つかないような実験室という場面設定をしたうえで、その答えを得ようとしたのです……」。

ミルグラムは新聞には掲載しないでほしいと要求していたのだが、『ニューヨーク・タイムズ』の記事は、表に出てしまった。その二日前に『ニューヨーク・タイムズ』の科学面の担当編集者であるウォルター・サリバンに宛てて電報を送って、「この時点で実験のことを一般に向けて報道してほしくないのです。というのは、この実験のことを一般の人が広く知るようになると、次の実験のじゃまになってしまうからです。被験者がこの実験の目的が何なのかを理解していないときにだけ、実験はうまくいくからです」と書いた(39)。これは奇妙な要求だった。なぜなら、ミルグラムは一九六二年五月までに服従実験を完了させていて、これ以上、実験を続けるという計画はなかったからだ。もしかしたら、服従実験を今後やる可能性のある実験者のことを考えてこの要求をしたのかもしれないし、あるいはまた彼自身がさらなる服従実験を実際に計画していたのかもしれない。

心理学の専門誌の読者は当然のことながら、『ニューヨーク・タイムズ』の記事を待つ必要はなかった。深みがあり、人を夢中にさせ、生き生きとしているというミルグラムの第一論文の書き方は、無味乾燥で、客観的で、受動形で書かれるというよくある科学論文のスタイルとは一線を画したものだった。たとえば、その論文の巻頭で、彼は次のように書いている。

　服従というのは個人の行為を政治的な目的へ結びつける心理的な機構である。それは人間を権威のシステムに結びつける人の持つ性質なのである。近年の歴史が示す事実や日常生活を振り返ってみても、多くの人にとって服従は深く埋め込まれた行動傾向であり、教えられた倫理や共感、道徳的な行動基準よりも優先されてしまう衝動なのである。(40)

後半、この報告の結果の部分には、被験者の行動についてこんな描写がある。

被験者の多くは、実験中、神経質な様子を示した。それはとりわけ強い電気ショックを与えるときに、より顕著だった。非常に多くの場合、緊張の度合いは甚だしいもので、社会心理学の実験研究では滅多に見られないほどのものだった。被験者たちは、発汗し、震え、吃音になり、唇をかみ、うめき、体に爪を立てていた。これらは本実験を通じて特徴的なことであり、特殊なものでない。(41)

論文が公刊されるとすぐ、ミルグラムのオフィスには別刷りを求める依頼が殺到した。その一人は、エリオット・アロンソンからのもので、彼は後にこの分野の第一人者になる。アロンソンは、彼が受け持っている「研究法」の授業でこの論文を読むのを課題にしたいと書いたが、それは単に論文の実証的な価値によるだけではなく、「科学的な論文誌においても文学的でスタイリッシュな書き方があるということの例として使いたいのです。あなたの書かれた序章は、私がこれまでに読んだ実験分野の論文誌のなかで最も読みやすいものでした」と書いていた。(42)精神科医であるミルトン・エリクソンは、「あなたの研究に非常に感銘を受けました。そこには、たしかに今後さらに研究を続けるべき多くの論点を含んでいます」と書いている。(43)

しかしながら、ミルグラムを批判する人たちも声をあげている。心理学者であるブルーノ・ベッテルハイムはこの研究が「実に不快なもので、ここから得られる知見はなにもない。……ナチスが行った人体実験と並び称されるものだ」と述べている。(44)聖職者たちのなかにはこの実験から道徳的な教訓を引き出し、説教のなかで使うとともに、感謝の意を表してその説教の写しを送ってくるものもいたが、ワシントン特別区のベネディクト派の僧侶は手紙を送りつけ、「この実験は非常に冷たく偽りだらけのやり方で行われた」として激しい嫌悪を示してきた。[45] 実験が公になったすぐ後で、ミルグラムはある女性心理学者に紹介されたが、そのとき彼女は顔を背けて「くそったれ」と言ったのである。ミルグラムは、後でインタビュアーに答えて、「聞くところでは、一年以内に彼女は離婚したらしい。たぶん、怒りの矛先をこっちに向けただけだろう」と言っている。[46]

発達心理学者であるダイアナ・バウムリンドが、『アメリカン・サイコロジスト』の一九六四年の六月号に、服従実験に対する痛烈な批判を書いた。[47] バウムリンドは、ミルグラムが被験者たちに予期せぬ、感情をかき乱すような経験をさせ、苦しめたとした。ミルグラムは、実験の後、被験者たちがたしかに健康な状態で実験室を出ることができるように段取りを整えたと述べていたが、バウムリンドから見ると、納得のいくものではなかった。彼女の批判の主な点は、実験中に被験者が感じた不快さや騙《だま》しが使われたという点にあるというより、永続的で長期的に影響のある被害があり得るという可能性についてだった。その被害がどんなに小さかろうと、「私は、ミルグラム氏が述べているような感情的な混乱は、害がある可能性があると考える。なぜなら、それは被験者の自己イメージや将来にわたって大人が権威を信頼する能力を変えてしまいかねないからである。自分が価値がないと考えているような行為を、とりわけ被験者が信頼すべき理由がある人から騙《だま》してやらされるときには、有害でありうるのである」。[48]

ミルグラムはこの批判に「本当に驚き」、編集者に対して、出版する前にこの記事について教えてくれれば、これに対する反論を同じ号に載せられたのにと腹を立てた。[49] 彼の要求に応じて、編集者は後でそういった記事を書く機会を与えてくれた。バウムリンドに対する反論に添えた編集者への手紙にはこう書いた。「バウムリンドの論文にはいくつかの正当な論点があるが、欠けている情報がある。これは、出版する前に私に原稿を読ませてくれさえすれば、どうにかなったものなのだ。専門家の観点から見たとき、そうした方が専門誌としては望ましいのではないのだろうか」[50]。さらに、「重要なのは、この服従実験に参加した人のなかに損害を被った人は誰もいないし、たいていの人がこの経験を有益で実り多きものであると感じているということだ」とも書いた。

彼の言っていることの最初の部分は原理的に立証できない。マイナスの効果が無かったとは疑いなく証明することはできないのである。実際、ミルグラムは後の一九七七年の論文でこれを認めた[51]。彼の手紙には、絶対的で検証できないところがあるが、これは明らかに批判に対しての反射的な過剰反応といえるだろう。

反論のなかでミルグラムは、ストレスを引き起こすのが目的の心理学実験はあるけれども、自分の実験はそうではないと述べた[52]。たしかに実験室のなかでは極度の緊張がもたらされたが、これは意図していたものでも予想したものでもなかった。それでは、何人かの被験者が激しいストレスを受けたと気づいたときになぜ実験を中止しなかったのだろうか。彼は、「一時的な興奮」は危害には当たらないとした。そして彼が実験を継続したのは、被験者になんらの有害な影響も見られなかったからだと述べた。

被験者たちにマイナスの影響が一生残りそうだというバウムリンドの主張に反論するため、ミルグラムは実験後のフォローアップ調査の結果を示した。実験が終わって約六週間たった一九六二年七月十二日に、彼はすべての実験参加者に対して、実験手順、説明、主な結果についての詳細な報告を送った[53]。この報告には、被験者に対するアンケート用紙が付けられていて、実験中の経験を振り返るようにお願いしていた。これは、十個の複数選択の項目の質問からなるもので、さらに自由にコメントを書き込めるようになっていた。ミルグラムはおそらくそのアンケート結果を出版予定だった本に含めるつもりでいたと思われるが、バウムリンドが批判してきたため、反論のなかで公表せざるをえなくなったのである。報告書とアンケートは、主な実験に参加した八百五十六人すべての被験者に送られていた。アンケートに答えてくださいという二回の催促の手紙が夏の間に送った結果として、ミルグラムは九二パーセントの被験者たちからアンケートを受け取った[54]。郵便での調査としてみれば驚くべき回収率である。

表7-1　報告書を読んで，すべてのことを考慮に入れたうえで，私は…

	反抗した被験者 %(n)	服従した被験者 %(n)	合計 %(n)
1. 実験に参加できてとてもうれしい	40.0% (146)	47.8% (139)	43.5% (285)
2. 実験に参加できてうれしい	43.8 (160)	35.7 (104)	40.2 (264)
3. 実験に参加したことについてどちらとも言えない	15.3 (56)	14.8 (43)	15.1 (99)
4. 実験に参加したことを後悔している	0.8 (3)	0.7 (2)	0.8 (5)
5. 実験に参加したことを非常に後悔している	—	1.0 (3)	0.5 (3)

〔出典　スタンレー・ミルグラム文書より，エール大学図書館〕

最も直接に関係する結果については、ミルグラムが表にしている（表7-1参照）。これは、被験者が自分の体験について、ポジティヴあるいはネガティヴのどちらだと思っているかという被験者の感情を尋ねるものであった。ミルグラムがこの質問を最初に使ったのは、一九五八年春にノルウェーで同調実験を行ったときのことだった。表7-1が示すように、服従実験の参加者の多数は、ポジティヴな感情を持っている。おおよそ八四パーセントの人が実験に参加してよかったと答え、参加したのを残念と考えているのは、一・三パーセントにすぎなかった。「このような実験をさらに行うべきでしょうか」という質問に対しては、八〇パーセント以上の人が肯定的な回答をし、三パーセント強の人が否定的で、一六パーセントの人はどちらともいえないと答えた。七四パーセントの人は、この実験に参加したことで「個人的に重要なこと」を学んだとしているが、一〇・五パーセントの人はそうではないと答えた。

表7-2と表7-3はそれ以外のアンケート結果に関するものである。ミルグラムはこれらをバウムリンドへの返答には入れなかったが、この結果から、実験中に動揺することと実験後に動揺したことの間には重要な違いがあることを示し

表 7-2　実験の間中，私は…

	反抗した被験者 %(*n*)	服従した被験者 %(*n*)	合計 %(*n*)
1. 非常に気が動転していた	8.7% (32)	12.0% (35)	10.2% (67)
2. やや神経質になっていた	48.8 (179)	51.6 (150)	50.0 (329)
3. どちらかといえば落ち着いていた	38.2 (140)	30.2 (88)	34.7 (228)
4. 全く落ち着いていた	4.4 (16)	6.2 (18)	5.2 (34)

〔出典　スタンレー・ミルグラム文書より，エール大学図書館〕

表 7-3　実験以後，私は…

	反抗した被験者 %(*n*)	服従した被験者 %(*n*)	合計 %(*n*)
1. 実験の影響にかなり悩まされている	7.7% (28)	6.2% (18)	7.0% (46)
2. 実験の影響で少し悩まされている	29.6 (107)	28.9 (84)	29.2 (191)
3. 実験は私に何の影響も及ぼしていない	62.7 (227)	65.0 (189)	63.6 (416)

〔出典　スタンレー・ミルグラム文書より，エール大学図書館〕

ている。大多数の被験者（六〇・二パーセント）は実験中に苦しんでいたが、それと同じくらいの被験者（六三・六パーセント）が、質問に答えた実験参加後六週から十一カ月後の間に全く気にしなくなっていたのである。

このアンケート結果に関して、注目すべき点は二つある。第一に、この類の自己報告は誤った情報源からの影響を受けやすい。ミルグラムもその限界を知っていた。しかしながら、データを歪める原因の最も大きなものの一つは、事実上このデータには当てはまらなかった。それは、ある傾向をもつ人たちだけが回答をしないことによる自己選択バイアスで、結果を一つの方向に歪めるものである。回収率が九二パーセントもあったので、この自己選択バイアスが結果に影響しているということは難しいだろう。さらに、ミルグラムは、アンケートに答えた人と答えなかった人の間になんらかの意味のある違いがあるかどうかについても追加で分析を行った。ここで重要な問いとなるのは、たとえば、服従した人と服従しなかった人の間でアンケートの回収率が異なれば、結果の妥当性に疑問が生じるだろう。結果的には、その二つの群の間で違いはなかった。実際、アンケートを返してくれた被験者と返却しなかった人を比較してみると、一つだけ有意な差があることがわかった。[55]年齢である。三十五歳以下の年齢層は、それ以上の年齢の人に比べて返却してくれた人数が少なかったのである。

注目すべき点の二つ目は、仮にミルグラムが実験場面で被験者を冷酷に取り扱ったとしたとしても、被験者がどう実験を受け止めたかとか、精神的な健康などのフォローアップ調査をするということ自体が、非常にユニークであるということは認識しておく必要があるだろう。ハーバート・ケルマンは社会心理学者で、同僚の研究者たちが倫理的な側面に注意を配るようにさせることに責任のある立場の人だったが、彼は、ミルグラム以前にミルグラムがやったような実験後のフォローアップ調査をした研究者がいたかと尋ねられた。答えは、「ノー」だった。[56]

反論のなかで、ミルグラムはまた別種のフォローアップ調査の結果について述べている。彼は、精神科医に依頼して、「実験に参加した結果、最も苦しんでいる人たちであると考えられる」四十人の被験者に面談してもらったのである。目的は実験によって傷ついたかもしれない人は誰なのか明らかにするためだった。その精神科医は面談した被験者の誰からも実験で傷つけられたという証拠は何一つ見つけられなかった。

このインタビューは、一九六三年の二月から五月にかけて、エール大学の精神科の准教授である、ポール・エレッラによって、主として小グループのセッションとして行われた。ミルグラムに宛てられた報告書の題名は、「ミルグラムの服従実験で〈最悪のケース〉を体験した四十人の被験者へのインタビューによる……報告書」だった。(57) 残念ながらこの報告書には、その「最悪のケース」というのがどのような基準にもとづいているのかは書いていなかった。エレッラ博士は使った基準が何であったか、今となっては思い出せず、インタビューの様子も記録としては残っていなかった。(58) これはインタビューが四十年前に行われたことを考えれば、驚くことではない。しかし、ミルグラムの助成金申請書を含むほかの情報源にもとづくと、「四十の最悪のケース」とは、実験の最後で特に動揺しているように見えた被験者や、アンケートで特に批判的なコメントを書いた人、あるいはミルグラムか別の人（少なくとも一人はエール大学の学長）(59) に、なんらかの形で苦情を申し立てた人たちなどであった可能性がある。たとえば、インタビュー参加者であった食品卸売業者は、実験に相当動転してしまい、その後で、友人の弁護士に相談していた。

バウムリンドへの反論のなかで、被験者が「騙《だま》されて」非難すべき行為に関わるようにさせられたという意見にはきわめて強く反対している。

まず、実験室にやってきたすべての人は、権威の命令を受け入れるか否か自由に選べる立場にあったと信じてこの実験を開始しました。こう考えるのは、人が自分自身の行動を選択できるだけの能力を持っていると考える限りにおいて、人の尊厳という概念を支えるものとなっています。そして、結果としてわかったように、多くの被験者は実際に実験者の命令を拒否しました。これは、人間の理想を強力に支持するものです。……実験によって示された価値を全体的な文脈に置いてみるならば、おおよそ正しいことが起こったと私は感じています。……実験室で研究をする心理学者として、自分の仕事が人を向上させることにつながると考えています。知識を持っている方が無知よりもよい、という意味だけではなく、新しい知識が人道になったものをもたらしてくれるからです。(60)

そんなことをするのが好きであったかどうかは別として、ミルグラムは研究の倫理性について自分の意見を述べる機会に数多く恵まれた。公表されたもの、そして未公表のものを含めて彼が書いた物を見てみると、彼はカバーストーリーや誤った情報を利用する実験に言及するときに「騙《だま》し」という言葉を使うのには反対している。というのは、この言葉は、すでに価値を含んだ用語であって、こういうタイプの方法の倫理性についての客観的な議論を行うのを封じてしまうからである。その代わりの用語として、彼は「脚色」や「技術上の錯覚」という語を好んで使った。

ミルグラムは服従研究を弁護するとき、社会心理学における有名な実験であるソロモン・アッシュやクルト・レヴィンの実験などに言及するというやや弱気の議論をすることもあった。これらの実験にも倫理的な問題があったのだが、めったに問題にされることはなかった。ミルグラムは、自分の研究も、その社会心理学の伝統の一部であると見られるべきだと言いたかったのである。たとえば、異なるリーダーシップ・スタイルによるグループの雰囲気の違いを比較したレヴィンの古典的な研究がある。(61)そこで得られた主な知見の一つは、権威主義的なリーダーが部屋を去ると、実験参加者たちのなかで攻撃的な行動が急増するというものである。これについてミルグラムは、「レヴィンが若い人たちを攻撃を誘発するような権威主義的なリーダーの元においたのは適切だったろうか」という疑問を投げかけている。しかし、これは弁論としてみれば脆弱なものである。思春期前の子どもたちの遊びのなかでのとっくみあいと服従実験のなかで被験者が学習者に対して行っていると信じていた乱暴な行動では大きな違いがある。

一九七三年、アメリカ心理学会は総合的な『人間の参加者を使用した研究行為における倫理綱領』という本を出版し、一九七五年にアメリカ保健・教育・福祉省（DHEW）は、人間を使ったすべての研究は、保健・教育・福祉省からの資金援助を受けているか否かにかかわらず、組織内での審査委員会によって審査されることが必要であるという規則を交付した。この審査委員会は、人間に関わる研究を行っている組織が被験者の健康を保証するために、今後行われるプロジェクトを審査するためのもので、それぞれの組織が作る必要があるものである。一九七七年にミルグラムは、「多くの人がインフォームド・コンセントが人を対象とした実験を行う際の倫理上の基礎だと考えているようだ」と述べているが[62]、これはその時期の規制重視の雰囲気を反映したものである。ミルグラムは、もしも被験者が前もってすべての情報を知らされなければならないとしたら、社会心理学の多くの実験は実行できないだろうと指摘している。そこで、次のような三つの解決策が可能であろうとした。

まず第一は、彼はたいていの職業において、その職業が社会にとって有益であるように、一般的な道徳から免除されているものがあるではないかと論じた。たとえば、見知らぬ女性の陰部を調べるというのは普通は許されることではないが、産婦人科の診察ではそのルールは棚上げされる。それと同様に、社会科学者においても、それが技術的に必要であり、最終的にそうした方が社会のためになるのであるならば、短期間のみ情報を偽ることなど一般的なルールから除外されることがあり得てもいいのではないかとしたのである。これはしかしながらあいまいな議論で、個人の利益と社会の利益の違いを意図的に混同しているのである。

第二の案は、推定的同意と彼が名付けたものである。これは、実験の計画をあるグループの人たちに説明したうえで、その人たちがその実験を受け入れるとするならば、それとは異なる被験者たちを集めてその実験をするというものである。

第三の案は、実際に参加してもらう前に被験者の集団から、事前の包括的な同意を手に入れておくことだった。つまり、被験者に応募する前に行われる実験ではいくつかの騙《だま》しがありうること、また、ストレスを感じることもあるかもしれないと知らされるのである。このようにしてこの実験手順に反対した人たちをこういった類の実験から除外でき、そして志願する人だけが参加できるようになる。しかし、これらの提案のどれも、心理学のコミュニティからは受け入れられなかった。

❊　❊　❊

ミルグラムは、公刊された報告のなかには掲載されていない服従実験の詳細について尋ねる手紙をしばしば受け取り、喜んでそれに応じた。たとえば、服従における性差について尋ねてきた人もいるが、性差はなかったと保証した。これはずいぶん後に出版された本のなかではじめて公になった事実だった。手紙を書いてくれた人のなかには、この研究と個人的な経験を、驚くべき率直さを持って結び付けている人がいた。ニューヨーク北部在住のある男性から来た手紙には、服従実験についての記事を読み、面白くはあるが限界があるとあった。なぜなら被害者は演じていただけで、本当に傷ついているわけではなかったからである。それに比べると、この男性の仕事の場では実際の被害者がいたのである。彼は電気会社の社員で、仕事は料金滞納の顧客の家に行き、たとえ外の気温が氷点下に下がったときでも、電気を止めるように電力供給をカットすることだったのだ。

一九六三年から六五年の間に、一連の服従実験から得られたさまざまな結果が四つの専門雑誌に論文として掲載された(63)。その論文のうちの一つは、一九六五年に『ヒューマン・リレイションズ』という論文誌に掲載されたもので、四種類の近接条件についての詳細とそれ以外の条件についての短い記述を含むものだった(64)。ミルグラムはこの論文で、一九六四年に科学進歩のためのアメリカ協会が主催する社会心理学賞を受賞し、賞金千ドルを受けた。これは彼の研究が最初に研究仲間に認められた印であり、ミルグラム自身にとってみれば、彼がここまできたことの証であった。

第8章 学問の楽園への帰還

ミルグラムがエール大学にいたとき、オルポートは同僚のロジャー・ブラウンに「彼がこの実験をニューヘブンでやってくれて良かったよ。実験が終わってから、すぐに彼を雇おうじゃないか」と、ひそひそ話のようにして話したことがあった。[1] オルポートには、服従実験の倫理性について、道徳的な観点からの迷いがあった。実験に関する最初の手紙をミルグラムからもらったときには、オルポートはただ単純に興奮したあげく、ミルグラムをすぐさまハーバード大学に呼んで大学院の学生を対象にその話をしてもらったほどだったのである。[2] しかし、その一方で、彼は自分のクラスの学生たちにこの研究が倫理にかなっているかどうかの投票をさせるのを常としていた。[3] 概して結果は五分五分になった。実験に好意的な意見が多数を占めることもあったし、その逆の結果になることもあったのである。

エール大学の心理学部がミルグラムを昇進させるかどうかの議論をするために、クロード・バクストンがオルポートに推薦状を書くように依頼してきた。[4] そのとき、オルポートは、服従実験については意見を保留したが、それ以外については最上級の推薦状を書いた。三十年間教えた学生たちのなかで、ミルグラムは上から三、四人のなかに入るだろうと記した後で次のように書いた。

私が彼の仕事について一つだけ文句をつけるとしたら、「服従」実験の被験者たちに「驚くべき」試練を与えたということでしょう。こんな大胆なことができるのは、フェスティンガーかシャクターくらいでしょう。彼は倫理問題については十分気にかけていますし、実験をするにあたって騙しが必要だったり被験者にストレスを与えたりしなくてはならなかったということは残念に思っているでしょう。しかし、彼は科学的な目的のためならばそれが正当化されると信じているのです。そして、おそらく彼は正しい。(5)

ミルグラムは、かつての教師と友人たちにサーシャを紹介するため、ハーバード大学での招待講演に連れて行った。オルポートは、次のようにサーシャを受け入れている。

君と、そしてサーシャに会えて本当に嬉しい。君は強烈でやや一面的なところもある個性の持ち主だから、彼女が釣り合いを取ってくれる。この組み合わせの妙を祝福したい。(6)……君が人びとの心を乱すようなことをしでかしたとしても、サーシャは福祉の仕事をしているから、きっと心を乱された人たちを穏やかにしてくれることだろう。そう考えてみれば、プラスマイナスゼロだ。(7)

一九六二年の終わりに、ハーバードから就職口の誘いがあった。(8) エール大学からは昇進の知らせをうけとっていたので、このままエールに留まることもできたのだが、学問の楽園に戻れる期待にはあらがいがたく、社会関係学部の助教授として三年間の契約をすることにした。(9) 一九六三年六月一日からで、初年度の給与は八千六百ドル（約百八万円）だった。そのなかには、ドラッグに関する研究はやらないということも含まれていた。(10) オルポートはミルグラムがメスカリンに興味があることを知っていたのである。ティモシー・リアリーはほんの一月前にハーバードを去っていた。オルポートは、リアリーによって引き起こされた問題を繰り返したくはなかったのである。

雇用手続きをしているときに、社会関係学部長、デヴィッド・マクレランドの秘書から、ミドルネームを尋ねる手紙を受け取った。ハーバード大学では学部長と連絡を取るとき、法律上のフルネームを記すことが必要だというのである。(11) これは定型の質問といえた。そこで、ミルグラムは、それに答えて、定型詩の形で返事を書いた。

親愛なるソレン嬢

心は重く
魂もたりず
生まれた時から
ミドルネームを持たず
いらいらするのは解けない謎
名前にミドルネームがないなぞ
我慢するしかなくて
不満の気持ちをおさえるしかなくて

スタンレー［　］ミルグラム准教授(12)

ハーバードに戻って嬉しかったことは確かだが、エールにおける三年間もある程度満足のいくものだったとミルグラムは振り返って述べている。エール大学には、ミルグラムの研究を励まし、支援する雰囲気があった。当時、エールでは態度変化の研究が盛んだった。これについて彼は後にこう書いている。「エール大学の学部の名誉のために言っておくが、誰も私に、やりたいことを中断して態度変化の研究に加わったらどうかとほのめかしさえしなかったのだ」[13]。

ミルグラムは、自分の生活の中心にいたアラン・エルムズや、レオン・マンや、スーザン・ハーターのような教え子の大学院生たちを、特別に慈しみながら思い出していた[14]。大学の一歩外に出てしまえば、ニューヘブンはとりたてて知的な土地柄でも芸術的な地域でもなかった。そして心理学部内での人間関係についていえば、若手の教授陣に対して友好的でも心地よいものでもなかった[15]。やりたい研究を自由に追求することはできたが、授業として何を受け持たなければならないかは上から指示されたし、終身在職権を得られる若手がきわめて限られているということは誰もが知っていた。学部を支配しているのは、先任の教授連中であり、若手の准教授たちとの間には大きな壁があり、若手のなかには敵意を持つ者もいたのである。新任の准教授が着任すると、その奥さんたちには、学部長の夫人から、先任の教授たちを家に招待しないようにという注意があった。どうせ断られるだけだからである。

ミルグラムは、若い同僚たちほどは激しい隔たりを感じてはいなかったようである。実際、学部の何人かの年上のメンバーとは心温まる関係を楽しんでいた。最も親しくなったのは、アーヴィング・ジャニスで、その後、長いあいだ関係を続け賢く信頼できる友人となった[16]。他の若手教授陣よりは、当時の人付き合いの雰囲気に怖じ気づくことは少なかったが、彼とて全くそれに影響を受けていないわけではなかった。「ニューヘブンで、一人ぼっちでいるのに慣れっこになりはじめたというのは面白いものだね」と後にかつてのエールの同僚、ハワード・レーヴェンタールに宛てた手紙に書いている[17]。

ミルグラムはたくさんのことに興味を持っていて、自分のことをネオルネッサンス人と考えるのが好きだった。前にもふれたように、彼は大学に入ってから詩とミュージカルを書き始めている。学問的な専門職を選んだからといって、科学以外の他の分野を追い求めることをやめはしなかった。一九六三年の夏、すでに書き上げた二つの短編小説を出版社に売り込むようエージェント業者に手紙を書いた。ほとんどは断ってきたが、唯一ジョーン・デーヴズが代理人になってくれ、いくつかの雑誌にそれを送った[18]。結局のところ、彼女も売ることはできなかったが、『マドモワゼル』誌のフィクション担当編集者から好意的な反応が返ってきた。そしてもっと彼の作品を見せてほしいといってきたのである[19]。ミルグラムは、生涯にわたって散文と詩を書きつづけたが、純文学に関わる分野での出版についていえば、ほんの少ししか成功を納めてはいない。

秋、スタンレーとサーシャはケンブリッジのフォレスト通り十番地にある暖炉と二つのベッドルーム付きの立派なアパートへ引っ越した[20]。エマーソンホールにある職場へも、彼らと同様な若い教授夫妻が住むところへも歩いていける距離だった。それで、第一子のミシェルが一九六四年十一月に生まれたときには、サーシャが他の若い母親と子どもの遊び相手が探せたのである（第二子のマークは、ケンブリッジでの滞在が終わりに近づいた一九六七年に生まれている）。二人ともケンブリッジの生活を居心地よく感じていた。活気があり刺激的なことを楽しむ。彼らはすぐに大学のコミュニティ内での社交生活の虜になった。彼らの家は、美味しい食事があるところ、刺激的な仲間が集まる場所となった。レオン・マンが記憶しているのは、一九六四年にミルグラム家で開かれた感謝祭の日（十一月の第四木曜日）の晩餐で、スタンレーが、テーブルに立てかけてあったステップ・バイ・ステップの教示の書いてある『ニューヨーク・タイムズ』の料理の本を隣において、そのとおりに大きな七面鳥を少しずつ切り分けていたという場面である[21]。

スタンレーとサーシャは、リベラルな民主党支持の活動に深く関わり始めていた。よくやっていたのは、共和党の政治家に宛てて「私たち共和党員は」という書き出しの手紙を書いて、さまざまな政治上の論点について、その政治家がよりリベラルな立場に立つようにと説得することであった。これは、説得者と説得される者が似ていれば似ているほど、説得は効果的になるという社会心理学の原則を応用したものである。対象として選ばれた政治家の一人がバリー・ゴールドウォーター上院議員だった。

親愛なるゴールドウォーター上院議員

最初にお伝えしたいのは、妻と私はあなたのような理性のある人が好きで、一九六四年の大統領選には共和党の候補者になってくれるのを期待しているということです。共和党のすばらしい原則が維持されるようにしましょう。バリー、民主党員の人たちに、私たち共和党員が斬新な考えを持っていることを見せてやりましょう。何か新しくて精力的で、それでいてアメリカの伝統にのっとっているようなのをね。

次に、現時点でもっと重要なことがあります。私たちはケネディ大統領が部分的核実験禁止条約について話しているところを聞いたところです。民主党員であろうとなかろうと、彼は私たちの大統領です。そして、今度初めて大統領がまともなことをしていると思いました。乳製品に放射能が入っているというニュースを聞いて、このあたりの人たちは放射性降下物の問題を気にしています。そして誰もが、アカのやつらで＊あろうとなかろうと、これ以上大気を汚染してほしくないと思っています。正直なところ、フルシチョフからこの条約をもぎとったことに驚いています……言い換えれば、ここにいる私たちだれもが心の底から、あなたが部分的核実験禁止条約が批准されるように先に立って努力してくれることを望んでいます……

あなたの友人

スタンレー ＆ アレクサンドラ・ミルグラム（署名）

追伸　一九六四年の大統領にはあなたが！(22)

＊訳注　共産主義国家のこと。

ミルグラムとサーシャは、親になるということを楽しみにしていた。ミルグラムは、父親としての仕事のごくありふれたことのなかにも楽しみを見出していた。ミシェルが生まれたすぐ後のことだが、弟のジョエルはスタンレーからテープに録音された「手紙」を受け取っている。[23]そこには、娘のオムツを取り替えるときの様子が明るく愛情にあふれた調子で詳しく描かれていたのである。マークが生まれて一年くらいたったころに、親しい友人に「子どもは二人とも今までよりもずっとご機嫌で、すくすくと成長しています」という手紙を書いている。[24]別の手紙で、その同じ友達に父であるということの感慨を簡潔かつ雄弁な言い方で伝えている。「親であることは人生の喜びだ。なぜなら子どもは宝物だからさ。金がかかることもあるけれど、思いがけない喜びの光を放ってくれるんだ[25]」。

自分の父が仕事に追われて子どもと過ごす時間が取れなかったということもあり、スタンレーは仕事に没頭する一方で、家族の方を優先した。[26]ミシェルが二歳か三歳だったころ、土曜日の朝とかそれ以外のときにもハーバードの自分の職場へよく連れて行っていた。マークとチェスをやったり、ミシェルと一晩中おしゃべりをしていたり、家族を旅行に連れて行ったりする、こうしたことは、どんな研究プロジェクトとも同じくらい大切だった。マークの大学進学適性試験（ＳＡＴ）の点数がほぼ満点の九九パーセントだったことやミシェルがイタリア語を学んで、イタリアの作家の本を原文のまま読めたことなど、子どもたちが成し遂げたことをサーシャとともに誇りに思っていた。子どもたちが大学に進学したときには、同僚にこんな手紙を書いている。「子どもたちと日常的に触れ合うことができなくなって、本当に悲しいよ[27]」。ちなみにミシェルはヴァッサー大学、そして後にマークがブランダイス大学に入学している。

ケンブリッジにおけるミルグラムの牧歌的な生活は、一九六三年十一月にケネディ大統領が暗殺されたことで一時的に中断された。そのころミルグラムはハーバード大学に転任したばかりだったが、やり手の研究者であるという評判はすでに流れていた。いつなんどき彼の実験の被験者にされてしまうかわかったもんじゃない、というわけである。それもあって、一九六三年十一月二十二日、金曜日の昼過ぎ、タルコット・パーソンズがエマーソン・ホールで社会組織の本質についての講義を行っていたときに、ミルグラムが飛び込んできて、講演台のところに駆け上がって、「大事件だ、ケネディ大統領がダラスで撃たれた」と叫んだのだが、返ってきたのは憤りとともに疑いの眼だった。現在トロント大学の社会学者であるバリー・ウェルマンは思わず「また別の実験をやってるんじゃないか」と口走ったくらいである。[28] この授業をうけていた学生たちがエマーソンホールを出た後で、ハーバード広場（ハーバードヤード）にいた他の人たちからもニュースを聞いて、ようやく先ほどミルグラムが言っていたことが本当だったと知ったのであった。

ケネディ大統領が暗殺されたことで、アメリカ全体は麻痺したような深い悲しみに覆われた。ハーバードも大学として喪に服すことになった。というのは、二十三年前にジョン・F・ケネディは、ハーバード大学を優秀な成績で卒業し、学士号を受けていたのである。十一月二十五日月曜日には、大学のすべての講義が休講となった。これはハーバードの歴史のなかでもかつてなかったことである。[29] そして、大統領の死を悼んでメモリアルチャーチでの礼拝に参加した二千人もの人の多くは、人目もはばからず涙を流していた。[30] ミルグラムはケネディの死の影響を強く受けて、悲しみを表明するとともに、追悼の意を手紙の形で表明した。その文は『ハーバード・クリムソン』紙の十一月二十五日号に掲載された。

クリムソンの編集者殿

大統領が無意味な死を遂げるという悲劇を目の当たりにして、私たちは途方にくれています。いろいろなところで心からの追悼がなされていますが、彼の死に対する意味のある献辞は一つだけ、つまりこういうことです。彼が目的としていた理想は法のなかで具体化されるべきだと。彼の理想に近づけるのは、強力な公民権法案より他にはありません。死がきっかけになったとしても、彼が熱望していた公民権法案を具体化すれば、悲劇は悲劇として、彼の精神は顕彰されることになります。もしも何もしないとしたら、彼の死が無意味で無駄なものとなってしまいます。それも運命のせいではなく、私たちのせいで、なのです。私たちが大統領の死を招いた訳ではありませんが、私たちがその死をどのように考えるかによってそれを本当に無駄にしてしまうかもしれません。彼の死に意味を与える方法が一つだけあります。議会とジョンソン大統領に対して、今は亡き大統領が勇気をもって市民の権利への取り組みを立法化したことに、私たちそれぞれが敬意を示すことにしたのだと知らせなくてはなりません。彼の魂と理想が、私たちのために法律を前へ進めてくれるようにしましょう。私たちは悲しみと混乱の真っ只中にいますが、これこそが真実に思える唯一の弔辞なのです。

社会心理学の准教授
スタンレー・ミルグラム(31)

とはいえ、ミルグラムにとってのケンブリッジ時代とでもいえるような時期に、彼がハーバード大学で主に行っていたのは、研究だった。彼が取り組んでいたのは、「放置手紙調査法」(lost-letter techinique)と「スモールワールド現象」という二つの領域だった。この両方とも、その後、社会心理学者やそれ以外の社会科学者にとって革新的で重要な研究手法となるものである。さらに、スモールワールド（小さな世界）というアイデアは、その後何十年かたってから、物理学や生物学の研究者たちの心をとらえることとなる。それだけでなく、「六次の隔たり」というフレーズによってポップカルチャーの言葉の一つとしても定着することになる。放置手紙調査法は、服従実験のすぐ後にエール大学で開始したプロジェクトの継続で、これもまたその後影響を持ち続けている。社会心理学者たちは、対立する論点があるような問題について、人びとが本当に何を考えているのかを明らかにするために、今でもこの手法を使うのである。

＊＊＊

放置手紙調査法は、ミルグラムと学生たちによって、地域社会の態度を測定するために一九六三年に開発されたものである。これはできるだけじゃまにならないような形に工夫された一種の世論調査の道具である。もしも歩道の上に投函されていない手紙が落ちていたら人は普通どうするだろうか。おそらくはポストを探してそこに投函するのが正しいやり方だろう。それが、この調査法の背景にある考えである。しかし、その手紙が自分と意見を異にしたり大嫌いだったりする組織に宛てられたものだとしたらどうだろうか。手紙を投函するのは、その組織を手助けすることになってしまうかもしれないのだ。拾った手紙を投函するかどうかというジレンマを人がどう解決するかは、おそらくその手紙の宛先に対する拾った人の態度を反映していると考えられる。ミルグラムはこの方法であれば、伝統的に使われてきた態度測定や世論調査の結果を不正確なものにしていたインタビュアの影響を除去できるのではないかと考えた。インタビュアの影響というのは、インタビューを受ける人が質問に正直に答える代わりに、より望ましい印象を相手に与えようとして社会的に好ましいと考えているように答えてしまうというものである。よって放置手紙調査法ならば、こういう類の誤差は回避できる。手紙を拾った人は、自分の行動が調査されているなどとは思いもしないので、自分の社会的なイメージをよくしようとするはずがないからである。

この手法は、ミルグラムがハーバードに移る直前の一九六三年の春、エール大学での「社会心理学と人格における研究法」という彼の大学院の授業のプロジェクトのなかで生まれたものである。この授業に参加したのは全部で十人だったが、そのうちのレオン・マンとスーザン・ハーターがこの手法の開発に深く関わっていた。(32)そこで、ミルグラムがこの手法について『パブリック・オピニオン・クォータリー』誌に最初の報告を掲載したときには、この二人を共著者にしている。[33]

レオン・マンによれば、このアイデアは、ニューヘブンコモンで人が拾い物をしたらどうするだろうかということについてクラスのなかでの「創造的な雑談」をしていたときに生まれたそうである。[34] ちょっとした観察を実行可能な心理学の実験にしてしまうというのが「スタンレーの天才的なところ」だった。

まず学生たちは、異なる四種類の架空の受取人に宛てた手紙をニューヘブンで「なくしてしまう」。[35] この架空の受取人は、共産党友の会と、ナチス党友の会、医学研究会、そしてごく普通の個人名であるウォルター・カルナップ氏だった（最後の個人名は、科学哲学家であるルドルフ・カルナップからきた内輪の冗談だった）。それぞれの手紙は百通ずつ用意され、この実験のために特別に用意されたニューヘブンのある私書箱に宛てられていた。どれにも、どの組織に宛てられたとしても通用するくらい曖昧な内容の同一の文章が入れられていた。それは、「マックス」から「ウォルター」に宛てた名前が明示されていない集団の次回の会合に関する打ち合わせの短いメモだった。それぞれの学生は、四十通ずつ自分の分担地域に「種まき」をしなければいけないことになっていた。[36] それらの手紙は、電話ボックスのなか、歩道の上、お店の中、駐車中の車のワイパーに挟む（「車のそばに落ちてました」というメモを付ける）などの四種類の異なる場所に置かれることになっていた。

これらの手紙は、四月三日の午後遅くにばらまかれた。[37] 二週間後の集計でわかったのは、届いた手紙の数に違いがあるということだった。[38] 医学研究会には七十二通、ウォルター・カルナップには七十一通届いていた。それに対して、共産党友の会とナチス友の会に届いたのはそれぞれ二十五通だけだったのである。そこから、この手法が機能したということがいえるだろう。郵送された手紙のパターンは、宛先の政治的・社会的な属性に見合った形になっていたのである。共産党とナチスへの手紙は明らかに少ないが、これはアメリカの大衆がこれらのグループの持つイデオロギーを忌避していたことを考えれば、もっともなことである。何か問題が起こるかもしれ

表8-1　白人と黒人の住宅街の三つの異なる住所に届いた「放置された手紙」の比率（%）

	黒人に平等な権利を求める会	白人居住区協会	医学研究連合会
白人街	18	34	46
黒人街	25	16	28

〔出典　スタンレー・ミルグラム文書より，エール大学図書館〕

ないことを恐れて、ミルグラムは、この実験を行う前に、FBIとニューヘブン警察署とその地域の郵便局に連絡をしておいた。一週間後、郵便局長が「あなたの使っている宛先は、官庁関係ではちょっとしたさわぎを巻き起こしていますよ」という幾分ミステリアスなメモを彼に送ってきたのである。[39]

最初の実験は、この手法が実験として成り立つかどうかを調べるためのものであった。そして、「放置手紙調査法」は使いものになるということがわかった。そこで、ミルグラムは、南部で緊張を生み出していた問題である人種差別撤廃問題にこの手法を使ってみようと考えた。ミルグラムは、タケオ・ムラタという大学院生の研究助手に、大きな手紙の束を持たせてニューヘブンから南部まで行かせた。[40]その手紙の宛先は、次の三つの架空の組織、市民権運動団体である「黒人に平等な権利を」と反市民権運動団体「白人居住区協会」と「医学研究連合会」のいずれかとなっていた。最後の宛先は、中立の立場の統制群として使ったのである。五月中旬の二晩かけて、彼はノースカロライナ州のシャーロットとローリーの白人街と黒人街に手紙をばらまいた。[41]表8-1が、二つの町から得られたデータをまとめたものである。[42]

調査地域が異なると、投函された手紙の割合が逆になっているということがわかった。主に白人が住む地域では、人種統合政策に賛成する側の手紙よりも、人種隔離政策支持の手紙の方が多く投函されたが、黒人が主に住む地域ではその逆のパターンが見られた（なお、医学研究連合会への手紙は、黒人街と白人街のいずれにおいても他の団体への投函率よりも高かったが、これはおそらく特に問題になるような性格を持つ団体ではなかったからだろう）。

ミルグラムがハーバードへ移ったとき、放置手紙調査法を新たな高みへ飛ばそうとした。[43] というのはその手法を使って一九六四年の大統領選の勝者を予測するために、マサチューセッツ州のウスター上空を飛ぶパイパー社製のカブという小型飛行機から、ジョンソン候補（民主党）支持と、ゴールドウォーター候補（共和党）支持の手紙をばらまいたのである。[44] しかしこの、放置手紙調査法の新しい試みはあまり上手くいかなかった。多くの手紙は木や、池や、屋根に落ちてしまったのである。さらにまずいことに、飛行機の翼の可動部にそれらの手紙が詰まってしまい、パイロットと手紙を投下する人の命が危険にさらされたのだ。これ以降、ミルグラムが以前のような地上での配布という手段に戻ったことは言うまでもない。

一九六四年の秋、ボストンの複数の選挙区で、四つの異なったグループに宛てた手紙をばらまいた。二つのグループはジョンソン候補支持で、「ジョンソン当選委員会」と「ゴールドウォーター打倒委員会」、そして残りの二つはゴールドウォーター候補支持の「ゴールドウォーター当選委員会」と「ジョンソン打倒委員会」だった。結果は、「社会関連学部によるとジョンソン候補支持のボストン市民はバリー（ゴールドウォーター）支持の手紙を投函しない」という『ハーバード・クリムゾン』誌の見出しとして選挙の数日前に発表された。ジョンソン支持の手紙の方がゴールドウォーター支持の手紙よりも多く投函されていたのである。放置手紙調査法は、このそれぞれの選挙区における選挙結果を正確に予測したのだが、ジョンソンがこれほどまでの大差で勝つとは予想できなかった。ジョンソンは、たかだか一〇パーセントの差を付けてゴールドウォーターに勝つだろうと予測したのだが、実際には地滑り的な大勝利だった。手紙をばらまいた選挙区では、ジョンソンの得票は六〇パーセントにも迫ろうとしていたのである。

ミルグラムが最後にこの放置手紙調査法を使ったときには、そのために、はるばる極東まで出向いている。その研究の目的と、どのようにそれを行ったかについて彼が書いた物があるので引用しよう。

（上に述べた通り）放置手紙調査法を使えば、私たちがすでに知っていることや、そのうち知ることになるはずの情報を見ることができるのである。この手法が「出来事」が起こることを示したと言うよりも、「出来事」によってこの手法の正しさを確認したといえるだろう。それでは、答えがわからなかったり、答えを得ることが困難な場面においても、この放置手紙法を適用することができるだろうか。海外にいる千七百万人の中国人が面白い例題となるだろう。彼らは共産中国の力が拡大することにどう反応するだろうか。彼らは、毛沢東支持派なのだろうか、それとも国民党支持派なのだろうか。この質問は、これまでの普通の質問紙調査では尋ねにくいものであるが、おそらくは放置手紙調査法ならばうまくいくのではないだろうか。(45)

彼は、北京支持派に宛てた手紙、台湾支持派に宛てた手紙、非政治的な組織である教育振興委員会への手紙を香港とシンガポール、バンコクでばらまくことを考えていた。そのどの手紙にも、以前にアメリカで行った研究で使ったあいまいな文面の手紙を中国語に訳したものが書かれていて、宛先は東京にある郵便局の私書箱になっていた。

ミルグラムは、手紙の回収率さえわかればすぐにでも研究目的である問題への答えが得られると思っていた。しかしながら、想定外の問題が発生し、研究は遅れることになった。

実験者がシンガポールへ到着する直前に、マレー人と中国人の暴動が起こったのである。マレーシア政府からは書面による実験許可を得ていたのにもかかわらず、その実験者は空港についたら直ちに飛行機に戻されてしまった。シンガポールでの実験は延期することにした。次の年、香港で予定されていた実験者が……事前に報酬を支払っていたにもかかわらず、失踪してしまった。数カ月後に中国人である私の研究仲間がそいつに電話で連絡を取ることができた。それによると、実験者になるはずだった男によれば、中国での実験は、「とてつもなく時間がかかる」と言うのである。実際、その男は研究費を持ったままいなくなってしまった。そこで私は自分で香港にいくことにした。途中で東京に立ち寄り、（博士課程の学生である）ロバート・フレージャーと打ち合わせをした。彼がこの研究の手伝いをすることになっていたのである……私たちは中国人の学生のグループを雇って手紙をばらまかせた……結果として私たちが見出したのは、台湾の蔣支持派の手紙の方が、北京の毛支持派の手紙よりもずっと多く拾われ、投函されたということだった。返信率は一貫しており、三都市の結果をあわせると、台湾支持の気分が海外在住の中国人のなかにあるということが統計的に有意に示されたのである。[46]

香港、バンコク、シンガポールに住む「海外にいる中国人」が、中国本土の共産主義政府に反対するというのは、ミルグラムにとっても筋が通っているように思えた。香港の住人の多くが、共産中国からの亡命者だった。また、シンガポールとバンコクの中国人の多くは家族経営の小規模な商売を営んでおり、それは中国共産主義の力と影響力によって脅かされかねなかったからである。

この放置手紙調査法の経験から、ミルグラムは、この手法を使いたい人が注意すべきいくつかの制約を指摘している。この手法が向いているのは、意見が非常に両極端化していてなおかつ感情移入がなされているようなものに対してであって、些細な論点に対する意見を調べるのには向いていない。実験群と統制群の間での統計的に有意な結果を得るためには、たくさんの量の手紙をばらまくことが必要である。というのは、「望まれない分散」が返却率のなかにあるからである。それは、手紙の一部は、道路を掃除する人や子どもや宛名を読めない人が拾ってしまうからである。この問題に対処するためには、多量の手紙を使うしかないのである。

ミルグラムがきわめてまじめで洗練された服従実験から、比較的軽めの放置手紙調査法に研究の枠組みを変えたのは奇妙に思えるかもしれない。しかし、それにはいくつかの理由がある。まず第一に、服従実験という気持ちを重くさせるような実験をした後では、(47)被験者と直接やりとりをするようなことから離れていたいと考えたのである。(48)放置手紙調査法は、それにはぴったりだった。さらに、よく考えてみれば、放置手紙調査法も服従実験と全く違うというわけでもなかった。実際のところ、この二つの実験は重要な点で共通しており、それはミルグラムの仕事を特徴づけるものでもあった。

その特徴の一つは、ミルグラムの実験ではよくあることだが、被験者が解決しなければならない葛藤を設定するということである。もう一つは、その解決策は、はっきりと観察できる具体的な行為として示されるということである。

放置手紙調査法においては、社会的な規範にしたがって行動すると自分が嫌っている組織を支援してしまうことになるというところにこの葛藤が発生する。この葛藤を解決するためには、放置された手紙を投函するかそれとも投函しないかの二者択一の具体的な行動をしなければならない。服従実験の場合には、被験者が直面するジレンマは、正当な権威に従うか、それとも自分の良心に従うかということだった。このジレンマに対して被験者ができるのは、スイッチを押し続けるかそれとも押すのを止めるかのいずれかの行動であった。それと同様に、ミルグラムが行った異文化間での同調実験は、もともとのアッシュの実験と同様に、真実に従うかそれとも同調するかというところにジレンマがあった。ここにおいても、ジレンマの解決策として示されているのは、ハッキリとわかる行動だった。すなわち、多数派の判断に従う答えを言うか、それとも言わないかということである。

実際、ミルグラムが行ったほとんどの実験は、この同一の特徴を持つ。そして、明確な葛藤場面がはっきりした行為によって解決されるというまさにこの特徴が、その場面のきびしい状況を説明することになるのである。たとえば、数値尺度上に丸を付けるというような他の測定尺度の持つ相対性と曖昧さに比べて、明確で観察可能な行動で測定するミルグラムのやり方は、絶対的なものであり、明確で、決定的でさえある。そうであるからこそ結果がどんな意味を持っているかが専門家たちだけでなく、多くの一般の読者層にも直ちに了解できたのである。

服従実験から放置手紙調査法の技術へミルグラムを駆り立てたもう一つの要素は、単純に言えば、彼の好奇心だった。彼が何かに興味を持ち始めたら、他に興味を移させることは困難だった。そのことは、未公開のインタビューで彼自身が次のように認めている。

私の仕事の中心になっているのは創造的な衝動だ。これは、必ずしもよい意味で言っているのではない。創造的な人間というのは大抵自分自身の衝動の犠牲者なのだ。私のなかの知的な側面が、こちらの研究をした方がよいとささやくこともあるが、価値は少ないけれども創造的な研究の方が優先されるのだ。創造的な人間にとっての問題点は、ほとんど自分の衝動をその分野における慣習的なやり方で行うことができず、そういった慣習のなかでその一部のみを逸脱させるだけということになってしまうことなのだ。たとえば、放置手紙調査法を考えてみよう。こういった類の研究をするまっとうな社会心理学的な理由はある。しかし、社会的な態度を測定するために手紙を町にばらまくというやり方には、ちょっとした詩心が感じられないだろうか。(49)

放置手紙調査法の方法論上の限界について述べた後で、仰々しく次のように語った。「それでは、なぜそのやり方を試してみた後でもさらに追究したのだろうか。それは、なんといってもそれが持つ科学的な価値というより、その手続きの詩的な部分が私を引きつけたのだ」。

ハーバードで新たに始めた研究の中心となったのは、世間では「スモールワールド問題」といわれるものだった。この研究が対象としている現象は、コミュニケーションの研究者であるエヴェレット・M・ロジャースが一九七九年にメキシコシティにある大学に客員教授として滞在していたときの出来事で説明すると分かりやすいだろう。ある日、ロジャースは、ペドロという名前の学生と話をしていて、ペドロの英語がよくできることをほめた。するとペドロは、交換学生だったときにアイオワのある家庭で暮らしていたからだと説明した。(50)

ロジャース　へえ、アイオワのどこに住んでいたの？
ペ　ド　ロ　コリンズにある家庭の農場です。
ロジャース　コリンズだって？　アイオワ州立大学で博士論文を書いていたときに研究したコミュニティだぞ。その家の名前は？
ペ　ド　ロ　ロバート・バッドスタブナーです。
ロジャース　［驚いて］へえ、その人は、2、4-D草取りスプレーの普及過程の調査をしていたときのオピニオンリーダーの一人だ。
ロジャースとペドロ　［一緒に］なんて世間は狭いんだろう。

初めて出会った二人に共通の知人がいることに気づくというのは、驚くほどしばしば見られることである。このことは、「スモールワールド現象」と呼ばれてきた。(51)このような人びとの出会いがもたらす疑問をより一般化したものが、「スモールワールド問題」であり、ミルグラムによれば次のようなものである。

この世界の任意の二人を選んだとき、その二人がお互いを知っている確率はどれくらいだろうか。……あるいは、こういう風にこの問題を言い換えることもできる。この世界にいる任意の二人の人であるＸさんとＺさんがいたとして、ＸさんとＺさんを知り合いでつなぐとしたとき、何人の知り合いが必要になるだろうか。[52]

この疑問はミルグラムのオリジナルではない。ハーバードに戻ってすぐ、彼は『ケンブリッジＵＳＡ――スモールワールドの中心』という、科学技術における最近の動向に関して書かれた元気のよい本を読んだ。[53]そこにはＭＩＴの政治科学者であったイシエル・デ・ソラ・プールが、スモールワールド問題と名付けた問題に取り組んでいると書いてあった。無作為に抽出された見知らぬ二人の人が、知り合いという小さなつながりをたどることによってつながることを説明する理論的なモデルを彼とＩＢＭの数学者であったマンフレッド・コヘンが作っているというのである。ミルグラムは、この「スモールワールド現象」（世間は狭い現象）という直感に反する性質に興味をもち、実証的に調べてもこれが成立するかどうかを考えてみた。

答えを得るために、ミルグラムは「スモールワールド法」という実験を考えた。[54]それは次のようなものである。遠くの街に住んでいる人の名前（目標人物）の名前を一群の男女（発信人）に与える。発信者がやらなくてはならない課題は、ある書類フォルダーをターゲットの人物に送り届けることであった。ただし、そのために使えるのは、自分（発信人）よりいくらかでも目標人物を知っている可能性がある友達や知人などのつながりだけなのであった。すなわち、その書類フォルダーを送ることができるのは、送り手がファーストネームで呼び合う関係の受け手だけだった。そのフォルダーがどこまでいったかを追跡するために、そのフォルダーには、名前のリストがあり、そこに被験者が自分の名前を書き込むとともに、進行状況を報告するためにミルグラムに宛てて送る葉書が入っていた。

ターゲットの人まで到達したリンクは一部だけだった。たとえば、ネブラスカに住む人から、ボストンの株式仲買人を目標人物として行った実験では、発信人から出たつながりのうちの二六パーセントだけが完成したに過ぎない。しかし、このうまくいったつながりからわかったことは、世間は狭いという考えを支持するものだった。平均してみると、最初の発信人から目標人物まで、約六人を間に挟めばよいということがわかった。

ミルグラムのこの研究は二つの点で画期的であった。まず第一に、任意に選んだ二人の人をつなげるために何人の知り合いが必要なのかを本当に数えたのは彼が初めてであり、また、数えるための創意に富む方法を考えたということである。第二の点は、次のようなものである。ヨーロッパ行きの飛行機の隣の席に座った乗客がトロントに住むいとこの義理の兄弟のクラスメートだったというような、世間は狭いということについての逸話の一つや二つは多くの人が持っているだろう。しかしこの実験は、そうしたつながりが一般的なものであること、また私たちの社会を形づくる要素として数値化できるものであることを証明してみせた。加えて、それは私たちの直観に反する発見でもあった。ミルグラムは事前に、頭のいい知人に、ネブラスカの発信人からマサチューセッツのシャロンにいる目標人物まで手紙を届けるには、どれくらいの人のつながりが必要だろうかと聞いてみた。その人は、おそらく百人の人が間に入ることになるだろうと見積もっていたのである。

「スモールワールド現象」に関する研究の発表は普通とは異なる道筋を取った。研究者たるものは、普通は、まず科学雑誌に成果を公表する。その後で、一般雑誌やそれ以外の出版形態でより広い範囲の読者に向けて研究について書くこともある。この世間は狭い研究の結果を公表する際に、ミルグラムはその通常のやり方を逆転させて、まず『サイコロジー・トゥディ』の創刊号に記事を書いたのである。[55] 数年たって、一九六九年に『ソシオメトリー』[56]、一九七〇年には、『ジャーナル・オブ・パーソナリティ・アンド・ソーシャル・サイコロジー』に技術的な報告が掲載された。(57) ミルグラムがこの研究の成果を『サイコロジー・トゥディ』に最初に投稿したのは、この新しい雑誌の売り上げに自分の名声を役立たせるというためでもあった。しかし、人助けのためだけにそうしたわけではない。このおかげで、学術雑誌に投稿したときによくある公表の遅れを避けることができ、新しい研究をすみやかに公表できたのである。

❊　❊　❊

ミルグラムが学生であったときと比べると、ハーバードの社会関連学部はさまざまな変化を遂げていた。しかし、学際的な方針はいまだに学部の基本哲学であり、ミルグラムはその方針を学生だったころから、そして大学の教授陣のメンバーとなってからも、知的な面で魅力があると思っていた。かつての恩師で、お互いに好意と尊敬を分かち合ったゴードン・オルポート、ロジャー・ブラウン、そしてジェローム・ブルーナーといった教授たちともう一度密接に関わることが出来たことを嬉しく思ったのである。

学際的なビジョンの輝きは、初期のころに比べるといくぶん減ってしまった。創立メンバーのうち残っていたのは二人だけだった。タルコット・パーソンズとゴードン・オルポートである。クライド・クラックホーンは一九六〇年に亡くなっていて、ヘンリー・マレーは一九六二年に教育の仕事から引退していた。さらに、他の大学で学んで、それゆえにこの大学のプログラムに特別の思い入れのない一群の若き博士号取得者たちが教授陣の一角を占めつつあった。しかし、以前からの教授陣もまだ十分残っていた。ジョージ・ホーマンス、ロバート・フリード・ベールス、ロバート・ホワイト、そしてかつて学生だった若い教授陣であるトム・ペティグルー、フィリップ・ストーン、アーサー・コーチ、そしてミルグラムもいたので、社会関係学部の哲学に依然としてコミットしていくには十分だった。

カリキュラムには若干の変化があった。主な変化は、かつては四つの領域のそれぞれで取らなくてはならなかった一年生の必修のコースだった。そこには信じられないほどたくさんの必読文献があり、三時間もかかる恐怖の試験があったのだったが、今ではなくなっていた。その代わりに、「社会関係二百プロセミナー――社会関係における問題と概念」というそれほど厳しくない科目が全一年生の必修になっていた。この授業では、四つの領域の著名なメンバーがゲストとして学生にそれぞれの領域の紹介をすることになっていた。しかし、継続している重要なものもあった。たとえば、ミルグラムはこの臨床と社会心理学のプロセミナーで教えていたが、これは彼自身が大学院生のときに受講していたコースの一つだった。さらに彼は、実験社会心理学セミナーと社会的影響のプロセスセミナーという新しい二つの大学院生向けのセミナーも始めている。ハーバードにいる間に、ミルグラムは二つの学位審査論文の主査をつとめた。どちらも比較文化研究に関するものであった。一つは、ロイ・フェルドマンによるもので、パリとアテネとボストンの人たちの援助行動が同じ国の人に対するものと外国人に対するものがどう違うかを比較したものだった。もう一つは、ロバート・フレージャーによるもので、アッシュの同調実験を日本で追試したものだった。

ミルグラムがハーバードにいた間に社会関連学部にとっての大きな変化があった。それは、ウィリアム・ジェームズ・ホールの新たな本拠地への引っ越しだった。[58] 一九六三年の秋学期がはじまるときには、三階まで建築が進んでいた。[59] 一九六四年の終わりには、行動科学センターは、十五階立てのきらめくばかりの高層建築になっていた。ミノル・ヤマサキによって設計された建物の建設費は、六百万ドルを越えたが、その一部は、全米科学財団（ＮＳＦ）とアメリカ精神保健研究所からの資金によってまかなわれていた。社会関連学部は大きくなりすぎていて、エマーソンホールに入り切らなくなっていたため、一部のプログラムはハーバードヤードのそこここに、バウ、ディヴィニティ、フェルトン、カークランドなどの通りへと移さなくてはならなくなっていたのだった。[60] この新しいビルをつくったのは、大学の管理部門がスペースの問題を解決するだけでなく、社会関連学部がよりいっそう緊密に統合することを期待していたからである。[61] 一九六五年一月二十六日に学部の月例会を初めてこのビルで行った。[62]

ウィリアム・ジェームズ・ホールのおかげで、心理学部にも新しい本拠地ができ、メモリアル・ホールの地下にあるむさくるしくて洞穴のようだった場所から抜け出すことができた。しかしながら、隣に移転したからといって、この二つの学部の間の冷たい関係が改善されたわけではなかった。実際、心理学部長のエドウィン・ニューマンは、夜間に自分の学部のフロアに入るための鍵は異なったものにしてほしいと要求したのである。[63]

学部の創立者たちは、四つの社会科学の分野が融合していくのは、これからの流れになるだろうと確信していたのだが、ここで作られたプログラムが他の大学でまねされることはなかった。とはいっても、社会関係学部の卒業生が博士号をとったらすぐにでも雇おうと、国中の大学が手を挙げていた。[64] 一九六三年から六四年にかけての年度の終わりには、学部から四百人近くの学生に博士号を授与している。[65] 学部の教授陣の規模も拡大し続けていた。ミルグラムが学生だったときには、教授の数はおよそ四十人だったが、准教授になって戻ってきたときには、教育スタッフは約六十五人いた。[66] あらたに加わったメンバーのなかで最も重要かつ目立つ人物は、エリク・エリクソンとデイビッド・リースマンだった。エリクソンは精神分析家で、フロイドが対象とした範囲を超えて、人の生涯に渡る一連の発達段階を提案したことで広く知られていた。デイビッド・リースマンは、一九五〇年に社会学者によって書かれた本としては最もよく売れた本である『孤独な群衆』という本で広く知られていた。

昔からの親交を再び温めたことに加えて、ハーバードに戻ってきたことで新しい友情が育まれた。デイビッド・マーローとは親しい友人となった。マーローは、他者からの承認を求める程度の個人差の尺度として広く使われているクローンとマーローの社会的望ましさの尺度の開発者の一人である。ミシガン州立大学からの客員教授のハンス・トッホとも親しくなった。彼は、もともとウィーン出身で、プリンストン大学で社会心理学の博士号を得ていた。一九六五年から六六年にかけてサバティカル休暇を取っていたロジャー・ブラウンの穴を埋めるために社会関係学部に招かれていたのだ。[67] ミルグラムが、この分野では最も権威のある参考書籍である『社会心理学ハンドブック』に集団現象についての一章を書くように依頼されたときには、トッホに共著者になってもらった。そうしてできたのが「集合行動――群衆と社会運動」の章である。[68] ミルグラムは群衆についての部分を書いたが、それは彼が書いたもののなかで最も学術的なものである。トッホは、社会運動の部分を書いた。一九六六年の春の臨床と社会心理のプロセミナーでは、二人は共同で教えた。トッホによれば、ミルグラムの授業の進め方は、学生に対して、「理解し共感する一方で、冷酷なほど批判的という二つが入り交じったもの」であったとのことである。[69] しかし、トッホは、一見学生たちに厳しいようにみえても、その下には温かさと学生を手助けしようとする心があり、ミルグラムが学生たちを手荒く扱ったとしても、それは学生たちの知的な進歩のためであると学生にわかっていたはずだと考えていた。

新しく築いた友情のなかで飛びぬけて重要で親密なものは、若い教授メンバーの一人で、ミルグラムと同時に社会関係学部に加わったポール・ホランダーだった。[70] ハンガリーに同化していたユダヤ人として、彼は第二次世界大戦中にナチスの強制移送を逃れ、一九五六年のハンガリー事件（ソ連の軍事介入をもたらした市民と政府の武力衝突）のすぐ後に、ブダペストを脱出してイギリスに行き、ロンドン・スクール・オブ・エコノミックスに入学した。学士号を取得した後、アメリカで学業を続け、とうとう一九六三年にプリンストン大学で社会学の博士号を取得した。

二人が初めて会ったのは、一九六三年の秋の学部の会合でだった。すぐに意気投合し、生涯に渡る友情を築いたが、二人にはさまざまな違いもあった。ミルグラムはホランダーより独断的な性格だった。またミルグラムは、ホランダーがナチスによって家族が苦しめられたにも関わらず、ナチズムに対してより共産主義に関して仕事として取り組んだり興味を持ったりしていることを批判した。ミルグラムはアメリカがベトナム戦争に巻き込まれるのは反対だったがホランダーはそうではなかった。ミルグラムは、核兵器について危惧していたが、ホランダーはそうではなかった。しかしこの二人の本質的な友情のつながりにとっては、これらの表面的な違いは二の次だった。ホランダーによれば、二人の友情には「信頼があったし、二人が一緒にいるだけでなにか楽しくて、お互いがわかり合っていて、異なる人格を持ち、仕事をしていることをお互いが評価し、必要なときにはお互いを助け合いたい」というような要素が含まれていたのである。(71) その後二十年にわたって、彼らは、手紙や電話をやりとりしたり、お互いの家を定期的に訪れたり、一緒に休暇を取ってバカンスに行くというように、常に連絡を取り合っていた。ホランダーは後にこう述べている。

　スタンレーの特徴のなかでも魅力的だったのは率直さですね。ほとんど無愛想というか不愉快に近いということもあったのですが、そこがたいていの研究者や私の知り合いと違っていたところでした。彼は、学問の府ではあたりまえの慣習とは全く違うやりかたで自分の言いたいことを語っていたのです。それに、私は彼の仕事やアイデア、知的な能力や賢さにも敬意を払っていました。彼の仕事といえば、当然のことですが、パーソナリティやオリジナリティ、好奇心の強さ、そして、根本的なところを問いただす能力を反映したものになっていました。他の同僚たちとは異なって、大げさなところもなく、また専門用語を並べ立てるようなこともありませんでしたし、成功した知識人によく見られるもったいぶったところもありませんでした。彼には、本当の意味での鋭さがあり、直裁的で形にこだわらずに物事の基本を手にするという能力を持っていたのです。(72)

　ミルグラムの他の知人もそうだったが、ホランダーはミルグラムのユーモアのセンスと茶目っ気を高く評価していた。ミルグラムは、ホランダーにインチキの手紙を送ったことがあった。それは、クウェート政府の公式の便せんを使ったもので、彼に高給の大学の職を申し出たもので、それには、普通ではあまりないような性的な冗談もおまけとしてついているといったようなものであった(73)。また、別のときには、スタンレーは『タイム』誌の便せんを手に入れてきて、次のような手紙を書いたのである。

親愛なるホランダー教授

ご存知かと思いますが、雑誌『タイム』では毎週、世界や国内の出来事において傑出した人物の写真を表紙にして特別記事を作っています。私どもの編集委員会は、満場一致で、一九七六年の九月二十四日発売の雑誌にあなたの特集を組むことに決定致しました。そして今私はこうしてそのための写真撮影のためのアポイントメントを取らせていただくために手紙をお送りしています。この写真は、タイム専属の画家の一人が描くイラストのもとになります。

なぜ私たちの特集記事にあなたが選ばれたか不思議に思うかもしれません。私は次に申し上げることを明らかにする権限があります。ご存知のように、ここのところ、多くのセックスにまつわるスキャンダルが新聞や雑誌、そしてテレビで報道されています。間違いなく、政府内部でのさらなるセックススキャンダルも近々メディアで報道されるでしょう。しかし、私たち『タイム』は学問の世界も含めた職業生活のさまざまな場面におけるセックスの役割を説明することによって、この話を深く掘り下げたいのです。記事においては、まずあなたを真面目な学者として紹介し、あなたが行ったソ連とアメリカ社会の研究を目立つように取り上げます。このようにあなたを紹介した後、あなたの性的な経験をあなたの学術的な生活とそれ以外のものも含め触れたいと思います。私たちの調査員は、ロンドンやブダペスト、ボストンにいますので、あなたの友人（男女とも）、同僚、そして過去と現在の恋人たちにインタビューいたします。これらの情報すべてをうまく特集記事としてまとめることを考えています。偶然ではありますが、このとき、『タイム』誌として初めて正面からの完全ヌードの写真を使う事になっています。

近いうちにお電話を差し上げて予備的なインタビューの時間を設定させて頂きたいと思います。インタビュアーは、ラドクリフ・カレッジの卒業生で東洋のエロチカについて専攻したものです。この実験的な企画にあなたが協力してくれることを信じています。これは、一般読者だけでなく学問分野にいる人たちにもアピールすることでしょう。

誠実な気持ちを込めて

編集長

ヘンリー・グリューンバルド*

追伸　あなたの友人であるミルグラムさんは最近私たちの職場で働いています。しかし、率直に言って、私たちが考えている特集記事向きの人ではありませんでした。(74)

❊　❊　❊

ハーバードでの生活は、ミルグラムに重い負担を与えていた。そのいくつかは自分で招いたもので、ほかのいくつかは学部のメンバーとしてやらなければならない仕事だった。研究、執筆、教育、学位論文の指導、講演の約束、手紙のやりとりなどのほかに、彼は、さまざまな学部の委員会のメンバーになっていた。ある人が自分の

＊注　この名前は実際の編集管理者、ヘンリー・グリュンワルドのそれをもじったもの。

計画している研究に時間がかかる仕事を手助けしてくれるようにミルグラムに頼んできたとき、それに答えて、「これまでたしかに私の返答は遅かったと思いますが、私に対してどれほどいろいろなところから圧力が加わっているかをちょっとでも考えて頂ければ、この私、研究者ミルグラムに対していくらかは同情して下さるのではないでしょうか」と書いている。(75)

こういったプレッシャーはあったが、彼はレオン・マンに、「ハーバードを大いに楽しんでいるよ」と書いている。(76)実際、これはまだ控えめな言い方であった。同僚のトム・ペティグリューの言葉を借りれば、ミルグラムは悪性の「ハーバード病」にかかってしまったのだった。(77)ハーバード病とは、ペティグリューによると「ハーバードは世界で最も偉大な大学であると信じるようになるだけでなく、ハーバードは世界で唯一の大学であると考える」ようになる致命的な病気なのである。

ミルグラムがハーバードにきたのは、一九六三年の秋のことで、社会心理学の准教授として三年の契約を結んでいた。それは、一九六六年六月で終わることになっていた。一九六五年の春に、社会関連学部は来年の一九六六〜六七年度に終身在職権のない社会心理学の講師として、彼にもう一年勤務してもらうかどうかを投票した。一九六六年三月二十四日付けのデーブ・マーローに宛てた手紙の書きぶりからは、この契約の申し出に失望しているのが読み取れる。「私は来年講師に降格されることになっているが、自尊心を傷つけないように、国際関係研究プログラム長にも任命されている」。(78)これは、フォード財団によって資金が出資された学部のなかに作られた新しいプログラムであった。異文化研究という興味にマッチしていたので、このプログラム長という仕事はうれしかった。しかし、この職には終身在職権はついていなかった。

ハーバード以外の大学の学部では、終身在職権付きの役職を新たに任命するのは、普通は必要が生じたときに学部のなかから提案される。必要が生じたときというのは、たとえば、誰かが亡くなったり退職したりしたとき、もしくは非常に魅力的な候補者が出てきたとき、または有能な若手教授陣のメンバーがほかの学校へ転職していってしまわないようにしておきたいときである。しかし、ハーバード大学では、終身在職権付きの役職を新たに任命するときには「グラウシュタイン法」と呼ばれる複雑なやり方によって管理部門が決定することになっていた。[79]これはこの方法を考案したハーバードのある数学者にちなんで名づけられたものである。一九六六年度から六七年度にミルグラムが講師職を指名されたのは、社会関係学部がその年に常設の講座を開く順番でなかったということから、グラウシュタイン法にしたがって決まったのであった。

しかし一九六六年の秋学期になって、六七年の秋からの社会心理学部において常設講座が開設されることになり、その候補者を推薦する委員会のなかでは、ミルグラムが第一の候補者として検討された。[80]しかし、その委員会のメンバーの間ではミルグラムに対する考え方には大きな隔たりがあったのである。[81]オルポート、マクレランド、そしてロジャー・ブラウンはミルグラムを支持していたが、ミルグラムが学生だったころにはすでに社会関連学部に在籍していた社会心理学者のロバート・フリード・バレスと臨床心理学者のロバート・ホワイトの二人は反対するだろうとミルグラムは考えていた。委員会での討論は何カ月も盛んに続き、翌年の一九六七年まで持ち越された。委員会は日曜日にさえ行われたのである。一月二十六日付けの手紙でミルグラムはデイヴィッド・マーローにまだ何も決まっていないと手紙を書いた。

終身在職権委員会は行き詰まってしまい、政治の世界にはよくあることだが、このポジションをダークホースに与えることにした。ロバート・ローゼンタールというもう一人の若い教員である。これは、ローゼンタールにとっても寝耳に水であった。[82]そもそも自分が候補者になっていることも知らなかったし、彼は社会心理学者でさえなかったからである。彼は臨床心理学の分野で博士号を取得し、一九六二年に心理療法と精神診断学を教えるために雇われていた。実際のところ、この申し出が学期も押しつまったころに届いたので、彼は幾分とまどってしまった。なぜなら、社会心理学の委員会が彼を指名するという結論を伝えてきた一九六七年の三月には、彼はイリノイ州エヴァンストンにあるノースウェスタン大学の臨床心理学の職に就くことに決めていたからである。

最終的に、彼はハーバード大学からの申し出を受け入れ、一九九九年までそこに在籍し、その間、学部長を務めたりもした。ローゼンタールは社会心理学者ではなかったが、委員会の決定にはある程度、論理的な根拠がないわけでもなかった。というのは、彼の研究は本質的には社会心理学的なものだったからである。ローゼンタールは、実験者予期効果に関する実験ですでに有名になっていた。これは、実験室内で起こる自己成就予言の一つで、研究者が実験を行う過程で自分が持っている仮説や期待を被験者に意図せずに伝えてしまい、その通りの結果が出ることがあるというものである。それゆえ結果が得られたとしても、それには欠陥があるということを一連の実験で示したのである。

委員会の複数のメンバーはミルグラムに反対したが、ロジャー・ブラウンは不合理だったと考えている。とりわけ、何人かの人は「ミルグラムの実験の特徴を彼自身の性格によるものとした。すなわち、それらの人たちは、彼のことを人を操るタイプであり、マッド・サイエンティストのようなものであると考えたのだ……。彼らはミルグラムに不安を感じたのだ」と語る。[83] ブラウンは、そのようにミルグラムの性格をとらえるのは事実に反していると考えていた。彼はミルグラムを大変高潔であり、誠実で信頼できる人間だと思っていたのである。

社会心理学部でミルグラムの教え子だったデヴィッド・ウィンターもブラウンに賛成する。「彼は間違いなく〈変人〉で正統派ではなかったし、服従実験の教授役の人のセリフで、作業を続けなさいと強制するための三つの〈説得用の台詞〉に近い雰囲気もたしかにありました。しかし、彼の本質は、愛情が細やかでやさしい人でした。彼が論文のコピーの一つを私にくれて、〈親愛と敬意をこめて〉とサインしてくれたことを思い出します。普通だったらごくありきたりの文句ですませてしまうようなときに、こういうことを書いてくれるというのが彼のことを雄弁に語っているのではないかと思います[84]」。

トム・ペティグリューはミルグラムへの反対票を投じた一人だが、その理由は全く異なっていた。[85] 彼らは一緒に大学院一年生向けの社会心理学のプロセミナーを受け持っていた。ペティグリューはその授業のなかでミルグラムが学生たちを手荒く取り扱ったことに激怒した。このクラスは、一年前にミルグラムがトッホと教えたのと同じものであった。トッホも同じようにミルグラムが学生たちに対して乱暴だったことを知っているが、彼はミルグラムのやり方の背景には学生たちの知的な成長に対する配慮があると考えていた(86)。しかし、ペティグリューには、ミルグラムの乱暴な教育の仕方に何にも取り柄はないと思っていた。こんなことがあった。ミルグラムがある質問をして、学生の答えに満足しなかったとき、彼はよく「馬鹿げた回答だね……。本当の答えを知っているやつはいないのか」と言ったのだ(87)。「私はこれには我慢ができなかった……学生がめちゃくちゃにやり込まれる前に、間に割り込んでスタンと言い争いになりました。彼が学生の首を絞めてしまうのを止めさせようとしたんです。大学院生として（ハーバードに）来たとき、私は本当におびえていました。父が第一次世界大戦のころからもっていた大きなトランクの口を開けたままにしていたくらいです。いつでも逃げ出せるようにね。何かまずいことになったら、四十八時間以内に飛び出せるようにしてたんです。だから、……今でも私は大学院の一年生には同情的なんです。彼らのストレスを減らすことができたら何でもしたいくらいです……とにかく、スタンは彼らに厳し過ぎましたよ。たぶん、彼は自分がそう思われていたなんて考えもしなかったでしょうけど(88)」。

❊　❊　❊

終身在職権のポストを巡る競争に敗れたことは、スタンレーにとってのトラウマとなった(89)。彼とサーシャはケンブリッジを愛していてそこにずっと居たかったというだけでなく、長く延々と続く神経をすり減らす審議の後で、最終結果が予期もしなかった衝撃的なものになってしまったからだった。というのも、ミルグラムは概して、古参の教授陣たちとも非常に良い関係を保っていたからである。

しかし、結果として否定されてしまった後では、同僚たちの自分に対する態度のすべてが真実とは限らないということもあると実感せざるを得なかった。(90) 表向きはともかく、服従実験を不愉快に思う気持ちが彼らのなかにまだ残っていたのだ。また、この結果は苦痛に満ちたものでもあった。というのは、目の前にどんな障害物があったとしてもそれを乗り越えて常に目標を達成するという自己イメージも傷ついたからである。(91)

ロバート・ローゼンタールは、明確なライバルとなっていたわけでもない人に敗れたことでミルグラムの挫折感はさらに強くなっていたことだろうと考えている。(92) とはいえ、ミルグラムはローゼンタールに対して個人的な恨みを持ったわけでもなく、お互いに良好な関係を維持していた。たとえば一九六九年の秋、ローゼンタールとレオン・マン（ミルグラムが去った後、ハーバードへ任期付きの教員としてやってきた）は、二人で一緒に教えていた社会心理学の授業でゲスト講義をしてもらうためにミルグラムをハーバードに呼んでいる。(93) また、一九七六年には、ミルグラムはローゼンタールに依頼して、作っていた教育的映画の一つの『非言語コミュニケーション』に出演してもらった。

六月の上旬、中東で六日戦争が勃発し、ミルグラムは自らの敗北から目を逸らすことができた。(94) 五月二十六日に、エジプトの指導者であるガマル・ナセルが、イスラエルを破壊してやると公の場で述べたのである。ナセルは、ヨルダン、シリア、イラクとの同盟を作り、イスラエルは包囲されることになる。二十五万人の兵士、二千台の戦車、そして七百の戦闘機と爆撃機がイスラエルを威嚇していた。六月五日の朝、イスラエルの空軍は先制攻撃を仕掛け、四つの同盟国の空軍を事実上破壊した。戦争は六月十日に終わり、イスラエルは六日間で周囲の国のアラブの軍隊を破ったことになる。戦火が最初にわき起こり、熾烈な戦いがいくつかの前線で繰り広げられていたときには、イスラエルにとって状況は厳しいものに見えた。ハーバードで、ミルグラムはほかのユダヤ人の同僚とともに、イスラエルの存続が自分に個人的に深く関わっているという感じを強く持ったのである。(95) イスラエルとの一体感はさまざまな形で表明された。アカデミックなコミュニティは、『ニューヨーク・タイムズ』

に全面広告を出稿した。[96] ロバート・ローゼンタールは、その広告のための署名を求めて、ウィリアム・ジェームズホールの部屋から部屋へと歩き回っていた。ミルグラムは、イスラエル緊急基金に百ドルの寄付をした。[97] これは、彼がそれまでにした一回の寄付金の額としては最も多いものだった。彼は、何かしないといけないと思っていた。なぜなら「最近の歴史の教訓を考えてみれば……、考え得る限りの恐ろしい事が起こりうるということだ。とりわけユダヤ人が関わっているところでは[98]」。

　ハーバードから拒絶されたことは十分腹立たしいことであったが、新しい職を探す段階になるとさらに失望してしまった。ほかの有名大学からの申し出は具体化しなかったのである。バッファローにあるニューヨーク州立大学（ＳＵＮＹ）から興味があるといわれており、カリフォルニア大学サンタクルス校とコーネル大学から、具体的な申し出を受け取っていた。[99] しかし自分が小さな町や田舎にいることは想像もできなかった。[100] ミルグラムは都会の生活を愛していて、幅広い観点からそれを研究しようと計画していたのだ。かつての教え子の一人、ジョン・サビニによれば、「彼は、時代の都会文化の一部になりたかったのであって、単に社会心理学の一部になりたかったのではないんです」ということになる。[101] もしハーバードを去らなくてはならないとしたら、シカゴ大学、コロンビア大学、もしくはカリフォルニア大学バークレー校といったような大都市のなか、あるいはその近郊にある有名大学に行こうと考えていた。バークレーでは、心理学部にポストがあったので面接のために招いてくれたが、[102] 非常に尊敬されている推薦者からの強力な推薦状があったにもかかわらず、[103] 学部内の一部から反対されてしまった。

　ほかの有名な大学からの真剣な誘いがなかったのは、うたがいもなくこうした意見の食い違いがあったからだろう。その当時、ミルグラムは社会心理学のなかで最も論議を呼ぶ人の一人になっていたのだった。多くの心理学の学部において、ミルグラムや彼の服従実験に対する意見は真っ二つに別れていた。たいていの心理学部では、とりわけそれが有名であり研究指向の学部であればあるほど、ある研究者を雇用するかどうかの判断は教授陣の間での投票によるのであって、ミルグラムを雇う可能性をまともに検討する学部はほとんどなかった。彼を雇うことに賛成する意見が多数派になる可能性はわずかだったからである。

一九六六年の冬、友人でかつてエールで同僚だったハワード・レーヴェンタールが、マンハッタンのミッドタウンの西四十二番通りにある、ニューヨーク市立大学（CUNY）の大学院センターで新しく発展している博士号取得プログラムに採用された[104]。レヴェンタールを採用しようとしていたニューヨーク市立大学のシルヴァン・トムキンズは、感情の心理的研究分野で先導的な人物であり、大学の研究ユニットである認知と感情研究センターを設立した人であり、センター長だった。センターの目的は人間の認知の過程と感情の反応の研究のための環境を整えることにあった。レーヴェンタールは、説得における恐怖喚起の役割という感情に関わる研究を行っていた。そして、トムキンスは、彼をニューヨーク市立大学に呼べば、社会心理学の大学院コースを立ち上げる手助けをしてもらうのみならず、そのセンターの活動にも協力してもらえると考えていたのである。しかし、レーヴェンタールはトムキンスに、一人では行きたくないが、友人であり社会心理学者でもあるスタンレー・ミルグラムを連れて行けるならばその申し出を受けると言ったのである。

一九六七年の一月十六日、ハーバードの終身在職権委員会がまだ彼の運命について審議を続けているとき、ニューヨーク市立大学の大学院の学部長であったミナ・リースから正式な申し出を受け取った[105]。それは、一九六七年九月から心理学の教授として採用、年収は一万八千六百ドル（約二百二十万円）というものだった。「私たちの学部の心理学者たちがあなたが加わってくれることを待ちわびていることは、お伝えするまでもないことだろうと思います」と書いてあった。

大学院で心理学の授業を教えるほかに、一九六七年の九月から大学院センターに開設される大学の学部一年生向けの特別な実験的なプログラムの心理学を担当することも任務に含まれていた。学部一年生向けの授業には、二つの目的があった。選ばれた大学生集団に対して豊かな知的な経験を提供するためと、教育助手を勤める何人かの大学院生に教える経験の場を与えるためだった。ミルグラムはニューヨーク市立大学において一年目に、心理学入門の授業を教えるのを手伝ってくれる大学院生四人を持つことになった。

一月三十一日、ミナ・リースの申し出に好意的な返事をしたが、この申し出を受けるために必要なたくさんの条件を提示した[106]。まず、これは終身在職権がついてくるポストだということをもう一度保証してもらう必要があった。手紙では、リースは終身在職権のことについては何も触れていなかったからである。第二に、授業に関係した研究に使うため、毎年自分の裁量で使える三千ドル（約三十六万円）の資金を要求した。それは、たとえば、セミナーのなかで学生たちが行う調査に関わる出費などのことである。三番目に、自分のオフィスとそれよりは小さい秘書用の場所以外に、千スクエアフィート（約九十三平方メートル）の研究スペースを要求した。最後に、引越し費用の支払いについて大学の方針はどのようなものかを知る必要があった。

最終の決断を三月一日までにすると約束した。彼女には言わなかったのだが、ハーバードの終身在職権委員会はまだ審議の真っ只中だったので、最終的な決断をするのを先延ばししていたのである。彼はまだ自分が承認される望みを捨てていなかった。

その間、ハワード・レヴェンタールもミルグラムがニューヨーク市立大学に来るかどうかわかるまで、自分の最終決断を一時保留にしていた。ニューヨーク市立大学からの申し出に加えて、ウィスコンシン大学とミシガン大学からも誘いを受けており、それらをも待たせていたのである。ハーバードにおけるミルグラムの状況が未解決のままだったので、彼はもうこれ以上待てず、ウィスコンシンからの申し出を受けることにした[107]。

二月八日に、社会関係学部長のデヴィッド・マクレランドに、ニューヨーク市立大学から誘いが来ていることと最終的な返事を三月一日までに伝えると約束していることを知らせた[108]。ハーバードから何らかの申し出があるとしたらそれまでに来るはずだった。それ以降になってしまえば、彼を採用することはできない。二日後、マクレランドはミルグラムに返事を出したが、そこにはこの不確かな状況が長々とつづいていることに対する苛立ちが見て取れた。

親愛なるスタン

デッドラインの日付けを知らせてくれてありがとうございました。ご存知の通りの状況で、審議は慎重に進められており、どういう結果が出るかは予測できません。私は、あなたに影響を及ぼすようなどんなことも述べることはできません。しかし、この混乱の海のなかに、少なくとも一つの確実な点が見つかったことは役に立ちますね。

誠実な気持ちを込めて[109]

デイブ

二月十七日、リースはミルグラムに返事を出し、そこには終身在職権の保証、彼が要求したオフィスと秘書のスペースのほかに、千スクエアフィートの研究スペースを認めることにしたということが書いてあった[110]。そして引越し費用は千ドルまで大学が払うとあったが、授業に関連した研究に毎年三千ドルを支払うことに関しては、拒絶した。彼女は、心理学部大学院プログラムの幹部の一人であったハロルド・プロシャンスキーに相談したのだが、彼は大学院プログラムのどんな教授だって、そのような援助は受けていないと言ったのである。その代わり、大学の慣例として教授陣に対し、必要ならば毎年要求を受け付けているとのことだった。彼女は、今のところ「心理学者たちは（そういった類の毎年支払われる研究援助資金が）道理にかなったものであると思っている」と信じていると書いていた。

ミルグラムの手紙に対してマクレランドが返事をした二月十日からその月の終わりまでの間に、ハーバードの委員会はミルグラムを採用しないという決断をし、それを伝えた(111)。そこで、彼は三月一日にリース学部長にニューヨーク市立大学の申し出を受けるという手紙を書いた(112)。

実際に就職する段になってみると、ニューヨーク市立大学におけるミルグラムの新しいポストは驚くべきものだった。去年までハーバードで単なる講師に過ぎなかったのが、助手や准教授の段階をスキップして、正教授として採用され、年収はハーバードでの約二倍にもなったのだから。まだ三十三歳と若いにもかかわらず、すでに社会心理学の博士号プログラムを指導する立場になった。また都会の大学に勤務することになり、スタンレーの母親もサーシャの母親も共にニューヨークに住んでいて、そして両方の家族や友人がそこにいたことも重要な点であった(113)。さらに、リバーデールに、ハドソン川を臨むすばらしい郊外の地にアパートを見つけることができた。そこは美しい公園のそばで、一流の私立学校であったリバーデール・カウンティスクールは「プリンストン大学の子ども版」のようなもので、子どもたちが学校に行く年齢になればそこに入学することができるだろう(114)。

新たな仕事は必ずしも考えていたような規模のものではなく、いわば小さな池に大魚が飛び込んだようなものだった。同僚たちはそれぞれの狭い研究領域のなかでは高く評価されていたかもしれないが、ミルグラムの名声はすでに普通の学問領域の枠を越えてしまっていたし、そのときにはすでに彼は一般大衆の間でもある程度知られるようになっていたのである。たとえば、彼の「服従の行動的研究」が再録された最初の論文集は、一九六五年の『ノートン読本――解説文のための論文集』であった。雑誌でも服従実験に関する書き物やその意味することについての記事を掲載していた。一九六四年には、「私たちはナチスの信奉者か?」という挑発的な記事が『サイエンス・ダイジェスト』誌に掲載された。また、一九六六年には、『ページェント』誌に「あなたもアイヒマンの仕事をするかもしれない」というものが考えるべき記事として掲載された。

しかしながら、最初のころは、そこが有名大学ではないというのがミルグラムには残念なことだった。実際のところ、はじめからニューヨーク市立大学に五年以上留まるつもりはなかった[115]。五年も経てばたぶん、もっと著名な大学が招いてくれるだろうと考えたのである。それまでの間は、自尊心を冷凍しておかなければならなかった。実際、一年も経たないうちに、ロジャー・ブラウンはもう彼をバークレーに空きのあった上級のポストに推薦してくれていたのである。

内心では苦痛を感じていたかもしれないが、少なくとも友人や家族のほかの人の前で、それを行動として露わにすることはなかった。ふさぎこんでいた一つの現れとして、手紙に沈んだ様子が見られた。それまでは、特に友人に手紙を書くときには、必ずユーモアが交えてあったのだ。目立たなくなっていたが全くなくなったわけではなかった。たとえば、かつてのハーバードの教え子であったバリー・マクラフリンに宛てて、新しい仕事について書いた手紙のなかに、自分のいる建物が四十二番通りの主要な公共図書館からちょうど道路を隔てたところに位置していると書いてきた。そしてまたスターンズというデパートが隣にあるので、もしも心理学部の場所を二、三フィート間違えると下着売り場に行くことになるよと書いていた[116]。

心のうちに闇を隠しながらも、ニューヨーク市立大学のポストを受け入れてしばらくの間は、いい方と悪い方との間で感情が揺れ動き、自分のした決定が良かったのか悪かったのかをいつでも秤にかけて考えていた。この相反する精神状態は、すでにこの仕事を受けることを決めた翌日からはっきりと表に現れている。三月二日に、コーネル大学の心理学部長、ハリー・レヴィンに、イサカ（コーネル大の所在地）ではなくニューヨークに行くことに決めたということを通知し、「これがよかったかどうかは神のみぞ知ることですが、ニューヨークはいつでも魅力的です」と付け加えてあった[117]。この矛盾した状態は、一週間たって、かつてのエールの同僚、アーヴィング・ジャニスにこの決定を知らせ、「結果的にうまくいくかもしれないけどね」とあきらめきれずに書いたときにもまだ見られた[118]。

彼は、心のなかでは、うまくいかなかったと思っていた。友人のポール・ホランダーには、「もはや一流のアイビー・リーグにはいない」ことを嘆いたが、同時に年収一万一千ドルの講師から、年収約二万ドルを稼ぐ正教授にスピード出世したことを嬉しくも感じていた。[119]

彼はマンハッタンについて複雑な感情を抱いていた。ひどく混んでいる場所だったが、同時に、文化的に見ればほかとは比べ物にならないくらい楽しみがあり、大いなる刺激剤でもあったのである。そして、今自分がいる状況を考えるときには、当然のことながら、その比較対象はケンブリッジだった。ホランダーに宛てた別の手紙には、マンハッタンで歩行者の流れについて気がついたことがあると書いている。「もしハーバードの広場で誰かにぶつかってしまったら、お互いが謝るが、ニューヨークでは、黙って足を踏まれるか、そもそも気づかないかということらしい。……仕事場としてみたとき、ここととハーバードではあまりに違いが大きすぎて、比較することはできない。たぶんこれが私が都会にある大学を選んだ理由の一つなのだろう。比較する必要もないし、本当にそんな比較ができる可能性もないのだ[120]」。

別の人に宛てた手紙では、「ニューヨークはケンブリッジに劣る一方で、ケンブリッジに勝っている。ニューヨークの文化的、芸術的な生活の強烈さといったら、この国のどこよりも上だ」と書いている[121]。しかしこの都市にはスタンレーとサーシャがケンブリッジで楽しんでいたような地域コミュニティらしさが不足していた。ケンブリッジなら、どんな文化的な出来事に参加しても、知っている人びとにばったりと会う可能性が高かったのである。ケンブリッジを去るときの憂鬱な気持ちをまだ引きずっていたが、ニューヨークならばアメリカのほかのどんな都市よりも、彼らの必要とするものを十分に与えてくれるということがわかったのである。

ミルグラムがハーバードからニューヨーク市立大学に移動した夏と秋の間に友人に宛てたほとんどすべての手紙からは、いろいろな形で葛藤が認められ、この引っ越しのプラス・マイナスをいろいろと考えていたということがよくわかる。しかし九月の終わりごろにウィスコンシンにいるレーヴェンタールに宛てた手紙からは、重荷を降ろしたという気楽な感じが生のまま現れている点で特筆される。

ニューヨークでの生活をお知らせします。まず、ハーバードから都市大学へ移るというのは簡単ではありませんでした。一番たいへんだったのが、私の気持ちでした。私は、「ハーバード後の二日酔い」状態で数カ月七転八倒でした。意気消沈、不毛感、恨み、憤り、広がる不快感が続くなかで、楽観的な感じ、確信、野心、向上心、快活な気分がときどき現れるという状態だったんです。本当に、揺さぶり上げられた（というか、揺さぶり下げられたというのが適切かもしれない）というところです。ときどき悲しい感情がちらつくことを除けば、私の気持ちは大いに回復しています。今は良い調子です。そしていろいろなことができる年を楽しみに待っているところです。

私の実験室はまだ建築中ですが、進行は早く、完成したときには広いものとなっているはずです。この時期に学生の質についてコメントするのはあまりにも早すぎます。

サーシャは生活が幾分難しいと感じています。立派なアパートは素晴らしいと今も思っていますがね……。結局、生活の質は今まで送っていた生活を全くのAとするなら、それより多少劣る、完全なBプラスです。これでもまだ立派な成績ですが。(122)

ほとんどありとあらゆる面で、ニューヨーク市立大学は大いにハーバードと比較された。そして、それは結局「楽園」であったハーバードよりも多様なコースを作る広大な場であることもわかったのである。ミルグラムは挑戦することでエネルギーを得ていた。社会心理学の分野で新しいプログラムを作るためには、それこそ何の不足もない挑戦の機会だったのである。

第9章
都市心理学

ケンブリッジで何年も過ごした後だったこともあり、ミルグラム一家がニューヨークの生活に慣れるのには少し時間がかかったようだ。一九六七年にミルグラムはマンハッタンからホランダーに宛てた手紙のなかで「なんだか何も知らない田舎者が、この強烈で、ごみごみしていて、無礼で、いやおうなしに動いている人の群れのなかに投げ込まれた」ような気がすると述べている。(1) しかし、一家は自分たちで見つけたリヴァデールのアパートには非常に満足していた。窓からはハドソン川が見下ろせて、ゆらゆらとした光のなかにボートが連なって漂っているのを見ることができた。そしてテラスからは、ジョージ・ワシントン橋、タッパン・ジー橋、ヘンリー・ハドソン橋といった立派な橋がそれぞれ堂々と聳え立っている光景を一度に見渡すことができた。

また、大学院センターに、彼のためのオフィスが作られたが、それがいろいろな点で特別なものだったことも良いニュースと言えた。(2) 五〇三号室の彼のオフィスは建物の南側にあったので、煉瓦の壁ではなく大きな窓がついていた。そこからは、通り向かいのブライアント公園やニューヨーク市立図書館が見えるだけでなく、壮大にそびえ立つエンパイアステートビルが遠くにぼんやりと見えた。

ミルグラムのオフィスはほかの多くの教授たちのものよりも大きく、秘書の机と入り口の玄関の部分はガラスで囲まれていた。五階にあったので、ほかにも便利なことがあった。その建物のなかで五階だけが、建物に二つ設置されていたエレベーターを両方とも利用できたのである。オフィスのドアの外の玄関のところには人の形をしたシルエットが描かれており、長年にわたって、静かな見張り番の役割をはたしていた。その下には「本物――S・ミルグラムとL・スタインバーグ作トローバの彫刻に基づく」と彫り込まれていた。その前の部分は、社会心理学の教授陣が出版したジャーナル論文の最初のページが貼られてコラージュが作られていた。これは、同僚たちの仕事ぶりを展示するためにミルグラムが考え出した奇抜な方法だったのである。

サーシャは、ケンブリッジのときと同じように、家にいて、家事と子どもたちの世話をしていた。夫のほうは一日の大部分を仕事に費やしていたが、子どもの成長にも気を配っていた。彼のメモによれば、ミシェルは「炎のように聡明」で、ことばの発達が非常に早く、大人扱いをして話さなければいけないと考えていた。(3) マークはまだ赤ちゃんで、意思の強そうな顔をして、お姉さんの後を追いかけるのと家具を押すのに忙しかった。

さて、子どもたちがすくすくと成長していたのに対しニューヨーク市立大学の大学院のほうは、ミルグラムが加わった時点では、まだよちよち歩きの段階だったといえる。(4) 大学自体まだ創立六年目で、一九六一年にニューヨーク州議会の条例によって設立され、四つの公立大学、ハンター、シティ、クイーンズ、ブルックリン・カレッジがゆるく組み合わさった形で作られたものだった。これが後に、ニューヨークの五つの独立区すべてにまたがり、十八の学校とキャンパスを持つアメリカ最大の市立大学へと成長していくことになる。一九二〇年代から、その元となった四大学ではさまざまな分野にわたってたくさんの修士課程プログラムがあったが、総合大学に併わさった後は、博士号の学位を出せることになった。いくつかの学部が博士号のためのプログラムを開始し、博士号取得者の数は年々増えていった。ちなみに初めての博士号取得者が出たのは一九六五年である。

大学院の初代学部長は一九六一年に任命されたミナ・リースという非常に優れた女性だった。着任する前から、数学の分野での貢献で、広い範囲から賞賛を浴びていた人である。彼女のキャリアはハンター大学で数学を教えることから始まった。第二次世界大戦が勃発するとハンター大学を休職して、数学の技術を戦争に応用するために政府機関で働き、終戦後は、海軍からの依頼でアメリカ海軍研究所の数学部門を率いた。そして一九五二年から五三年の間に、科学分野の副長官に昇進した。

ニューヨーク市立大学が最初の段階から速やかに成長したことや大学院教育が特別のかたちをとったことは、学部長としてのリースの強力なリーダーシップによるところが大きい。彼女は着任当初より、一流の大学院プログラムと教授陣を揃えた大学をつくるという壮大なヴィジョンを持っていた。そしてそのヴィジョンを共有し、支援したのが、一九六三年に新しく任命されたニューヨーク市立大学の学長、アルバート・バウカーである。

リースとバウカーは、大学院が、統合された一体感のあるまとまりとして成功するには、ハンター、シティ、クイーンズ、ブルックリンという四つのキャンパスに分散しているプログラムがそれぞれのキャンパスで学位を授与するのではなく、その権限を中央の管理部門の元に置く必要があるだろうという点で合意していた。リースは、大学院の学部長になる前に、ロンドン大学に滞在していたことがあった。そこで大学の組織構造と、カレッジの壁を越えた教授たちの委員会に感銘を受けて、その考え方をニューヨーク市立大学にも導入しようと、大学全体レベルの委員会を作った。この委員会には、前述の四つのキャンパスのそれぞれから一学部につき一人の教授が代表として出席した。一九六七年にミルグラムを、心理学教授として満場一致で推薦したのは、この委員会である。

統合された大学院というものが、曖昧な構想から具体的な形へと変わっていったわけだが、そのためには、大学の管理中枢の役割を果たすだけでなく、その正統性を形としてみせるための具体的な場所・スペースが必要だった。一九六六年の初頭のことだったが、マンハッタン中部の理想的な場所に大学院の本拠地として最適なビルを買う機会があった。そのビルは、西四十二番街三十三番地の、どちらかというと特徴のない十八階建てのオフィスビルで、その一階部分には、ウールワース百貨店があり、向かいにはニューヨーク市立図書館本館があった。リースは、大学がそのビルを買うための債券を発行するための手配をしていた[5]。このビルが大学院センターになる前に、最も名を馳せたのは、一九二四年の二月に、このビルの中にあるエオリアホールでジョージ・ガーシュインが『ラプソディ・イン・ブルー』の初演をしたということだった[6]。ニューヨーク市立大学が購入したときのそのビルの持ち主は、なんとエール大学だった。ひょっとするとこのことはミルグラムに、自分のキャリアの基盤はあくまでニューヘブンでの功績である、と思い起こさせるものだったかも知れない。

リースは、学内担当のマリリン・ミクルスキーと一緒に、ビルを大学院センターに変えるためにデザインし直した。この努力は実を結び、後にそのデザインに対してさまざまな賞をもらうことになる。設計し直されたビルには、革新的な特徴がたくさんあり、そのおかげで魅力的で人目を引く場所となった[7]。一階を占めていたのは広々とした、四十二番通りから四十三番通りまで歩いて通れるショッピングモールで、マンハッタンの真中に珍しい「ベストのポケット」のような小さくて利便のよいキャンパスが登場したのである。最上階は、スレートの床とくるみ材の天井でできた優雅な「ビュッフェテリア」（カフェテリア式の食堂）となっていた。その料理を作るのは、以前有名なペルシャ・レストランで料理長をつとめていた人物で、そこを退職した後にミナ・リースが口説き落として来てもらったのだった。大学院センターには、四十二番街の地下に隠れた四百席の講堂があり、地下の図書館は、六番街に届くほど巨大なものだった。三階には、最先端のコンピュータセンターがあり、そこには、インターネットの前身にあたるビットネットが敷設され、ニューヨークの五つの区域にまたがる各キャンパスを繋ぐネットワークに接続されていた。

このようにして大学院センター（のちに「大学院と大学センター」が正式の名前になった）は、晴れてすべての大学院プログラムの管理本部となったが、プログラムのすべてがここに集中しているわけではなかった。それらはニューヨーク市立大学の広大なキャンパスの各所に散らばっていたのである。ミルグラムがニューヨーク市立大学にやってきた一九六七年には、大学院センターにあった主要なプログラムは社会心理学と性格心理学、発達心理学の三つだった。翌年には、アメリカで初めての環境心理学の博士課程プログラムが加わった。[8] 一九七一年には社会心理学と性格心理学が一つのサブプログラムに統合され、社会-性格心理学という名前になった。

大学院センターをベースとしたサブプログラムのそれぞれには、中核となる教授陣がいて、大学院センター所属ということになっていた。それ以外にも、主な職務はキャンパスのいずれかで、頻度は人によって異なるが、非常勤という形で大学院センターのサブプログラムを担当する教師もいた。

※　※　※

ミルグラムがコーネル大学とカリフォルニア大学サンタクルス校の就職話を断ってニューヨーク市立大学を選んだ主な理由の一つは、都会生活の心理学に対する興味があったからだった。ニューヨーク市立大学の最初の年に新しいコースである都会研究のセミナーを作ったが、これは彼がその後たくさん創った都市心理学のコースのうちの最初のものである。そして、ミルグラムは学生たちを巻き込んで、都市での行動が小さな町での行動とどう違うのかを示す、革新的な実験を行うことになった。

都市生活の心理学がニューヨーク市立大学でのミルグラムの興味の中心となったが、彼はニューヨークに来る前から、社会心理学は都市の問題にも応用できると考えていた。ハーバードで最後の教鞭をとった一九六六年の秋、ハーバードとラドクリフの大学学部生たちに、ミルグラムは都市心理学の授業を行っている。その内容はニューヨークとロンドン、パリが異なった雰囲気なのはどのような要素によるのかを比較するというものだった。彼らは『ニューヨーク・タイムズ』と『ハーバード・クリムゾン』に広告を載せて、それら三つの都市の異なる特徴をいくらかでも明らかにするような経験をした人に報告をしてくれるように求めたのである。[9] 数人の学生はまた、いろいろな都市において、人びとがどの程度の速さで歩くか、また、歩行者同士の衝突がどれくらい起こっているかを比較するために映画を撮って分析をした。もっと前の一九六四年には、ミルグラムとポール・ホランダーは、キティ・ジェノヴェーゼ事件についての「解説記事」を『ザ・ネイション』に共同で執筆している。(10)

キティ・ジェノヴェーゼは二十八歳の魅力的なバーの経営者で、一九六四年三月十三日の夜、クイーンズのキュー・ガーデンにある自分のアパートへ帰る途中に殺された。犯人は彼女の後をつけ、三十分以上もの間何度も刺したのである。その後、ジャーナリストが調べたところわかったのは、近所に住んでいた三十八人がその殺人事件の少なくとも一部分を目撃したか、あるいは「助けて」という叫びを聞いていたが、一人も助けに出てこなかった。これには国中が衝撃を受けた。そして、これは都市生活がもたらす疎外の象徴となったのである。また、この事件は、ニューヨークの二人の心理学者であるコロンビア大学のビブ・ラタネとニューヨーク大学のジョン・ダーレイが「傍観者の効果」についての一連の実験をはじめるきっかけとなった。こうしたことから、一般の人たちも社会心理学に対する興味を持ち始めたのである。

『ザ・ネイション』の記事は、キティ・ジェノヴェーゼが襲われて殺される間、住民たちが何もしないという状況を生んだのが、都市に住むことがもたらす行動上の帰結の一つであるということを指摘する概念的な分析であった。ミルグラムとホランダーが論じたのは、このような治安のよい地域では、暴力行為のようなものが発生するということは思いもかけないし、また、その地域には似合わないということだ。そこで、住民たちの多くは、若い女性が殺されるというような非常事態が近所で発生していることを受け入れることさえもできなかったのである。かわりに人びとはこの出来事を、よりもっともらしく、心を悩ますことのないものであると考えようとした。たとえば、恋人同志のケンカや、酔っぱらいが騒いでいるだけであるというような解釈をしがちになるのである。こうした悲劇的な事件が起こると怒りのために一般大衆の見解は焦点がぼけてしまうことが多いが、この記事は、合理的でなおかつ断罪的ではないほかでは見られないような考え方を示している。「この三十八人の目撃者に対して正義という観点から非難をするときには、目撃者たちは殺人を犯したのではなく、それを阻止するのを失敗したに過ぎないということを忘れてはいけない。この間には道徳的な点での違いがある」[11]。

社会心理学によって都市生活の行動を理解するレベルが一段上がるというミルグラムの信念は、彼の研究に影響を及ぼしただけではなかった。彼の学生の進路にも影響するようにしたのである。彼は大学案内に次のように書いている。

専門領域としての社会心理学には、二つの基礎がある。一つは、社会心理学の理論と研究の伝統にもとづくものである。態度変容、集団過程、対人知覚の分野とフィールド実験や調査法などの実験的な分野の講義とトレーニングが行われる。もう一つは、学生諸君を取り巻く都会という環境をアイデアや問題発見の源としてとらえ、社会心理学における一連の新たな問いを生み出していくようにトレーニングが行われるのである。ニューヨークという都市は、社会心理学における大学院生の調査とトレーニングのための主たる実験室として利用されることになる。マンハッタンの真ん中にあるという大学院センターの所在地は、この点で有利に働く[12]。

大学院のプログラムの都市指向は、すぐに教授たちや学生たちの研究に反映されることになった[13]。たとえば、群衆の分析であるとか、心理的ストレスと社会的階層、都市環境のなかでの健康に関わる行動、都市デザインと社会的行動などのような研究である。これが、アメリカで初めて都市問題に重点を置いた社会心理学の大学院プログラムになったのである。大学院の管理部門がこのことを喜んだのは疑いもない。というのは、都市問題を重視するという考え方は、一九六〇年の大学院創設のとき、創設者たちが設定した大学院のゴールの一つでもあったからである[14]。

ミルグラムがニューヨーク市立大学に移ってから二年後の一九六九年の九月までには、彼は学生たちとたくさんの革新的な実験を行い、都市における人の行動が小さな町における行動とどのように異なるかを示すデータを得ていた。そのおかげで、ワシントンDCで開催されるアメリカ心理学会の年次総会での招待講演にふさわしいものができたのである。その招待講演を少し短くしたものが、次の年の『サイエンス』に「都市に住むという経験」というタイトルで掲載された。(15) そのなかでミルグラムは、ミルグラムと学生たちも含めたたくさんの人たちが気づいた事実、すなわち、都市と田舎の住人の行動がなぜ違うかを説明するための統合的な概念として過負荷を提案したのである。

一九三八年、社会学者のルイス・ヴィルトは都市の定義として、住人がたくさんいること、人口密度が高いこと、さまざまに異なる人びとが集まっていることという三つの特徴があるとした。ミルグラムはこの洞察に満ちた分析を高く評価したが、一方で、ヴィルトの挙げるような人口統計学的な事実が、どのように個人の内面に影響を及ぼし、都市生活の主観的な経験を変えるかを説明するのに役立つ概念が必要であると感じていた。そして、システムが処理できる以上の入力が与えられてそれに対応しきれない状態である過負荷という概念が、それをつなぐ鍵でありうると考えた。都市での生活によって行動に変化が生まれるが、それは、感覚器官に情報が殺到する都市での生活へのさまざまな形での対応として理解することができるだろうとミルグラムは論じたのである。

『サイエンス』誌の論文は、刺激の過負荷がどういうことを引き起こすかを明らかにするためにミルグラムが学生たちと行ったいくつかの実験について書かれたものだった。ある実験では、見知らぬ人が手助けを求めているが、その手助けをするのがいくぶん面倒であるような場合、都市の住民と小さな町の住民のどちらの方が手助けをするかを比較していた。さらに、都会では、人と人のつながりが狭い世界に区切られて、束の間の関係が多い。そんな都会で仕事をしている人は、仕事に関係しないような場面では見知らぬ人にあまり手助けをしないのかどうかも明らかにしようとしていた。

この実験では、実験者はシカゴ、ニューヨーク、フィラデルフィアの三つの都市の住民と、ニューヨーク州コクサッキー、イリノイ州シェノア、ペンシルバニア州マカドゥーという前述の三都市と同じ州にあるもっと小さな町の住民に電話をかけた(16)。実験者の役回りは、電話交換手の手違いによって間違って長距離電話がつながってしまった振りをすることであった。どの地域でも、電話を受ける人の半分は主婦で、残りの半分は婦人服を売る店の女性店員となるように決められていた。電話をかけた実験者は、旅行のためといってまず天気を尋ねる。そして、「ちょっと待ってください」といって、一分ほど電話を中断した後でもう一度電話に戻り、その地域のホテルやモーテルについて質問するのである。そして、被験者がどれくらい手助けしてくれたかを数値化する。最低値は何も言わずに電話を切ってしまう場合の一で、最高値は一分間保留してもそれを待っていてくれて質問すべてに答えてくれた場合の十六とした。結果としてわかったのは、全体としてみれば、小さな町の人に比べ都市の人は手助けをしてくれる度合いが小さかったことである。どちらの地域でも、家にいる人の方が仕事をしている人よりも手助けをしてくれた。この後、ほかの人も似たような研究をしているが、そこでも都市に住む人の方が町に住む人よりも助けてくれる度合いは少なかったのである。とはいえ、主婦は仕事中の人よりは助けてくれ、いろいろ教えてくれた。ほかの人によって行われた次の実験でも、一般的に都市に住む人は小さな町に住む人より、助けてくれないということがわかったのである。

こうして、『サイエンス』に掲載されたミルグラムの論文が、新たに発展中の分野である都市心理学の基礎を形作ることになった(17)。都市生活の心理学への興味から生まれたのが、メンタルマップや主観的地理学、そしてまずニューヨーク、後にパリという二つの大都会の住民についての研究だったのである。こうした仕事は、都会の生活に対して過負荷の概念を適応する仕事と同時並行的に行われていた。ミルグラムの過負荷という考え方は、ヴィルトが明らかにした人数、人口密度、異質性という三つの都市の客観的な特徴と個々人が主観的に体験する都市の生活の間をつなぐものであった。それと同時に、彼は都市のメンタルマップの研究も行って、都市の地理学的な配置という客観的なものが、その住民の心のなかにどのように主観的に表現されているかを理解しようとしたのである。こういった研究の重要性について、ミルグラムは次のように述べている。

都市についてどのようなイメージを持つかということは、人の心に付属する余計なおまけなのではなく、複雑で非常に多様性のある環境のなかで生きていくことに必然的に伴うものなのだ(18)……。人はたくさんの重要な決定をするが、それは、人びとが都市について持っている概念にもとづいてなされるのであって、実際の都市にもとづいているのではない。それは十分に示されてきたと言えるだろう。したがって、都市計画をするものにとって重要なのは、都市が人の心のなかにどのように位置付いているかである。最盛期のころのアテネやディケンズが生きていたころのロンドンに住んでいた人のメンタルマップがわかったら、とてもためになるのではないだろうか。残念なことに、その当時はそうしたメンタルマップを体系的に作れる社会心理学者がいなかった。しかし、私たちには昔の人と比べてより多くのことがわかっている。だからこそ、それをするのは私たちの義務だろう(19)。

都市のメンタルマップは、人が実際に生きていくためには重要なはずなのに、その研究は心理学者にとっては未開拓の領域だった。そこで、ミルグラムは調査のために必要な方法を作り上げた。その最初のものは、ミルグラムと学生たちによるもので、人の主観的な経験を表現するのみならず、個々人が知覚したものを集めることも可能にするものであった。それによって一般的な結論を導き出すことが可能になるのだ。その手法は、「風景サンプリング」法というもので、ニューヨーク市のどの部分が最もよく認識できるか（あるいは最も認識できないか）を正確かつ客観的に測定することができるものだった(20)。簡単にいうと、この方法は、ある人がニューヨークのどこかの場所にランダムに立たされたとして、その人が自分の居場所を把握できるかどうかを調べるものである。ミルグラムは、たとえば、調査者がマンハッタンの方がブルックリンよりも認知しやすいことを示そうとして使う恣意的な方法と比較して、客観的な地理的風景サンプリングの必要性を次のように強調している。「その調査者は、被験者たちに対して、マンハッタンの代表としてエンパイアステートビルの写真を見せ、ブルックリンの代表として自分の叔父の車庫を見せるかもしれない。そうすれば、もちろん、多くの人がマンハッタンのエンパイアステートビルの方がブルックリンにある叔父さんの車庫より認知しやすいと答えるに決まっている。しかし、これが、マンハッタンの方が認知しやすいという客観的な根拠にはなるはずがない」[21]。

ミルグラムの方法は、地球上のどのような場所も経度と緯度の交差点として特定できるという事実の上に築かれていた。ニューヨークのアメリカ地理測量図には、千メートルごとに緯度と経度が詳細に描かれている。そのそれぞれの交点のところにミルグラムは視点を設定した。しかし、そのままでは数が多すぎるので、ミルグラムたちは体系的にこの数を減らして、最終的に、マンハッタン、クイーンズ、ブルックリン、スタテンアイランド、ブロンクスの五つの区にうまく散らばるように、百五十の地点を選び、それぞれの地点でカラー写真を撮った。この研究の被験者は二百人だった。ニューヨークのどこに住んでいるかによって地域に対する親密度も異なることが考えられたため、二百人の被験者の出身地は、五つの区の人口に見合うように選ばれていた。

写真はスライドにされて一枚一枚スクリーンに映写され、被験者は映し出されている景色の場所を尋ねられた。まず、その景色がある区はどこか、次にその地区はどこか（町が五十四カ所の地域に細分された地図を使って）、そして最後に、その通りの正確な名前を答えるというふうに、その場所をだんだんと詳細に答えることが求められたのである。

表9-1はそれぞれの区のなかで正しく場所が同定された比率を示したものである。正確な答えが求められるにつれて、認識しやすさは低下していったが、どの詳細さのレベルでもマンハッタンは他の区よりも認識しやす

表 9-1　風景写真をそれぞれの行政区のなかで正しく特定できた比率（%）

行政区	行政区まで特定できた	近くまで特定できた	街路まで特定できた
ブロンクス	26.0	5.9	2.6
ブルックリン	35.8	11.4	2.8
マンハッタン	64.1	32.0	15.5
クイーンズ	39.6	10.8	2.2
スタテンアイランド	26.0	5.4	0.6

〔出典　Milgram, S. (1992) *The Individual in a Social World : Essays and Experiments*, 2nd ed. Edited by J. Sabina and M. Silver. New York : McGraw-Hill.〕

いことがわかった。たとえば、ランダムに選ばれた場所が正しい区のなかに認識されるかどうかについては、マンハッタン区は他の区の二倍程度となった。地区レベルでみると、マンハッタン区の景色は、ブロンクス区のより五倍程度正しく認識された。さらに厳しい基準である通りの名前の認識で見てみると、マンハッタン区とそれ以外の区の違いはさらに大きくなっていた。

さらに、ミルグラムが発見したのは、マンハッタン区がニューヨーク市民のメンタルマップのなかで圧倒的な存在感を示していて、自分の住んでいる区のなかの景色よりもマンハッタン区の景色の方をよりよく認識するということだった。たとえば、クイーンズ区に住んでいる人たちは、クイーンズ区の通りの名前よりも、マンハッタン区の通りの名前の方を四倍もよく認識できたのである。この発見についてミルグラムは次のように述べている。

クイーンズの地域はしばしば何の特徴もないと悪口を言われる。また、タクシー運転手はそこに入ったら出て来られないのではないかと恐れているという話を聞くことがある。それもそのはずで、クイーンズ区に住んでいる人でさえ、自分の区よりもマンハッタン区のほうが土地勘が働くというのだ！　このように、マンハッタンという場所は、ニューヨークという街の文化的なルーツというだけでなく、その心像風景のルーツとも言えるのである。(22)

ミルグラムの研究全体を貫いている考えの一つは、一見、目に見えない社会的なルールや規範が、私たちの日常的な行動に驚くほどの影響を及ぼしているということである。これらのルールは、非常に強力ではあるが、とらえがたいもので、一般的には気づかれにくい。ただし、このルールに反したときは別である。たとえば、エレベーターに乗ったときに隣にいる人と目線を合わせ続けたことがあるだろうか。高級レストランで贅沢なディナーを堪能した後で、ウェイターが伝票を持ってきたときに、チップをたんまり渡すのではなく、自分が関わっている慈善事業への寄付を求めたらどうなるだろうか。にぎやかな街の交差点に立って、アメリカ国家を大声で歌ったらどうなるだろうか。ぜひやってみて欲しい。

サーシャの母がリバデールにあるミルグラム家を訪れていたときに何気なく言ったことから、彼は、驚くべき規範の力についての実験を思いついたことがあるのだが、この実験は予想外に恐ろしいものになった(23)。このときだけは、ストレスを感じたのは被験者だけではなかった。実験者もストレスを感じたのである。

ミルグラムの義理の母はマンハッタンのアッパー・イースト・サイドに住んでおり、リバデールにあるミルグラムの家に行くのに市営バスを使っていた。一九七一年の初秋のある日のこと、アパートに着いた後で彼女はスタンレーにこう尋ねた。「どうして今の若い人たちは、バスや地下鉄で白髪混じりのお婆さんに席を譲らないのかしらね」。ミルグラムは、それに対して「今までそういった人たちに席を譲ってくださいって頼んだことはあるんですか」と返事をした。義母は、なんとばかなことを言うのかというようにミルグラムを見つめて「いいえ」と答えたのである。

都市研究セミナーの次の会合でミルグラムは、もしも、座っている乗客に近づき、席を譲ってくれるよう頼ん

❊　❊　❊

だらどういったことが起こるかを調べることにした。この課題をクラスに最初に提案したときには、神経質な笑い声が返ってきただけだった。[24] 学生の多くは、ニューヨークの人たちは、知らない人が頼んだからといって、自分の席を譲るわけはないという意見を述べた。実際にその実験をやるボランティアを募ったが誰も立候補しなかった。最後になって、アイラ・グッドマンという一人の学生が手を挙げて、大胆にもその課題をやってみると言ったのだった。彼の役目は、観察者役の学生を引き連れて、二十人の乗客のそれぞれに対して、丁寧に、しかしなんの説明することもなしにその人の座っていた席を譲ってもらうことだった。しばらくして、心理学部のなかでは「立ったよ！ 立った！」という噂が流れはじめた。[25] みんなグッドマンの発見にびっくりしていた。「まるでグッドマンがニューヨークの地下鉄で生き延びるための深遠な秘密を発見したかのようだった。学生たちは彼のところに参拝しにくるほどになったのだ」とミルグラムは回想している。次のクラスのときに、グッドマンは、だいたい半数の乗客が席を譲ってくれたという報告をした。しかし、この結果は、十四人の被験者サンプルから得られたもので、予定していた二十人には足りなかった。ミルグラムが彼になぜ予定数までやらなかったのかを尋ねたところ、「どうしてもできなかったんです。これまでの人生のなかでも一番難しいことの一つだったんです」と答えたのである。

このような反応をするのはグッドマンだけなのかどうかを確認するために、クラス全員がこの実験をするということにした。ミルグラム自身とこのクラスを一緒に教えていたアーウィン・カッツも例外ではなかった。ミルグラムはそのときの自分の経験について、次のように述べている。

> 正直なところ、グッドマンの前例があったにもかかわらず、たいしたことではないと思っていた。席に着いている乗客に近づいて、あの魔法の言葉を口に出そうとしたときのことだ。その言葉は喉につかえてしまって、とにかく口から出ない。私は固まってしまって、そこに立ちつくし、すごすごと引き下がった。任

務失敗である。観察者役の学生がもう一度やるようにと促してきた。しかし、私は麻痺したように体が動かない感じに押しつぶされそうになっていた。私は自分に向かって「いったいおまえはなんという臆病者だ。クラスの学生にはやれといったじゃないか。自分で出した課題を自分でやれなかったら、学生の前に顔が出せないじゃないか」と言った。何度か似たような失敗を繰り返した後で、ある乗客のところにいって、「すみませんが、席を譲って頂けますか」という言葉を絞り出した。その次の一瞬、凍り付くようなわけのわからないパニックに襲われたが、その人はすぐに立ち上がって席を譲ってくれた。まだ話には続きがある。その人の席に座った後、私は席を求めたということを正当化するような振りをしなければいけないんだという気持ちで一杯になった。頭を膝の間に沈み込ませ、顔は青ざめていた。演技をしていたのではない。本当に死んでしまいそうな気分だったのだ……。(26)

次の学期の一九七二年の春には、ミルグラムは席を立たせる実験をニューヨークの地下鉄で再度やることに決めた。今回は、さらに精緻にかつ複雑な形で行ったのである。(27)彼の実験社会心理学のクラスのメンバーと一緒に、席を譲ってもらういろいろなやり方を考えて、最終的に次のような四つの実験条件ができた。一番目の条件は、「正当化なし条件」で、実験者が着席している乗客をランダムに選んで、その前に立ち、説明することなく単に「すみませんが、席を譲って頂けますか」と言うのである。これは、基本的には前の学期で学生たちがやった実験と同じ方法を地下鉄に持ち込んだものである。結果的に、五六パーセントの乗客が席を譲ってくれた。一二・三パーセントの乗客は、自分の席は譲らないが席を詰めて空間を作るなどして要求に応えるという妥協案で答えた。この二つを合わせると、ミルグラムの学生たちは、お願いするだけで六八・三パーセントの場合に席に座れたことになる。

二番目の条件は「些細な正当化条件」である。最初の条件で多くの人が席を譲ってくれたのは、頼んだ人の方になんらかのやむにやまれぬ事情があるから、席を譲るようにお願いしたと被験者が理解したため席を譲ったのかもしれないという仮説をテストするものだった。この条件では、実験者は、「すみませんが、席を譲って頂けますか。立ったままでは本が読めないので」と言って席を譲るようにお願いする。先の条件よりは有意に低いが、それでも驚くほど高い四一・九パーセントの実験者が席を譲ってもらった。どうやら、些細な正当化の理由がついていたため、被験者たちは席を譲るためのもっともらしい理由を考えなくなったということらしい。

三番目の条件は「立ち聞き条件」である。地下鉄の車内が二人の学生の移動演劇の舞台となるのだ。被験者の前にこの二人の実験者が立つ。二人は見知らぬ間柄のような振りをして、片方がもう片方に「すみませんが、席を譲ってくれるように頼んでもいいと思いますか」と聞く。相手は、「何だって?」と答え、質問者はもう一度質問を繰り返し、それに対しては「わからないね」と気のない返事をするのである。この条件が作られたのは、これまでの高い承諾率が驚きによる反応だったかどうかを試すためのものである。席に座っている乗客にとっては、席を譲れという要求はあまりに予想外のもので、それを断る理由を思いつくだけの余裕がないからだと考えたのである。要求を断る理由を考える手間を思えば、席を譲った方が話は簡単だからである。この条件によって、被験者に時間を与えれば拒否が増えるかどうかがわかるはずである。被験者二人が目の前に座っている被験者に十分聞こえる声量で短い対話を終えてから十秒待って、実験者の一人がその乗客に席を譲るようにお願いするのである。実験者が席を譲ってもらったのは三六・六パーセントにすぎず、第一条件での六八・三パーセントに比べ、承諾率は有意に低くなった。

四番目の条件は、お願いをする人と乗客のアイ・コンタクトを最小限にして、もっと間接的な形でのお願いにすると、協力の度合いが減るのかどうかを確かめるためのものである。ここではお願いが口頭ではなく、書面でなされる。実験者は目の前に座っている乗客に紙切れを渡すが、そこには「すみませんが、席を譲っていただけますか。ぜひ座りたいのです。ありがとう」と書かれているのである。ミルグラムは、面と向かって口頭でお願いされるというプレッシャーがなくなれば承諾率が落ちるだろうと考えていたが、それは間違っていたことがわかった。地下鉄の乗客のうち五〇パーセントの人が席を譲ってくれたのである。お願いの形がやや奇妙なものだったので、乗客は落ち着かなくなり、そうした相手とのやりとりをすぐ終わらせてしまおうという気持ちになったのだろうとミルグラムは推測した。

この研究の重要な発見のほかに副次的なこととして、結果のパターンに性差が見られたということがある。すべての条件にわたって、より多くの乗客が、男性実験者より女性実験者のために席を譲ったし、女性被験者より男性被験者の方が、実験者に席を譲ってくれたのである。

学生で実験者となった一人に、後にフォーダム大学の教授となり、今でも都市生活の研究を続けているハロルド・タクーシアンがいた。彼は地下鉄の実験と服従実験の間に見られる類似について、洞察に満ちたコメントをしている。

地下鉄の規範を破るこの実験のなかで、実験者の反応……［こそが］最も目立って、予期しなかった特徴となった。地下鉄のなかで人が見知らぬ他の人に席を譲るようにお願いしているところを見たことがないというのは、偶然ではないということがよくわかった。どの実験者も非常に強く、またどう考えても大きすぎると思えるくらいの緊張を感じていると報告した。

これはミルグラムの服従実験で生み出された極度の緊張に似ていたとさえ言えよう……。たとえば、少なくとも女性の二人の実験者たちは、この試みの間、止めることができない神経質な笑いが出てしまったと報告したが、これは服従実験において見られたものと似ている……。「じゃあ、どうして不快に感じていたのに続けたの」という、次に当然出てくるであろう質問をされたときに、ある実験者はこう答えた。「ええと、授業の単位を取るためにはやらなければならなかったんです」、だから不愉快な気分を乗り越えて実験を完了したのである。これとミルグラムの服従実験の間に見られる類似性は明らかだろう……。一見緩やかに見える規範を破っただけで、かなりの緊張が引き起こされてしまうのは不思議なことである。まるで道徳の問題が関わっているかのようだ。席を譲ってとお願いするのが「普通ではない」という意味で「規範でない」(un-norm-al) のではなく、道徳的観点からいって「規範の外部にいる」(ab-norm-al) であるかのようなのだ。(28)

地下鉄の研究が地下に隠れていたのは、そう長いことではなかった。学期の終わりの一九七二年六月二日に、ミルグラムはその発見を、大学院センターで行われた、自分が企画した認知と感情から見た都市生活についての学際的な会議で発表したのである。(29) 何年か後、教え子の一人であったジョン・サビニが、博士論文に取り組み始めたとき、その研究がまた表に出てきた。サビニはいくらかずんぐりして子どもっぽい容姿の、最も優秀な学生の一人だった。サビニはペンシルバニア大学心理学部の学部長になったこともあり、今もそこの教授である。屈強でボヘミアンなスタイルの学生であるモーリー・シルバーはニューヨーク市立大学で彼の最も親しい友人だった。サビニとシルバーは博士課程の学生であったときから、哲学的な指向を持ち、ミルグラムと対等に近い関係を持っていたという点でも一緒だった。

サビニの学位論文のテーマは、人が他者を叱責することへの抵抗感についてで、ミルグラムが主査をしていた。ミルグラムはサビニに自然な場面での研究を求めていたので、彼は地下鉄のなかで実験をいくつかやろうと考えていた。(30) その一つのシナリオは、悪者がいてそれが非難に値するような行為をするというものである。そこでは、女性のサクラが混雑した地下鉄のなかに行き、実験者であるサビニがそれに少し遅れて続く。モーリー・シルバーも観察者の役をしていた。ある日、実験はひどいことになった。サクラが座席に着いた後で、サビニが彼女のところに行き、「それは俺の席だ。俺が先に見つけたんだから」と言ったのである。サクラの周りに座っている人たちからの手助けを得ようとしても助けてもらえず、その後で、サクラは席を立って車両から出て行き、その空いた席にサビニが座ったのだった。そこまではプラン通りだったが、一分ほどたったとき、少し外国訛りの中年の男が、その悪者であるサビニを叱りつけたのである。「ああいうことをしてはいかんよ。もし俺がおまえに立てって言ったらどうするんだ」。この乗客の憤りはエスカレートしていった。彼は次にサビニの前にしゃがみこんで、目をまっすぐ見詰め、「こんなことをやってると、いつか誰かに殺されるぞ！」と叫んだ。まだその怒りは収まらないようで、サビニをつかみ「立て！」と叫びながら彼を立ち上がらせ、通路の方に押しやったのである。そして、とうとうサビニが座っていた席に座ったのだった。サビニとシルバーがなんとか彼を落ち着かせて、次の駅でみんな電車から降りたのである。二人はミルグラムのところに行って、大変危険な目にあったと報告した。サビニは次のように述べている。「教授は自分のオフィスに座っていた。足を［机の上に］投げ出してね。そして〈首狩の文化を研究している人類学者は、論文のために自分の命をも危険にさらす。心理学者だって同じだろう〉と言い放ったんだ[31]」。とはいえ、彼はサビニが安全でコントロール可能な実験室のなかで研究を続けることに同意してくれたのである。

❊　❊　❊

最後に一つ、ここで述べるに値する都市研究がある。都市生活に広く当てはまる特徴として、生活していくなかでたくさんの人の顔を見て知るようになるが、その人たちとは決して実際にやりとりをするわけではないということがあることにミルグラムは気づいた。そして、そうした人たちのことを「親しい他人」(familiar stranger) と名付けた。一九七一年の春学期の彼の実験社会心理学のクラスの学生たちは、親しい他人についてより詳しく学ぶための調査を行った[32]。この研究を立ち上げることになったプラットホームは、ペン・セントラル鉄道ハ

図 9-1　親しい他人の研究で，通勤客に配布された写真の一例
〔出典　Milgram, S.（1992）*The Individual in a Social World : Essays and Experiments*, 2nd ed. Edited by J. Sabini and M. Silver. New York : McGraw-Hill.〕

ドソン地区にあるスパイテン・ダイヴィル駅だった。この駅が選ばれたのは偶然ではなく、ミルグラムは、二十六分間の通勤時間をかけて、この駅と大学院センターから二ブロック半のところにあるグランド・セントラル駅の間を通勤していた。このスパイテン・ダイヴィル駅は、リバーデールのミルグラムのアパートから、歩いてほんの少しのところにあった。ある朝早く、学生たちは駅に集まり、マンハッタンのオフィスに向かって通勤するための三本の列車のどれかを待っている通勤者たちにカメラを向けた。個々人を同定しやすいように、学生たちは写真上のそれぞれの人に番号を付けて（図9-1）、写真を何枚も複製した。数週間たってから、学生たちのグループは駅に戻り、茶封筒を列車を待つ通勤者たちに手渡した。その封筒には、通勤者たちの写真と質問紙が入っていた。学生たちは、地域問題を研究しているニューヨーク市立大学の学生であると自己紹介し、質問紙には列車に乗っている間に答えてほしいと頼んだのである。学生たちは列車に乗り込み、列車がグランド・セントラル駅に到着したときに記入済みの質問紙を回収した。三本の列車にのる百三十九人に封筒が手渡

され、その八六パーセントである百十九人からの回答を得ることができた。

ミルグラムと学生たちは、八九・五パーセントの被験者たちは写真に写っている親しい他人のうち、少なくとも一人のことを見分けることができるということを見出した。平均すると、写真のなかで四人の親しい他人を報告している。それに対して、六一・五パーセントだけが少なくとも一人の乗客と話したことがあると報告しており、話したことがある人の数は、平均すると一・五人だったのである。

これらの親しい他人に、なんらかの形で興味を抱いたかどうかを尋ねたところ、四七パーセントの人が「はい」と答えた。しかしその好奇心が、さらなる交流へとつながるとは限らない。そうした相手と会話を始めるためのきっかけになるようなことをいくらかでもしたのは、三二パーセントに過ぎなかったからである。

親しい他人と関わらないようにする傾向は、都会の環境で人が経験する刺激の過負荷への適応であるとミルグラムは考えていた。これらの人たちは、非人間化され、関わりをもつ相手というよりはむしろ、背景の一部として扱われるのである。彼はこのことについて次のように説明している。


都市の環境から流れてくる可能性のあるすべての入力に対処するため、私たちは入力を選り分けて、外界とのインタラクションを薄めてから受け入れるようにしている。親しい他人の場合には、人が目に入ってくるのまでは許すが、それ以上のインタラクションは止めてしまうのである。その理由の一つは、人を知覚的に処理するのは、社会的に処理するのと比べて時間がかからないということがある。一瞥すれば人を見分けることはできるが、社会的なつながりを維持するためにはもっと時間がかかるのである。[33]

ミルグラムがここで過負荷の概念を応用したのは、もっともらしく聞こえるが、完全に説得的であるとは言えない。彼は、都市生活が生み出す特徴的な行動の形態を説明するために、刺激過負荷という考えを導入した。この考えを他者に応用しようとするならば、町か都会以外の駅でのコントロール条件か比較条件が必要だったのだが、それはやらなかったのである。明らかなことだが今ここで示されたのは、ミルグラムが行った服従や同調実験などの多くのほかの研究から見えてくる原理の別のデモンストレーションといえるだろう。すなわち、意図と行為の間の隔たりである。ミルグラムが質問した五〇パーセント近くの通勤者たちは、出会ったことがある親しい他人に興味があったが、会話をしてみようと考えたのは、たったの三〇パーセントほどにすぎないのである。

この研究に関して短いレポートを発表するのとほぼ時を同じくして、大学院生のハリー・フロムに手伝ってもらい、『都市と自己』という映画を製作した。これは「都市で生活するという経験」という自分の論文と対にするべき視覚的な参考資料だった。この映画のなかで、ミルグラムは親しい他人についての知見を紹介しているが、それらは二〇〇一年九月十一日のアメリカの同時多発テロ事件を考えると、いろいろなことを考えさせるだけでなく、真実味を含んだものとなっている。

この映画のナレーションはミルグラムが行った。そのナレーションは多くなく控えめで、展開される場面自身が語るようにしていた。しかしながら、親しい他人のところにさしかかると語りは散文詩の形になり、それを読む彼の声は高揚していて、それは端から見て取れるほどだった。

私たちが調べたのは、親しい他人
駅から駅で彼らと話した
そして彼らはこう語る
時が立つと、親しい他人に
話しかけるのはますます難しくなる
壁はますます厚くなる

それでもわかることがある
もしも再び出会うのが
駅から離れたところなら
たとえば、異国で会ったなら
ふと立ち止まり手を握り
そうして初めて理解する
私たちは知り合いだったのだ
けれどここでは知らん顔
それでもわかることがある
もしも大災害のさなかなら
洪水、大火事、大暴風
壁は砕けて
私たちは話をするだろう
私たちにとっての問題は
都会に住んでる私たち
親しくなりたい私たち
大きな火事がなくっても
洪水がなくっても
大暴風がなくっても

※　※　※

ニューヨーク市立大学で学生や同僚が出会ったミルグラムという人間は、エールやハーバードで知り合った人たちが感じたように、本質的には複雑で、ときとして謎めいた人物だった。しかし、大学院のプログラム長という役割を与えられ、だんだんと支配的で威張り散らすようになっていった。いつも思い通りにしなければ気がすまない自尊心の強い人間になったのである。その結果、彼はときとして扱いにくい人間となっていた。たとえば、心理学部の役員であったハロルド・プロシャンスキーが大学院センターにオットー・クラインバーグのためにある副次的なポストをつくったらどうかと提案したことがある。[34] 彼は集団関係の研究で知られていた社会心理学の世界的に有名な「長老政治家」だったのである。他の学部のメンバーは、クラインバーグが大学院に参加するのは自分たちにとっても名誉であると思ったのだが、ミルグラムはまずクラインバーグが大学院のプログラムに対してどのような貢献ができそうかを知りたがった。そこで、社会・性格プログラムに参加してもらうため、彼を招く前に、ミルグラムは、クラインバーグは何ができるのかを見るために、昼食会を開くべきだと言い張ったのである。そして昼食会が設定された。クラインバーグのプログラムへの参加にミルグラムが同意したのはその後のことだった。

とはいってもミルグラムに初めて会った人ならば、彼のことを愛想が良くて魅力的だと感じただろう。何でも受け入れてくれたし、誰かが言おうとしていることに心から興味を持ってくれるように見えたのだ。[35] しかし、ひとたび雑談が始まると彼は我慢ができず、相手の言っていることがつまらなかったり意味がないと思ったりすると、無礼にもその人の話を中断させた。[36] 生き生きとしてずばずばものをいう、かつての彼の教え子で大学院の助手だったジュディス・ウォーターズは次のように回想している。「私を含め、誰かの言うことが気にさわったとき、彼は、その感情を全く隠そうとはしませんでした。さらに言えば、彼は完全な民主主義者でもありました。その人が学生であろうと同僚であろうと、招いたゲスト講演者であろうとお構いなしに、誰にでも平等に厳しいコメントができたのです」。ジョン・サビニに言わせれば、「彼は、機会均等主義的な侮辱者」だったのだ。[37]

実際、ときには自分の家族を標的にすることすらあった。今はジョン・ジェイ・オブ・クリミナル・ジャスティス大学の教授であるロバート・パンザレラがミルグラムとオフィスで話をしていたときに、ドアを軽くノックする音が聞こえたときのことをこう話している。

ノックしたのはサーシャで、ドアの隙間からこちらをちらっと覗いているだけだった。彼はとてもびっくりしたように思えた。非常にぶっきらぼうに彼女の方を向き、「今ボブと話しているのがわからないのか。ボブと話しているときに邪魔をしないでくれ」と言った。彼女は「もう帰るって言いたかっただけなの」と言っただけだった。そうしてドアを閉めて去った。僕は彼女に申し訳なくて仕方なかった。もちろん、いつもある事じゃなかったんだろうけど。何を議論していても、それが彼をピリピリさせてしまうんだろうね。よくわからないけど。でも、これはとても印象に残ったよ。[38]

ジョエル・ミルグラムは、一九八〇年代のある日、スタンレーと一緒に子どものころのことを書いた本を出そうかという話をしていたときのことを思い出してこう語った。

私は、興奮のあまり、とんでもない時間に電話してしまったんだ。もちろん彼は何も言わずに電話を切ったよ……。兄は本当に見事に電話を切る人間だったんだ。ご存知の通り、あの人はいろいろな点でとても尊大だった。つまり、もしあなたが、彼がＣＢＳニュースを見ているときに電話をしたら、ただこう言うだろう。「今は話せない。後で電話してくれ」。そうして電話を切るんだ……こういったことが彼の場合、通用していたんだね……家族はみんな学んだわけさ。大人になってからのつきあいをするうえでは、距離を置かないとやっていけなかったね。(39)

教師としては、非常に要求が厳しかった。いつも学生たちに創造的に考えるように促していた。ハロルド・タクーシアンはこう思い出す。

彼は風変わりには見えませんでしたが、喋りだして一分もすれば間違いなく風変わりな人間だということがわかりました。彼はそうした辛辣な言い方でうまくものごとをとらえていたんです。部屋にいる人なら誰も、「そう、私の言いたかったのはそれなんだ」と言いたくなるほど彼は語り方がうまかったんです。その点では、ウイリアム・バックリーに似ているところがありました。誰もがようやく考え始めたようなことをすぐに具体的な言葉にするという力もありました。これもミルグラムの重要な特徴なのではないでしょうか。

授業中、彼の才気はきらめいていました……。火花が飛び散るほど……でもそれがあまりに強烈すぎて、それが気に入らない人もいました……。彼は他人がどう思っているかは意識していましたが、だからといってそうした人たちの気分をよくしてあげようと思っていたわけではありませんでした。ときには、人に対して完全にやりこめるようなコメントをすることもあったんです……。彼が嫌っていたのは、平凡さや決まり事、自明の理でした。また、誰かが根拠のないことを言ったりすると……すぐにそれに議論をふっかけたのです。また、クラスにおいては、彼は疑う余地もない権威者だったので、こういったことを強い調子で言えたのです。(40)

彼は明らかにクラスにおける「疑う余地もない権威者」だった。しかし、彼自身は、権威者であるという特徴は状況に依存するもので、本来の彼の姿を表わしているのではないと思っていて、それを強調することが重要だと考えていたのも明らかである。ロバート・パンザレラによると、ミルグラムの授業で次のようなことがあった。[41]「彼の最初の一言は、〈私が服従を研究したのは権威主義者だったからではない〉だったのだが、これを聞いた学生の一部は大笑いした……。明らかに彼は他人が彼のことをどう考えているのかを意識していたのだ」。そして彼は部分的には正しかったのである。クラスのなかでは独裁的に振る舞っているかもしれないが、彼の権威主義は教条的でもなかったし、融通の利かないものでもなかったのだ。こんなこともあった。パンザレラが初めてミルグラムに出会ったときのことである。秋学期の最初の日で、暖かな九月の美しい日で、日が照っていた。ミルグラムの授業でパンザレラは一番前の列に座っていた。ミルグラムが教室に入ってきて最初にしたのは、パンザレラを指さして「サングラスを外せ！」と言ったのだった。[42]彼は、そのサングラス越しにミルグラムを見つめてこう返事をした。「これは医者が処方したサングラスで、必要なんです」。しばし思案した後、ミルグラムは「よろしい」と言って、この件に関して何も言わなくなった。

タクーシアンも大学院プログラムの一年目に、似たようなやりとりがあったと述べている。

クラスのなかで彼がしたことで私が本当に驚いたのはというのは……彼がこう言ったことです。「わかると思うが、君たちのことを評価するのは本当に難しいんだ。まだたくさん試験を受けているわけじゃないからね。それに私は君たちがお互いのことをどう思っているかを知りたい。みんな、鉛筆と紙を持っているか。よろしい。テーブルを見回してみろ。君たちがここにいるそれぞれの人に評価を下すんだ」。皆はお互いを見合って、それから、彼を見て、そして書き始めました。私の目の前にも紙と鉛筆がありました。私は、名前は書きましたが、学生同士で評価をするのは正しくないと感じていました。というのは、それは彼の仕事のはずですから……。そして彼は皆から成績表を集め、数え上げ、こう言いました。「あれ、成績表がここに十二枚しかないぞ。十三人いるのに」。一つ足りなかったのです。私はそのとき顔を真っ赤にしながら、こう言いました。「私は出しませんでした」。そして彼は「ふーん、じゃあ出してくれるかい？」と尋ねたので、「いいえ」と言うと「わかった」と彼が言いました。そんなふうでした。(43)

現在フェアリー・ディキンソン大学の教授であるジュディス・ウォーターズは、ミルグラムの研究助手であったが、その当時を振り返ってみると、その立場になった人なら誰でもなってもおかしくない程度の権威主義者であったと考えている。(44)

人に反感を覚えさせる、傲慢で、プリマドンナのようなミルグラムのわがままな振る舞いについては、広く意見が一致するところであるが、それと同時に、彼の優れた知性は、事実上学部の誰からも、そして必ずしも彼に好意をもっていない人からさえも認められていた。この知性の威力のおかげかもしれないが、五フィート七インチ（約百七十センチ）という小柄な容姿にもかかわらず、彼は畏怖すべき存在になったのである。ジョン・サビニは彼の知性について、ちょっと変わった見方をしている。

彼は天才でした。何かに取り憑かれているという意味でですが。誰も、もちろん彼自身も、彼の創造性がどこに彼を連れて行くかわかっていませんでした。彼は作曲をし、ボードゲームや映画を作りました……。物事を考えるときには、彼は全くしきたりにとらわれませんでした。そして他人にもとらわれてはいけないと言っていました。私が職を探していたときのことですが、毎月のように彼は私を呼び、職業生活のうえで一番重要なのは秘書との関係だよというような話をしてくれました。私は笑ってしまったんですが、彼は、いやいや私はまじめだよというわけです。秘書との関係は、大学院の学生や同僚の先生、ポスドクなんかよりもはるかに重要だというわけです。どんな秘書かによって君の今後の仕事が生産的になるかどうかが決まるんだよ……だから、普通に人が受け取るアドバイス、たとえば同僚っていうのは重要だよというようなアドバイスでも、スタンレーにしてみれば、ほとんどありきたりのもので、本当の真実に到達していないということになるわけです。私に言わせれば、それこそがスタンレーなんです……。現実をはっきり見定めるのにじゃまになる神話や誤った信念や専門用語のようなつまらないものを取り去ってしまうのがね。(45)

ミルグラムと同僚の関係はいろいろだった。小さな集団の研究が専門分野であったソロモン・レッティにとっては、「本当にスタンレーと一緒にいるのは楽しかったよ……一緒にいるのは喜びだったんだ」ということになる。(46)対して、ミルグラムのいらいらのせいで、それとは全く違う考えを持つ人たちもいたのである。しかし、驚くべきことだが、ミルグラムを嫌いだったかもしれない人も含めて、社会・性格プログラムのメンバーの間は、彼に対する嫉妬はほとんどと言っていいほどなかった。それには二つの理由があった。まず第一に、このプログラムのメンバーは、彼ほどの名声を博してはいなかったとはいえ、それぞれの人が自分の専門領域においては一流の専門家として認知されていた。(47)たとえば、デヴィッド・グラスは、背が高く、顔はつるつるして張りがあり、いつもスーツを着てこざっぱりとしていて、そしてそこで最も強烈な人間だったが、彼は、心理的なストレスに対する身体の反応を研究する、行動医学の創始者の一人だった。フローレンス・デンマークは、いつでもにこにこしている小柄な女性だが、女性心理学の分野における代表人物の一人だった。彼女は、政治的な野心を持っている人で、一九八〇年にアメリカ心理学会の会長になって頂点を極めることになる。アーウィン・カッツはミルグラムの最も親しい同僚の一人で、偏見とスティグマの研究に対して、新しいアプローチで研究を行っていた。エレン・ランガーは小柄で、妖精のようで、社会心理学に関する理論的な視点をきわめて広く理解しており、そのため学部では、同僚たちの間の権威のある知識の源となっていた。彼女の「マインドレスネス」に関する先駆的な研究は、自分自身を振り返るという行為が私たちの生活に対して及ぼしている重要な役割について、社会心理学者たちの関心をかきたてたといえるだろう。社会心理学分野では、行動の無意識的な決定要素に対しては今でも興味がもたれているが、それも彼女の研究のおかげと言える。

ミルグラムの同僚たちが、彼がスターであったことに嫉妬しているようには見えなかったもう一つの理由は、彼の属していた社会・性格プログラムの人たちよりも、彼のほうがはるかに抜きんでていたからである。人は、自分より週に百ドル多く稼ぐ人には嫉妬するかもしれないが、ビル・ゲイツにはそんな気持ちは抱かない。おそらくは、同僚たちの多くはミルグラムの名声の栄光を近くで感じ、いい気持ちでいられたのだろう。

天才であることの特典の一つは、どんなに突飛なことや奇抜なことをしたとしても、それが何事もなく受け入れられてしまうことにある。大学院生たちの間では、ミルグラムは「不思議なこと」をする人として有名だった。(48)「なぜそんなことをするのか不思議だ」という意味での不思議だが。ジョン・サビニはかつて、ミルグラムの仕事場で十時三十分から開始されるミーティングに、十時二十九分に到着したことがあった。(49)ミルグラムはすぐさま彼に、あと一分したら戻ってこいと言った。そこで、サビニはホールへ行き、ベンチに腰を下ろした。その間、ミルグラムは何をしていたかといえば、足を机の上に載せて一分経つのを待っているというのが、開いていたオフィスのドアから見ることができた。また、ハロルド・タクーシアンにとっては、高等社会心理学の最初のミーティングでミルグラムの指揮のもとに行われた行動が、三十年以上たった今でもまだ謎のままである。

ミルグラムは予定した教室を使うことができなかったといって、その二時間の授業の半分をまるまる使って、テーブルと椅子を、八角形や長方形、正方形など、最高と「感じられる」形に配列するという作業を私たちにやらせた。十四人いた私たちのすべてにとって、これがニューヨーク市立大学の大学院の、そして高名なミルグラム教授と会う初めての日だったのだ。だからこの一風変わった配置作業で、私たちはみんな心のなかで、いったいこれは何なのかと自問自答していた。机やイスを何ども何ども移動させては、これでいいかどうかを尋ね、新たな並べ方の提案を求めては、次にどうするかを指示する……。最後に落ち着いたのは、単なる正方形の配置だった……。その後二度とやらなかったこの作業のちゃんとした「種明かし」はなかったし、その後、机やイスなどについての話もまるでなかったのである。(50)

多くの場合、ミルグラムの妙な行動は人が首をかしげる程度でさほどの害はなかったのだが、その突飛で気まぐれな行動が学生に向けられたときには若干問題を引き起こすことがあった。そしてその結果として、彼に対する評価は二極化してしまった。彼の優しい行動を好ましく思い出す人たちもいる。博士課程の学生であったロンナ・カバツニックは、学位論文に悪戦苦闘していたとき、コンピュータのある実験室で多くの時間を一人で過ごしていた。(51)ある日彼女はあまりに寂しくて泣いてしまったという話をミルグラムにした。そこで彼は、自分がいるところで学位論文に取り組めるよう、コンピュータを自分の仕事場へ動かしてくれた。彼女は本当に毎日そこへやってきて、彼が電話で話したり講義の準備をしたりするといった日常の仕事をしている間に、その傍らのコンピュータで、学位論文を完成させたというわけである。

また、その一方では、弟のジョエルがスタンレーを訪ねたときに、ある学生が泣きながら彼のオフィスを飛び出したのを目撃している。(52)また別のときのことだが、不満を抱えている学生と会ったあとで、ミルグラムはオフィスにある素敵なソファの横の方に大きな穴があるのを見つけたことがある。そこに座りながら、その学生はペンでクッションにこそこそと穴を開けていたのである。

ミルグラムと愛情のこもった関係を築いた学生たちでさえ、予想も付かない形で突然ひどく不愉快になったりする授業のことを覚えている。ときには、まるでジェットコースターのように激しく上下する情動的な体験だった。きらめくような洞察でみんな上機嫌になったかと思うと、次には誰が血祭りに挙げられるんだろうという恐怖の瞬間になるのである。

ときに応じて非常に変動するこのような彼の行動はどう説明したらいいだろうか。また、学生と長い間の関係を持つ過程で、彼を愛する学生と憎む学生に二極化してしまうのはどう説明できるだろうか。

彼の行動の一貫性のなさというものは、まさに、そしてそれは逆説的でもあるのだが、彼の職業上の生活と個人的な生活が強く連続していたことの表われということもできるだろう。ミルグラムにとっては、社会心理学は職業であると同時に人生そのものだったのである。社会心理学の公理の一つは、環境要因が行動に及ぼす影響は普通考えられているよりもはるかに大きいというものである。私たちの行動は、私たちを取り巻いている社会的な環境のさまざまな特徴に対し、驚くべき正確さで対応しているのである。そして環境が変われば私たちの性格の異なった側面が表に現れる。ミルグラムは普通以上に環境の細かな状況に鋭敏だったのである。[53] そこで、彼がときどき見せる謎めいていたり突飛とも見えたりする行動は、他人の行動のなかの微妙なニュアンスによって引き起こされていたのだが、他人はそれに気づかなかっただけだったのかもしれない。

ミルグラムは、直接的な環境がもたらす因果的な役割がいかに強いかということを早くから理解していた。一九五七年二月十日（ハーバードでの三年目）の時点で、彼がときどきつけていたメモに次のように書いている。

私が全く理解できないのは、違う女の子の前では私も違うように振る舞うということだ。この行動の変化をもたらしているのは意思の力ではない。その女の子の存在による直接的でほとんど自動的ともいえる効果によるのだ。一緒にいるある特定の女の子がもたらす効果を私が変えようとしても、私の力ではできない。だから、私とはいったい何か、あるいは私の人格とは何かということは、私と一緒にいる人と切り離しては考えられないのだ。[54]

かつてのガールフレンド、イーニッドに一九五九年に宛てた手紙がある。その当時、イーニッドが失恋したので、その痛手からの回復を手助けしようとして送った手紙の一部である。

君は忘れているんじゃないかと思うんだが、愛と憎しみの混ざり合ったアンビバレントな状態こそが社会的な関係の基本なんだ（馬鹿なやつは、だから深い真実の愛などは存在し得ないんだといいがちだけどね）。卑劣で憎らしいということもあるだろう……。善良さとか思いやりとか美しい心なんかも、人にとっては根本の資質だけど、そういうのが現れるのは特定の条件がうまく成立したときだけのことなんだ。で、万一そんな条件が成立して素晴らしい方が現れたときには、感謝しなくちゃね。(55)

ところでここに、ミルグラムの突飛で時としてわけのわからない行動の理由を説明できそうなもう一つの要素がある。それは、彼がときどきアンフェタミンやコカイン、マリファナなどを服用していたということである。娘のミシェルは、父親の存命中は彼がドラッグをやっていたとは知らなかった。そしてあるとき、とうとう、サーシャがそのことをミシェルに話し、それを聞いたミシェルはショックを受け少し混乱した。しかし、そう聞いて小さいころのことを振り返ってみると、たしかに父親の行動には、ときに訳のわからないところがあった。

私たちはモノポリーというゲームをよくやりました。でも、父とは全くそのゲームをすることができないときもありました。さいころを投げたとき、その二つが全く同時に落ちることはほとんどありませんよね……。どっちかが先に落ちるものです。でも父は、誰かがさいころを投げてそれが同時に着地しないと、ずるをしているとその人を責めました。とりわけ自分が負けているようなときは、非常に興奮していました。それで仕方がないので、ほかのゲームをすることにしました。そのゲームでは、小さな仕掛けが付いていて……さいころをそのなかに入れると、下から自動的に出てくるので、そういうずるをするしないという話を解決できたわけです(56)。

今になって振り返ってみて、ミシェルは父親の突飛な行動の類は、ドラッグをやっていたせいだったのかとも思っている。しかし、すぐにこうも付け足した。「必ずしも父がいつもそのように行動していたわけではなく、とても愉快な会話をしたり、ミュージカルの曲を歌ったりというようなことをしていました。でもたしかにときどき、暗い面もありましたね」。

❊　❊　❊

ミルグラムの伝説的ともいえる無礼さは、学生たちがニューヨーク市立大学の大学院プログラムの上の学年に進むにつれて、影をひそめていくことになり、あとになってみれば、あれは通過儀礼の一種だったなあと思い出す人もいた。学生が博士論文の主査を選ぶときには、彼は教授たちのなかで最も人気があった。彼は在任中に、博士の学生を最も多く（十四人）指導したのである。* 少なくとも心理学の分野では、指導教授は、博士課程の学生を指導するのに、次の二つの方法のうちのどちらかを採用することが多い。一つ目は、指導教授が自分がやっている研究プログラムに学生を入れて、それを発展させたものを博士論文として提出させるというやり方である。もう一つの方法は、学生たちに自分の興味の赴くままに好きなテーマをやらせるというもので、それが指導者自身の主な興味の範囲外であってもかまわないとするものである。ゴードン・オルポートは後者のタイプの指

＊注　付表A参照。

導者だった。彼は、ハーバード大学の社会関係プログラムのなかで最も多くの博士課程の学生を指導したが、その学生たちのテーマはどれも似ているものはなかったのである。[57]オルポートは、博士課程の学生たちが自分の研究プロジェクトに加わることを期待しないで、それぞれの研究の興味を追い求めるようにさせていた。ミルグラムはこのオルポートの自由な指導のスタイルに習った。博士課程の学生たちは多様なトピックを追究したが、その多くはミルグラムの主な研究の興味の範囲外のものだった。実際のところ、それらの学生のうち、権威への服従に関わるミルグラムの研究をベースにした博士論文を書いたのは、二人だけだった。学生の一人であるアーサー・ブランクは、会話のミクロ分析に関わる博士論文を書いたが、そのことについて次のように語っている。

私は社会言語学に興味がありましたが、これはスタンレーの中心的な研究テーマではありませんでした。しかし、実際のところ、彼にとっては私が何に興味を持っているかなどはどうでもよいことだったでしょう。それこそ私がスタンレーに驚かされた点です。彼は、世の中について興味津々で、他の人が新しい現象を探求することに対する援助を惜しみませんでした。彼は、新たなことへの興味や新たな考えは素直に受け入れてくれましたが、それは私にとっては非常に貴重でした。何か考えを取り上げると、それをひねってみたりして、新しい視点で見せてくれたのです。[58]

ミルグラムに指導された学生は、彼が生涯にわたる庇護者としていつでもベストな仕事を得るための手助けをしてくれると感じたようだ。ずいぶん昔に学位をとった学生であってもミルグラムは喜んで推薦状を書いた。ジュディス・ウォータースがフェアリー・ディキンソン大学で准教授に昇格するチャンスを得たとき、ミルグラムはうまく昇格できるように、会議を主催して有名な人を呼んで基調講演をしてもらったらどうだというアドバイスをした。[59]そして自分が無料で基調講演をしてもよいと申し出てくれたのだった。ちなみに、当時の彼の講演料は何千ドルもするものだった。フロレンス・デンマークが述べたように「彼は、信じる人のために立ち上がる人でした。私は彼に失望させられたことはありません」[60]。

しかしたぶん、学生や同僚たちがミルグラムについて最もよく思い出すのは、彼の絶え間のないウィットと遊び心に関してだろう。それは状況に応じていろいろな形を取って現れたのである[61]。たとえば、仕事について言えば、彼はきわめて真剣に取り組んだが、心から面白いと思う研究以外には取り組まなかった。遊び心に満ちた好奇心が彼の研究を活性化させていた。そのため、非常に深淵な重要性をもつ服従研究を世界に知らしめた同じ人が、「ニューヨークの人たちは地面から湧き出す不思議な蒸気の雲*のことをどう説明するのか」というような軽い質問にも気軽に取り組んだのである。

博士課程の学生であったエリース・ゴールドシュタインは、ミルグラムは楽しいことが大好きで、「ほかの大学院の先生たちのユーモアやウィットと比較するべくもなかった」と述べている。とりわけ楽しかったある日は、彼は一日中歌を歌うことでコミュニケーションを行い、歌で話しかけてきた人だけに返事をしたこともある[62]。また、ある学生は、ミルグラムが、電気ショックを与える電池式の器具を指につけて、自分自身にショックを与えながら服従研究の話をしていたと語っている。ジュディス・ウォーターズが研究助手をしていたときは、注意深くやらなければならないプロジェクトの中休みの際中に、ミルグラムが発明した言葉遊びをやったものだった。まず彼が単純な言葉を言い、それを彼女が複雑な「心理学用語」に言い換えるのである。たとえば、「私が思うに」は「すでに列挙したような仮定にもとづき、以下のような結果がある条件下で得られるだろうということを考えることが可能である」に言い換えられる[63]。そしてポール・ホランダー夫妻が第一子を懐妊していたときに、彼に送った手紙に、「中に配管があるのと外に配管があるの（女の子か男の子か）」のどっちがいいか

＊訳注　マンハッタン区では室内暖房に蒸気を使用している家が多く、スチーム用のパイプが地下に張り巡らされている。気温が低いときに、地下水などが熱いパイプに触れると水蒸気が発生して地表に湧き出し、ニューヨークの冬の風物詩の一つになっている。

と尋ねている。[64]

※　※　※

ミルグラムの多岐に渡る研究の内容を細かく整理することは困難だが、ほとんどの研究は重要な点で共通するスタイルを持っている。それは、研究の目的である従属変数が、具体的に観察可能な行動であるということである。たとえば、「放置された手紙」を拾うとか、地下鉄で席を譲るなどの行動がそれにあたる。ミルグラムは、あるインタビュアに答えて「行動の形でのみ社会的行動のなかで機能している力を完全に理解することができるのだ。だからこそ私は実験主義者なのだ」と述べている。[65]その意味では、都市研究やメンタルマップの研究は、いつもの研究のスタイルを逸脱するものともいえた。これらは、個人的な経験に関するものであり、表に現れる行動ではない。しかし、一九六九年の初頭には、ミルグラムを行動中心の研究に引き戻す派手な機会に恵まれたのである。

一九六九年三月二十九日、ＣＢＳの社会研究部のマネージャのジョセフ・クラッパーは、会議を開催して、現在の一番社会問題になっているテレビの暴力が視聴者に及ぼす影響についての理論的な課題と研究について科学的に議論する会合を開催し、それをさらに調査するために会議参加者に補助金申請をするように呼びかけた。[66]ミルグラムはその会合に出席し、おおよそ一カ月後の四月二十三日に彼はＣＢＳに調査企画書を提出した。その提案は、社会科学者たちの審査委員会による審査ののち、二十六万ドル（約九千三百万円）の研究資金が認められた。テレビの暴力と攻撃性の関係は、本来ミルグラムが興味を持つようなものではなかった。というより、彼は両者の間に関係があるかどうかは疑わしいと考えていた。しかし、壮大な規模で研究ができるというのは魅力的だった。実際、非常に巨額の補助金のおかげで、ミシガン大学の社会心理学者であるランス・ショットランドを

家に相談することもできたのである。(67)研究協力者として雇うことができた。また、多くのスタッフを雇い、ニューヨーク、シカゴ、セントルイス、デトロイトの四つの都市で実験を行い、データ分析に関しては研究方法論と統計技術の分野でこの国の一流の専門家に相談することもできたのである。

このミルグラムが行った研究は、テレビの影響の研究に新しい知見をもたらした。そのせいもあって、現在にいたるまで、その研究はユニークなものとなっている。テレビによる反社会的な行動の実験的な研究では、これまでほとんどのものが既存の番組を刺激材料として使ってきた。よくある研究では、被験者はランダムに選ばれた暴力的な番組か、暴力が全くない番組のいずれかを視聴する。そしてそのあとで、なんらかの攻撃性の指標が比較されるのである。だがこの枠組みの研究は、ある問題を抱えている。それは刺激として提示した二つの番組には、暴力シーン以外の点でも違いがあったかもしれないということである。ミルグラムとショットランドは、こうした伝統的な手法とは根本的に異なる方法を採用した。テレビのゴールデンタイムの人気番組の、あるエピソードの中味を変えてしまったのである。ミルグラムはCBSと協力して、その当時人気があったドラマシリーズの『医療センター』という番組のある回のエンディングを三つ、異なるように作ったのである。

「カウントダウン」というタイトルが付けられた回はプロの脚本家であるドン・ブリンクレーがミルグラムの意見を取り入れながら書いたものである。その制作は一九七〇年の初頭に開始され、ミルグラムはMGMスタジオのセットにしばらくの間、校閲係という立場で滞在した。その仕事が常にうまく機能したとは限らないが、実験のためにならない要素が話に盛り込まれそうになったときには、それを差し止める役割だったのである。

「カウントダウン」の筋は、トム・デスモンドというある病院の用務員の不幸を巡るお話である。病気の妻と小さな子どもを養っていかなければいけないのに、彼は失業してしまい、収入源となるはずだった彼の船も差し押さえられてしまう。用意された三つのエンディングのうちの二つは、破壊的な行動からなる。彼は医療センターが各地においている募金箱を何度も壊してはその中のお金を盗み、一つ目のバージョンでは警察に逮捕され、二つ目のエンディングでは逮捕されずに終わる。この二つに対し、三つ目のエンディングは、社会的に望ましい結論になるように作られている。デスモンドはお金を盗むのではなく、募金箱にお金を入れるのである。最初の二つの反社会的なバージョンでは、病院長に対して彼が罵りの電話をするシーンがある。ここでさらにもう一つの、四つ目のバージョンが作られた。この話は前の三つとは話の筋そのものが全く異なっており、暴力的なことはなにもなく、それが中立的なコントロール条件とされた。一九七〇年九月から一九七一年十一月まで、ミルグラムとショットランドは一連のフィールド実験のなかにこれらのプログラムを埋め込んでみた。自宅でこの番組を見た数百万の視聴者を潜在的な被験者にしようというわけである。そして、このフィールド実験では、番組を視聴した後に、番組内の反社会的な行動をマネする機会が、実際の生活場面のなかで発生するのである。

一般的な手順はこうである。被験者たちはマンハッタンのミッドタウンの試写会用映画館かテレビ放送番組として、あるいは有線テレビとして個別に、四つあるプログラムのうちの一つを刺激素材として視聴する。参加者には、GE製のトランジスターラジオがお礼として提供されることになっていて、数日後のあらかじめ決められた時間に四十二番街のビルにある「ギフト配布センター」まで取りに行かなければならない。彼らが配布センターに到着してみるとそこには誰もいない。あたりを見回すと、近くの壁に、プロジェクト・ホープという慈善事業のための貼り紙と透明なプラスチックの箱があり、そこに数ドルのお札と硬貨が入っているのが見える。そして、被験者の行動は隠されたテレビカメラによって逐一記録されているのである。ここでの主な問題は、被験者が募金箱からお金を盗むかどうかということだった。さらにいえば、反社会的なバージョンの番組を見た人の方が、社会的に有用な番組や中立的なコントロール条件の番組を見た人よりも盗む割合が高くなるのだろうかということだった。

この研究に、欠点がなかったわけではない。話が終わりに近づくと、トム・デスモンドが募金箱をじっと見つめるたびに「ボイーン、ボイーン」という音が効果音として使われていた。その音は、子ども向けアニメの登場人物が走ってレンガ製の壁に衝突し跳ね返るときの音とよく似ており、意図はしていなかったのだが、通俗的な感じをもたらしていた。しかしながら、この研究のアプローチは全体として非常に革新的なものだった。

八つの実験を通して、反社会的なバージョンの番組を見た視聴者たちが、コントロール条件もしくは社会的に受け入れられるバージョンのものを見た人たちよりも、反社会的な行動を真似するようになるという傾向は全く見られなかった。この研究を現在に至ってもほかに例のないユニークなものとしているのは、ミルグラムがゴールデンタイムの定時のテレビ番組をコントロールしたということである。それによって、ほかの内容はほとんど同一にしながら、エンディングを三つ異なるものにするという独立変数を作ることが可能になったのである。

このミルグラムたちの研究はテレビの暴力と攻撃性の文献のレビューでは取り上げられないことがしばしばあるが、それには二つの理由がある。まず一つは、ミルグラムとショットランドによる「テレビと反社会的行動──フィールド実験」のなかでは、それまでの膨大な量の観察学習と模倣、とりわけメディアにおける暴力の効果についての過去の知見と結びつける試みがほとんどなされていないためである。ミルグラムの実験の結果とは異なり、それまでの多くの研究においては、反社会的な行動をテレビで見せると視聴者に影響が及ぶという結果が出ていた。二つ目の理由は、ミルグラムの一連の実験の結果は結論がはっきりしていないばかりか、本質的に曖昧な部分もあったのである。彼らが明らかにしたのは、テレビの破壊的な行為には視聴者は影響されないということなのだろうか。それとも、反社会的な番組はたしかに視聴者に悪い影響を与えるのだが、ミルグラムたちの測定方法ではその影響を計れなかったということなのか。たとえば、反社会的な行動の模倣は、遅れて、たとえばあとでほかの場所で生まれるかもしれないのだ。

よって、多くの文献レビューからミルグラムの一連の現場実験が省かれるのにはそれなりの理由がある。しかし、彼らの研究を無視したせいでこの研究のユニークなデザインが何を可能にしたのか、たとえば、テレビの暴力の効果の実験ではほとんど実現されることのなかった独立変数のコントロールとか、因果関係についての結論をするために必要な実験計画などを見落とすことになったのである。

「カウントダウン」の監督はヴィンセント・シャーマンといって、テレビの分野で仕事をする前に、すでにベティ・デイヴィス、ジョーン・クロフォード、そしてエロール・フリンといったハリウッドスターたちが出演する映画を監督するという輝かしいキャリアを積んでいた。今ではもう九十代になっているが、ミルグラムがスタジオにやってきたこと、そしてこの「鮮やかに考え出された」実験のことをよく覚えている。[68] ミルグラムは、一九八三年の三月、シャーマンに宛てた手紙のなかで、社会心理学実験の本質の広い枠組みの中に位置づけながら行ったテレビの研究について、思い出を語っている。

あなたが監督してくれた『医療センター』のあの回で行ったテレビ研究は、今までの私の研究のなかでも、間違いなく一番大規模な予算がついていたのに、結果がどっちつかずであったことはいくらか予想外でした。あなたが作った「カウントダウン」を見た視聴者たちが、熱狂的に反社会的な行為を真似してくれさえすればよかったんですが！　ああ、実験者は問題を創造的な才能でデザインできるかもしれません。そして、社会心理学的な実験には、ある種のドラマ的な要素がたしかにあります。でも、最終的な結果は実験の被験者に委ねられているのです。すなわち、私たちは、ある場面を作ってそこに被験者たちを連れてきた。しかし、彼らがその状況でどう反応するかはあるがままに任せるしかないのです。私たちがコントロールできるのは、質問だけで、その答えはコントロールできません。この観点からすると、脚本家なら自分で最終的な結論や終幕をコントロールできるわけですから、そちらの方が明確な強みがありますね。[69]

第10章　ひのき舞台へ

ハリウッドで『医療センター』を撮影しているとき、ミルグラムは映画を作る集団の効率と組織としての運営技術のよいことに感銘を受け、自分でも映画を作ってみたいと思うようになった。巡り合わせというのはあるもので、西海岸から戻って数カ月したころ、ハリー・フロムという人がオフィスにやってきた。フロムは背が低くがっしりとした男で、東欧訛りの少し混じった高い声で話した。ルーマニアの映画大学を卒業した映画監督で、ドキュメンタリー映画を作った経験もあった。彼はイスラエルへの移民で、イスラエル映画組合からの補助金を受けてアメリカに来ていた。アメリカでたくさんのプロジェクトに関わった後、心理学を勉強しようと決め、大学院センターへやってきて、ミルグラムのところに紹介されたというわけである。オフィスでの最初の会合は数時間続いた(1)。ミルグラムはフロムの映画関係の経歴に興味を持つだけでなく、まずナチスに、そして共産主義に家族が苦しめられたという経歴にも興味を持った。次の学期の一九七〇年の秋に、ハリーは社会心理学の博士課程に入学し、ミルグラムの「都市に住むという経験」を読み、ミルグラムにこれを元にして映画を作ったらどうかと提案をした。

その成果が『都市と自己』という映画で、一九七二年にミルグラムが何とかかき集めたわずかな資金で完成した。このような少ない費用で映画ができた一因は、ハリーの妻であるニッツアが編集作業をしてくれたからでもある。彼女は、コマーシャル専門の映像プロダクションで編集助手として働いていたのだが、その会社の経営者が夕方なら最新の編集設備をただで使ってよいと言ってくれたのである。

映画は、ミルグラムの論文の目で見る副読本とも言えるものとなった。入念に準備された実験と自然のなかで観察された場面の両方が使われ、都市に住んでいる人が体験する、刺激の過負荷のもたらす諸相を示してくれるものだった。ニューヨークの歩道で、ある男性が紙の束を落として、バラバラになった紙を悪戦苦闘しながら拾い集めているのに、誰も立ち止まって手伝ってくれない。ある泥棒が、十四番街にあるディスカウントショップで、店の外においてある箱の中から靴をつかみだして、人目もはばからず堂々と買い物袋に詰め込む。しかし、周りで見ている人は止めようともしない。ある若者が、都市にあるアパートのドアをノックし、近くに住む友人の住所を忘れてしまったので電話を使わせてほしいと頼むと、のぞき穴が開くだけで中に入れてはくれない。

しかしこの映画はまた、都市生活の意外な喜びも描き出している。これは、ミルグラムがニューヨークに対して持っていた愛憎半ばする感情の現れでもある。たとえば街角で、ある演奏家が、鋼製のドラムでバッハの協奏曲を打ち鳴らしていたり、二つのオフィスビルの谷間の小さな公園の入り口のところに、人工の滝があるのを見つけるといったような映像である。

この『都市と自己』は、科学的な価値と教育的価値だけでなく、芸術的な価値をも認められ、ニューヨークの国際映画・テレビフェスティバルで銀メダルを受賞し、近代美術博物館とドンネル・ライブラリーの上演作品に選定された。それ以降も、いろいろな大学が教育目的のために購入し続けたので、商業的にも成功を納めている。[2]

❊　❊　❊

一九七一年九月、ミルグラムはメンタルマップの研究の対象をヨーロッパまで拡張しようと考え、グッゲンハイム助成金に申請した。対象とする都市として、ロンドンかパリを考えていたのだが、その時点ではどちらにするかまだ決めかねていた。[3] ロンドンは便利だが、パリならば子どもたちがフランス語を学べるまたとない機会が得られると考え、その両方を比較した。[4] 一九七二年三月に申請承認の連絡があったときには、驚くまでもないが、最終的にパリが選ばれていた。

ミルグラムは、本格的に都市のメンタルマップを研究したいと考えていた。メンタルマップは、彼が長い間興味を持ち続けてきた異文化の比較と、当時彼が熱中していた人が都市に対してどのような心的イメージを持っているのかに関する研究を結びつけるものだったからである。もっとも、本来であれば次の年、すなわち彼がニューヨーク市立大学に奉職してから七年目の一九七三年から七四年まで待つほうが賢明だった。[5] 七年目の年になれば、サバティカル休暇を申請できたからである。普通、大学のサバティカル休暇は、休暇が半年ならば給与の全額、一年ならば年間の給与の半額が支払われるシステムになっている。その当時、ミルグラムの年収はおよそ三万二千ドル（約四百万円）であった。グッゲンハイム助成金からは一万五千ドル得られる。だから、サバティカル休暇が得られる来年まで待って、その二つを合わせれば、非常に都合のよいことになっていただろう。しかしながら、翌年まで待てない理由もあったのである。

まず第一に、ミルグラムは抜け出したかった。彼は、エール大学で一九六〇年に教え始めてから一度も休むことなく教え続けていた。だが、エール大学でもハーバード大学でも、サバティカル休暇を取る権利を獲得できる資格を得るほどの期間は勤めていなかった。一九七一年から七二年の学年暦が終わるときには、十二年も休みなく教え続けていたことになる。おまけに、一九七二年は特別忙しく疲れる一年だった。いつも通りの授業と委員会の業務のほかにもミルグラムの毎日はたくさんの仕事でいっぱいだった。[6] 地下鉄研究を学生たちと行っていたし、テレビ研究を完了させて、一九七二年の四月十五日までにＣＢＳに提出する報告書を準備しなければならなかった。都市における行動に関する学際的な会議を開催する準備もしなければならなかったし、一月からはハリー・フロムとの『都市と自己』の撮影が始まってもいた。

第二に、大学の仕事から一時的にでも逃れることができるならば、服従研究に関する本を完成させることができそうだった。彼は、一九六三年からその本を書くプランをもっていて、そのためのアイデアは折に触れて書き留めていたのだが、一九六九年の後半になるまでは実際に書き出してはいなかった。

まだハーバード大学にいたとき、ミルグラムはハーパー&ロウ社の編集者であるバージニア・ヒルに会っていた。[7] 彼女は服従研究に関する本を出版したがっていた。[8] しかし、そのころには他に書くべきものがあり、ミルグラムがその服従に関する本を手がける気になったのは一九六九年になってからのことだった。[9] 彼は、ハーパー&ロウ社と一九六九年に契約を交わし、ヒルにサインした契約書を送り返すのと同時に、二章の草稿も同封した[10]（二人は、ミルグラムが一九六七年に『偏見のパターン』というイギリスの無名の雑誌に書いた記事を序章として使うことで合意していた[11]）。十一月五日、彼女は、「二章を読んでみて、三章がますます読みたくなりました。あなたの言葉の使い方はすばらしいですね。この章が劇的でドキドキするようなものになっています」という励ましの手紙を送ってきた。[12]

契約では一九七〇年の九月までに原稿を提出することになっていたが、数カ月経っても、これまで送られたもの以外には何も送られてこなかった。七月二十一日にヒルは、この本について問い合わせる手紙を送った。[13] ハーパー&ロウ社の人たちはみな原稿を待っていて、ミルグラムから返事がないのは、彼がその仕事に必死に取り組んでいる証拠だと思っていた。一九七〇年の八月十三日に、彼は一章分の原稿を送り、すぐもう一章送るといってきた。[14] ヒルはこれでは不満足だったので、すぐに手紙を送って、彼女の側の都合を伝えた。「残りの原稿はどうなっていますか。今私たちは一九七一年用の出版目録を作っています。あなたの本は春の出版予定書のなかでも最大の目玉として期待していたのですが[15]」。とにかく一九七一年中に発行するには、遅くとも一九七一年の一月一日までに原稿を受け取る必要があった。[16]

一九七一年の四月の初めに、ミルグラムはヒルに全部の原稿を送ったが、まだ修正しなくてはならないところがたくさんあるというメモが付いていた。[17] それから何カ月にも渡って、ヒルからのコメントを取り入れて修正を加え、一九七一年九月十七日に最初の八章の原稿を彼女に送った。まだ書かなくてはならない章はあったのだが、彼女の「編集技術が原稿に実りをもたらしてくれることを熱望して」取り急ぎ送った。[18] この時点で、この本に関してやらなければならない仕事の量を考えてみると、本を妥当な期間内に完成させるためには通常の大学の業務から逃れなくては不可能だろうとわかったに違いない。そこで、グッゲンハイム助成金の申請書を書き、十月一日の締め切りに間に合わせるために、九月三十日にパーク・アベニューにあるその団体のオフィスまで直接持って行った。実際のところ、パリでグッゲンハイムのための一年が始まったとき、彼が最初に取り組んだ仕事はパリ市民のメンタルマップではなく、服従に関する本だった。

ここを離れなくてはならない第三の理由は、サーシャと親しい友人には打ち明けていたように、彼は中年期の危機の真っ最中にあったからである。[19] 一九七二年十月十二日にポール・ホランダーに宛てた手紙にこう書いている。「もうすぐ四十歳だ。ピークは過ぎてしまった。これからやってくる晩年にどうやったらうまく対処できるかその綿密な計画を送ってくれ」。[20] サーシャに対しては、この中年期の危機の原因について詳しく語っていないが、彼女はその理由として、彼が人から見ればうらやましいほどの仕事をしてきたにもかかわらず、これまでの人生をまだ物足りないという目で振り返っていて、本当に望んだようには行かなかったと思っていたからだろうと考えている。どんな障害があろうと彼はこれまで成功してきた。しかし、ハーバード大学では終身在職権を得ることができなかったし、名声のある大学にも職を得ることができなかった。そうしたチャンスがこれまで大学院センターの彼のオフィスのドアをノックすることはなかったし、近い将来にそういうことがあるとも思えなかった。

学問の世界に政治が入り込むようになるにつれて、彼はますます不愉快さを感じるようになった。彼は、政治的にはリベラルでベトナム戦争に対しては精力的に反対し、核軍縮を支持していたが、アファーマティブ・アクションに対してははっきりと保守的な姿勢を示していた。一九七一年十月二十六日にレオン・マンに宛てた手紙には「大学院センターにも若干の進歩と変化の兆しがある。でも一番大きな問題は、われわれが大学院のプログラムを進めていく際に、知的な水準をとるか政治的な圧力に屈するのかどうかだね。もうすでに教員を採用するときに人種を配慮しなくてはいけなくなっているし、入学予定の黒人学生に対する入試の基準には例外を作っているしね。このままやりすぎると、大学院のプログラムの質が恐ろしくひどいことになりかねない。そうしたら、私はここを辞めるよ」と書いていた(21)。変化の季節だった。

一九七二年の夏からパリに滞在することになった(22)。サーシャと子どもたちは七月十二日にパリへ旅立ち、レミュザ通りに小さいけれども住み心地のよいアパートを見つけた。中庭に面しているベッドルームが二つ奥にあり、正面のサロンからは下の通りを見下ろすことができた。通りには樹木が三列も植えられていたので、まるで木の家に住んでいるようだった。

ニューヨークを出発する前に片付けなくてはならない仕事がいくつかあったので、スタンレーは家族と一緒に行くことができなかった。彼らが出発した次の朝、サーシャ、ミシェル、マークに「おまえたちがいないアパートはとても寂しいし、本当にみんなが恋しいよ」という手紙を書いている(23)。また二日後の手紙には「このアパートはただ大きく、どの部屋も人気がなく、声が物悲しく響くだけだ――パリでまた一緒になれるのを本当に楽しみにしているよ……。家族みんなで一緒にいるのとこの孤独の違いは大きいね(24)」とある。彼がパリへ旅立ったのは、遅れること一週間、七月十九日だった。

八月のパリは人がいなくなる。スタンレーはこの時期にここにいるのはいつも嫌いだったので、パリ脱出の波に乗り、二週間の間、家族で旅行することにした。フランス領モロッコの地中海クラブの家族向けの宿であった。パリへ戻って、サーシャはアパートから数ブロック先にあるアメリカ人向けの学校のパーシング・ホールへ子どもたちを入学させた。ミシェルは三年生に入り、マークは一年生に初入学であった。子どもたちはフランス人の先生に毎日フランス語を習っていたが、この学校は英語で教える学校だった。学校には制服があり、胸の上のところにエンブレムがついているグリーンのブレザーだった。スタンレーは、ホランダーに「すべてが全く非ユダヤ的だが、いいと思うよ」と書いた(25)。

ミルグラムはパリに戻るのを楽しみにしていた。季節が夏から秋へ移り変わっていくとき、街は特に美しく見えた。しかし、その美しさをもってしても、そして四十二番通りから離れて中休みをしていたとしても、不安感がすぐに無くなったわけではなかった。一九七二年十月三十日に、ホランダーに「いくぶん落ち込んだような」気分だという手紙を書いたが、これが現在の状況に対する存在論的な問いをしているからか、それとも軽いインフルエンザのせいなのかはわからないとも書いていた(26)。また、もうすぐ刊行される予定のアメリカとソビエトの関係に関する彼の本に祝意を表しながら「当然、それは十分に〈デタント〉（緊張緩和）の精神を反映しているわけではないので、君は国外追放だろうね」と付け加えた(27)。彼はホランダーに対して、来年中には自分の本の完成を報告できるとよいと思っていた。そして、実際、数カ月後にそうすることができた。

一九七三年一月十三日、ミルグラムはやらなくてはならないたくさんのことを片付けるためにニューヨークへ舞い戻った。その主な目的の一つは、服従に関する本だった。ヴァージニア・ヒルからは、もし二月一日までに原稿が彼女のところに届けば、本を九月に出版することができると言われていた(28)。原稿が遅れたにもかかわらず、ヒルが辛抱強く待ってくれたことを考えると、何としてもそれに間に合わせなくてはと思っていた。すでに最終の手書き原稿の草案を書き終えていたので、それを渡して、彼女と一緒に仕上げの作業をするためにニューヨークへやってきたのだ。脚注や参考文献リスト、図表、写真などを完成させ、彼女に写真を渡さなければならない。そして本のなかで使うイラストを渡した。それはすぐれたアーティストだった大学院生のジュディス・

ウォーターズが用意してくれたものだった[29]。原稿を確認してみたが、彼自身もヴァージニアも最後の部分がインパクトに欠けるので、書き直す必要があると思っていた。彼女はまたスタンレーに序文を書くよう頼んだ[30]。彼はそれに数日を費やした。一月二十四日、本を印刷する準備ができた。ミルグラムは、「ヴァージニアはポリアンナ（小説の主人公）のように楽天的に振る舞うんだけど、そこが実に素晴らしい。この本のことを絶対的に信頼してくれている」という手紙をサーシャに書いている[31]。

パリでは、服従の本を完成させる以外に、ほかの本の仕事もしていた。彼は、テレビの研究に関する本に数カ月取り組んでおり、それはアカデミックプレス社から出版されることになっていた。ニューヨークに戻ってくるときには、その本は書き終えていたのだが、彼がニューヨークに到着するやいなや、編集者から序文を書き直し、写真を何点か追加してほしいと言われた。その本は、R・ランス・ショットランドとの共著で、『テレビと反社会的行動――フィールド実験』という題名で、一九七三年の夏に出版された[32]。

ニューヨークでやらなくてはならなかったもう一つの仕事は、ハリー・フロムと一緒に、タイム・ライフ・フィルム社を『都市と自己』の配給会社とする契約書にサインすることだった。ミルグラムは映画を作ることに打ち込んでいて、『都市と自己』のおかげで、数年後にはハリー・フロムを監督兼共同制作者として、社会心理学に関する四つの教育映画を作る契約をハーパー&ロー社と結ぶことになる。彼らは、さらに代理人を雇ってその映画をテレビ局に売り込もうとしたが、この努力は実を結ばなかった。

このようにたいそう忙しいスケジュールのなかでも、ほとんど毎日のようにサーシャと子どもたちに愛情のこもった手紙を書き、毎日の生活の様子を伝えていた。離ればなれになっている期間は短いものだったが、スタンレーとサーシャはお互いに寂しく思っていた。たとえば一月二十四日、サーシャとミシェル、そしてマークにこう手紙を書いている。「サーシャがそばにいてくれさえしたらなあ、もちろん、サーシャのキスとかほかのことはもちろんだよ。こちらの生活は生産的で忙しいけど、とっても限られたものだ……。愛と抱擁とキスをみんなに送る。愛を込めて、スタンレー」[33]。同日にサーシャはスタンレーにこう手紙を書いた。「予定通り二月二日までに仕事を終えれば、一週間と少しで帰って来れるわ……あなたに会いたいし、子どもたちもあなたを恋しがっているの……愛とキスを込めて、サーシャ」[34]。

ニューヨークへやってきた主な目的は学問に関わる仕事のためだったので、スタンレーは一人で行ったのだった。このグッゲンハイム助成金を得て行ったフランス滞在期間中には、たくさんの家族旅行をして、いろいろな国へ行ったことを考えると、これは例外的なことだった。家族は一九七二年の感謝祭をロンドンで祝い、翌年の春にはイタリアに一週間旅行した[35]。最も長い旅行は、一九七二年の十二月下旬に華々しい形でイスラエルを訪問したことだった。スタンレーは、ヘブライ大学のコミュニケーション研究所のエリヒュー・カッツに招待されていたのである[36]。カッツはマスコミ研究のパイオニアの一人であった。そこでミルグラムは最近終了したテレビ研究の話を話すように頼まれていた。

ミルグラムは承諾したが、ほかの研究トピックも同様に話したいと付け加えた。二週間の間に六つの講義を行ったが、コミュニケーション研究所だけでなく心理学部からもメンバーが聴衆として参加した[37]。テレビ研究のほかに、服従研究の話や社会心理学における実験法についての講義をしたのである。その間、ミルグラムの家族たちは国中を回っていた。彼らが行ったのは、ハイファ、ネタニア、テルアビブ、ジェリコ、死海などであった。さらに彼らは、サフェドにある芸術家たちの集落やマサダ山の頂上に登ったりもした。イスラエルから帰るとき、ヘブライ大学の学長から終身契約の教授にならないかと誘われた[38]。そのように依頼されたのが嬉しくて、真剣に検討したが、最終的には断っている。

彼がメンタルマップの研究に全力を注げるようになったのは、一月のニューヨーク訪問から帰った後のことだった。一九七三年三月十三日に、ポール・ホランダーに手紙を書いて、これまで二冊の本を書き上げるのに時間を使ってきたが、これからはメンタルマップに取り組むんだと伝えていた[39]。しかしながらこれは楽観的すぎる

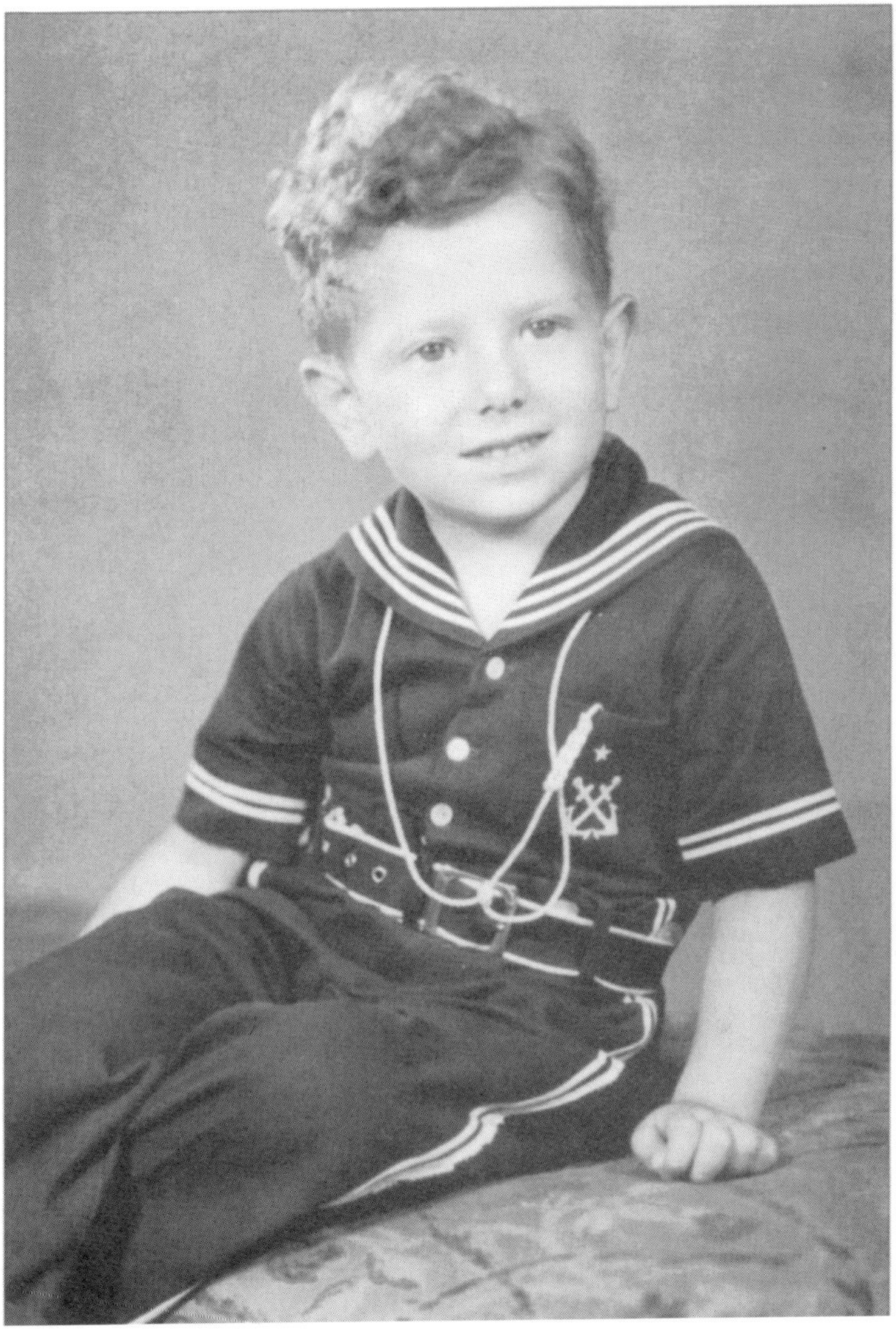

子ども時代のスタンレー（この写真からあと９枚の写真は，アレクサンドラ・ミルグラムの個人蔵）。

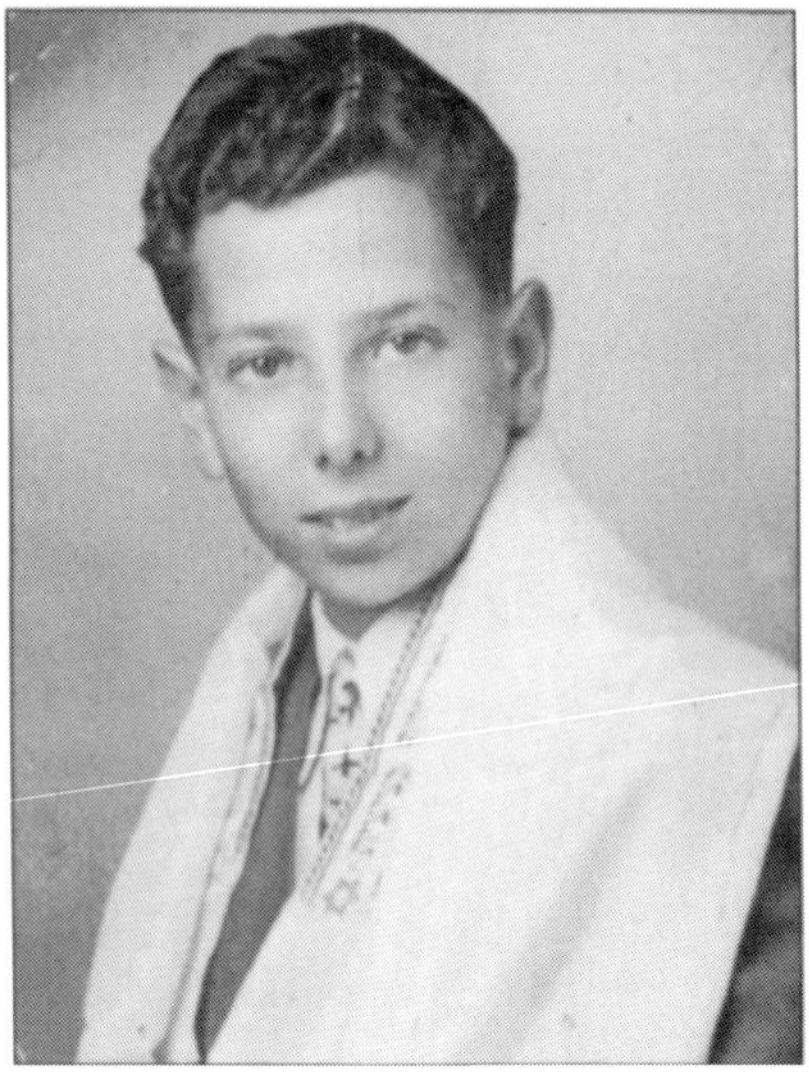

バルミツバの時に撮ったスタンレーの
ポートレート写真，1946 年。

クイーンズカレッジの学生時代。空軍予備役将校訓練部隊（ROTC）の
訓練旅行の際にフロリダで撮ったもの。

スタンレーと両親のアデレとサミュエル。スタンレーがヨーロッパに旅立つ直前に桟橋にて，1953 年 6 月 10 日。

服従実験が行われた実験室の前でスタンレーとサーシャ，1961 年春。

エール大学で行われた服従実験に参加する被験者。

ケンブリッジの自宅でスタンレーとミシェル，1966 年 1 月 15 日。

パリにて，マーク、ミシェル，サーシャ，スタンレー，1973 年。

CUNY の大学院センターのオフィスで。1974 年。

1970 年代後半，学生と実験を行っているところ。

1977 年のくつろいだ雰囲気で撮られた写真。ミルグラムのまわりにあるのは，「服従の心理」のさまざまな版・翻訳版である。

「イはイカロスのイ」を撮影しているスタジオで，アンリ・ヴェルヌイユ（左）とイブ・モンタン（右），スタンレーとサーシャ。パリ，1979年（ヴィンセント・ロッセル撮影）。

ミルグラム（右）の最後の写真。一緒に写っているのは，同僚であり友達でもあったアーウィン・カッツとミルグラムの学生のクリスティナ・テイラーで，彼女が無事に博士論文の口頭試問に合格したことを祝っているところである。1984年12月20日木曜日の午後4時頃に撮影されたもので，ミルグラムはこの数時間後に亡くなった（アーウィン・カッツの許可を得て掲載）。

発言だった。[40]というのは、四月の時点で彼はまだ一人の被験者にもインタビューをしていなかったからである。その理由はといえば、その研究をするための資金が尽きてしまっていたのだ。彼は苦境に陥っていた。

彼は、グッゲンハイム財団に対して研究を行う義務があると感じていた。というのは助成金はその研究のためのものだったのだから。しかし財団からの一万五千ドルの助成金だけでは、その年の彼らの生活費にも不足していた。[41]さらに困ったことには、このころドルの価値が低下しつつあった。グッゲンハイム財団は、この状況を理解してくれて助成金を若干増額してくれた。しかし、その追加金をもってしても不足で、ミルグラムたちは自分たちの貯蓄に手を付けざるを得ないと考えていた。

この問題は友人で仲間の社会心理学者、セルジュ・モスコヴィッチが間に入ってくれて解決した。彼はパリにある政府出資の研究センターである国立高等研究院の責任者だった。モスコヴィッチはルーマニアに生まれフランスに移ってきた移民だった。[42]彼は、一九四一年一月にブカレストで発生したアイロン・クロスという名前の残忍な地元のファシストたちによる何百人ものユダヤ人の大虐殺を逃れていた。その後、一九四四年八月にルーマニアがロシアの軍隊によって解放されるまでの日々を強制労働キャンプで過ごした。そして一九四八年にフランスへやってきて、その後、ソルボンヌ大学で心理学の博士号を取得した。

ミルグラムとモスコヴィッチが初めてエール大学で会ったのは一九六三年六月のことで、モスコヴィッチがプリンストン高等研究所に客員メンバーとして滞在していた一年の期間の終わりのころだった。[43]これが二人の一九八〇年代まで続く同僚としてのつきあいの始まりだった。彼らの間に友情が成立したのは、それぞれの仕事に対して互いに敬意を持っていたことのほかに彼らがともに偶像破壊者だったからである。モスコヴィッチの主な実験的な研究は、同調行動に関するもので、これまでのそのテーマに関する一般的なアプローチとは全く異なっていた。その当時の同調行動に関する研究のほとんどは、非常に限られたもので、集団が個人にどのように影響力を及ぼすかということを中心に調べていたに過ぎないとモスコヴィッチは考えた。彼の研究によれば、ある条件下ではこのプロセスは逆転させることができ、ある一人の人が自分の観点をグループに採用させることができる。[44] モスコヴィッチの考えでは、多数派の力というのは、単にその「数」から来ているに過ぎない。それに対して、少数派は、自分たちの行動のスタイルによって多数派を説得することができるということを示して見せた。それは、少数派が力強くぶれないねばり強さをみせ、一貫した立場を維持するというスタイルである。このプロセスは、ヘンリー・フォンダ主演の『十二人の怒れる男』という魅力的な古典映画にいきいきと描き出されている。フォンダは陪審団のメンバーの一人の役で、父親をナイフで刺し殺した罪で告発されている少年の運命を決しなければならなかった。最初の非公式な投票では、ほとんど議論するまでもなく、ヘンリー・フォンダ演ずる一人を除いてほかのすべての陪審員たちは「有罪」に投票していた。ヘンリー・フォンダが執拗に粘り、説得的な議論をしてほかの陪審員たちの心を次々に変えさせ、最後に全員一致で「無罪」の評決に至るまでの過程をこの映画は描き出している。

一九八〇年代まで、社会心理学は主に北アメリカが中心地で、社会心理学をやっている人のうちの九〇パーセントはアメリカかカナダに住んでいた。モスコヴィッチは最も早くから、北アメリカの社会心理学の本流から受け入れられたヨーロッパの社会心理学者の一人で、少数派が集団に及ぼす影響に関する彼の議論は、アメリカにおける社会心理学の教科書の多くに詳しく載っている。

どちらかというとたまにしか連絡を取らなかったが、ミルグラムとモスコヴィッチはあるレベルのつながりを維持していて、必要なときにはいつでもお互いを助ける関係にいた。自分から動くこともあったし、相手から頼まれてずいぶん努力することもあった。

モスコヴィッチはミルグラムの服従研究はきわめて重要かつ普遍的な価値を持つ研究であると考えていた。とりわけ彼が驚いたのは、それが行われた時期が非常にタイムリーであった点である。モスコヴィッチにはこの研究が、自身が生き延びたナチスの恐怖だけでなく、一年前の一九六二年にフランスから独立したアルジェリアを巡って延々と続いていた血なまぐさい紛争にも関わりがあると思われた。彼はミルグラムに「危険なことに、ナチスが発明した手法がヨーロッパ全体に広まってしまった」と書いている。[45]

これに対してミルグラムは、数年後に服従実験の追試をフランスでもしたくなるかもしれないと返事を書いた。[46] また、ニュー・ヘブンで会ったときに幅広い話題で楽しんだことにも触れ、二人で本になるくらいの長さの社会心理学の評論を書いて、英語とフランス語で同時に出版しよう、そして「特別にスウェーデン語に翻訳したバージョンを作ってスウェーデンのアカデミーに送って、ノーベル賞をもらおう」と提案したのである。[47]

ニューヘブンで初めて会った後、モスコヴィッチはミルグラムが服従研究に関するある論文をフランス語で出版する力になりたいと申し出た。[48] ミルグラムが英語の論文を送れば、モスコヴィッチがそれをフランス語に翻訳するようにしたのである。その年の後半に、ミルグラムは、服従実験のうち大学生を使った予備実験である第一実験のフランス語版の報告書を彼に送った。[49] これはまだ未公刊のものだった。[50] モスコヴィッチは、それを月刊の評論誌である『現代』(Les Temps Moderns) に投稿した。その時点では、ミルグラムはこの雑誌のことを聞いたこともなかったが、もし彼が少しでもこの手の事情に詳しければ、モスコヴィッチがフランスで最も影響力があり、最も広く読まれている雑誌にその論文を発表しようとしたということがわかったはずである。[51] この雑誌を立ち上げ、編集していたのは、ジャン・ポール・サルトルとシモーヌ・ド・ボーヴォアールで、この雑誌には、その時代時代で最も高く評価されている思想家たちによる論文が掲載されていた。もしここに彼の論文が掲載されていれば、ミルグラムはフランスの知識人たちの間で広く知られることになっただろう。しかしながら、雑誌側は彼の実験手法と得られた結果が恐ろしいものだとしてその論文の掲載を拒否した。[52] その後、一九七三年になって、モスコヴィッチはミルグラムがカルマン・レヴィ社と連絡をとるための仲介をしてくれた。[53] 最終的に、同社から服従実験に関する本のフランス語版が出版されたのである。

そのお返しに、ミルグラムは長い間、モスコヴィッチがよりよいキャリアを積むことができるように率先して動いた。一九七三年には、モスコヴィッチの代理として社会的影響に関する彼のエッセイをアメリカ科学の進歩学会の社会心理学部門の賞にエントリーするために投稿した[54]。しかしながら、その賞の字数制限に合わせるためにミルグラムが長さを半分に削ってしまったためもあって最終的にはうまくいかなかった。ミルグラムは一九七六年と一九八二年に、アメリカの出版社に対して、モスコヴィッチの二冊の本を英語に翻訳して出版したらいいのではないかと繰り返し働きかけている[55]。

一九七二年七月ミルグラムがグッゲンハイム財団からの助成金をもらって一年間過ごすためにパリに行く一週間近く前に、モスコヴィッチに宛てて、次の年には、パリのメンタルマップに取り組むことにしていると書き、彼がいる社会心理学研究所でオフィスを提供してもらえるかどうか尋ねていた[56]。モスコヴィッチはすぐにそれを用意したが、もっと重要な援助をしたのは、一九七三年春、ミルグラムが資金不足の危機に陥ったときのことだった。

彼はフランス科学技術研究省の長に手紙を書き、ミルグラムが「都市の空間の心的な表現」に関する研究を行うため、緊急に助成金三万五千フラン（約二百十万円）を出してくれるよう要求した[57]。この金額は一九七三年当時の為替レートで約八千ドルにあたる。この資金は、主として三百人のパリ市民の代表的なサンプルにインタビューする謝礼と、そのデータの収集と分析のために使われることになっていた。モスコヴィッチはその手紙のなかで、研究所のプロジェクト責任者のデニス・ジョデレットがミルグラムの調査を手伝うことになると書いていた。推薦状は、きわめて力強く説得的なもので、研究の科学的な価値とオリジナリティを高く讃え、環境心理学という新しい学問領域の進歩を促す貴重な価値を持っているだろうと書いてあった。ミルグラムを窮状から救い出そうとしてか、モスコヴィッチは夏が終わるころにはその調査報告書ができあがるだろうという、現実的ではない約束までしてしまっていた。

モスコヴィッチの手紙は功を奏し、ミルグラムは要求しただけの金額を受け取り、研究を行うことができた。

そのお金で彼は、面接を行う調査会社を雇うことができた。助成金を得ている期間が残り少なくなってきていることを考えれば、こういった手助けは実験を行う際に必要不可欠だった。

パリ市民のメンタルマップの研究はかつて彼がニューヨークで行ったものを土台としたが、さらに詳細なものだった。[58] ニューヨークでの調査と同じように、被験者の人たちにパリのなかにある四十個の異なったランドマークの写真を見せ、それらが何であるかを答えてもらう「風景サンプリング」法を使った。今回は、住民たちがパリについての心的な表象をとらえてそれを表に出すために、新しい手法をいくつか付け足している。しかしながら、彼の見出した知見を完全に理解できるのは、パリに住んでいる人か、ミルグラムのようにパリの街の隅々まで詳しく知っている人に限られるだろう。パリ市民以外のどれだけの人が、課題として提示された「サン・マルタン門」や「アレジア教会」のようなランドマークをちゃんとわかるだろうか。さらにまた、それぞれのことを認識できたのが六七パーセントと五四パーセントの人だということを知って何か新しい知識を得たと思うのだろうか。しかしながら、パリについての知識の多寡がどうであれ、ここで評価したいのは、ミルグラムがこの課題をする際に取り入れた創意工夫である。たとえば、パリの地図を描くように言われた二百十八人の被験者は、パリの二十個ある管理地域（区 arrondissement）からその人口比に応じて抽出されている。そこで描かれた地図は、旅行者が持っているようなものではなく、それぞれの人がパリに対して持っている個人的なイメージを反映したものとなった。

得られた地図は、次に個別の質的な分析にかけられた。分析は、ミルグラムの「選択、強調、歪みというプロセスを経ることによって、その地図はライフスタイルを投影したものとなり、実験参加者たちの感情的なエネルギーの集中点（カテクシス）を表わすことになる」という仮説がベースになって進められた。[59] たとえば、被験者が描いたある地図（図10-1）は、十一区に住んでいる肉屋の人の手になるものだが、ミルグラムは次のように分析している。[60]

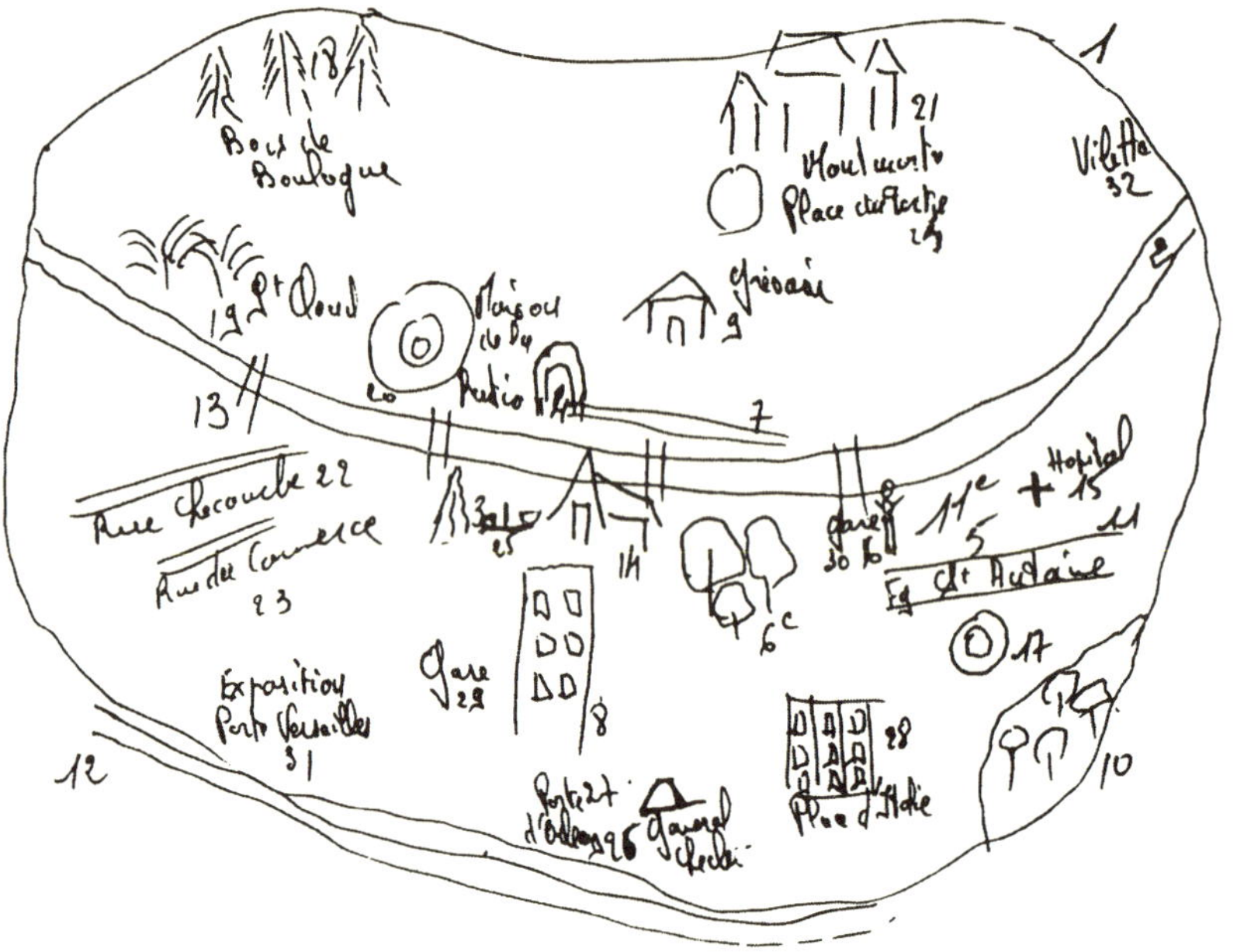

図 10-1　ある人のパリのメンタルマップ

一見すると、この地図は乱雑に見えるが、よくよく調べてみると、生活環境をなす一群の要素があることがわかる。彼は自分の住む大都市区を忘れずに描いている。多くの被験者にとって自分の住んでいるところは見えないものになりがちなのである。そしてパリの主な家畜置き場と屠殺場がある場所であるラ・ヴィエットも無視していない。彼が、食肉調理器具やオートバイやもしかしたら自動車を見に行くためにベルサイユ門にある大きな展示ホールに行くらしいというのは誰でも思いつくだろう。聖アントワーヌの郊外地区は、革命のときの重要な地域であるが、セーヌ川の左岸に描かれている。左岸というのは、政治的に見ても妥当な場所だ。

セーヌ川が逆さに曲がっているように描いているところが、混乱させられるところだ。川に沿ったいろいろなものの配置がどれも現実とは違うように見えてしまう。とはいえ、もしもエトワール広場、ラジオ局、聖クロード門が実際の空間配置からずれているのだとしても、それ

らがそのような順序で描かれるということには何らかの意味があるということになるだろう。(61)

しかしミルグラムは、パリの本当のメンタルマップを知るためには、一人の人の心のなかでパリがどのように異なって描かれているかではなく、パリについての集団によって共有される表象をとらえる必要があると考えていた。多くの人がパリについて持つイメージのなかに共有されている要素にもとづいてパリのメンタルマップを作るために、ミルグラムは、地図の一部の質的な分析から、被験者が描いた地図すべての量的な分析へと方針を変更した。

一人一人の人が作った地図を集合することによって、都市のメンタルマップを作るというのは、被験者が地図を描くときに街のどの部分を先に描くかによって被験者のなかでどの特徴が突出しているかを知ることができるはずだというミルグラムの仮定にもとづくものだった。それで、ミルグラムは、被験者たちが地図に詳細を書き入れるごとに番号をつけるように頼んでいた（たとえば図10-1の肉屋が書いた地図をよく見ると、最初にパリ市域の境界を表わす線を引き、次にセーヌ川を描いている、等々ということがわかる）。被験者の描いた地図のなかに一番最初に描かれたものの数を数えたり、パリのなかのどの部分が最も頻繁に登場したかなどを調べることによって、パリの人たちの心のなかをひとまとめにしてみたときに、何が目立っているかを測定することができた。

最初に描かれたものとして最もよく現れたのは、セーヌ川、ノートルダム寺院、シテ島の順だった。ミルグラムはこの順序はまことによくわかると考えた。これらの要素は、「パリという概念のまさに中心にあるものだ。リュテス（パリの古名）は、シテ島の上で誕生した。ノートルダム寺院は八百年前にそこに建築された。被験者たちがこれらの要素を手描きの地図の上に描く順序は、歴史の順序を繰り返している」(62)。さらに、パリの住民たちの心のなかには、ある共有された表象があるということの証拠は次のような知見からもわかる。ミルグラムの被験者たちが描いた主観的地図のなかには全部で四千百三十二個の場所があった。この数は多いようにみえるが、描かれた地図にはたくさんの共通点があった。これらの地図に描かれた四千百三十二個所のおおよそ半分は、わずか二十六個所を指し示していた。

最後にミルグラムはパリの人たちにたくさんの質問をして、彼らがパリのことをどう知覚しているかを確かめた。その質問の一つに次のようなものがある。「仮にあなたが、これまでに会ったことのない人にパリで会うとします。いつ会うかははっきりわかっていますが、どこで会うかは決まっていません。相手の人もあなたと同じ状況で、どこであなたが待っているかを知らないとします。こういう状況で、あなたがその人と会える確率を最大にするためには、どこで待ったらよいでしょうか(63)」。

この質問に対しては、馬鹿げている、非論理的である、そもそも答えられないとして答えない人もいた。百八十八人の人は答えてくれたが、六つの場所だけで回答の五〇パーセント以上になった。最も多かったのは、エッフェル塔である。ミルグラムにとって見れば、これらの結果が示しているのは、人は自分が住んでいる町について、自分が知っているとは意識していないことも知っているかもしれないということ、そして、その言葉にされないような知識が広く共有されているかもしれないということなのである。

要するに、ミルグラムがニューヨークとパリでこの研究を行った主な目的は、都市というものがその住民の「心のなかにどのように位置付けられているのか」を目に見えるようにすることだった。そのために用いた方法はこの二つの都市では異なっていた。ニューヨークでは、「風景サンプリング法」という客観的な手法を考案した。パリでは、住んでいる人たちがパリに対して持っている心的イメージを目に見えるようにするために使った主要な方法は、地図を描かせることで、それによってパリに対する個人的な見方を語らせようとしたのである。手描きの地図を使ったのは、それが風景サンプリング法に比べて重要な点ですぐれていたからである。というのは、人が持っている都市に対するイメージと実際の都市とを直接比較することができるからである。ミルグラムは、メンタルマップの価値について次のように語っている。

[メンタルマップを使えば]言葉ではうまく表現できない都市の空間的な特徴もうまく取り扱うことができる。さらにその地図から、都市空間がどのように記号化されているか、どのように歪んでいるか、何が選ばれて表現されているかということが、それを描く人にとっても役立つ形のままでわかる。というのは、都市のイメージは単に人の心にとってのおまけではないからである。それは、複雑で非常に多様な環境のなかで生きていくことに必然的にともなうものなのだ……。心の地図は単に個人が作り出すものではない。社会的な要因の影響も受けて作られる。そこで、集合的な表象という意味合いも持つ。ということは、文化によって活性化され広められた信念や知識がシンボルの形で配置されたものなのである。(64)

❊　❊　❊

パリでのこの年は家族全員にとって素晴らしい経験となった。フランスを離れることを考えると非常に悲しかった。ちょうど一九六七年にケンブリッジからニューヨークに初めて引っ越したときのように、サーシャとスタンレーは自分たちが二つの都市を比較していることに気がつく。劣るのは、やはりニューヨークだった。

ミルグラム一家は、八月二十二日にニューヨークへ戻った。ミルグラムはモスコヴィッチに手紙を送って、パリでの地図の研究を実現するうえで欠くことのできない手助けをしてくれたことに感謝した。その手紙のなかで彼はニューヨークの生活に再適応するのに苦労しているとも書いていた。「食べ物を買っては、その値段を思わずフランに換算してしまいます。あと数週間もすればしなくなっていくとは思うんだけど……(65)」。この移り変わりの時期を楽にしてくれたことの一つは、本の出版が差し迫り、ミルグラムはこの本が一体どのように受け止められるかに非常に強い興味を持っていたということだった。彼は、モスコヴィッチに「おそらく、大いに議論の的となるだろう。まあ、全く無視されるよりはいいと思うけどね。しかし、いたるところから拍手喝采で迎えら

れるなんてこともまずないだろう」と書いている。(66)

ハーパー&ロウ社へ修正した原稿を届け、ヴァージニア・ヒルと一緒に細かな部分の仕上げをし、出版社は印刷の準備に取りかかった。だがミルグラムが最終確認のための原稿に目を通したところ、なんと、了解も得ずに原稿が大きく書き直されていたことが判明したのである。(67) ミルグラムは激怒した。彼は、本の一部分を現在形で書いており、それは、体験をより生々しく伝えるためにそうしたのだったが、その部分がみな過去形に書き直されていた。彼は、全体を形作る地の文を現在形で書いたのは、ねらい通りのインパクトを読者に与えるための文体上の工夫だと考えていた。出版社側が行った変更をやり直して、もともとの言い回しに戻すという退屈な仕事をしなければならなかった。

この問題がどうやら解決できそうになってきたときに、もう一つのうんざりするような問題が発生した。出版社が本のカバージャケットのデザインを送ってきたが、ミルグラム一家の方では、全くそれが気に入らなかった。サーシャが思い出すところによれば、その色は「吐き気を催すような緑色」で、表紙を横切るように有刺鉄線が一本恐ろしげに走っていた。スタンレーは出版社側にこの表紙は気に入らないということを伝え、最終的にはシンプルですっきりとしたデザインのものに落ち着いた。これは今でもアメリカ版の本の表紙となっている。黄色と白の文字で書かれた表題が一番上にあり、背景は黒で、著者の名前の下にはオレンジ色の直線が引かれているものである。

こうした問題を修正するのは面倒ではあったが、印刷のスケジュールにはほとんど影響を及ぼさなかった。ゲラが七月に出て、本は一九七四年一月に出版された。(68) 印刷は十一月には始まっていたのだが、クリスマス前の書店の混雑を考えて、ハーパー&ロウ社は実際の出版を一月まで遅らせていた。この本の予告編が『ハーパー』という雑誌の一九七三年十二月号に『服従の危機』というタイトルで掲載された。(69) それは当時、その雑誌のスタッフとして働いていたタイラー・ブランチによって要約され、雑誌の記事となった。(70)

イギリス版は数カ月遅れて五月に出版された。その年中に、フランス語版とドイツ語版、そしてオランダ語版に出版された。最終的に、スペイン語版、スウェーデン語版、イタリア語版、ポルトガル語版、セルビア・クロアチア語版、インドネシア語版、日本語版、デンマーク語版と、八カ国語の翻訳本が追加された。

思えば長い道のりだった。本を書き始めようと思ってから十年経っていた。その間に多くの事が起こり、なかなか筆が進まなかったのだ。

まず第一に、書くことはミルグラムにとってたやすいことではなかった。[71] 研究のためのアイディアを思いつき、適切な実験方法を考えだし、それを実行する。こういうことには、彼は奮い立つのだが、本を書くというのはその範囲外のことだった。とりわけ、過去にやったことを理論的にまとめて書くなどということは、得意なことではなかった。本が遅れたもう一つの理由は彼が家庭を非常に大切にしていたからである。ミルグラム一家の子どものミシェルとマークは服従実験が終わって数年後の間に生まれていた。彼らが大きくなってからも、夕方と週末は家族のために空けられていた。彼は、サーシャと子どもたちといつも美術館や公園に行っていた。そして、毎年の家族旅行ではカリブ海、ニューイングランド、ときどきはヨーロッパへと行った。彼は、仕事に対するのと同じくらいのエネルギーと創造性を子育てに費やしていた。たとえば、マークがあるときサマーキャンプに行ってみると、そこにはもう父親の手紙が届いていたということがある。[72] マークのホームシックを軽減しようとしてそんなことをしたのだった。さらに、スタンレーはときどきフィクションのストーリーを作って、マークとミシェルが活躍するホームムービーを撮ったりした。[73] そのなかでも最も凝った造りのものが「パリの小鳥」である。その映画のなかで、青空市でマークとミシェルは小鳥を買う。しかし、すぐに彼らはその小鳥を逃がしてしまう。それは、小鳥を追い掛けてパリ中を走り回る子どもたちの撮影をするためのミルグラムが設定したことであるのだが。そして彼らはとうとうその小鳥を捕まえるが、かごのなかに閉じ込めてしまうのをかわいそうに思う。最後の場面では、その小鳥を持ってエッフェル塔に登り、それを放すことにする。もっとも、この台本に対する小鳥の演技協力は全く得られなかった。さっさとどこかへ飛んでいってしまったのだ。そこでミルグラムは鳥の代役として、以前買ったおもちゃの鳥に出演してもらうことにした。

さらに、服従実験の本の執筆が遅れた三つ目の要因があった。一九六四年五月十九日、ガードナー・リンゼーとエリオット・アロンソンから一通の手紙を受け取った。彼らは『社会心理学ハンドブック』の編集者で、その第二版の「大衆現象」の章に寄稿するようミルグラムに依頼してきた。

この『社会心理学ハンドブック』は一九五四年に初版が発行された複数の巻からなるものだが、社会心理学の分野における主要な参考書であり続けている。十五年ごとに新しい版が発行され、その各章では社会心理学のさまざまなトピックの最新の動向が紹介される。このハンドブックへの招待原稿を依頼されるということは名誉なことであり、ミルグラムはそれを引き受けることにした。それが非常に難しく、長々と時間がかかる仕事になってしまった。おかげで本に対する注意を脇に逸らすことになった。一九六五年の三月になってようやく編集者たちに章の概要を送ることができたが、(74)書き始めたのは秋になってからである。ハーバードの同僚だったレーン・コンは、スタンレーが書き始めるまでだいぶ苦労していた様子を次のように語っている。「彼は行き詰まっていて、書くことができなかったんだ。だから「で、どうするんだ」と尋ねたところ、彼はオフィスに行ってサイロシビン［キノコからとれる幻覚誘発剤］を飲んだよ。「なあ、スタンレー、それを飲むとどうなるんだい」と聞くと、「そうだな、まあ、浮かんでくることの九〇パーセントはクズだな。でも、一〇パーセントはいいものだ」と答えたよ。彼は想像力を振り絞るために、そういうことをしていたんだね」(75)。最終的にできあがったのは、本にして百ページを越える大作だったが、(76)一九六六年の年末までかかった。最終的に『集合行動――大衆と社会運動』というタイトルになった。一九六五年から六六年にかけてハーバードに客員教授として滞在していたハンス・トッホがその章のほんの一部を書き、共著者に名を連ねた。

このようにハンドブックの一章の執筆はたどたどしいものだったが、編集者の一人のエリオット・アロンソンが優しく督促してくれ、それが助けとなった。たとえば、一九六六年十月十二日付けの手紙で、アロンソンはこう書いている。[77]

親愛なるスタンレーへ

それで？

よろしく

エリオット

執筆にとりかかるまでには苦労したが、できたものにその影響はなかった。この章は、ミルグラムの仕事のなかでも最も学問的な業績であり、大衆行動の理論と研究を統合し分析した見事なものである。ミルグラムがこの章を提出した後、アロンソンが手紙を送ってきて、この章が「ハンドブックの章のなかでも一、二を争うすばらしい原稿です……文字通り原稿の隅々まで楽しんで読みました。大きな変更が必要なんてことは夢にも考えられません」と述べている。[78]

❊　❊　❊

服従実験が終わってから本が出版されるまでに十二年もの遅れがあることを考えると、ミルグラムは、この本が実は十年前に発行されていた本の復刊に過ぎないと間違えて考える人がでてくるんじゃないかと心配した。しかし、それは杞憂だった。この本は、非常によく書かれた解説と実験と実験から生まれた論点に関してさらに充実した記述でできていた。

『服従の心理』には、すでに公表されているもの・初めて公表されるものを含めて、十九の実験条件が比較できるほど詳細に記述されていた。[79] ミルグラムは研究へのさまざまな批判に議論とデータによって立ち向かった。その批判には、被験者が特殊であるとか、実験の騙しを見破っていたので「服従した」とか、実験の結果は実験室内でのみ当てはまるもので現実社会には適用できないとか、研究が非倫理的だ、などのものがあった。最後の倫理性に関する批判に対する反論は、以前に『アメリカン・サイコロジスト』にバウムリンドの論文への反論として書いたもの、[80] そして、ウェールズの詩人で服従実験がきっかけとなって『パブロフの犬』という劇を書いた劇作家であるデニー・アブジの批判的なエッセイへの返事を再利用している。[81][82] この本で特筆されるのは、いろいろな実験条件のなかから十人の被験者の実験過程の詳細が描写されていて、被験者がどういう経験をしていたのかを読者が自分のものとすることができる点であった。

この本のなかで、服従の理論が初めて発表されたがそれは進化論的な考え方と調節と制御の科学であるサイバネティックスの組み合わせにもとづくものだった。

ミルグラムは次のように論じている。敵がまわりにいるような環境では、権威主義的な社会的集団の一員になっていることには大きなメリットがある。服従というのは、そういう社会集団では欠くことができないものなので、進化のプロセスによって、この服従傾向が人の本質の一部になっていったのである。自律的に行動しているときには、人の攻撃的衝動は良心によって抑えつけられている。しかし、組織というものは、そのメンバーの個人個人が善悪を判断して行動していたとしたら、効率的にうまく運営することはできない。そこで、ミルグラムによれば、人が、「組織モード」に入ったときには、個人の内的なコントロールはグループのリーダーに譲り、その人の良心は眠りについてしまう。ミルグラムが「代理状態」と呼ぶこの状態に入り込むことによって、自律的なモードから組織的なモード、すなわち「システム」モードへの動作の変換が行われる。代理状態とは、人がその場を取り仕切っている正統な権威に責任をゆだねてしまうそれまでとは異なる状態のことである。ミルグラムによれば、人がいったん権威の正統性を受け入れたならば、その人は同時にその場面に対する権威による解釈も受け入れるようになる。したがって、その権威がある人を罰する必要があると言えば、その権威の代理状態にある人は、その判定を受け入れることになる。ある場面の意味を権威が再定義することを認めて、責任をその権威に渡してしまえば、人は、普通だったら非難に値すると思うだろうことでもやれるようになってしまう。その人は、もはやその行為が道徳的に受け入れられるかどうかは気にしなくなる。その判断は、その場を仕切っている人に委ねたからである。そのとき、その人が気にするのは、要求された行為が適切に実行できたかどうかである。

ミルグラムはこの代理状態のことを次のように説明している。「主観的観点から言えば、代理状態とは、個人が自分自身を、より高い地位の人による規制に服さねばならない社会的場面におかれていると見なしている状態である。この場合、個人は、自分の行為の責任が自分にあるとは考えなくなり、自分自身を他人の要望を遂行する道具と見なしている」[83]（邦訳『服従の心理』一七九ページより引用）。

この本の一番の弱点は、ミルグラムによる理論構築の部分である。まず、進化論・サイバネティクスによる分析だが、これは彼のこれまでの実験に関する専門誌の論文では全く触れられていない。また、この説明ではさまざまな実験条件で現れる服従の程度の変化を説明できない。服従実験ではさまざまに異なる条件が設定されていたが、その多くがどれも権威主義的な組織構造をもっていた。そうであれば、どの条件でも同じようにその場を支配している人である実験者に、内的なコントロールを譲り渡すはずである。第二に、代理状態という考え方に妥当性があるかどうかは、その考え方がミルグラムの進化論・サイバネティックス説のなかに埋め込まれていることには依存しない。代理状態というのは要するに、自分の行為の責任を投げ捨てて、それを正統的な権威に譲り渡すということで、破壊的な服従が発生するためにはそうした代理状態に入り込むことが必要だという理論は、そのプロセスが進化上の必要から発生したものだと説明したとしても、その妥当性が高まるわけでもない。代理状態という考え方の妥当性は、最終的には実証的な問題である。[84] すなわち、代理状態は、破壊的な服従の必要条件なのかどうかが問題になる。どのようにして、またなぜそのような前提状態が存在するようになるのかについての特殊な理論というのは、せいぜい副次的な意味しか持たない。

この本のなかではじめて報告された実験条件のなかの一つに、被験者がすべて女性というものがあった。[85] 服従率は、性差以外の要因が同じ条件での男性のものと一致しており、六五パーセントだった。[86] 服従の度合いにおいては何の性差も見受けられなかったが、服従した女性は、服従した男性よりも緊張が大きかったということがわかった。被験者たちは、実験の最後に、実験中最も緊張したときの緊張の程度はどれくらいかということを、数値が並んでいる尺度表の上を指さして答えた。ミルグラムによれば、自己評価による緊張感・神経質さの程度の評定は、服従した女性の方が、他のすべての実験条件の男性よりも高かった。

もう一つその本で初めて説明された条件があった。その条件がすべての実験条件のなかで最も高い服従率を示したのである。この条件では、何も知らない被験者は学習者に電気ショックを与える必要はなく、単なるおまけの役割を課せられた。つまり、電気ショックのスイッチを押す作業はもう一人のサクラの被験者にまかされ、本当の被験者は、その行為に関わる副次的な作業だけをさせられた。したがって、その被験者は実験手続きに全体としては関与していたのは確かだが、被害者を罰する行為には直接に関わったわけではなかった。その結果は、四十人中の三十七人（九二・五パーセント）が最後まで実験を遂行した。ここから得られる知見には、若干困惑するような意味が含まれているということをミルグラムは次のように強調している。

ある破壊的な官僚的組織のマネージャーが有能であれば、暴力的な行為に直接関わる役割は最も無感覚で鈍い人物に担当させるだろう。これにより人員（男女とも）のほとんどは、残虐な行為の行われている場から遠いところにいるおかげで、その行為に関して補助的な役割をしていることに対してほとんど緊張を感じずにすむのだ。これらの人たちは二つの意味で責任から免除されている。まず第一に、正統な権威が彼らのやることを全面的に保証している。第二に、彼らは残虐な行為そのものには関わっていないのである。[87]

ミルグラムが一九六一年から六二年にかけて服従実験を行っているときには、それを包括的ななんらかの理論にもとづいて行っていたわけではなかった。「代理状態」という考え方は、後になってから作られた理論である。しかしながら、この一連の実験のなかには、ある特定の問いに答えようとして設定された実験群もある。その例は、すでに述べた四段階の近接条件のシリーズである。この目的は、教師と学習者の物理的な距離・情緒的な距離の違いが服従にどういう影響を及ぼすかを見るところにあった。また、この本で初めて明らかにされた九つの実験条件も、被験者たちが示した破壊的な行動が、実験的な権威に対する服従であって、彼らのなかに隠されていた攻撃性が表に出てきたものではないというミルグラムの考えをサポートする実験データを得るという共通のねらいがあった。

この点は議論の的となった。被験者の行動を服従というよりは攻撃性の一つの表われとしてみる人もいたからである。これは、フロイトに起源をもつ考え方である。フロイトによれば、人は誰でも心の奥底に破壊的な衝動を持っている。この破壊的な傾向はいつでも解放されたがっているのだが、社会がそうした衝動の表出は望ましくないと考えているので、普通は抑制されている。この考え方をミルグラムの実験に適用すると、普通ならば隠されている他者に対する敵対的な衝動が、学習者を「傷つける」という形で自由に表出できる環境を実験室内で彼が作ったのではないかということになる。すなわち、実験者は被験者たちに嫌がることをさせたというよりはむしろ、やりたいようにやることを許したということになる。

攻撃性に関するフロイトの論点は、人間行動のすべてを包括する理論を提供する大きな試みのほんの一部分であった。ミルグラムはそんな大がかりなことは考えていなかった。さらに、彼は、人の精神の「内部」がどうなっているのかには興味を持っていなかった。興味を持っていたのは、「外的な」社会の力が私たちの行動に及ぼす驚くほど強力な効果についてであった。ミルグラムは、攻撃性というものが人間の本質の一部であるということは理解していたが、被験者の行動の第一の決定因ではないと論じている。というのは、実験者の命令という状況的な決定因の方が攻撃性という要因を圧倒していたからである。被験者が学習者にショックを与えたのは、破壊的な衝動を満足させるためではなく、破壊的な権威の命令に従わなければならないと感じていたからである。実験のいくつかのバリエーションから得られたデータは彼の考えを支持していた。

実験の一つのバリエーションでは、被験者は、いつも通り、学習者が単語組み合わせ課題でミスをするたびにショックを与えるように言われた[88]。しかし、一つ間違えるとショックのレベルが一つ上がるのが通常のルールだったが、この実験では、三十あるショックレベルのうちのどれを選んでもよいとされた。ミルグラムの実験で見られたショッキングな振る舞いが、破壊的衝動から生まれているのだとしたら、被験者が学習者に繰り返し高い電圧のショックを与えると言うことが考えられる。どの電圧を選んでもよいのだから。しかし実際には、ほとんどすべての被験者が低いレベルの電気ショックしか与えなかった。平均すると、三十段階のスイッチのうちの三・六番目あたりだった。ミルグラムは次のように結論づけている。「もしも、人のなかで破壊的な衝動が本当に解放されたがっていて、またその人が科学のために高い電圧のショックを使うことが正当化できるとしたら、なぜその人は犠牲者を苦しませないのだろう[89]……。［ほかの条件の場合に］犠牲者に最も高いレベルの電気ショックを与えるようにさせたのは何かということは、自律的に発生した攻撃性では説明できない。そうではなく、命令への服従を通して発生した行動の変容ということで説明するのがよいのではないか[90]」。

ミルグラムの考えを実証的なデータで支持したもう一つの条件は、この一連の実験のなかでも最もうまく設定されていた。[91] この条件でも、最初はほかの標準の実験と同じように進み、エラーするごとに学習者に与えられる電気ショックは次第に強くなる。学習者は七十五ボルトの時点で不平を言い始め、電気ショックがきつくなるにつれて、不平も次第にはげしくなる。被験者が学習者に百五十ボルトの電気ショックを与えた後、これまでの実験条件とは異なる変なことが起こる。ここで実験者が介入し、実験は終わりにしましょう、不満の声もだんだん強くなってきたし、彼の心臓の状態を考えれば、これ以上強いショックを与えるのはよくないですからと言う。すると突然、隣の部屋の学習者から抗議の声があがる。実験を続けてほしいという。友達がこの実験に参加して最後までやったのだから、私も最後までやる。ここで止めたら男としてのプライドが傷つくというのだ。実験者は、再び学習者の健康が心配だというが、学習者もまた実験を続けるように要求する。私はこの実験室に「仕事をしにきた」のだから、最後までやらせてくれといい、教師に向かって手続きを再開するように要求を繰り返す。ここで何も知らない被験者はどうしたらよいかわからなくなる。どちらの言い分に耳を傾けるべきか。ショックを要求する学習者か、それを禁じようとする実験者か。結果としてわかったのは、どの被験者も同じやり方でこの葛藤を解決した。学習者が希望したにもかかわらず、どの被験者も、もうショックは送らなかった。すべての被験者が実験を中止せよという実験者の命令に従ったのだ。

もしも、攻撃性が鍵であるとすれば、被験者は学習者に対してショックを送り続けたはずだ。自分が傷つけられることを承知している人からの許可をも上回るものとはなんだろうか。誰も実験を続けなかったということを考えると、これは、被験者の行動が権威の命令によるものであって、他者に対する敵対的な傾向のせいではないことのはっきりとした証拠であるといえるだろう。

❊　❊　❊

一九六三年に雑誌に報告が公表された最初のときと同じように、この本の出版によって、ミルグラムとその驚くべき研究に大衆の関心が集まった。しかし、今回はもっと大規模だった。本の大部分がロンドンの『サンデー・タイムズ』紙に連載され、また、本は一九七五年の全米図書賞の最終選考にまで残った。BBCテレビはミルグラムとその仕事についての、『水平線』というドキュメンタリーのシリーズものの一つとして「言われたとおりにするんだ」というタイトルの番組を作った。(92) 彼は、『トゥデイ』とか『ドナヒュー』などたくさんのアメリカ国内のテレビのトークショーやニュースに登場した。フランスやイギリスでも同様だった。

科学的な実験に関しての本だったにも関わらず、この本は、専門家たちの読む雑誌からだけでなく、一般向けの新聞や雑誌からも並はずれてたくさんの数の書評を受けた。英語で出版されたものだけでも六十以上の書評がなされた。(93) この本に対する反応は、十年前の最初のマスコミ登場時と同様で、幅のあるものだった。『ロサンゼルス・タイムズ』紙のある書評担当者は「『服従の心理』は、……私の二十年の書評の経験のなかでも最も重要な本の一つであると言える」と書いた。その一方で、ロンドンの『スペクテータ』のライターは、「ミルグラム教授は、この一連の実験結果になんらかの深淵な社会的重要性を見ておられるようだし、書評をされた多くの皆様もそのお言葉に疑いを持っておられないようだ……。しかし、私個人としてみれば、それがそんなに重要だとは思えない」* しかし、とある評論がミルグラムに対して異常ともいえるくらい攻撃的な論調で飛びぬけて目立っていた。それは、一九七四年の一月十三日の『ニューヨーク・タイムズ・ブックレビュー』の巻頭の書評として掲載された。

その書評欄の全体を覆い尽くすかのように、悪夢のようなシュールリアリスティックなアートが電気ショック発生器とともに中央に描かれていて、ここで書評されるこの本が邪悪なものであることを読者に予告しているよ

＊注　書評の一部については付録B参照。書評の内容分析も。

うだった。これは、コロンビア大学の英語の教授であったスティーブン・マーカスが悪意をもって論争を引き起こそうとして、書いたものだった。[94]とはいっても、彼もこの実験が「非常に挑発的なもので、おそらくは重要なものである」ということは認めていた。しかし、人のなかにある最悪のものを取り出すための「自己欺瞞の作品としては上出来とはいえない」と述べていた。彼は、この本が道徳的なトーンで書かれているところや「文法的にバラバラ」なところを批判した。さらに、ミルグラムの理論的な説明の部分にも批判の目を向けたが、それはたしかにその通りだった。理論的な部分が弱いと判断した批評家たちはほかにもいたが、マーカスはきわめて嘲笑的で、ミルグラムの理論を「全体としてまるで駄目」であり、「下手な冗談」であるとまでいい、「中身のない偽善的な思いこみ」だとけなしたのであった。

ミルグラムが「ディック・キャベット・ショウ」に出演したとき、ホストのキャベットがミルグラムにマーカスの批評についてどう思うか尋ねてみた。彼の答えはこうだった。「そうだね、科学的観点からすれば、明らかに彼はこの本の批評をする力がなかったのではないかな。彼は英語教師だからね。もちろん、彼は文法的に直した方がいいところを教えてくれたけど、それくらいのことならどんな英語の先生だってやってくれることだからね。［科学的］論点から見れば、あれはまともな書評とはいえない。あの実験から人が何を学んだか、あれをやることから何を学んだのかを読み取ることができなくて、どちらかといえば些細なことに注意を集中しちゃったんだね」。[95]

ミルグラムと服従実験に対して、徹底して批判的な人たちもいたが、書評の多くは全体として穏和なもので、それは、知的なコミュニティのなかでは、彼がきわめてまともな思索家であると高く評価されていたという事実と符合するものだった。実際、彼は専門家たちからも、それ以外の人たちからも高く評価されていた。

その一例として、服従実験が初めて雑誌に公表されてからちょうど三年後の一九六六年のこと、彼はアメリカ心理学会の年次大会の人格と社会心理部門のプログラム委員長になってほしいと頼まれている。また、一九七二年三月には、社会問題に関する心理学研究学会の評議会委員候補に推薦された。この評議会は、社会問題に対して社会科学の知見を適用するという目的で作られたものである。一九七七年には、権威への服従に関する精神医学シンポジウムに招待講演者として参加した。その会合では、前のホワイトハウスの法律顧問だったジョン・ディーンによる講演もあった。一九七六年から八〇年までの間に、倫理と調査に関する四つの異なる会議に講演者として招待されている。また、一九七八年六月には、エルサレムで開催された心理的なストレスに関する国際会議で「公正な社会における服従の問題について」というタイトルで、重要な招待講演をした。

ハーバード大学が社会心理学部の正教授に誰を指名するかを検討していたとき、学部長であったR・ダンカン・ルースはミルグラムに手紙を書き、候補に上がっているエリオット・アロンソン、エレン・バーシード、レイド・ハスティー、ビブ・ラタネ、そしてリー・ロスといった五人の有名な候補者のそれぞれにどんな長所があるかについての意見を求めている[96]。ミルグラムは、条件付きだが望ましいのはアロンソンだと書いた後、社会心理学の現状、そしてついでに政治的公正さについてのちょっとした皮肉を含む短いコメントで手紙を締めくくっている。

今日「社会心理学」の名のもとで研究をしている多くの人たちは、本来社会的でない個人内の現象を取り扱っている。この傾向のおかげで、社会心理学という領域は、活発にはなったが、形が定まらなくなってしまった。もしも、社会心理学の分野に関して説得的なヴィジョンを展開できる人がいたら、そしてその人が実験や理論にも強ければもっといいんだが、どんなことをしてもその男を（しまった、女と書かないといけないか）捕まえておかなければならない。それがこの分野で差し迫って必要な知性なのだ[97]。

ミルグラムは、社会心理学以外の分野でもさまざまな会議に講演者として招かれた。たとえば次のような会議である。一九七七年五月にニューヨークの法曹団体が主催した「法体系に対する権威に対する服従の意味について」の会議、翌月にはフランスのエビアンで開催されたテロリズムに関する国際的会議、そしてジョーンズタウンで起こった集団自殺（ガイアナ北部ベネズエラ国境近くにあった集落で、一九七八年に米国のカルト指導者に率いられた九百人あまりの信者が自殺した）を受け、一九七九年一月にブネイブルスの反差別同盟によって招集された、カルトと新しい宗教運動に関する学際的な会議、そして一九七九年四月にデニソン大学で開かれた都市の未来に関するシンポジウムなどである。一九八一年六月の卒業式のときに、クイーンズ大学はミルグラムを著名な卒業生として表彰し、一九八三年にはアメリカ学士院に選出された。

テレビへの出演と書評のおかげで名前が広く世間に知られるようになり、彼もちょっとした有名人になった。その結果、あらゆる階層の人びとが取るに足りないものから崇高なものにまで渡るさまざまな手紙を寄こしてきた。たくさんの人から手紙を受け取り、返事を書いたが、その内容も差出人もさまざまだった。ペンシルバニア州インディアナのサイン収集家は、これまでに集めた七千人のリストにミルグラムの名前を付け加えたがっていた。オハイオ州カントンの高校生は、彼の研究にもとづいたスピーチをする助けを求めていた。コラムニストのマックス・ラーナーは、執筆予定の記事のために論文の抜き刷りを要求してきた。フロリダの大学生は、R・D・レイン（英国の精神科医）の書物と服従研究の関連性について尋ねた。そしてロックミュージシャンのピーター・ガブリエルは『服従の心理』を読んで、新曲のテーマを服従にすることに決めていた。彼は器楽曲のテーマを強調するために、ミルグラムの映画『服従』からのサウンドトラックを使う許可と服従実験の写真をアルバムのジャケットの内側に使う許可を得ようとした。彼はミルグラムに対して、実験を非難するつもりはなく、自分は「あなたの実験にカミソリで襲いかかろうとしているパンクロッカー」ではないと語っていた。(98) しかしミルグラムは、科学的な目的のための利用依頼には応じるが、娯楽目的のためのものに応じるつもりはないとして、この依頼は断った。まるで葬送曲のように聞こえる「私たちは言われたとおりに行動する（ミルグラムの被験者番号三十七〕」という曲は、ガブリエルのアルバム『S。』のなかの一曲として一九八六年に発表されたが、そのカバーデザインはガブリエルの思ったとおりのものにはなっていない。

受け取ったたくさんの手紙のなかに、ニューヨークのポート・チェスターの若い母親からのものがあった。そこには変わったお願いが書かれていた(99)。彼らの子どものジェームズはちょうど一歳の誕生日を迎えたところだった。彼が生まれたとき、その生まれた月に発行された新聞や雑誌、そしてたくさんのベストセラーやベストヒットのレコードをプレゼントとしてあげたとのことだった。そして、彼の最初の誕生日には、もっと記憶に残るプレゼントをあげようと考えた。それは、科学分野、芸術分野、文学分野の世界のリーダーのなかから選んだ人の自筆のサインを集めることだった。そこでミルグラムに自筆サイン付きの写真かメモを送ってほしいと頼んだ。ミルグラムは、その赤ちゃんに語りかけるように次の手紙を書いた。

親愛なるジェームズへ

私の本、『服従の心理』の二百八ページで議論されている、子どもの不服従の分析には同意してくれるかい？　君はもうすぐそういったことがわかるだろうね。ご両親にも知らせてあげてくれないか。

それでは、

スタンレー・ミルグラム(100)

一風変わってはいるが、これよりもっと真剣なお願いがニューヨーク北部の精神病院で働く女性の心理学者から寄せられた。明るく身体的には健康な若い男性の患者が、きわめてしつこくひどい感応精神病を兄とともに病んでおり、どのような治療もうまくいかないというのである。彼女によると、この患者はミルグラムによって行われた「衛星で制御された遠隔測定研究」の被験者として催眠術にかけられたと信じ込んでおり、普通の生活に戻れるように、その実験から「解放」されたがっているということだった。担当のセラピストが患者に、ミルグラムから手紙をもらえたら、何らかの役に立つだろうかと尋ねてみたところ、彼はそれはいい考えだと大喜びした。そこで、心理学者は、ミルグラムに対して、この患者がミルグラムの実験には参加していないし、過去においてもその被験者であったことはない旨の手紙を書いてくれるよう依頼してきたというわけなのだ。もちろん、ミルグラムはすぐにそれに応じた。(101)

※　※　※

『都市と自己』をハリー・フロムと共同で作った後から、ミルグラムは映画製作に情熱を傾けるようになっていった。本がようやく完成し、映画に集中することができるようになったのもその一因である。すでに述べたように、『都市と自己』は芸術的成功をおさめたので、ミルグラムとハリー・フロムは、ハーパー&ロウ社と、社会心理学のさまざまなトピックに関する四本の教育映画を作る契約を結ぶことができた。(102)(103)その最初のものが『社会心理学への招待』、そのすぐ後のものが『同調と独立』で、どちらも一九七五年に公開された。前者はシカゴ国際映画祭銀賞を取り、二つともコロンバス映画祭クリス・ブロンズ賞を獲得した。すべて一九七五年のことである。一九七六年には、『人の攻撃性』と『非言語コミュニケーション』を作った。ミルグラムの学生の多くがこれらの映画に出演した。ミルグラム自身は、『同調と独立』『人の攻撃性』に少しだけ出演し、『社会心理学への招待』ではナレーションを担当した。これらの映画のなかで議論されている概念や知見は驚くほど色あせず、今でも大学の授業で活用されている。

この一連のすべての映画に共通することだが、『社会心理学への招待』では、社会心理学の原則と発見のいくつかを伝えるために、日常生活の実際の一場面と、実験室での実験の再演の両方を使っている。たとえば、大学のカフェテリアの行列のなかで、ある人が熱いコーヒーをひっくり返すという場面がある。この例は、帰属過程における「行為者-観察者」の差異を示すためのものである。これは、人が自分自身の行動を説明するときには環境側に原因を求めるのに、他人の行動を説明するときには、その人の個人的な要因に原因を求めるという傾向のことである。この映画では、一人の学生がコーヒーカップをひっくり返すところを見て、ある学生が、あいつはなんて不器用なんだと思う。しかし、すぐその後で、その本人もコーヒーカップをひっくり返してしまうのである。どうしたんだと問われて、その学生は、「コーヒーがすごく熱かったんだよ」と答えるのである。

同様に、攻撃的な行動が模倣の結果生まれるというアルバート・バンデューラの実験を教えるために、「ボボ人形」という膨らまし人形を大人が殴っているところを子どもが見るというドラマを作った。『同調と独立』では、日常の行動と研究の成果が教育のために使われている。たとえば、断煙グループの参加者が会合の後にさまざまな行動を示す場面を描くことによって、社会的影響がいろいろな形で表われることを見せている。この映画は、断煙グループのリーダーがメンバーの人たちに来週まで決して吸わないと約束できますかと挙手させるという断煙セッションの終わりのシーンから始まる。結局、みんな挙手をする。そしてその後、カメラはこのうちの二人のメンバーがビルを出た後を追う。最初は、ある女性がたばこの箱を路上のゴミ箱に投げ込むところが映される。その女性の顔からは、断煙の決意が見て取れる。彼女の行動は、ハーバード・ケルマンが「内面化」と呼んだものの例ともいえる。内面化とは、新しい信念や行為の方が自分の必要や価値感にマッチするので、人が行動を変えるというプロセスのことである。内面化による変化は永続的なもので、他者から監視されていなくても持続する。次に、もう一人の男性の参加者の行動が、より表面的なプロセスである「応諾」の例として示される。応諾とは、その人が集団から監視されているときにのみ当該の行為が持続するものである。この男性はビルから出るやいなや、たばこに火をつけ、断煙の会合の間ずっとたばこを吸えなかった不愉快さを埋め合わせるかのように深く吸い込むのだ。

そして、大学院センターの通りの向こう側の歩道では、ミルグラム自身の実験の一つが再演されていた。[104]これは、集団という存在がどのようにして強力な社会的な磁石になっていくかということを示すためのものである。何人かの人が学校のビルの六階の窓を見上げている。すると通行人がまねして窓を見上げる。そして、それは、刺激となる集団のメンバーの数が多くなるにつれて、まねをする人も増える。この実験は単純なものだが、人の本質や社会的生活とは何かということについての基本的な真実を明らかにしてくれている。それは、複雑な私たちの世界を切り抜けていくために、他者の行動が情報源となっているということである。ここでミルグラムが行った屋外実験の目的は、人がレミングのように盲従して行動するということを示すところにあるのではない。そうではなくて、こうした模倣が合理的なプロセスであり得るということを示すのが目的である。この例では、ある集団が道に立ち止まって上の方を見上げていれば、通行人もそこには何かあるはずだと思うのが当たり前なのである。そして、その集団のメンバー数が多くなればなるほど、さらにそう思うはずなのだ。

映画『非言語コミュニケーション』は、アイ・コンタクトや人と人の間の空間的距離の取り方、声の抑揚、顔の表情、ジェスチャーなどの言葉を使わない言語について、私たちがそれをどう使っているかを描いたものだった。実生活のさまざまな場面で頻繁に起こっている面白い出来事や、脚色された例を使って、非言語的な手がかりが自動的に使われたり意識的に使われたりすることをこの映画は描いている。意識的な利用の例としては、クラクラするようなマンハッタンのミッドタウンを走り抜けるタクシーのなかで、運転手が、お客を道から拾うときに、道ばたでお客の示すジェスチャーがどのように手がかりになっているかをハイテンションで語っている場面が使われている。ミルグラムとフロムがこの映画を作っているとき、思いがけない幸運に恵まれた。たまたま、非言語行動に関する国際会議がトロントで開催されていたのである。フロムは技術者を何人か連れて、その会議に乗り込み、非言語行動の分野での著名な研究者の何人かをその映画のなかに登場させることができた。[105] そのためこの映画のなかには、人類学者のエドワード・ホールがパーソナル・スペースの使い方についての異なる文化間での差異について語っていたり、ロバート・ローゼンタールが男性よりも女性の方が非言語的な手がかりを「読む」ことが得意であると述べていたりするシーンがあるのである。

『人間の攻撃性』では、ブロンクスに実際にいた十代の不良グループの一日を描くことによって、攻撃がそこで果たしている役割について語っている。たとえば次のようなシーンがある。彼らが住宅街の通りを騒ぎながらぶらついているとき、一人がボーリングのボールを見つける。それを拾ってそのまま近くの開いている窓のなかにほうり込む。なかにいる人が怪我をするかもしれないなどということはまるで考えもせずに。フロムがこの不良たちを知ったのは、そのリーダーの一人で警察の協力者でもあった不良からだった。[106] そのリーダーは、フロムを不良たちの会合の場に連れて行った。そこは、もう人が住まなくなったアパートで、前の住民であるユダヤ人が貼ったメズーサーと呼ばれるユダヤ教のお札がドアにある。そこで、メンバーたちは麻薬の煙のたちこめるなかに座り、カップケーキを食べ、女の子の胸を愛撫していた。ちょっと話し合った後で、彼らはビールとお祭り騒ぎをするための金をくれれば映画に出てもいいと合意した。ある夜、フロムは警察から電話を受けた。不良のメンバーたちがビルの屋根の上に登り、映画に出るんだと大騒ぎしているというのだ。そして誰かがコンクリートの塊を投げ、そのせいで女の子が死んだのだった。[107] 警察は、もしもこの映画の撮影を続けるつもりならば、撮影隊に対しての保護を止めることになった。ミルグラムとハリーがこの不良たちとの関係を絶つことに決めたのは、彼らがこの映画のために、ほかの不良グループと喧嘩をしようとして銃とバットを用意していると知ったからだった。フロムはすぐに警察に通報し、喧嘩が起こりそうな場所を伝え、その争いを未然に防いだ。そして、彼は警察に「撮影はもう止める。映画を撮るよりもっと大切なものがある」と伝えたのである。[108]

映画製作を経験したおかげで、ミルグラムは、科学的な手法にはある種の限界があるが、映画を通してならばそれも乗り越えることができると思うようになった。ハリー・フロムは、『都市と自己』に取り組んでいるときに、「スタンレーは、自分が興味をもった話題を取り扱うのに、厳密な実験的手法よりも映画の方が自由にできると感じるようになったようだった。実験的な方法の制約は常々感じていたようだった。曖昧さは、科学的な手法で表現するのは難しいが映画ならばできる」と述べている。(109) 曖昧さは、生活のなかで避けることができない特徴なのだ。ミルグラムは、言葉ではとらえきれず、数字にすればなおさらとらえられないイメージを映像として定着させるという可能性にとりつかれていた。映画で見出されたことを「論文の結論とするのはむずかしいだろうが……。人が科学的な論文のまとめの部分と同程度の経験や情報として見てくれるようにすることはできるはずだ」というのである。

映画作りは、一九七〇年代の中頃までに、ミルグラムの興味と行動の中心になりはじめ、一九七七年の五月には、『傑出した男たち』という伝記本に掲載するためのアンケートに答えて、自分の肩書きを「大学教授・映画製作者」とまで記している。また、彼は、ニューヨーク地域にあるニュースクール・フォア・ソーシャルリサーチ大学やニューヨーク大学などの映画作成の講義を受講しはじめた。(110) 一九七五年の秋に、ジョアン・バークが主催した映画編集ワークショップに参加した。彼女は長編映画の編集者で、『盗聴作戦』や、『ギミー・シェルター』(ローリング・ストーンズのオルタモントでのコンサートの模様を収録したドキュメンタリー。コンサートの最中に観客の一人が刺殺された)を作っている。

ミルグラムはまた映画監督の技術も熱心に学んだ。米国映画協会の独立系映画製作者支援プログラムに、ある映画のプロジェクトを援助してもらうための助成金申請書を提出した。(111) 映画を作る過程で得られた監督の経験がそのきっかけの一つになったと思われる。

一九七六年の春の初め、ニューヨーク市立大学の社会-人格プログラムで映画に関連したコースを創設し、それを開始した。そのなかには、映画撮影と映画の心理学、映画による都市心理学、社会科学における研究道具としての映画とビデオなどが含まれていた。

映画というメディアのおかげで、ミルグラムは科学的な社会心理学の境界を抜け出すことができたが、だからといって現場に価値があるという信念が揺らいだわけではない。それは一九七七年に書かれた次の文章からもはっきりと読みとれる。「社会心理学はさまざまなタイプの社会的な経験を実験的な形で再構成できる力を持っており、曖昧な社会的な力の機能をはっきりと目に見えるようにして、それを原因と結果という言葉で検討できるようにすることができる。だからこそ社会心理学の主張は創造的である」[112]。

もちろん、自分自身が社会心理学者であるという意識も揺らぐことは無かった。ニューヨーク市立大学に赴任してからずっと、その中核となる社会心理学の授業は続けていた。子どものころの友人で、その後長らく会っていなかったバーナード・フライドに宛てた一九八三年五月七日付けの手紙で、彼は自分のアイデンティティが社会心理学にあるということを述べている[113]。フライドは、ラファイエット大学の生物学の教授をしていたが、今は引退している。


私は、一九六七年からずっと市立大学の大学院センターで社会心理学を教えている。これが私のしていることであり、君がやっていることとそんなには違わない。もっとも、私の方が、空想とか馬鹿話が多く混ざっているみたいだけどね。でも、根本のところで言えば、私は科学に対する深い興味をずっと持ちつづけているし、われわれが少年だったころからの気質でもある物を理解したいという好奇心や欲求を失ったつもりはないんだ……。私はこれまで、いくらかなりとも成功して、かなり論議の的ともなったけど、そのほとんどの場合に、建設的でしっかりしたやり方で、創造的で科学的なやり方を融合してやってきたつもりだよ。

＊　＊　＊

ハリー・フロムと社会心理学の映画を共同制作しているのとほぼ同じころに、それとは違う映画のアイディアがジョージ・ベラックのなかで具体化していた。彼は熟達したテレビドラマ作家で、『防御者たち』や『アンタッチャブル』といった数多くのテレビのシリーズ番組を書いていたのである。ベラックは、服従研究についての本を読むや否や、すぐに魅了された。彼は第二次世界大戦時には軍隊の諜報部におり、この実験に思うところがあった。彼によると、「私は、人はなぜあれほど他者に残酷になれるのかという疑問や、あのドイツの状況、それからユダヤ人の問題など、そうしたことすべてにスタンレーと同じくらいとりつかれていたのだ」ということであった。[114]そこで、服従実験に関わった人びとやそれに関わる出来事などを含めて実験をドラマ化しようと決心した。最終的にはこれは、『十番目のレベル』という題名のテレビ用の映画ということになり、ミルグラムを思わせる科学者の役でウィリアム・シャトナーが主演した。

この映画に対する反応は、以前の服従実験そのものに対して起こった騒ぎといろいろな点で似ていた。ベラックは、話のあらすじを書いて、四、五年の間に何回か売り込みを図ったのだが、誰も興味を示さなかった。最も厳しい反応はＡＢＣテレビの社長からのもので、魅力的ではあるが、「そこに神がいない」ので手を出さない、というのである。ベラックはこのコメントを聞いて、この社長は、人がそもそもそんなことをできるようには作られていないと信じているのだろうと考えた。そして神は人がそんな残虐な振る舞いをすることを許さないだろうし、もしも神が許すのだとしたら、こんな情報は広めるべきではないというのだろう。

結局、ベラックはＣＢＳに何とかその映画の上映に興味を持ってもらい、三十万ドルでゴールデンタイムの『劇場九〇』の枠で放送されることになった。[115]一九七五年のクリスマスの時期に放送予定だったのだが、実際に放送されたのは一九七六年八月二十六日だった。広告のスポンサーになってくれる企業を見つけるのに時間がかかったからである。ゼロックス、ＩＢＭやＡＴ＆Ｔのような一流のスポンサーは、「そんな厄介ごとのそばには近寄ろうともしなかった」とバラックは思い出して語っている。[116] 一方では、シャトナーはこの映画に非常に強く入れ込んでいて、放映させようと努力していたので、離婚した妻と暮らしていた子どもたちとクリスマスを一緒に過ごすことをあきらめたほどだった。[117]

ＣＢＳはミルグラムに五千ドルを払ってコンサルタントになってもらったが、[118] 結局、特にアイデアもほとんどなく、非常に悩むことになった。[119] ミルグラムには、『十番目のレベル』は面白くなく、「服従実験をもとにしたまともなドラマではあるが、月並みな映像のごった煮のなかで訳がわからなくなっている」ようだと思えた。[120] 実際、その映画は欠陥だらけだった。おそらく、ドラマ的な要素を高めるために、後から付け加えられたフィクション部分があまりにも多すぎたのだ。

しかし、その映画にはその映画なりの力強さがあった。被害者にどれくらいショックを与えると思っていたかという事前の予想と実際に被験者が送ったショックの強さの食い違いや、被験者たちの苦悶と混乱、そして被験者の苦しみを見てミルグラムは実験を止めることもできたのに止めなかったということなどを効果的に描写していた。アメリカ心理学財団は、この映画に価値があるとして、一九七七年の全米メディア賞で「心理学に対する人びとの知識と理解を増進させたこと」に対して、ジョージ・ベラックの名誉を讃えた。[121] 映画には欠点もあったが、ミルグラムは服従研究についての知識が普及する手助けになったことを嬉しく思ったので、失望ばかりというわけでもなかったのである。彼は、こうしたことは、全国民をテレビの前に集めるために支払うべき代償であるとしてそれを受け入れ、実際、注目されることができたので嬉しかった。[122]

一九七七年には、アジソン・ウェスレイ社が、その時点までのミルグラムの著作物のほとんどを含む『社会的世界における個人——エッセイと実験』というタイトルの論文集を出版した。論文集の出版は一般的には儲からないため、ミルグラムは出版社を見つけるのに苦労したが、服従実験以外にも自分がやってきたことがたくさんあることを読者に知らせるための論文集が欲しかったのである。誰かが自分の目の前で、服従実験のことを指して「あのミルグラム実験」というと、彼はいつでも「私が行った実験のなかのどれのことだね」とやりこめることが多かった。あるとき、彼は弟のジョエルに、まるで自分が『ガンスモーク』だけで記憶されてほかの役をしたことは忘れられている俳優、ジェームス・アーネスみたいだと言ったことがある。[123]

『社会的世界における個人』のなかでは、それぞれの論文は、「都市における個人」とか「個人と権威」のように、セクションごとに分かれて掲載されていた。それぞれのセクションでは、ミルグラムがその研究の歴史的な背景と、それらがその項目の主なテーマにどれだけ上手く結びついているかを説明する序文を書いていた。この序文は、たとえば、一九六〇年代の自分の覚え書きを引用して、傍観者の介入の実験をそのころ計画していて、それがキティ・ジェノヴェーゼの事件を〈予告〉していたなどというように、ときとして自己正当化するようなところもあるが、概して非常に役に立つものである。

キャリアの途中にあるにもかかわらず、こういった傑作集を出版したというのは、奇妙なことではあるが予言的だったともいえるだろう。創造的なアイディアの流れはまだ残っていたし、それは今後もずっと続きそうであったが、正直なところ、二つの例外を除いて、ミルグラムはこれ以降、革新的で経験的な新しい研究の報告をしていない。しかしその二つの例外はそれ自体は、興味深いものである。まず一つは、はっきりとした規範の侵害である行列への割り込みに関するものである。もう一つは、「シラノイド」に関する研究で、これは他者の印象をどのように形成するかという、社会心理学における古典的なトピックに対して、全くの新しい手法を提案するものだった。

第11章 苛立ち、シラノイド、そして晩年

一九六七年に初めて大学院センターにやってきたとき、ミルグラムは五年以上そこにいるつもりはなかった。[1]しかしニューヨーク市立大学は思っていたよりずっと刺激的な場であることがわかり、結局、そこで残りの人生を過ごすことになった。大学の所在地が世界の大都市の一つであったので、都市生活の心理学に対して芽生えた興味を追究するための理想的な場所となり、そして、その後、ニューヨーク市民のメンタル・マップを研究することにまで展開していった。一九六七年から七一年にかけては社会–性格プログラムの長だったので、カリキュラムのなかに都市という観点を強調して組み込める立場にあった。一九六五年に記録映画『服従』を作成して以来眠っていた映画製作に対する興味とその才能が、ハリー・フロムの助けを得て再び目覚めたのもニューヨーク市立大学でだった。

驚くべきことに、またそれは非常に嬉しいことでもあったのだが、一九七〇年代の半ばまでには、経済的な面では、ミルグラムは非常にうまくやっていた。ニューヨーク市立大学の教授の給与はアメリカのなかでもトップクラスだったし、著書や映画の印税も十分にあった。また、『服従の心理』を出版してからは、講演を一回するだけで経費を除いて正味千ドルから二千ドル（三十六万円から七十二万円位）得られるようになっていた。[2]彼は

あるとき、ハリー・フロムに前年の年収が八万ドル（約二千八百八十万円位）だったと打ち明けたことがある。「それは彼にとってもびっくりするような額だったし、私もびっくりした」とフロムは述べている。[3] スタンレーの弟のジョエルによれば、「金銭的にピークのころには、スタンレーはとても、とても満足していました……。彼にとってはたいそう誇らしいことでしたし、私は畏敬の念をいだいていました。というのは、大学教授になるというのは、貧乏というほどではないもののつつましいもの、という伝統的な考えがありましたからね」。[4] たくさんお金をもらえる講演の大部分は服従研究に関するものだった。ミルグラムは生涯を通しておよそ百四十回の講演や談話会を行ったが、そのうち三分の一以上は直接・間接的に服従実験の話題を取り上げたものだったのである。一九八四年になっても、彼はまだ服従研究に関する講演を行っていたが、このときには実験が終わって二十二年も経っていたのである。

この実験は彼のキャリアの上では、いい面も悪い面もあった。[5] ある意味では、もう彼は、この実験は過去の物にしたかったのである。一九七六年、子ども時代の友達に宛てて、「服従実験を始めたのは一九六〇年というはるか昔のことで、これから離れることができれば良かったんだが……でも、仕事というのはこういうもので、何かやってもそれが前やったことを少し大きくするだけという、のろのろした動きしかできないもんだね」と書いている。[6] その一方では、このおかげで彼は有名になり、収入もかなり増えたのであったが。

同時に、ミルグラムが終身在職権を持っていたニューヨーク市立大学時代も困難と欲求不満の多いものとなってしまった。大学院センターの財政はニューヨーク全体と同じく良くなったり悪くなったりしていた。大学の将来性に対して不確実な影が落ちていたときもあったのである。一九七六年の春には、財政的な危機を切り抜けるために、大学の管理部門は、教授たちの給与をカットした。ミルグラムは、ホランダーにこれについて「婉曲な言い方で〈一時休暇〉と名付けられた十二分の一の給与カットをまさに楽しもうとしているようだよ（一時休暇のイメージといえば、金網で閉ざされた軍隊の基地から喜び勇んで若い兵隊たちが、すぐ近くの売春宿に先を

争って向かっているというところだね)」と書いている。(7)

一九六〇年後半から七〇年代前半の間、アメリカの大学のキャンパスの多くで目立ったのは、学生の異議申し立てと戦闘的な黒人たちの動きだった。極端な形では、こうした運動は、大学の管理部門と一触即発の状態になったり、キャンパスの建物を占拠したり、授業を妨害したり、大学の施設を破壊するということにまでなった。コロンビア大学を始めとしてニューヨークの大学のいくつかはこうした運動の中心となっていたが、大学院センターは、それが大学院だけからなっていたこともあって、あまりこうした騒動の影響は受けなかった。

間違ったことを正そうとして学生たちが異議を唱えるということ自体にはミルグラムは反対してはいなかった。一九五〇年代にクイーンズ大学で、自分だけでなく多くの学生が大好きだった先生たちが、ジョセフ・マッカーシーが委員長を務めていた上院内部安全小委員会で共産党員であるかどうかを宣誓することを拒否して解雇されていったときに、何も言わずにただ傍観していたことを後悔する気持ちがあったのだ。(8) 核武装解除やベトナム戦争反対といった目的のために学生たちが抗議するのには賛成していたが、そのやり方があまりに極端なので、非常に当惑していた。ホランダーに宛てた手紙でこう書いている。「破壊的な青春の気紛れを実行に移そうとしているのはいいのだが、その相手として、手向かってきそうもない組織を対象にするというのは非難に値するね……どこかで関心と無関心の適切なバランスを取らなくてはならないし、何かを変化させる効果が全くない素人っぽい抗議と、すべてを破壊してしまう非合法的な行動の間にも境界線が必要だよ」。

大学院センターは学生の抗議の対象にはなっていなかったが、だからといって全く影響がなかったわけではない。アメリカ中の多くの学校で起こったように、ますます数多くの学生たちが今や社会との関わりを求めていた。彼らの知的、学問的関心が同時代の社会になんらかのリアルなインパクトを及ぼすことを求めていたのである。しかし、その社会との関わりをスタンレーが学生たちに与えることはなかった。(9) 彼にとって見れば、純粋な科学的研究は、それ自体が追求する価値のあるものだったのである。それが彼自身の興味しか満たさないものであったとしても。そこで彼は革新的な研究を続けたが、写真家と被写体の関係、[10]『びっくりカメラ』というテレビ番組のなかに見出される社会心理学的な知恵、たとえば歩道の右側を歩く人はどんな規範意識を持っているのだろうかということや、見知らぬ人に対して手を差し出したときにその人は握手をしてくれるだろうかというものもそのうちの一つである。[11]社会との関わりを求めている学生にとっては、彼の研究は「きわめてプチブル的に見えた」とハリー・フロムは言っている。[12]ミルグラムはそうした学生からは人気がなかった。

しかし間違いなくニューヨーク市立大学でのミルグラムの最も大きな苛立ちの一つは、研究のための外部資金を得るのに何度も苦労したことである。研究者にとってみれば、補助金を上手く獲得できるのは重要なことである。まず、当然ながら補助金があるからこそ研究を計画通りに行うことができる。二番目に、補助金を貰うことによって科学的な自尊心が育っていくのである。というのは、補助金申請は科学者の同僚が査定するため、申請が認められたということは申請者の研究の価値が認められたことを意味するからである。これは、研究者の仲間が査読をする論文誌に論文が受理されるようなものである。第三に、補助金はそれを貰う人のその所属する学校における価値を文字通り高める効果がある。補助金がもたらすお金には二つの要素がある。その金額の大部分は「直接費」である。研究者、すなわち「主要調査者」のためのもので、その夏の間の給与とか他のスタッフの給与となったり被験者や備品の支払いにあてられる。補助金の第二の部分は「間接費」ないしは、諸経費（オーバーヘッド）と呼ばれるものである。このお金は、第一研究者が所属している大学にいくもので、管理費として、またその研究を進める上の支援にかかる費用にあてられる。実際には、大学はそのお金を学長が自由に使うことができる。したがって、補助金は名誉だけでなくお金をもたらすのである。

一九七七年三月二十九日、ミルグラムは非常に高額の補助金を求める申請書を全米科学財団（ＮＳＦ）に提出した。[13]一九七五～七六年度に内部の大学院センターから小規模の地図研究をするために、一万ドルを与えられてはいたのだが、この申請書が承認されれば、これが一九七〇年初期以来、外部から助成金を受けるのは初めてということになる。彼は、フランス政府から一九七三年にパリの地図の研究をするための資金を受けていた。また、テレビの研究をするために一九六九年にCBSから二十六万ドル（約九千三百万円位）を受けていた。彼は、もう一度助成金を獲得するゲームに戻りたいと考えていた。

NSFへの補助金申請は、社会における倫理と価値の部門のプログラムに提出されたもので、心理学、社会学、そして生物学的研究それぞれに関する倫理問題を扱う三つの教育的映画の制作を支援するためのものだった。ミルグラムの申し立てた目的は「倫理の原理を学生たちと実践者たちにいきいきとして面白く、そしてまた役に立つような形で伝える」教育的映画を制作するということだったのである。

ここには間違いなく述べられていない目的もあった。つまりこの補助金があれば最近見つけた映画製作への欲求が満たされるということである。特に、それは監督としての技術を磨くための機会を与えてくれることになりそうだった。これまでは、そんな機会はなかったのである。というのは、ハリー・フロムと一緒に制作したすべての映画はフロムが監督していたからである。

また映画は、服従研究に対する容赦のない倫理的批判によってずたずたに傷つけられた自尊心を癒やす手助けにもなりそうだった。ニューヨーク市立大学で一九七〇年代にミルグラムの近くにいた学生たちは、彼が一九五七年の春にハーバードで統計学を落としたことに傷ついている様子であったのにあっけにとられたものである。[14]大学・大学院を通じてただ一度単位を落としただけでもこの有様である。ましてやハーバード大学で終身在職権を得られなかったことが彼にとって相当な痛手になっていたのは間違いなかった。

服従研究に対する絶え間のない攻撃はミルグラムを苛立たせた。その批判の内容のせいではなかった。この問題に意見の相違があるのは当然だと思っていたからである。しかし、これは、彼がある意味で失敗してしまったということも意味していたのである。彼は、自分が「ごく普通の人は破壊的な命令にどこまで従うのか」という真っ当な問いを提出して、被験者に対する予め安全策を準備した上で実験を行って、驚くべき結果を示すことができたと思っていた。しかし、実験手法の正当性に対してこれほどまでしつこい批判がくるということは、彼が実験に費やした努力が完全にうまくいったわけではないということになる。この状況を改善するために、映画を作って倫理問題に決着をつけようとしていたのである。そのために、映画では、彼の実験と、非常に非倫理的で厳しい批判に価すると考えられてきた他の実験を並べてみせようとしていたのである。そうすることによって、自分の研究が良く見えるだろうと思っていた。

申請は、二年半で三つの映画を制作するために二十六万三千九百九十四ドルを要求するものだった。このうち、二十二万二千八百十ドルが「直接費」で、四万一千八百八十四ドルが「間接費」すなわち大学に支払われる諸経費であった。

この提案は、先だって提出した二つの小規模な映画の企画書をふくらませたもので、心理学における倫理問題のみに焦点を合わせたものだった。彼は、一つをアメリカ映画組織独立映画製作プログラムが一九七五年九月十二日に開催する年次コンテストにすでに送っていた。四十三人の入賞者のなかには入れなかったが、最終選考まで残ることができた(15)。これはその年に千四十七件の補助金申請があったことを考えれば立派なことだと言える。

さらに、彼はハリー・フロムとともに最近四つの社会心理学映画を製作したハーパー&ロウメディア社に映画の企画案を提案した(16)。会社は前作に満足していたので、はじめのうちは映画の続編を製作することに興味を示していたのだが、結局それが実現されることはなかった。

新しい映画の舞台は、いずれも、三つの事例を審査するための倫理審査委員会の会合という設定になっていた。委員長が会合を開催するにあたり、「目的はいくつもの事例を審査して、背景となる倫理的な問題を明らかにし、当該の実験を実施していいかどうかを投票で決めることであり、また実施するとした場合どのような修正が必要か」を検討するのだと、メンバーに対して演説する。そして、まず最初の事例の説明を始めるが、彼の語りはそのままその実験のいきいきとした再現ドラマに変わっていくのである。

全米科学財団への提案において、ミルグラムは三つの映画でどの事例を扱うかは明確には記してはいない。しかし、米国映画協会とハーパー&ロウ社に先に提出した提案と手書きのアウトラインを手がかりにすれば、心理学の映画の題材として何を選んでいたかを推測することができる。一つはもちろん服従研究である。他の二つは、被験者に予期せぬ恐ろしい試練を与えたことで倫理的な問題をたくさん含んでいる実験だった。

実験の一つは一九六一年に行われたもので、陸軍に入ったばかりの新兵の集団がDC-6号機に乗っていると、着陸装置が不調のため強行着陸しなければならないと言われる。[17] 下の滑走路を見ると救急車と消防車が急行している。その間、搭乗していた士官は、すぐに新兵に近親者に宛てた最後の連絡を書く用紙を配る。そして地面に激突するので頭を膝の間に入れた体勢を保ったままで備えろと命じられる。飛行機が無事着陸すると、救急隊が怯えきった新兵から検尿するのである。これはストレスに体がどのように反応するかを研究するために作られた緊急事態だったのである。

二番目の事例と思われるものは、一九六四年にカナダ人の研究者たちによって報告された実験室実験である。被験者たちは男性のアルコール中毒者たちで、この実験がアルコール中毒の治療に結びつくかもしれないと言われて志願してきていた[18]（実際にはそれは偽りであった）。実験手順の間、彼らは予期せぬ形で薬、つまりスコリーン（筋肉弛緩剤）を注射され、それによって呼吸が止まってしまう。被験者たちの呼吸が麻痺していた時間は九十秒から百三十秒におよぶものであった。その後、すべての被験者たちは自分たちは死にかけていると思ったと述べている。ある被験者は戦時中の体験とそれを比較した。第二次世界大戦中、彼は爆撃機に乗っていて、後方に位置する砲を担当していた。あるドイツの町を襲撃している間、レーダーにさらされながら五千ヤード（五キロメートル弱）もの間、ドイツの都市の真上をまっすぐに飛んでいたのである。これと比較しても彼は、この息が止まる経験の方がトラウマになると思った。

この問題を確実に客観的で偏りがないように取り上げるために、ミルグラムは社会・倫理・生活科学研究所の所長だった倫理学者のダニエル・キャラハンに顧問になってもらうよう依頼した。(19) キャラハンはすぐに同意してくれ、研究倫理に関する良い映画が不足していることを考えると、このプロジェクトは非常に素晴らしいと言ってくれた。倫理委員会そのものは「倫理問題に寄せる関心と思いの深さで知られている」心理学者からなりたっており、研究倫理にもさまざまな視点があることをうかがわせる。メンバーには、たとえば、ハーバート・ケルマン、ローレンス・コールバーグ、スタンレー・シャクターだけでなく、哲学者のロバート・ノズィックと社会学者のオーヴァル・ブリムのような心理学者以外の人も数人いた。

それぞれの実験の様子をドラマ化した後、倫理委員会のメンバーの間で討論が起こる。この時点で、この映画の観客は描写された事例を倫理的に受け入れることができるかどうかを投票するようにいわれる。映画では、この倫理委員会のメンバーによる投票が次に行われる。映画の他の部分とは異なり、この倫理委員会での議論はリハーサルなしの自発的なもので、それぞれのメンバーの視点がそのまま現れたものであると言えるだろう。ミルグラムは、この映画がうまくできあがるかどうかは、審査委員会のメンバーの意見がどれだけよいものになるかによるだろうと思っていたが、また、その議論の様子をダイナミックに編集することによって強めることも出来るだろうとも考えていた。

この提案には評価に関わる要素も含まれていた。ミルグラムは、観客の態度や知識がこの映画を見た後で変わるかどうかを調べることによって、映画の有効性を調べようと計画していた。そして、映画は、その評価結果に基づいて修正することになっていた。

映画は、ナレーターが次のような結びのコメントをして終わることになっていた。

心理学実験は、ますます強力なものになっていき、心理学の問題はそう遠くないうちに、医学の問題と同じように深刻なものになっていくかもしれない。だから、心理学者が倫理の問題に注目するようになるのはよいことだろう。心理学者がこの問題をよく理解しないでいると、他の人が間違いなくこの分野に入り込んできて、人を対象としたすべての実験が法律で禁止される新たな暗黒時代が到来するようになるかもしれないのだ。

人の権利に価値を置くのと同様に科学的研究に価値を置く社会であるならば、そうした研究を奨励する風潮を作り上げていかなければいけない。しかし、私たちには、科学の道具を用いて人の本質を探索し、確かめたいという衝動があるのだから、私たちの社会が文明と呼ばれるものに値するのならば、それにふさわしい倫理的なバランスを見つけることが必要だろう。(20)

提案は、外部の審査委員たちにも送られたが、そのなかには、心理学者だけでなく教育映画や記録映画の制作者たちも含まれていた。多くの審査委員たちはミルグラムの提案によい評価をつけたが、何人かは限定付きだった。映画製作と科学的研究という二つのことをしている彼のユニークさは広く認識されていたのである。審査委員の内の何人かは、全米科学財団が財政的なサポートをするのは心理学の映画だけでいいと書いていた。というのは、ミルグラムには社会学、もしくは生物医学の研究の経験がなかったからである。

外部の審査委員たちが全額あるいは一部の補助金の提案を承認するよう推薦したにもかかわらず、最終的には提案は却下されてしまった。その主な理由は、ミルグラムの要求額がその年の予算の全体のなかでかなりの部分を占めるほどのものであったからである。そこで、一九七九年の六月には計画を縮小した申請書を提出した。(21)この申請書では、三つの映画ではなく、心理学における倫理問題という映画一つだけへの補助金を要請していた。その結果、直接費は約九万七千ドルにまで下がっていた。さらに、この申請書は、先に提案した申請に対して加えられた審査委員からのコメントを反映したものになっていた。審査委員会には、女性が加わり、心理学者以外の人たちの数も増えるなど多様なものとなっていた。さらに、最後の部分のナレーションの言葉遣いは控えめなものとなった。「人を対象としたすべての実験が……新たな暗黒時代」は削られた。審査委員の一人が、この部分が「必要もないのに予言的な言い回しとなっている」と述べていたからである。こう変えたにもかかわらず、実際にどうだったのかの説明もなされることなく、この申請もやはり却下されてしまった。

ミルグラムがこの期間に準備していたもう一つの大きな補助金申請は、「シラノイド」の研究への援助をしてもらうためのものだった。シラノイドという名前は彼が作り出したもので、ある作り出された社会的状況のなかでコミュニケーションの仲介を果たす人のことを指す名称である。ミルグラムは、シラノイドを「自分自身の中枢神経から生み出された考えを話すのではなく、他の人の心のなかで生まれた言葉を話す人のことで、シラノイドには、FM受信機につなげられたイヤホンが目立たないように取り付けられ、それを使って語るべき言葉が伝えられるものである」と定義している。[22]

このミルグラムが考案した相互作用におけるシラニック・モードには三人の参加者がいる。一人目は話をする情報源、二人目は仲介者であるシラノイドで、彼が情報源の話を聞いた通りに話して三人目の人に伝える。その人は相互作用を受ける聞き手であり、話はこの人に向けられる。ミルグラムが「シラノイド」という言葉を使ったのは、彼が提案する状況が十九世紀のエドモン・ロスタンによる戯曲『シラノ・ド・ベルジュラック』の有名なバルコニーの場面で愛の言葉をシラノが仲介したところに似ているからである。この場面では、恋に落ちたけれども、言葉足らずの兵士のクリスチャンが、ロクサーヌのバルコニーの下でロマンチックな言葉を語って、自分の愛をロクサーヌに宣言する。しかし、この愛の言葉は自分のものではない。シラノが物陰に隠れていて、クリスチャンにつぶやく言葉を一語一語繰り返しているだけだったのである。

一九七七年の十一月四日にメディアの授業でシラニック・モードの予備調査をいくつか行った。映画や発明や実験のためのさまざまなアイデアを書きとめていたノートにこういった最初の頃の取り組みが残されている。[23]ノートのそのページの見出しは「仲介者としての人間――シラニック・モードの研究」と書かれていた。そして、「仲介者は単に情報源の言葉をなぞっているだけなのに、自然な会話を続けているように見える点において、すばらしく効果的だ。このテクニックは理論的研究と実務訓練に非常に面白い応用が出来る可能性があると確信している。社会心理学の分野では、対人知覚、帰属理論、偏見などの研究に使えるだろう。十五歳の中退者が突如として、きわめて科学的に語り出したり、内気な人が突然、物知りで洗練したやり方で美しい女の子とやりとりできるようになったりするということができるのだ。

シラノイドの研究を大規模に行うために、一九七九年二月に全米科学財団の社会・発達心理学のプログラムに助成金の申請を提出した[24]。このプログラムというのは、社会心理学の基本的で中心的な研究の支援をする助成金交付団体の一部門である。「社会心理学における道具としての仲介された会話のテクニック」というタイトルのこの提案で、ミルグラムは二年間に二十万ドルを要求した。このときのプログラム委員長は、ケリー・シェーバーだった。彼は社会的知覚における帰属プロセスに関する研究で知られた社会心理学者である。この研究は、人の行為を理解しようとしたときに、私たちがどのようにして行為の責任を判断するのかということについての研究である。ミルグラムが助成金の申請書を提出したとき、シェーバーに宛てて、予備実験の一場面を撮ったビデオがあり、それを送ることも可能であるという添え状を送っていた[25]。このテープがあれば、プログラムの審査委員会メンバーにシラノイドの手続きが強力であることがわかってもらえると考えたからである。シェーバーはミルグラムの提案を受け入れ、審査委員会のメンバーが見たいといったときに備えて、ビデオをダビングして自分のもとに送るようにと伝えた。彼の提案書は、そのために選ばれた外部の審査委員たちに送られ、審査委員たちが評価をシェーバーに送り返してきた。シェーバーと常任の審査委員は、その評価を参考にして五月に開催される次の会合における彼ら自身の評価を行う際の参考とするのである。八人の外部審査委員の反応はさまざまだったが、共通した意見もいくつかあった。多くの委員が社会心理学に対するミルグラムの以前のすばらしい貢献についてコメントしていた。審査委員は概してシラノイドのテクニックは想像力に富んだものだという点で意見が一致していた。しかし、また、実験の理論的な根拠が、とりわけミルグラムが提案した実験そのものの理論的な根拠が弱いという点でも意見は一致していたのである。

　過去の研究においてもみられたように、ミルグラムが天才である要因の一つは、追求すべき問題を見つけ出し、そしてそれが必要であるならば、その問題のために最適な手法を作り出してしまうというところにある。しかし、何人もの審査委員が指摘していることだが、彼はその反対の特徴もまた持っていたのである。優れた手法を作り上げた後になってから、それをどんな現象に適用したらいいかを探すということがあるのだ。ミルグラムが提案していたのは、基本的な社会的プロセスと、より実践的な応用の両方に焦点をあてたごたまぜの研究だったのである。それも、なんの理論的な統合の試みもなしに。彼が取り上げた基本的な研究は、社会心理学において長い歴史のあるトピックである「態度変化」だった。彼が考えたのは、二つの異なる条件で実験をしようということだった。一つの条件では、被験者は自分自身の口と言葉で、ある集団の人たちを説得しようとする。もう一つの条件では、被験者は、他の集団の人たちをシラニックモードで説得しようとするのである。ここで被験者は、議論のテーマになっているトピックに関するエキスパートを情報源とするシラノイドという仲介者になっているのである。ミルグラムの目的は、シラニックモードでの話が、普通の場面における話よりも説得的であるかどうかを調べることであった。

　この実験については、ミルグラムがあまりよく考えていなかったということは明らかだろう。何人かの審査委員は正しく指摘しているが、この実験デザインには明白な「交絡《コウラク》*」が含まれていて、コミュニケーションの二条件の間でどんな有意差が見られたとしても解釈が不可能なのである。たとえば、シラノイド条件で聞き手がより説得されやすかったとしよう。この差は、コミュニケーションのモード自体の違いによって起こったのだろう

＊訳注　原因と結果の因果関係に影響を与え、本来得られる観察結果を変えてしまう要素のこと。

か、それとも、「ノーマル」条件のときとは違って「シラノイド」条件にエキスパートが関わっていたことによるものなのだろうか。

ミルグラムが計画していたもう一つの研究はもっと応用に焦点を合わせたものだった。ミルグラムは、たとえば人質事件のような緊急事態において、シラニックモードが有効であることを示したかったのである。人質を取っている犯人と交渉する人がうまくやりとりをするためのスキルを持っているとはかぎらない。シラノイド用の機器を身につけていれば、その場にはいない交渉の専門家の言うことに一語一語従って話をすることができるのである。

この提案を却下するよう推薦したある審査委員の反応が、他の多くの意見を代表したものといえるだろう。

ＰＩ［主調査員・ミルグラム］が自分で考案した方法に魅了されており、それを使える場を探しているのは明らかなようだ。残念ながら、彼が提案した研究のどれをとっても、社会的行動に関する私たちの理解を本質的な面で深めてくれるものになっていない。そして、私がそのことをとりわけ残念に思うのは、ＰＩが過去において私たちの分野において重要な貢献をしてくれた人だからである。

ミルグラムは、一九七九年七月三十日に、全米科学財団からの定型の言葉でつづられた却下の手紙を受け取った後で、審査委員会がシェーバーに送っておいたビデオを見ていなかった事を知って怒った(26)。その技術が全く新たなものであるので、実際にそれがうまく機能するということを見なければきちんと評価できないだろうと感じたのである。そこで、彼はシェーバーに、審査委員会のメンバーが予備実験のビデオを見た後で申請書を再審査して貰うように依頼した(27)。

社会・発達心理学プログラムの委員長は交代するのが普通で、ミルグラムが再審査を依頼したときには、シェーバーはすでにそこを去っていた。その代わりには、社会心理学者のロバート・A・バロンが二年の任期でその地位を占めていた。バロンは社会心理学者のなかではよく知られていたが、それは彼の攻撃の研究が知られていたのと、その当時、またそして今でも、彼が共著者となっている社会心理学の教科書が最もよく売れている教科書の内の一つだったからである。

バロンは非常に好意的で、単にミルグラムの提案を再審議する以上のことをしてくれた。彼はミルグラムにこの提案は再提出として受理したと述べたが、それは外部の審査委員として全く新たに人を選ぶことを意味していた。さらに、審査のプロセスでビデオテープが果たす役割があるだろうとも保証した。

ミルグラムは十一月の終わりに本文を少し修正した上で提案書を再提出した。添付した手紙で、バロンに外部審査委員になってくれそうな人の名前を挙げている（これは全米科学財団が推奨していたことである）[28]。それらの人は、ミルグラムの言うところに従えば、「シラノイドのテクニックに関係のある領域で」仕事をしてきた人たちである。実際のところは、これらの人びとに共通するよりははっきりした特徴があった。それは、多くがエールとハーバードでのかつての同僚であったということである。その名前のリストにはロジャー・ブラウン、アーヴィング・ジャニス、フィリップ・ジンバルド、ジェローム・ブルーナー、そしてエレノア・ロッシュ（ハーバード時代の研究助手）の名前があった。

この二つの審査委員会の反応のうち、二回目の方がいろいろな面でより極端な反応が多くなっていた。一方の極で、ある審査委員は「非常に興味深い提案である」と判断していた。またその反対の極では「全米科学財団で十八年間提案を審査してきたが、そのなかで最も弱い提案である」という審査委員もいた。しかし、中心となる点は同じだった。つまり、ミルグラムは巧妙な手法を考えつき、それを応用する現象を探しているのだということ、そして、彼が提案している研究は理論的な深みに欠けるということである。ある審査委員は、ミルグラムのことを社会心理学の分野における最も重要な思想家の一人であると考えていたのだが、「この提案を書いたミルグラムは賢いハンマーを与えられた賢い子どもで、たたく必要があるものがないかと探しているようだ……私も研究者の一人として、プロクシマイヤー上院議員がこの提案を金の羊毛勲章*に推薦しようとしていたとしても、それを弁護することはできそうにない。百万ドルの四分の一の費用で機械仕掛けの腹話術人形を作るわけだ。そういうことなのだ」。

外部審査委員の反応が全体として否定的だったので、審査委員会はバロンに却下するようにアドバイスした。バロンはミルグラムに手紙を書いて悪い知らせを伝えたが、それはほとんどお詫びの手紙のようだった(29)。彼はミルグラムに出来る限り公正な審査手続きがとられるように申請書を取り扱ったと伝えた。ビデオテープは審査委員会に見せたし、外部審査委員の多くはミルグラムの推薦リストから選んだのである。ミルグラムとのつながりはあっても、友人たちに提案書の欠点が見えなかったというわけではないのである。

補助金を手に入れられなかったことに失望したのには疑いもないが、審査委員たちの批判を不当であるということはできなかった。なぜなら、シラノイドの技術に関しては彼もまた同じ懸念を抱いていたのである。このことは、かつてのニューヨーク市立大学の同僚、スチュアート・アルバートに宛てられた一九八三年十月八日付けの手紙にこのようにあることからわかる(30)。

これは興味深い現象だね。その正確な科学的重要性はわかりにくいけれども。科学的な現象というよりむしろ演劇向きのものなのではないかと思うこともある。だって科学的な命題のもとになるというより、芸術的な驚きを引き出すんだからね。でもよくわからないし、もっと調べようとは思うけど……とにかく何より重要な問題は、鍵となる問題を定義して、何を測定しなければならないかを正確に理解することなんだ。この実験パラダイムでは、独立変数（動いているシラノイド）はそれ自体魅力的なんだが、なにが説得的な従属変数になるかというと、それがはっきりしないんだ。

実際にミルグラムは、一九八四年の春、ニューヨーク市立大学の内部資金から五千ドルという小額の補助を貰い、この現象を深く調査している。このときわかった重要な発見の一つは、他人の印象を形成するときに、人びとが、統一され首尾一貫した印象を求める傾向が強いということだった。[31] シラノイドにインタビューした人は、シラノイドと（情報の）送り手が大きく異なっていたときでさえ、たとえば、五十歳の心理学の教授が送り手となり、十二歳の少年がシラノイドとなったときでさえ、人格が一貫しているように知覚する傾向があることを見出した。シラノイドの言葉が彼自身のものではないとは誰も疑わなかった。他の実験でも、一つのシラノイドにつき何人かの異なる人が送り手の役を交代してつとめたのだが、誰もその異なる人びとからできあがったバラバラの人格に気がつかなかったのである。

ラルフ・ウォルドー・エマーソンが「愚かな頑固さは狭量な心のあらわれ」と言っているが、頑固さという一貫性を求めるのは人の本性の特徴といえるものである。矛盾する情報にであったとき、私たちは一貫性と統一感を懸命に探し求めるが、それは私たちの回りの複雑な世界を簡単なものにし、また予測可能なものにしたいからである。たとえば社会心理学者は「美しいものは善きものである」というものごとを単純化する原則がいろいろな場面で機能していることを示してきた。これは、外面と内面は一致しているということを私たちが信じているということなのである。別の言い方をすれば、重大な結果が些細でたいしたことのない原因によってもたらされるというような原因と結果の不釣り合いは私たちの心に不快に響くのだ。ケネディの暗殺の背景には陰謀があるということが広く信じられているが、これもそうした心の働きのせいであると考える社会心理学者もいる。[32] ミルグラムのシラノイドの研究は、きわめて創意に満ちた手法を使うことによって、人の行動においてその単純化し統合化する傾向がどれほど強力であるかを示したのである。

＊訳注　一九七五年にリチャード・プロクシマイヤー上院議員によって設けられた賞。税金の無駄使いを国民に知らしめる目的で作られた。

＊
＊
＊

一九八〇年一月、ミルグラムはニューヨーク市立大学から卓越した教授職に任命された。この指名の過程は一九七四年に当時ニューヨーク市立大学の心理学部の博士課程執行役員であったフロレンス・デンマークの手で始められていたのだが、任命に必要な財源が手に入ったのは六年後だったのである。[33]このあとに、他にもいろいろと嬉しい出来事が続いた。[34]一月二十六日にはマークがリバデールの寺院でバル・ミツバの儀式を行った。儀式の後には、サーシャがいろいろと手配をして、ミルグラムのアパートで仕出しの昼食を用意し、六十人ほどの客を呼んで、お祭りは続いた。ミシェルもその六カ月前の一九七九年六月三日に同じ寺院でユダヤ教の成人儀式を行っていた。

二月十七日には、学生と卒業生が三十人ほど集まって、スタンレーの任命祝いのため、マンハッタンにあるハンガリー・ランデブーレストランでスタンレー一家を招いてパーティを開いた。翌月に開かれた社会心理学分野の教授たちの会合は、アーウィン・カッツが音頭を取ってミルグラムの卓越した教授職就任を祝う乾杯で始まった。[35]何人かの同僚がその機会に彼を昼食に誘ったのだが、その食事の間に彼が卓越した教授職についたことについて誰も話にださなかったので、いらいらした。結局のところ、彼は大学院センターで卓越した教授職の座を獲得した最初の、そしてその当時たった一人だけの心理学者だったのだから。[36]

数カ月後、光に満ち溢れて思わず外に出たくなるような五月のある日、スタンレーは自転車に乗ってアパートから起伏のある公園へ行こうと決めた。[37]自転車に乗るのは去年の秋以来初めてで、かなり長い間外にいた。長い間というのは、後でわかったことだが。サーシャが外で彼に落ち合うと、自転車を代わりに持って帰るように頼んだ。彼女が、その自転車を地下の自転車置き場に置いた後アパートへ戻ると、スタンレーは、医学書の心臓発作の兆候についての項目を開いたまま、ベッドに倒れ込んでいたのである。サーシャはすぐに家から車で十分の場所にあるマンハッタンのコロンビア長老派病院の緊急病棟へ連れて行った。彼は重い心臓発作を起こしていた。

一九七五年には高血圧だと診断されていたので、薬を飲んでいたし、サーシャも減塩食を作りつづけていたのだが、心臓発作は激しいもので、何の兆候もみせることなく突然やってきた。最初は事態は深刻だと思われたが、結局のところ順調に回復し、彼は病院に二週間半入院するだけで退院することができた。七月半ばまでには、彼は一日に何マイルかは歩けるようになった。八月にヨーロッパ旅行を予定していたが、控えるように言われたので、家族の休暇は（マサチューセッツ州の）バークシャーヒルズに行ったのである。

集中治療を受けている間、ロジャー・ブラウンから病気見舞いの手紙を貰った。退院して家に戻ってから書かれたお礼の返事には、フランシス・マイノット・ウェルドという名の医師との会話の様子が書かれている。

いくらか雑談をした後、彼はインフォームド・コンセントの用紙をさっと取り出して、自分の実験プロジェクトに協力してくれるか聞いてきた。このお願いは皮肉なもんだね。立場逆転というところだ……テストの結果と退院後の生存率で相関関係を調べるのだそうだ。ちょっとばかり考え、それから担当の心臓内科の先生に相談して同意することにした。私にぴったりの罪の償いだと思ったよ。手術がうまくいったとして、もちろん、難しいのはそれからだな。だって、生存のデータを得るためには彼らが私の家に定期的に電話をかけてきて、さりげなくまだ私がこの世に生き残っているかどうかを調べなければならないのだからね。まあ、思うに、その役をやらされるのは大学院生になるだろうけれど。(38)

彼はすぐに、授業をしたり、研究をしたり、招待講演をするために国内旅行をするなどのいつもの生活に戻ることができた。しかしながら、心臓のために、加圧された飛行機にしか乗れなかった。普通のジェット機の客室は加圧されていたが、小さなプロペラの軽飛行機はだめだった。そのためもあって、小さな町や郊外にある大学で講演をすることはできなくなった。

それから約一年後の一九八一年の六月二十三日に、また心臓発作を起こして同じコロンビア長老派病院に二週間入院した。[39] 八月に血管造影をしてみたところ、根本的な問題が見つかり、長生きはできないだろうと診断された。動脈があまりにもふさがっているのでバイパス手術ができないのである。心臓移植も選択肢の一つとして考えられたが、スタンレーはそのメリットとデメリットを考えた上で、それはしないことにした。

嬉しいことに、秋学期にはいつも通りの仕事ができるようにはなっていたが、心臓は徐々に悪化していき、体に負担がかかるようになっていた。心臓発作が起こる前のころには十分あったスタミナもなくなり、薬のせいで疲れるようにもなっていた。歩いていて、息をつぐために立ち止まらなければならないということもあった。性欲も衰え、元気がなくなってきた。友人たちに、もう自分の仕事は過去のものになってしまったと嘆くようになった。ホランダーに「仕事についていえば、過去の方が将来よりも明るく見える」と手紙を書いた。[40]

心臓発作の後では彼の行動が劇的に変わったということは、親しい人たちにはかなり明らかだった。痛烈であった性格が切れ味を失った。物腰は柔らかくなり、皮肉っぽさがなくなり、他人の気持ちを善く感じ取るようになった。抑制がとれるようになり、黙想的で、そして感傷的になっていったのである。弟のジョエルは次のように語っている。

子どものころは別ですが、……本当の意味で親密になったのは、一回目の心臓発作の後からのことでした……書き物をするのが大変だという話をしていました。私たちは両親の話をしました。彼は私のなかにある優れた資質についても話してくれました。なにもかにも驚くことばかりでした。その驚くことというのは、そこで語られた中身ではなくて、そこで行われた会話の質なのです。突然、彼は［たんなる］兄ではなく……、弟に向けて話をしている死にゆく一人の男のように思えました。(41)

体調が次第に悪化していき、休みを取ることが必要だと感じるようになった。そこで、一九八二年の春にサバティカル休暇を申請し、受理された。通常であれば、おそらくはフランスで休暇を過ごしただろうが、二回の心臓発作を起こした後だったので静かに休息するのが賢明だと思えた。休暇のほとんどはリバデールで過ごしたのである。ＩＢＭのパソコンを買い、暇な時間を使ってＢＡＳＩＣの勉強をし、「熱心なマイクロコンピュータ・マニア」になったのである。(42)

新たに出会った興味の対象について考えたことをモスコヴィッチに宛てた手紙に書いている。

セルジュ、実を言うと、マイクロコンピュータの虜になったんだ。コンピュータを使える環境で少なくとも二十年は仕事をしてきたことを考えると奇妙なことだけど、マイクロコンピュータに出会って初めて個人的な興味を持ったんだ。重大な技術・知性の変化が起こっているのは確かだと思う。二人の子どものどちらもがプログラミングをよくできるということを知って驚いたよ。若い人たち誰でもが目に見えないところで学んでいる技術なんだね。私たちの世代が卑猥な言葉を学んだのと同じように。(43)

コンピュータの技術を学ぶことができて非常に満足したが、秋には大学院センターに戻って教育や研究ができるほど回復したことの方がもっと嬉しかった。

スタンレーは研究できないのと同じくらい教育できないのを残念に思っていたのである。まず研究ありきで、学生への教育が二の次である学者たちとは異なって、ミルグラムは教育に対する責任を重く受け止めていた。学生の一人であったエヴァ・フォーゲルマンは「彼にとって教えるということは、教授であるということ、彼の生き方そのものでした。単なる仕事ではなかったのです」と言っている[44]。博士課程の学生だったアーサー・ワインバーガーは「彼は教師として素晴らしかったです……彼はワンマンでしたし、権威主義でもあり、気分屋でもありましたが」と語る[45]。しかし、知的な刺激がほしかったり社会心理学の分野でオリジナルなものを学びたいのならば、それはミルグラムのところに行くのがよいのだった。ロンナ・カバツニックにとってみれば、ミルグラムのクラスの学生であるということは、「生涯で最もうきうきするような経験の一つでした……。彼は心理学について流れるように、そして簡潔に話してくれたのです……彼はいろいろなことを説得力のあるように説明してくれたのです。彼の授業はいつでも楽しみに満ちていて、刺激的でした……。また彼はいつでも完璧に準備して授業に望んでいて、教え方は体系的なものでした」。同僚であるアーウィン・カッツは次のようにまとめている。

彼はすばらしい教師でした。何度か一緒に教えたことがあるのでわかります。なんらかのアイデアを理解したり、新しいアイデアを見つけ出したりすることが楽しいことであると学生たちに教えることができたのです。彼は、そういうことに興味を持つたくさんの学生たちに、すばらしい知的な営みというものが持つ楽しい側面を享受するにはどうしたらいいかを教えたのです。

というのは、スタンレーの研究のアプローチは巧みなものでした。心理学者としての彼の最も深い動機としては、あまりに当たり前すぎて普通の人が見落とすようなことを発見するという楽しみがあったのではないかと思います。彼の、人間の行動や周囲の人に対する興味には貪欲とも言えるものがありました。ごく普通の好奇心を科学的に応用することの楽しみ、すなわち、まるで子どものように社会生活の不思議を探るに任せること、こうしたことを彼は学生たちのなかに意識的に育てていたのです。教師としての彼の目的はいつでも学生たちの隠れた創造性を表に引き出すことでした[46]。

その秋、ミシェルはヴァッサー大学の一年生となり、認知科学を主専攻とした。認知科学は、コンピュータ科学、言語学、哲学、心理学、人類学を融合したところにできた学問である。スタンレーが友人に語ったところによれば、彼とサーシャはもっと手頃な学費のニューヨーク州立大学に行って欲しかったのだが、ミシェルがあまりにヴァッサー大学にのめり込んでいたので、「破産するだけの価値はあるだろう」とそこに決めたというのである。(47)

マークはそのとき十五歳の高校一年生だった。マークもミシェルも非常にコンピュータを得意にしていた。彼はそのころ知的な面でチャレンジングな『アドベンチャー』と呼ばれるコンピュータゲームの解法を見つけ出していた。コンピュータ雑誌を通してその解法を売ろうとしたところ、アメリカ中から四十人を越える人から返事がきた。二年後の一九八四年の秋には、ブランダイス大学でコンピュータ科学の専攻をすることになっていた。彼は、大学進学適性テスト（ＳＡＴ）の数学分野で上位九十九パーセントの得点を取っていたのである。

サーシャは自立コミュニティサービスのワシントンハイツ事務所のソーシャルワーカーとしてフルタイムで働いていた。(48)そこは、ユダヤ人虐殺を生き残った高齢者の人たちに対して、必要に応じたサービスをする組織だった。これまでも外で働いたことはあったが、それはパートタイムでボランティアとして働いていたのだった。彼女は、一九六四年の夏の終わりにスミス大学でソーシャルワークの分野の修士号（ＭＳＷ）を得ていたが、その年の十一月にミシェルが生まれ、マークが一九六七年の一月に続いて生まれていたのである。子どもたちが育っている間は、家事に忙しくプロとしてフルタイムの仕事を持つことはできなかった。一九七九年と八〇年に、彼女は週に二日だけリバーデールにあるヘブライ老人ホームのフェアフィールド分所でソーシャルワークの仕事をした。その前の一九七二年から八一年までは、彼女は定期的に大学院センターのスタンレーのオフィスで仕事の手伝いをしていた。サーシャはフルタイムでソーシャルワークの仕事をしたいと考えることがあった。ミシェルがヴァッサー大学に受かった後では、もはや単に考えるだけでは満足できなくなっていた。ヴァッサー大学の授業料は高いものでミルグラム一家の家計費を増大させてしまったこともあって、サーシャは自立コミュニティサービスでの仕事を見つけたというわけである。

コミュニティサービスでの仕事は、個人対象のカウンセリング、グループセッション、給付金支給事業対象者へのアドバイスなどをすることだった。サーシャはそうした仕事にやりがいを感じていた。スタンレーが友人にサーシャの新しい仕事について手紙を書くときには、ワシントンハイツという場所に注意を向けて、そこはヘンリー・キッシンジャーの育った地域だと註釈を付け、「でも、彼はクライアントではないけどね、今のところは」と書き足すのが常だった。(49)

厳しい食事療法を守るとともにストレスを減らそうと意識的に努力をする一方で、ミルグラムは一九八二年の秋に一度、大学院センターに戻り、心臓発作の前にやっていた活動のほとんどを再開した。学期ごとの二つの講義を完全にこなし、四本の博士論文の主査をつとめた。このようにして彼は活動的な学部メンバーとしての役割にすぐに復帰したのである。秋学期が始まってすぐ、大きな研究プログラムを担当していたある教授が大学を去ったので、大学の管理部門はその教授が使っていた十一のオフィススペースの内の七つをとりあげた。学部のプログラムのために、その取り上げられたスペースを取り戻すために学長と交渉をするならば、その適任者はミルグラムともう一人の教授だろうというのが学部全体の一致した意見だった。その学期も終わりに近づくにつれて、教授会では社会・性格心理学のプログラムで博士号だけでなく修士号も授与することの検討を行っていて、教授会から大学の管理部門との交渉を行う権限を与えられたのはミルグラムになっていた。

研究に関しては、いくつかの新しい現象に注目していた。健康状態が損なわれつつあるときでさえ、知的な活力と実験の面での発明の才は無事だったのである。その学期が始まる前、行列に人が「割り込んだ」ときにどんな反応が返ってくるかについての研究を学生たちと行い、その報告書をまとめ終えていた。アラン・エルムズに「私たちはいくらか印象的なデータを集めましたが、このトピックの持っている本質的には当たり前の現象を洞察をもって分析することによって、より高次のものにできるかどうかが私たちの挑戦です（私たちに十分洞察力があるかどうかはこれからお見せすることです）」と書いている。[50]

彼は力一杯挑戦した。その問題を取り扱った論文が、社会心理学の分野で最も採択基準が厳しく、投稿論文の約九〇パーセントが却下される『ジャーナル・オブ・パーソナリティ・アンド・ソーシャル・サイコロジー』に掲載されたのだ。[51]

一九八二年の秋学期の間、都市心理学のクラスで「垂直都市」の調査を行った。[52] 一九七〇年にミルグラムは、「都市に住むという経験」という論文のなかで、都市に住む人たちの行動が小さな町に住んでいる人の行動とどのように異なるかについて書いていた。それから十二年たち、いくぶん小さなスケールではあるが、それに類似している比較を、「垂直都市」と「平坦都市」の間で行ったのである。高層ビルに住むということはその住民の思考と行動を変えるのだろうか。高層ビルでの生活は人の人間関係にいったいどのような影響を及ぼすのだろうか。

サバティカル休暇の間にPCの技術を習得したおかげで、実験調査に全く新たな地平がひらけてきた。最初の試みは、アッシュの研究をコンピュータ世代に持ち込もうというものである。一九八三年の春学期に、実験的社会心理学専攻でミルグラムのセミナーを取っていた学生たちは、コンピュータ版のアッシュの同調実験を行った。何も知らない被験者をサクラの集団のなかに入れるかわりに、間違っている多数派の判断が被験者の目の前のコンピュータ画面に表示されるようにしたのである。ある条件の被験者は、コンピュータの画面上で点滅している反応はネットワークでつながっている他の人からのものであると教示されたが、もう一方の条件の被験者は、コンピュータのなかに作られた人格とやりとりしていると言われていた。彼は、ロジャー・ブラウンに次のように報告している。「これは面白いアプローチだ。よくできた人工知能をプログラムに組み込めば、コンピュータが人の言うことを分かっているように見せることもできるし、適切に反応することもできる。これが社会性の本質なわけだしね。先週のことだが、学生たちがデータを分析していたんだが、「エウレカ」（わかったぞ）という声が廊下中に響いていたよ[53]」。

一九八三年の春学期の間、ミルグラムはジェローム・ブルーナーとのやりとりを新たに始める機会に恵まれた。というのは、ブルーナーは最近マンハッタンにあるニュースクール・フォー・ソーシャル・リサーチ大学での教授職を引き受けていたのである。そのやりとりに活気づけられる形で彼はロジャー・ブラウンに、彼らの共通の知人であるブルーナーのことを「この町のなかで話をする相手のなかで、一番知的な人だ。ジェリーとの会話をすると知的に共鳴するものがあり、それはあなたもご存じのように、特別なものだ」と書いている[54]。

春学期の最後には驚きが待っていた。一九八三年五月十一日に、アメリカ芸術科学アカデミーから、フェローに選出されたという手紙を受け取ったのである。アメリカ芸術科学アカデミーは、一七八〇年にジョン・アダムスが創立した由緒ある組織である。ミルグラムはずいぶん昔から、服従研究が巻き起こした論争のせいで、どんな形にしても国から顕彰されることはないだろうと諦めていたので、この名誉は本当にうれしい驚きとなった。

マークは秋に高校の最上級生となり、一九八四年の秋には大学に入ることになっていたので、ミルグラム一家は、ボストン近辺にあるマークが入学する可能性のありそうな大学を調べながら、夏の休暇に入った。その後で、ケープ・コッドのイーストハムの借家に車ででかけた[55]。そして、美しく快晴の日が続き、近くのすばらしい浜辺を探索することができた。夕暮れにはファースト・エンカウンター・ビーチへ行ったり、湾の向こうに日が沈むのを見たりしていた。ミルグラムは友人たちに宛てた手紙で、特に記憶に残るある夕べのことを語っている。

> さわやかな風が吹き、凧揚げをする人がでてきた。潮は引き、岸から半マイルほど沖に出ても足首ほどしか海水はなかった。引き潮で岸から離れたところの海草も顔をだしていた。太陽は沈んでいき、岸辺に明かりがともり始め、遠くにいるはずの子どもたちの声が近くに聞こえた。凧は夕暮れの空を飛び回る。海の香

は人を酔わせる。詩心が溢れる瞬間が来る。一頭の馬と乗り手が湾からはるか沖に疾走し、蹄が水たまりに入り、しぶきをあげる。(56)

八月十五日、スタンレーは五十歳になった。そのときにはリバデールの家に戻ってきていた。彼らは、半世紀パーティを盛大に開こうと考えたのだ。しかし考えるだけなら楽しそうに思えたが、準備しきれそうになかった。そのかわりに何人かの学生たちが昼食を誘ってくれた。また、晩にはサーシャが何人かの隣人を招いて、シャンパンで祝った。

オーウェルの世界では重要な一九八四年が間近に迫った一九八三年の秋、ミルグラムは山のような講演の申込みをもらうようになり、それを受けていた。多くは、服従研究とオーウェルの小説のなかで描かれたような高度に統制された権威主義的社会との関係について話して欲しいという申し出だった。心臓のせいで旅行の制限がなければ、さらにたくさんのそうした講演の山に埋もれてしまっていたことだろう。一九八三年から八四年の学期の間にさまざまな大学で行った講演のほとんどは、オーウェルの『一九八四』に関係するものだった。

一つの例外は、一九八四年三月にフォーダム大学のリンカーン・センターキャンパスで行われた、キャサリン・ジェノヴェーゼ記念会議だった。これはハロルド・タクーシアンが主催した会議で、社会科学、法律、役人などの専門家を一度に集め、都会で起こったキティ・ジェノヴェーゼの殺害という悲劇を追悼し、考えるためのものだった。基調講演は公衆衛生局医務長官のC・エヴェレット・クープと国立精神保健研究所の所長、国立司法研究所の所長が行った。ミルグラムはコメントとして、なぜジェノヴェーゼ殺人事件がこんなにも注目を集めたかについて語った。

この事件は、人間であるという条件に根本的に関わる根源的な悪夢に関わりがあるのである。私たちが助けを求めたとき、周りにいる人は私を見殺しにするのだろうか、それとも助けに来てくれるのだろうか。ここにいる他の人たちは私たちの生活や価値を維持する手助けをしてくれるのだろうか、それとも私たちは真空のなかに漂っている塵のようなものなのだろうか。(57)

春学期が終わりに近づくにつれて、サーシャとスタンレーは、昨夏のケープ・コッドでの魅惑的な休暇をもう一度体験したくなった。(58)そこで、今度はウェルフリートに住み心地の良い家を借り、六月中旬にそこに着いた。一週間後の六月三十日の夕方にスタンレーは三回目のかなりひどい心臓発作を起こした。彼は、救急車で最も近くにあった病院に運び込まれた。その病院は、三十三マイルほど離れたハイアニスにあった。その日早くに、彼は海岸の砂丘を登ったり降りたりしていたのである。病院の医師たちは、彼の心臓の状態を考えれば、そんな活発に行動したせいで心臓発作になったにちがいないと言った。

それから一カ月も経たない七月十八日のこと、スタンレーはまたもや心臓発作を起こした。そのときにはリバデールに戻っていたので、サーシャがコロンビア長老派病院に車で連れて行った。その病院では、ちょうどそのとき、医療スタッフでない職員たちがストライキを起こしていた。彼はきわめて悲惨な状況にあったが、ストライキをしている人たちは窓の外で太鼓をどんどんと叩いて抗議運動をしていた。この騒音は朝の六時四十五分という早い時間から始まることもあり、夜中まで続いた。ミルグラムはストライキをした人たちの行為に怒って、『リバデール・プレス』紙のゲストコラム欄に書いた。(59)彼は病院の職員たちの要求を支持し、それらが理にかなったものだとは思っていたが、毎日ずっと騒音をたてるのはけしからんと思っていたのである。「私と同じ病棟にいた病気の回復中の人にとってもまだ回復できない人にとっても、この騒音には本当にいらいらさせられた。心臓発作の後に必要な休息と安静のじゃまだったのである。介護に関わる人たちがなぜこんなに無神経な行動をとれるのか不思議に思う」と書いている。

ミルグラムは二週間入院し、後は家で療養して回復を待ったのだが、そんなときでもユーモアのセンスは衰えなかった。病気見舞いの手紙を送ってくれた人に宛てたお礼の手紙を自分でデザインしてこう書いたのである。

今年の夏、私が心臓発作を起こしたのは一回なのか二回なのかについて若干混乱があるようだ。どうやら二回で済ませることができた。一回目は六月にケープ・コッドで、二回目はその一回目からの回復途上にニューヨークで、である（もちろん、後者のには八・二五パーセントの売上税がかかる）。回復には普通六週間かかるというので、もうこれ以上発作は起こせない。秋には授業をしなければいけないからね。その間、メナシェム・B[*]のように、いくらかは静かに引きこもることにするよ。みんなから手紙を貰えて嬉しく思っている。本来は、一人一人に手紙を送るべきなのだけど、そうできないのが残念だ。

本当に心を込めて、そしてよろしく
スタンレー
リバデールにて　一九八四年八月

カードの裏面には次のように書いてあった。

グリーティング・カーディアック〔挨拶・（病）状〕
1984[(60)]

＊訳注　六代目のイスラエル大統領。戦争、配偶者の死、自らの病気に失望して、晩年は隠遁生活を送った。

図 11-1　ミルグラムが４度目の心臓発作の後でお見舞いをくれた人たちそれぞれにあてて送ったお礼状(62)

カードに書かれた内容は受取人のすべてが一緒だったが、ミルグラムはカードの表側に見える写真の隣に吹き出しを入れて、お見舞い状を送ってくれた人の名前を書くことによって、何とか一人一人に宛てた形にした(図11-1参照)。

昨年の春、ニューヨーク市立大学から五千ドルという小額の助成金を受けて、実験的社会心理学のクラスの学生たちとシラノイドについての研究を続けていた。そして、彼は八月二十四日から二十八日までトロントで開催されるアメリカ心理学会の年次大会の「心理学の新しいパラダイム」というシンポジウムの一部として、シラノイドの研究について講演をして欲しいとの招待状を受け取っていた(61)。そのプログラムの主催者はジェームズ・ペンベーカーで、人生における困難を書き出すことによって感情が解放され、その結果としてその人の身体的健康と精神的健康の両者を改善することができるという研究を行った社会心理学者だった。彼はニューヨーク市立大学の同僚、スーザン・コバサからミルグラムの研究の噂を聞きつけていた。アメリカ心理学会での講演でシラノイドの研究がはじめて公に発表されることになったのだが、残念ながら、八月下旬までにミルグラムの健康状態が悪化し、飛行機旅行ができなくなってしまった。会場には顔を出さなかったにもかかわらず講演することはできた。[63]というのは、録音テープをペンベーカーに送っておいたからである。参加者たちは、他の発表者に並んで演壇に置かれたテープレコーダーから、本人がいないのに声だけが聞こえるのはいくらか奇妙に思っただろうが。

秋学期が始まるまでに、彼はニューヨーク市立大学に戻っていた。サーシャは驚いたのだが、主治医が授業をすることを許可したのである。遠くからミルグラムの行動を見ていた誰もが、間違いなくこの学期はいつも通りのものになるだろうと思った。なぜなら、通常の教職をこなしていたからである。いつものように職を探している博士号の学生たちのために推薦状の手紙を書きつづけていた。また、いくつかの研究論文を完成させていた。ホランダーの著作に対する詳細で微妙な点を含むコメントを書くのはいつもどおりのことで、大学生とともにシラノイド研究の被験者をもっと集めようとしていた。学期半ばには全く新しいプロジェクトにさえ取り掛かった。それは一九八五年中に開催予定だった「ニューヨークの日常文化」というタイトルの会議の準備をすることだった。

だが実際は、彼は重病人だった。かつては当たり前に行っていた通勤の駅までの徒歩での行き帰りすらもはやできなくなっていたのである。今はサーシャが朝駅まで送り、午後に大学院センターから戻ってくると迎えに行った。四回目、そしてこれはこの夏の二回目の、心臓発作が起こったときには、心臓から押し出される血液量は、通常の一七パーセントしかなかったのである。

彼はどうやってこの困難に満ちた最後の年を乗り切ったのだろうか。その力の源泉は三つあった。第一に最も重要だったのはサーシャが常に支えてくれたことだった。一九八四年の十二月に書いた毎年恒例の年末の手紙でスタンレーは彼女を褒め称え、その年早くに起こった最初の心臓発作について書いている。[64]

その体験に直面した誰でもがこれは大変だと言うが、これは話の一部に過ぎない。困ったときの神の助け。ケープの病院に入院している間、サーシャは毎日六十六マイル運転して愛と援助を運んできてくれた。今までこんなにも愛と献身を貰って祝福された人はいるだろうか。こういうときにそれが強く感じられるのだ。

二番目の力の源泉は仕事だった。大学に行き、出来る限りいつも通りにアカデミックな仕事を続ける。同僚のアーウィン・カッツはこのように述べている。

彼が病気に対処した仕方にはとても感銘を受けました……私は同世代の人間がこういった種類の試練、こういった経験を味わっているのを見たことはありませんでした。逃げ出す人、自分のことで手一杯になる人、消極的になる人もいるでしょう。彼は学生たちと仕事をし続け、自分の周りの世界と他者への興味を持ちつづけたのです。(65)

三番目の力の源泉は、ユダヤ教的な考え方にさらに深く関わることだった。あからさまにはしていなかったが、スタンレーはいつも自分をユダヤ人として強く認識していた。実際これは、ぽろっとこぼれ出る発言などのなかに、この自己意識の強さが感じ取ることができる。たとえば、数年前のミルグラムとチャス・スミスとのやりとりからそれをみることができるだろう。一九七七年の秋学期が始まるとき、当時の社会・性格部門の部門長であったスミスは、その部門の実行委員会のメンバーたちに、当初九月十四日に予定されていた新入生向けのオリエンテーションは、ユダヤ教の新年祭であるロッシュ・ハシャナーにあたっているので、九月十六日に変更されることになっていたが、議論すべき重要なことがたくさんあるので、会議はもとのままの十四日にしたいというメモを送った。その委員会のメンバーだったミルグラムはスミスに次のような返事を送った。

親愛なるチャスへ
迷惑をかけて申し訳ないが、この特別な祭日は五千七百三十八年前から予定されているものなので、私にとっては先約ということになる。日程は変更してくれた方が嬉しいのだが……。[66]

スタンレーはイスラエルを強く支持しており、イスラエルが国として生き残れるかどうかを心配していた。一九七六年の七月に、ウガンダのエンテベ空港でユダヤ人の人質がイスラエルの大胆な奇襲隊によって救出された後、イスラエルの首相に手紙を書き、自分が誇らしく思っているとともに連帯感を感じているということを表明した。彼らしいことではあるが、手紙の最後に、言葉は意味がなく重要なのは行動だ、そこでイスラエル国債を買うことにしたと書いている。また、親しい友達の家族が亡くなると、スタンレーとサーシャはたいていその物故者の思い出としてイスラエルの木を購入した。たとえば、アーウィン・カッツの妻ロイスの父親が亡くなったときにもそのようにしている。彼らはロイスに「私たちが勝手にしたことですが、〈あなたのお父さんの〉思い出としてイスラエルに何本かの木を購入しました。ガリラヤ、ベツレヘム、エルサレムに新しい命をもたらす苗木です……」[67]。さらに彼は、ロシア大使に手紙を書いて、投獄されている反体制派のナタン・シャランスキーを解放するように求める草の根キャンペーンにも参加した。

スタンレーは、長いこと手間暇をかけて、ハンガリー系ユダヤ人という自分のルーツをたどっていた。そして、ミルグラムという名前は、イディッシュ語でザクロを意味する言葉から来ているということを発見したのである。ザクロは、ユダヤ教のトーラーのなかで触れられているイスラエルの地を原産とする七種の果物の内の一つである（申命記八・八）。「だから、ミルグラム家というのは〈イスラエルを愛するもの〉なんだ。そして、ザクロ（ヘブライ語で rimon）もトーラーのシンボルなんだよ」といかにも誇らしく説明したことがある。[68] 家系図の調査をして、父の家系と母の家系から家系図を作ることができ、ルーマニアに住むいとこと連絡を取ったり、家系図イスラエルに住む伯母といとこを見つけて、訪問することもできた。

しかし、最後の数年については、これまでのどちらかといえばユダヤ教への文化的なアイデンティティだったものをはるかに超えていたようだ。彼は決して戒律順守のユダヤ教徒ではなかったが、しだいにユダヤ教の宗教的・精神的な側面に興味を持つようになっていた。たとえば、ときどき彼はトーラーを学ぶようになっていた。ユダヤ教に対する彼の考え方のこうした変化は、ラビのアヴィ・ワイスと知り合った結果である。ワイスはリバーデールのヘブライインスティチュートの近代派のユダヤ正統派集会での活動的なラビだった。[69] 長年、ラビのワイスはユダヤ教の新年祭や贖罪の日（ヨム・キプール）の午後にコミュニティに対する社会活動を続けていた。ある年のこと、ミルグラム一家がそれに参加して非常に感銘を受けたのである。ミルグラムが自らのユダヤ人としてのルーツに深く関わるようになった経緯については、一九八三年に書いて、同僚の何人かや学生たちにも話して聞かせたすばらしい子ども向けのお話のなかに見て取ることができる。それは、「少年が大人になるとき」というもので、バル・ミツバ（ユダヤ教の成人式）には参加しないと決心した十二歳の少年の目から見た物語である。[70] ユダヤ教を学んだりその戒律を守ったりすることへの制限が科せられたことからロシア系のユダヤ人とたまたま知り合ったのがきっかけで、彼は考えを変えユダヤ教の伝統を高く評価するようになっていったのである。

一九八三年十二月に彼とサーシャが友人たちに送った恒例の年末の手紙で、スタンレーはこのように手紙を締めくくっている。

今、私たちはリバーデールに戻って、今年もいい年だったことに感謝している。今後はどうなるだろうか。ふと、短いユダヤの歌が浮かんでくる。ヘブライ語なら十語で書けるんだけれども、翻訳すると長くなってしまう。年末のこの時期にぴったりのメッセージだろう……

すべての世界は
狭い橋
でも、思い出して欲しいのは
怖がらなくていいということ(71)

※
※
※

一九八四年十二月二十日木曜日の午後、スタンレーは学生の一人であるクリスティナ・テイラーの博士論文の口頭試問会の主査を務め、試問会は成功裏に終わった。その会合の後、午後四時ごろに、同じく博士号の審査委員会に参加していたアーウィン・カッツに気分があまり良くないと伝えた(72)。カッツはタクシーに乗って一番近い病院に連れていこうかと言ったが、ミルグラムはそうしたくなかった。「サーシャが待っているから、がっかりさせたくない」と伝えた。そこでカッツはスタンレーとグランド・セントラル駅まで歩いていき、リバーデールまで通勤電車に一緒に乗っていくと言った。三十分電車に乗っている間、スタンレーは面白い話をしてカッツを楽しませた。カッツはミルグラムがそんな話をするのは、自分の体調の悪さから気を紛らわせるためと、そしてカッツの気を楽にしようとしてのことだろうと思っていた。リバーデール駅ではサーシャが待っていて、すぐに彼らを車に乗せコロンビア長老派病院へ連れて行った。緊急病棟に到着すると、スタンレーは受付のデスクに歩み寄り、「私の名前はスタンレー・ミルグラムです。これが身分証明証で、五回目の心臓発作を起こしているに違いありません」と言った。

緊急病室に横たわり、死が目前に迫っているときでさえ、スタンレーのユーモアのセンスは影をひそめず、主治医に移植に使えるヒヒの心臓の在庫はないかと尋ねたのである(73)。これは、「ベビーフェイ」と呼ばれる赤ちゃんが、ヒヒの心臓を移植して二十日間生きたという最近起きた事例のことを言っていたのである。

一時間経たないうちに心臓はついに動かなくなり、彼は死んだ。五十一歳だった。

第12章 ミルグラムの遺したもの

アメリカの心理学はスタンレー・ミルグラムと愛憎半ばする関係を持ち続けている。服従研究は今や現代の心理学における古典の一つとなっている。心理学入門や社会心理学の授業では「必須」のトピックで、服従研究を掲載していない教科書は欠陥品だと思われてもしかたがない。社会心理学という学問は、常識からは予想できない社会行動について何かを明らかにすることができる学問なのだということを説明するときには、社会心理学者たちはいつでもこの服従研究の結果を引き合いに出すのである。ロジャー・ブラウンが言ったように「授業で教える社会心理学者のなかでミルグラムの実験が存在してくれたことを喜ばないような人がいるだろうか。彼が私たちの仕事を正当化してくれているのだ[1]」。

最近行われた調査によれば、ミルグラムは二十世紀の最も傑出した心理学者百人のなかの一人にランク付けされているが[2]、アメリカ心理学会が毎年授与する卓越した科学貢献賞という権威ある賞のいずれも貰っていない。受賞者にはゴードン・オルポート、アーヴィング・ジャニス、レオン・フェスティンガー、ロジャー・ブラウン、ソロモン・アッシュ、ジェローム・ブルーナー、エリオット・アロンソン。そしてかつてのハーバードのクラスメートであるソール・スタンバーグさえ受賞しているのだ。たいていの心理学史の本では、ミルグラムについてはほんの少しさらりと書いてあるだけである。心理学史において軽く扱われる一方で学者や研究者が相変わらず彼の研究を参照し続けているという事実にはずれがあった。

しかしミルグラムが少なくとも伝統的な「体制側」から認知されていないのは、いくぶんは彼自身の責任であると言える。これは、ミルグラムが一つのことを十分に調べきる前に次々とマスコミ受けのする現象へと飛び回る物好きめいた印象を心理学者たちに与えてしまったことにも大いに関係がある。ミルグラムの仕事を好意的に評価する人たちでさえ、彼のことを計画を立ててそれに従って時間のかかる研究をした第一人者であるとは思わないだろう。

いくらか奇妙な形で研究成果を発表しようと決めたことも、こういう印象の一因となった。大規模に行った異文化の同調研究を学術専門誌には全く発表せず、通例の科学的発表のやり方には逆らって、『サイエンティフィック・アメリカン』誌のみに公表した。普通の学者は、オリジナルな研究を発表するときに、一般向けの雑誌をまず最初の発表場所とは思いもしないし、そこにしか発表しないなどということは考えない。そこで、長い間、心理学者たちは、同調行動研究やそこからの広範囲にわたる研究プログラムについては知らないままだったのである。同様に、スモールワールド法についての最初の論文は、科学雑誌にではなく、一九六七年の『サイコロジー・トゥデイ』誌に掲載したのである(3)。この研究について彼が科学雑誌に報告をしたのはこれより後の一九六九年と一九七〇年だったのである(4)。

ミルグラムの服従研究は、社会心理学者のアロンソン、カールスミスたちが実験的リアリズムと名付けたものの典型といえる(5)。これは実験状況があまりに説得力があり実験参加者を巻き込んでしまうので、参加者たちは理性的に距離を置いて反応することができなくなる。それゆえ、実験から得られた知見の妥当性が増すのである。実験を行ってからもう四十五年も経つが、服従実験は、社会的・道徳的に大切なことを深く突き詰めるために実験的リアリズムを創造的な仕方で使った例としてますます比類ないものとなっている。

ミルグラムの研究は、人間の悪と破壊性の本質について、社会生活における道徳の役割について、社会的圧力、とりわけ権威が要求するならば私たちがいくらでも屈服してしまうことについて、現代社会のどこにでも存在する社会的組織の持つ階層構造の潜在的に非人間的な側面などについて、これらのさまざまな事柄について私たちがどのように考えているかをあからさまにしてしまうという効果を持っている。彼が示して見せたのは、悪いことをしていない人に対して破壊的な行動をするためには悪人や狂人は必要ないということである。ごく普通の正常な人が、正統な権威から命令されれば、自分一人なら決してしないと思われるおぞましい行動をしてしまうのである。

彼の研究は、私たちを直接取り巻く状況が思いもかけないほど強力な力を持っているということをはっきりと認識させた。そしてその力は、ときに私たちの善悪の感覚よりも強く働く。実験に参加した人たちが他者に有害でありうる命令に従ってしまう度合いは、犠牲者が近くなればなるほど低下し、逆に被験者と犠牲者の間にはさまる緩衝材となるものがあればあるほど増加するのである。

繰り返しになるが、ミルグラムの貢献は、人には権威に従う傾向があるということを教えてくれたということではなく、その傾向が思いもかけないほど「強力」であるということを示してくれたところにある。さらに、彼は、そうした極端な形での服従が起こるのはどのような要因によるのかということを教えてくれた。それは、その場面に関わる人に責任を委ねるとともに、その人の状況の定義を受け入れてしまえばよいのである。

服従研究は本来の領域をはるかに越えたところにまで知的な影響を与えている。(6) これはこの研究が人にとって幅広い重要性をもっている証であり、経済学、教育学、社会学、政治科学、哲学、芸術のような心理学を越えた分野にも関係があるものとされている。服従研究が広く知られていることを考えると、『アーカイブス・オブ・インターナル・メディシン』(7) や『インディアン・ジャーナル・オブ・ザ・ヒストリー・オブ・サイエンス』(8) のように多種多様な出版物で議論がなされていたり引用されていたりするのは驚くべきこととは言えないだろう。

彼の研究に対しての思慮に富んだ議論は、アーサー・ケストラーの『ヤヌスの双面』、ドリス・レッシングの『私たちが暮らすことに決めた牢獄』、そしてバリントン・ムーアの『不公正——服従と反抗の社会的根拠』といった著名な作家の本で見ることができる。しかし、まだまだ他にも服従研究を用いていろいろな作家たちがびっくりするほど多様なことを書いている。たくさんあるうちのいくつかをここで紹介しよう。

一九八四年、スウェーデン人の作家マリア・モディグは『必要とされる不服従』(Den Nodvandiga Olydnaden)と言う題の本を出版した。[9] 今にいたるまで三回改版されており、一番最近のものは二〇〇三年版である。この本の目的は、人が自分自身の生活にもっと責任を持てるように、自分が成長するために変化するというリスクを恐れないように、権威に服従しないという選択を含めて難しい選択をするように、人を力づけることである。ミルグラムに捧げられている本書は、服従実験に触発されたものであり、またそこから情報を得たものである。また、本書にはモディグが一九八二年五月にニューヨークで行ったミルグラムへのインタビューの一部が含まれている。

犬のトレーナーのスザンヌ・クロティアーは、『骨が空から降るかもね』という優雅な本を最近出版した。[10] そのなかで彼女は、直感的には人道的でないことではないとわかっているにもかかわらず、「犬の専門家」なるものが薦める残酷な訓練に飼い主が直ちに従ってしまう傾向に警告を与えている。

『ダイング・バイ・ディグリーズ』(Dying by Degrees)はカナダ人の作家、アイリーン・コグラン作の興味深い殺人ミステリーで、アルバータのとある大学の破廉恥な心理学者が実施するミルグラム流の服従実験をさらに邪悪にしたものを中心とした物語である。

服従研究はまた、ステージで上演される芸術にも長い期間にわたって影響を与えつづけている。前にも述べたように、ロックミュージシャンのピーター・ガブリエルは「命ぜられるままに私は行動する(ミルグラムの三十七)」という題名の歌を一九八六年のアルバム『So』に録音した(三十七という数はミルグラムが行った四つの近接実験のうち二番目の条件である音声フィードバック条件において服従を拒否した被験者のパーセンテージである)。またミルグラムという名前を持つフランスのパンクロック・グループは、『フィーアフンデルトフュンフツィヒ・フォルト（Vierhundertfunfzig Volt：ドイツ語で四百五十ボルトという意味）』というタイトルのCDを出しているし、ミジェットというイギリスの音楽グループが出したCDのタイトルは『ミルグラムの実験』というものだった。どちらの場合にも、音楽とミルグラムの研究がテーマとして関連していたわけではない。明らかに、これらのグループはミルグラムとその実験に魅了されただけなのだ。

同じことがロビー・チャフィッツにも言える。彼は一九九九年の夏の間、毎週オフブロードウェイで『スタンレー・ミルグラムの実験』という題の公演を制作した。それは「オリジナルな台本に基づく笑劇」として宣伝された。チャフィッツによればその公演は本当に服従研究についてのものではなかった。中学生のときにミルグラムの記録映画『服従』を見て以来、その実験にちなんだ名前のバンドを組みたかったのだった。[11] 唯一の問題は、彼は楽器が演奏できないことだった。チャフィッツの舞台上での笑劇と服従研究の間にあるただ一つのつながりは、両方とも見かけと中身が違うということだけだった。

ミルグラムの作品はまた劇的な想像力をかき立てた。それは、服従実験をもとにした映画や演劇があることからもわかる。二本の長編映画と映画科の学生が作ったいくつかの短編映画があるのである。長編映画のうちの一つは『十番目のレベル』（The Tenth Level：ジョン・トラボルタ主演、日本未公開）である。もう一つはフランス映画の『イは……イカルスのイ』（I……comme Icare 日本未公開）である。[12] これは一九七九年に制作されたイヴ・モンタン主演の映画で、フランスの最も成功した映画製作者の一人、アンリ・ヴェルヌイユが監督したものである。その映画が制作されていたとき、スタンレーとサーシャはフランスにいたので、ヴェルヌイユとモンタンは制作風景を見てもらうために、パリ郊外にあるスタジオに二人を招待している。

二〇〇二年二月、コンセプチュアル・アーティストのロッド・ディキンソンは、スコットランドのグラスゴーにある現代芸術センターで服従実験を再演した。彼は役者を使って、たくさんの被験者たち、実験者、学習者の役を演じてもらい、劇的に服従実験を再現し、それを映画として撮影して保存した。ディキンソンは細心の注意を払って、エール大学の実験室を復元し、もともとの備品や設備を複製している。

少なくとも四人の劇作家が服従実験をもとにした芝居の脚本を書いている。またあと数人が劇を書いている途中である。最初のものは一九七三年に出版された『パヴロフの犬』という劇で、ウェールズの詩人で劇作家だったダニー・アブジによって書かれている。(13)『トリヴァーのトリック』は、一幕の劇でバッファローの劇作家でジャーナリストであるアンソニー・カーディナルによって一九八七年に執筆された。(14)この劇は、服従実験だけでなく、ホロコーストからの生存者でカーディナルの近くに住んでいた人との交友から発想されたものである。彼は、この生存者とともにエルサレムで開催されたホロコーストからの生き残りの国際集会に出席していたのである。三番目の芝居は、ダフニ・ハルによって書かれた『モザイク』というもので、四場から構成されているブラックコメディーで、そのうちの一つが服従実験を劇向きに翻案したものである。(15)服従研究に影響を受けた最近の芝居は『あと一ボルト』という題名の長編劇で、ジョン・P・ラヴィンがカーネギー・メロン大学で演劇プログラムを専攻する大学院生だった二〇〇一年に書いたものである。(16)

もしミルグラムが今生きていたとしたら、間違いなく服従実験が劇作家たちに素材としてずっと使われ続けていることに非常に満足しただろう。彼は、実験と劇との間には密接な関係があると思っていたからである。そのことを彼は、「すぐれた実験は、すぐれた劇のように、真実を目の前に見せる」という格言もどきで表現している。(17)ミルグラムにとっては、研究室実験はある形式で行われた劇と言えたが、一つだけ重要な違いがあった。それは、実際の劇は初めから終わりまで脚本に沿って進むが、実験では、終幕に相当する被験者の行動はいつでもその場になってみなければわからないということである。(18)ミルグラムは、実験を行うときには劇の監督のようなものであり、技術的な詳細や演出、そして観客（報告書を読む読者）への意図した効果などに最新の注意を払っていた。かつて彼が語った次のようなコメントは、彼の、そして他の何人かの社会心理学者の実験に対する考え方を要約したものとしてふさわしいものである。すなわち、「化学や物理の実験には光り輝く道具やフラスコ、電子機器がつきものだが、社会心理学の実験に必要なのはどちらかというと演出法とか劇場といったようなものだね」。

ミルグラムにとって、演劇はそこから実験の目的を見るための視点をも提供してくれるものであると同時に、実験の目的を達成するために使わなければならない手段でもあった。このことはダニー・アブジとのやりとりから明らかである。アブジは『パヴロフの犬』という演劇の台本の序文のなかでミルグラムが被験者を騙したことや彼らにストレスを与えたことを強く非難した。彼は、「実験者がある程度までヒムラーの役割を演じなければ、あれだけの数の被験者がアイヒマンのように振舞うはずがない」と主張した[19]。

ミルグラムの反論は、アブジの台本と序文が載っている本のなかに掲載されているのだが、そのなかで彼は、自分が（騙しではなく）「技術としてのイリュージョン」と呼んでいるものをどう使うかについてアブジが手ひどく批判していることに驚いている。というのは、「演劇者としてあなたはイリュージョンがものごとを明らかにする機能を持っていることはわかっているはずです。実際、劇がうまくいくかどうかは、その仕掛けをうまく使えるかどうかによるのです[20]」。そしてさらに、劇作家と実験者はどちらもよい目的のために技巧をこらしている。演劇の場合は楽しみと知識を豊かにするという目的のために、また実験の場合は普通では手にすることが難しい真理を明らかにするという目的のために、と付け加えている。舞台と実験室の類似性についても触れている。どちらの場合も、参加者は事実と違う見せかけを受け入れているというのである。芝居好きな人ならば、老人だと思っていた役者がメーキャップを落としたら非常に若かったとしても別に騙されたとは思わないだろう。同様に、服従実験に参加した被験者たちの多くも、実験の説明がなされさえすればその実験には価値があったと思っているのである。

約四十五年前の実験が持っている重要で意味深い点は、組織のなかに潜む本質的な危険についていつでも警告を発し続けているということだろう。組織という環境は私たちの現代生活のなかで中心を占める。マーケティング、経理、そしてマネジメントの分野のプロフェッショナルは、服従研究から実務上の教訓を引き出すとともに、それぞれの分野で実践をしている人たちに対して、ミルグラムの『服従の心理』のなかで、人間が「体制的構造のなかに人格を埋没させると、自主的な人間が姿を消して新しい動物が出現する。その動物は、個人的道徳の制約に妨げられることなく、人間らしい抑制から解放され、権威による賞罰のみを気にする動物なのである(21)(『服従の心理』二四四ページ)」と警告していることに目を配っている。個人の責任が消失するということについてよく知識を得ておけば、自動車メーカーの従業員が上司の命令に従って安全でない車を作ってしまったり、たばこ会社の社員が一般大衆に対しての嘘偽りのある情報が含まれている営業の方針に目をつぶったために後に起こる悲劇を未然に防ぐことができるはずなのだ。図12-1のイラストは、ビジネス倫理学の授業で使われている教科書に載っていたものである(22)。ビジネスの世界では、上役から倫理に反するような命令を押しつけられる可能性がある。著者は、服従研究を例として使って読者に警告しているのである。

いくつかのビジネススクールの教授と管理者たちから聞くところによれば、ビジネスを取り巻く環境において少なくともいくつかは具体的な形で人を大切にする方向への変化が見られるようになってきているが、それもミルグラムの見出した知見とそこから得た彼の洞察のおかげといえるとのことである。その例として、すべての場面における意思決定に従業員を関与させる傾向が増大しつつあること、自分自身で決定をするように奨励することと、ホットラインを開設したりオンブズマンを配置して間違った行為を通報したり、道徳的に問題のある命令を表沙汰にすることなどがある。

心理学以外に目を転じれば、服従実験が最も広く影響力を及ぼしているのは、法律の学問と実践の分野である。アメリカの最高裁判所の訴訟事件摘要書のいくつかで、服従研究を引用している。法律・判例などのデータ

「ミルグラム博士，先生が私にこんなことをしろと言われるなんてショックです……もっとショックなのは，私がそれをしているってことです」。

図 12-1　権威の通電力

ベースシステムであるレクシスネクシスを使って最近調べてみたところ、一九八三年以降で百六十五件の法律関係の評論誌・雑誌がミルグラムの実験を引用していた（あと十二件あるが、それはミルグラムの他の研究を引用しているものである）。服従研究の引用はほんの少しに留まるものもあるが、引用が中心的な位置を占めているものもある。サンディエゴ大学の法学部の教授のハワード・ハートウェルによる学生たちがそれぞれ小額裁判所（小額の訴訟を扱う簡易裁判所）で、訴訟当事者たちにアドバイスをするという教育課題の記述のなかに示唆に富む事例が見られる。この課題を行うとき、彼は学生たちに、もし相談する必要があれば、隣の部屋にいるので言ってくるようにと伝えてあった。ハートウェルはこう書いている。[23]

「依頼人たち」というのは、実のところサクラが一人だけでやっていたんだ。そのサクラの女性がそれぞれの学生のところに行っては家賃に関する争いで自分の立場をどう法廷で言ったらいいかについてアドバイスを求めていたというわけである。私は学生たちに、依頼人には家賃はもうすでに支払ったと偽証しなさいとアドバイスするように言ったのである。どうしてですかと学生が説明を求めてきたときには、一様に「もしも依頼人が訴訟で勝ちたいのなら、偽証しなさいと言わなければいけないというのが私のアドバイスです」と答えた。学生たちには、権威への忠誠と決められている倫理綱領の間での綱引きを感じてもらいたかったのである。二十四人の学生の多くが私のアドバイスについて私か依頼人に対して不満を述べていたが、二十三人は依頼人に偽証するように言ったのである。

おそらく、法律の分野で服従実験が最も重大な形で使われたのは裁判の宣誓証言の場面だろう。そこではこれらの実験（そして、他の基本的な社会心理学研究も含めてだが）から得た教訓が実際に人の命を救ったのである。一九八〇年代後半、社会心理学者のアンドリュー・コールマンは、南アフリカで群衆が暴徒化した騒動の渦中で発生した殺人を告発されている十三人の被告人に関する二つの裁判で、鑑定人として証言した。[24]裁判所は、権威に対する服従を含むいくつかの社会心理学現象には情状酌量の余地があるという彼の証言を認め、被告人のうちの九人は死刑を逃れることができたのである。

服従研究においてミルグラムが見つけ出したのは、めったにないタイプの知見だった。すなわち、その知見を人が自らに適用することによって自分の行動を変えたり、自分自身や他者がいったいどういうものなのかについての洞察を得ることができるようなものだったのである。数え切れないほど多くの人たちが服従研究について学んだことによって、恣意的で不当な権威に抵抗できるようになった。ミルグラムが亡くなったあとの追悼集会で、彼の指導を受けたある学生がミルグラムが大きな影響を与えた一つの事例について語っている。(25)最近まで彼はあるラテンアメリカの国に住んでいた。その地で独裁政権に反対していた人たちはミルグラムの研究を大切に受け取っていて、それが暴政に抵抗する勇気のもととなっていたというのである。

一九八二年のこと、ミルグラムは、一九六七年に行われた服従研究のあるバリエーションの被験者で、当時ミネソタ大学の大学生だった人から手紙を受け取った。手紙では彼はミルグラムに対して、「自分自身のことについて、そして自分が持つ価値の意味を理解するために非常に役に立ちました」と感謝していた。(26)そして、「あなたの本『服従の心理』を読むのは、この実験について自分の内省がこだましているのを聞いているようなものです。私は今も昔も礼儀正しく、親切で、知的だと思っています。あなたの本に書いてあったようなことを私がするわけがないと思っていました。しかし、私はそういうことをしてしまったのです……実験に参加する以前よりも正しい人の行動がどういうものなのかについての価値観をよりしっかりと持てるようになったとは思いますが、そうした価値観は、密かに忍びよる権威の力に打ち勝つためには、もっと深いところで自分のものとする必要があるのでしょう」とも書いていた。

エドアルド・グラッキーという名のスウェーデン人は、自分の過去を意味あるものにしてくれたのはミルグラムのおかげだと思っている。「私はユダヤ人で、一九七〇年代にアルゼンチンのファシストの刑務所で七年を過ごしました……私を拷問にかけ、友人を殺した人間のほとんどは〈普通の人間〉だったのです。私は数年前ミルグラムに出会うことができ、そのおかげで私はこの世界を理解することができるようになったのです……」(27)。

そしてクロアチア人の心理学者、ベラ・クベラは目の前で展開された出来事を理解するためにミルグラムの本を読んだ。「最初に［ミルグラムの］服従研究に関する本を読んだとき、実験室で彼が観察した行動自体に魅了されました。ボスニア・ヘルツゴヴィナ戦争の真っ只中で私は同じことが実際に起こっていることを見ることができました。もちろんそちらの方には魅了されはしませんでしたが。しかし、手元にはその本がありましたから……しばしばそれを読み返して、多くの残虐行為の背景にある現象を彼がなんとうまく摘出しているのだろうと、彼の研究にますます引きつけられることになったのです(28)」。

「メタフィルター」というコミュニティ・ウェブサイトの掲示板に次のような投稿がある。(29)「ここに『服従の心理』の本がある。そこに書かれたものは、人類というものに対する小さな嫌悪の炎を生み出し、私は夜の間も熱くなってしまう。おおげさでなく、私は本当にミルグラムの服従実験が……大学で学んだことのなかで最も重要なことだというだけでなく、私が学びうる限りのことのなかで最も重要なことなのではないかと思う」。

❊ ❊ ❊

服従実験は、広い範囲に渡って学問的な論争を巻き起こしているが、ホロコーストを理解するという点において、おそらく、最も意味が大きい。ミルグラムの研究は、ハンナ・アレントの「悪の陳腐さ」という観点に科学的な基盤を提供している。「悪の陳腐さ」とは、ホロコーストの説明として、単にナチスのリーダーと実行者を悪とし、その行動は合理的には解釈し得ないものであるとするそれまで一般的だった考え方に異議を申し立てるものだった。ミルグラムが主張したのは、社会科学の道具と言語を利用すれば、そうした行動も研究することができるということで、新しい観点が成立するのを助けたというわけである。ミルグラムの意見への賛否は別として、彼の論点はホロコーストを説明しようとする人びとにまじめに取り上げられている。たとえば、論争を巻き起こしたダニエル・ゴールドハーゲンの本(30)『普通のドイツ人とホロコースト――ヒトラーの自発的死刑執行人たち(31)』の書評に、「[ゴールドハーゲン]は、今や自分がハンナ・アレント、スタンレー・ミルグラム、ロール・

ヒルバーグ、ヤフダ・バウアーと並んで、偉大なるホロコーストの理解者に値すると主張している」のように書かれている。

ミルグラムは自分の研究がホロコーストの理解にどのように関連するかを次のように述べている。

一般的には、犠牲者に最も強いレベルのショックを与えた人間は極悪非道で、社会のなかではサディストといわれる人間だという説明がなされる。しかし参加者のほぼ三分の二が「服従した」被験者の範疇に入り、そして彼らが普通の人から選ばれているということを考えると……議論は非常に危なっかしいものになる。本当に、これはハンナ・アレントの……『イェルサレムのアイヒマン――悪の陳腐さについての報告』と関連して起こった問題を大いに思い起こさせる。アレントは、アイヒマンを極悪非道のサディストとして描写しようとした検察側の努力は根本的に間違っており、むしろただ単に机に座って仕事をしていた平凡な官僚に近いと強く主張したのだ……私たちの実験で何百人もの普通の人が権威に服従したことを見るにつけ、アレントの「悪の陳腐さ」の概念は、思った以上に真実に近いと結論を下さざるを得ない。普通の人が犠牲者にショックを与えたのは、その義務があると考えたからであって、その人自身に特別に攻撃的な傾向があったわけではない。おそらくこのことが私たちの行った研究から得られる最も基本的な教訓だと思う。すなわち、相手に対する特段の敵意も持っていない、単に仕事をしているだけの普通の人が恐ろしく破壊的なプロセスの手先になりうるのだ。[32]

ミルグラムは、彼の実験室で見られた服従とナチスドイツで起こったものの間には「起こった状況と対象とする範囲が大きく違う」と認識していたが、「両者の中心には共通する心理的なプロセスがある」と主張した。[33] この実験は、階層的関係からなりたつものすべてに当てはまると信じていた。そこでは人びとが合法的な権威の手先になることを厭わず、その組織に自分の責任を預けてしまうようになるのである。一旦そうしてしまうと、自分の行動を導くのは自分の良心ではなく、権威を持つものの要求をいかにうまく実現するかということだけである。

ミルグラムの研究をホロコーストに適用しようとする場合、ある重要な区別を心にとめておかねばならない。説明に使うことと弁解に使うことの違いである。ミルグラムのアプローチによれば、普通の人がどれほど異常なほど残酷に行動させられるかの説明にはなるが、だからといってそうした行為が許されるわけではない。ミルグラムはこの区別について『服従の心理』のドイツ版の序文の草稿にははっきりと書いていたが、最終的には掲載されなかった。

この本はドイツ語に翻訳されるにふさわしい。なぜなら、これはドイツ人と特別の関連があるからだ。結局のところ、言い訳に持ち出されるのが服従だ。本書に掲載されている実験を行ったあとの私の考えだが、もしも強制収容所やガス室のような施設がアメリカにあったとしたら、その施設を運用するアメリカ人はもちろんいたことだろう。とはいえ、盲目的な服従をする可能性が誰にでもあるからといって、ドイツ人がその可能性としての残酷さや虐殺を実際に現実のものとしてしまったことが許されるわけでもない。

スタンレー・ミルグラム(34)

ミルグラムのアプローチはかなり説得力のあるものだった。これはたしかに、第二次世界大戦が終わったときのニュルンベルグで開かれたナチスの指導者たちを裁く戦争犯罪裁判において、繰り返し繰り返し聞かれた「私は命令に従っていただけだ」という弁明とも一致している。また、アレントもアイヒマン裁判を分析した本『イェルサレムのアイヒマン――悪の陳腐さについての報告』(35)で同様のことを指摘している。それによれば、アイヒマンはごく平凡な人物で、犠牲者を憎んでいたのではなく、単に、自分が昇進したいという欲求によって動かされていたというのである。

ナチスの追跡者でアイヒマンをイスラエル秘密警察が逮捕する手がかりを提供したサイモン・ウィーゼンタールも同じような印象を持っている。彼はアイヒマンのことを「全くブルジョア的な、ごく普通の人間で、実際のところ、全く問題なく社会に適合している人間である……血に飢えている殺人者ではない」。[36]

ある歴史家は、ホロコーストの最中に起こったいくつかの出来事とミルグラムの服従実験の間に直接的な関連性を見出しさえしている。クリストファー・ブラウニングは、『普通の人』のなかで、一九四二年から四三年にかけてユダヤ人を見つけ出すためにポーランドの田園地帯を駆け回ったナチスの移動殺人部隊の活動について記述している。そのメンバーが指揮官の命令に従って冷血にも殺したユダヤ人の数は、最終的に三万八千人にものぼる。ブラウニングは「第一〇一警察予備大隊」のメンバーが行った行為とミルグラムの実験の被験者たちの行動を詳細に比較した上で、「第一〇一警察予備大隊のメンバーのやったこととその証言には、ミルグラムの洞察の多くが正しかったということがはっきりとした形で示されている」と結論づけている。[37]

「悪の陳腐さ」という考え方は、ホロコーストに関して最も重要な歴史家であるラウル・ヒルバーグの著作のなかでも支持されている。[38] ヒルバーグは、ナチスがあんなにも大規模に破壊的な計画を実行することができたのは、熟練した技術と標準化された手順を実施することができるたくさんの官僚と実行者を活用できたからだと指摘している。彼が挙げている事例のなかの一つに、ドイツ鉄道会社が、国外追放されたユダヤ人を一人運ぶごとにナチス親衛隊に対して請求書を発行していたというものがある。

このヒルバーグの議論を裏付けるのは、最近の歴史研究の成果としてわかってきたことで、ナチスが権力を握ったときに、ある種の職業につく人たちは、特に何の問題もなくナチスの教義とその命令を日常の活動のなかに取り込んでいたという事実である。法歴史学者リチャード・H・ワイスバーグは、ナチス支配下のフランスで誕生したビシー政権のもとでフランスの弁護士と裁判官がどう行動したかを研究した。ビシー政権では人種法を成立させており、その結果、七万五千人のユダヤ人が国外追放され、ナチスの死の強制収容所に送られることになったのである。彼はこう書いている。

ビシー政権が成立していた丸四年の間、法曹界の活動はあまねく広がっていた。裁判所はいつも通りに機能していた。ビシー政権の指導者であるペタン元帥への忠誠の誓いという普通ではないようなものに縛られてはいたが……弁護士たちは……人種・宗教・民族に基づく追放という新しい題材に取り組み、膨大な量のものをなんらの抵抗もなく処理していた。法律学者たちは反ユダヤ法というトピックについての博士論文を書き、それを出版し、排除という問題を「中立の立場から」議論することによって若き法律教授という評判を確立していったのだった。(39)

同様に、ドイツの心理学者たちもナチスが政権を取ったあとも一般的には「そのまま仕事を続けた」。ヒトラーが権力を取った後に作られた最初の反ユダヤ法は、「民間サービスの再構成法」で、その法によってユダヤ人の大学教授は大学から解雇されるようになったのである(40)（そのなかには、ゲシュタルト心理学の創設者の一人であるマックス・ウェルトハイマーも含まれていた）。ドイツ心理学会は解雇された同僚たちを全く手助けしなかった。その代わりに彼らがしたのは、大学当局に対して空席になったポジションに代わりの人を入れるように要求して、解雇で影響を受けた大学が引き続き心理学を続けていけるようにしたことである。(41)

権威への服従がホロコーストを理解する際の鍵になると指摘したミルグラムの立ち位置は正しいと言える。権威への服従は、ナチスのイデオロギーにおいて、そしてドイツ文化一般において高い価値が置かれてきたものだからである。たとえば、ナチスの若者に教義を教え込むための十二項目の戒律の最初のものは、「総統はいつでも正しい」というものだった。[42] ドイツでは子どもたちは何世代にもわたって、もじゃもじゃ髪のピーターのような教訓話で育てられていたが、そこで教えられる教訓では、言いつけに従わない者には強烈な暴力をともなう結果が待っていた。

絵本として出版されることが多かったもじゃもじゃペーターの話はこうである。最初は、母親が小さな息子に、でかけるので留守番していなさいというところから始まる。そしてこれから起こることを予告するように、言うとおりにしないと仕立屋さんに連れて行くよと脅すのである。母親が家を出るやいなや、男の子は家を飛び出す。母親が戻ってきて息子が言いつけを聞かなかったことを知り、息子を洋服屋に引きずっていく。絵本の最後は、その男の子が仕立屋から泣きながら出て行くところで終わっているが、その子の指はちょん切られていて血がだらだら垂れているのである。

しかし、服従実験は本当のところどれくらいホロコーストを説明できているのだろうか。歴史的な記録にぴったりあうのだろうか。本当に、服従していたナチスの末端の兵士は上官からの人殺しをしろという命令を、被害者に対するなんらの憎しみも敵意もないのに機械的に実行していたのだろうか。

前にも述べたように、ミルグラムはアレントの「悪の陳腐さ」の議論は自分の研究の知見とその結論に一致していると思っていた。しかしながら、ホロコースト関係の文献を呼んでみると、アイヒマンが示したような冷たく、感情を示さず、義務によって行動をするというのがナチスのやり方の特徴であるという考え方には、疑念がわくというのも確かなのである。そもそも、アレントによるアイヒマンのとらえ方にも異議が申し立てられている。歴史家のヤコブ・ロビンソンによれば、アイヒマンはできる限り多くのユダヤ人を殺害目的の強制収容所に送り込もうとしており、その意欲や努力、熱意を見れば、明らかに義務の範囲を越えている。[43]

さらに、苦しみをひどいものにするために、ユダヤ人への大規模な行動の多くは、ユダヤ教の祭日にぶつかるように設定されていた。たとえば、ワルシャワのユダヤ人の強制輸送はティシャーバブの前夜（一九四二年七月二十二日）に始まった。[44] この日はエルサレムの神殿の崩壊を記念する哀悼の日にあたる。歴史家のマーティン・ギルバートによれば、「一九三九年九月にポーランドに侵略した初期の頃から、ドイツ軍は特別な残虐行為をするのにユダヤ教の祭日を選んでいた。そこで、ユダヤ人たちはこれらの日のことを〈ゲッペルスのカレンダー〉と呼んでいたのである」という。[45] このように、ナチスは自発的に創造的な方法で熱心に犠牲者たちを貶《おとし》め、傷つけ、殺したという歴史的な証拠を見ると、彼らの行動が権威に対する単なる服従であったという説明とは相容れないものがある。これらの犯罪者が自分のやっていることを嫌悪し、犠牲者たちに対する憎しみもなくやっていたとは思えないからである。彼ら自身のなかに元々あったものから来ているに違いない。

例としてあげられるのは無数にあるが、たとえば、「シモーヌ・ラグランジュはアウシュヴィッツに送られたが、ある日のこと、父親もそこにいるのを見た。父親は、前を行進している男性の列のなかにいたのである。彼女が手を振ったところ、あるナチス親衛隊員は、本当に父親なのか尋ねた。「じゃあ、キスしていいよ、お嬢さん」と彼が言ったので父親のもとへ走り寄った。すると、その親衛隊員はその父親を撃ったのである」[46]（「リヨンの虐殺者」と呼ばれたクラウス・バルビーの裁判における目撃者の証言について書いたジャーナリスト、リチャード・リーヴズによる）。

マイダネク強制収容所で毎日のように行われていた残虐行為について、生存者が次のように書いている。[47]「ナチス親衛隊の日常的な習慣はユダヤ人を重いブーツで蹴ることでした。ユダヤ人たちは気をつけの姿勢で立つことを強要され、そして骨が折れるまで親衛隊員が蹴り続けました。近くにいた人の耳にはその犠牲者の骨が折れる音がしばしば聞こえたのです。そんな事をされた人たちは、あまりにひどい苦痛のなかで、苦悶しながら死んでいったのです」。

またウクライナのウマンという町で活動した行動部隊とよばれる移動殺人部隊は次のようなことをしている。あるドイツ軍の将校が説明したところによると、この地域のユダヤ人は空港の近くに集められ、親衛隊や他の民兵に取り囲まれた。ユダヤ人たちは整列し服を脱ぐように言われ、持っているものすべてを差し出すように言われた。そして、堀の前に並ぶように言われた。そして彼らは銃撃され、堀に投げ込まれた。目撃者によれば、誰一人として見逃されなかったということである。

生後二、三週間の子どもに乳を飲ませている女性さえも、この恐ろしい出来事から逃れることはできなかった。それどころか、母親たちは自分の子どもたちが小さな足を逆さづりにされて、銃の台尻やこん棒で一殴りされて殺され、堀のなかの死体の山の上に投げ込まれるところを見なければならなかったのである。その内の何人かはまだ息をしていたのに。この世にあるすべての拷問のなかでも最もひどいことを見せられた後で、彼らもまた銃弾を受け、このひどい光景を目にすることはなくなったというわけである。(48)

この場を目撃した人は、これらの殺人者たちが「この仕事をするのが自分の一生の仕事であるかのような熱心さをもって」やっていたと、感慨深く書いている。

最後の例は、第二次世界大戦中、アメリカ軍の将校だったユダヤ人、マイヤー・ビーンバウム中尉の回顧録からの胸を引き裂くような話である。

戦争終結時、彼の部隊はブーヘンヴァルドに付属する強制収容所であるオードルフにやってきた。一見したところ、生命の兆しは何も見えなかった。「憎しみの最後の一発を放って」撤退していったドイツ軍によってマシンガンで撃たれ、殺されたばかりの死体の山に迎えられたのである。ビーンバウムは生存者がいないか探し、チフス病棟に二人見つけた。二人ともとても弱っていてほとんど動けず、それが幸いして仲間の捕虜たちが巻き込まれた悲運から逃れられたのだった。あまりにも病気が重く、中庭に集まれという命令に従えなかったのだ。仲間はそこで殺されたのだった。二人ともユダヤ人で、一人は三十五歳のポーランド出身の男で、もう一人は十六歳のハンガリー人の少年だった。最初に彼らは一切れのパンを欲しがった。二人とも殺された家族のことを思い出すと我慢できず啜り泣いた。ビーンバウムは次のように語る。

痛切な啜り泣きが十五分も続いたかと思うころ、十六歳の少年が突然私を見つめて、どのように懺悔をしたらいいか教えてくれと言ったのだ。私はこの質問に面食らって、彼をなだめようとした。「地獄のなかを生き延びたんだから、懺悔なんかしなくていいんだよ。君は何も悪いことなんかしていない。そして、生きているのだからしっかりして、懺悔なんか考えていちゃいけない」と言ったのだ。しかし、私の言うことなど彼には効かなかった。説得できなかったのだ。彼は、「懺悔しなくちゃ、懺悔をしなくちゃ……」と言い続けていた。

とうとう私は彼に、「いったいどうして懺悔が必要なんだ?」と尋ねた。話すことによって彼の目のなかに見て取ることのできる苦痛をいくらかでも楽にしてあげることができるのではないかと思ったのだ。彼は窓の外を指さして絞首台が見えるかと尋ねた。私が外を見るとようやく納得して話を始めた……。

〈二カ月前に収容者の一人が脱走した……収容所の所長はこの脱走にかんかんに怒り、脱走したのは誰か詰問したのだが、誰も彼が求めている情報を提供できなかった……所長は怒り、僕らを巻き込んで残虐なゲームをすることにした。彼は、兄と弟あるいは父と子がいたら前に出て来るようにと言った。言うとおりにしないといったいどうなるかわからなかったので、父と僕は進み出た。

奴らは父を絞首台の下の踏み台の上に立たせ、綱を首に巻きつけた。綱を父の首に巻きつけるとすぐに所長はルーガー銃の引き金に指をかけ、僕のこめかみに当て、「誰が逃げたのかを言うか、踏み台を蹴っ飛ばすかのどちらかを選べ」と怒りながら言った。僕は父を見て「心配しないで、父さん、僕はそんなことしやしないよ」と言ったが、父はこう答えた。「息子よ、そうしなさい。おまえの頭には銃が突きつけられているんだ。もしそうしなければ、お前は殺される。その後で、私の下にある椅子を蹴飛ばすから、二人ともおだぶつだ。言ったようにすればおまえには少なくとも生き残るチャンスはある。そうしなければ、両方とも殺される」。

「いやだよ。父さんのこと尊敬しているもの」。

僕の言葉に慰められるどころか、父は突然わめき散らした。「尊敬しているというなら、踏み台を蹴るんだ。これは父の命令だ」。

「嫌だよ、父さん、僕はやらない」。

けれどももし僕が従わなければ目の前で殺されることになるのがわかっていたので、父はただ怒るばかりだった。「父さんと母さんを尊敬しているなら、これはその父親の最後の命令だ。言うことを聞け！　椅子を蹴るんだ！」と叫んだ。

父がわめき散らしていて、僕は怖くなった。わけがわからなくなって椅子を蹴った。そして父の首が綱にしめられるのを見た〉。

話は終わり、少年は私を見つめた……私の目からは涙がとめどもなく流れ、そしてこう言った。「わかった。懺悔をしなくてはいけないのは僕たちの方だ」(49)。

しかし、一九六三年から六五年にかけてフランクフルトで行われた、アウシュヴィッツで仕事をしていた二十二人のナチス親衛隊員の裁判についての本の序文に、アレントの「悪の陳腐さ」の論点といくつかの点ではっきりと食い違うことが書かれている。この本に掲載されている目撃者による証言のなかに、被告人たちの犯した想像を絶する拷問と殺人の記述がある。序文の筆者は、本文のなかに描かれている恐怖について次のように考察している。

幼児を放り投げて射撃の的にしろとか、生きたまま火のなかに投げ込めとか、壁に頭を叩きつけろと命令した人がいたわけではない……無数の個々人の犯罪が、それもますます恐ろしいものが次々と生まれ出て、大量殺人という巨大犯罪を生み出す雰囲気を創りだしたのである。(50)

この序文を書いた人こそ、まさしくハンナ・アレントなのである。ホロコーストには、忠実な官僚とは異なる側面もあったということを彼女は認識している。そして、フランクフルトでの裁判のことを「いろいろな意味で、イェルサレムのアイヒマン裁判に欠けていたものを補う役割をはたしている」と述べている。そういうわけで、アレントの「悪の陳腐さ」という言葉はナチスの破壊的な側面の本質を記述する言葉として一部の人に使われているが、アレント自身はさらに広い意味での真実を理解していたようである。

一方、ミルグラムのアプローチもホロコーストの説明として完全というわけではない。大量虐殺というナチスの政策が、ごく普通の市民が悪意も無しに義務意識から仲間の市民の殺害に加わったという熱意もない服従よりも大きな役割をはたしていたのは明らかである。同時に、ごくありふれた普通の人の受動的・能動的な共謀がなければ悲劇はこれほどまでに大きくならなかったはずなのだ。ジャガイモをブレーメン港に向けていつも通り出荷するのと同じ程度の感覚で、ユダヤ人をアウシュビッツに送り出していた冷静な官僚の義務から生まれる破壊傾向ならば、ミルグラムのアプローチでもうまく説明できるが、もう一つのホロコーストの特徴でもあるもっと熱烈で憎しみに基づく残酷さという方はうまく説明していないように思われる。

しかし、たとえそうだとしても、ミルグラムの考えはホロコーストに関して次のような点で重要な説明力を持っている。ドイツ人の大多数は熱心だろうがそうでなかろうが、いずれにせよ「直接的に」ユダヤ人殺害に関わったわけではない。しかし、ドイツ人たちは一九三三年に始まり、しだいにユダヤ人を経済的に追いつめ社会的な孤立にいたらしめるようになったさまざまな法令（たとえば、職場からの解雇、ビジネスの「アーリア化」、夜間外出禁止、公共交通機関や電話の利用制限など）を容易に受け入れ、それが最終的にはユダヤ人絶滅につながっていくのである。この点については、国家公安本部長官であるハイドリヒはドイツ人すべてのことを一種の補助的な警察とみなし、ユダヤ人が「行儀よく振る舞う」ようにさせ、不審なことがあれば報告するように期待していたのである。(51) ユダヤ人たちが強制輸送のために集められたときに、その友人を守ろうとしたドイツ人たちはほとんどいなかった。ミルグラムの研究は、たしかに大多数のドイツ人が従順な共犯であったことについて語っているのである。

ミルグラムの説は、喜々として残虐行為を行ったナチスの残酷な殺人者の行為を解明する役に立つかもしれない。ミルグラムは破壊的な服従には二つのプロセスがあると論じた。一つは、自分の責任を放棄して担当者にその責任を委ねてしまうことである。ミルグラムはこれを「代理状態に入る」と呼んだ。もう一つは、権威者によるその場面の状況、現実の定義を受け入れることである。ミルグラムは、「人には、権威者による行為の定義を受け入れてしまう傾向がある。これは、誰かが何かをしたとして、その行為の持つ意味は権威者の定義するところに任せてしまうということである」と述べている。(52) 責任を放棄して命令者である権威者に委ねてしまうことによって、その人は自分の行動が道徳に合致しているかどうかを判断しないですむようになる。権威者がその人の代わりに判断してくれるからである。ナチスの指導者たちがユダヤ人たちに関して行った「行為の定義」は、ユダヤ人は「人間ではなく、接触するとドイツ人にきわめて有害な病気をうつす下等動物で害虫の一種である」というものだった。(53) たくさんのナチスのメンバーが熱心に工夫をこらしてユダヤ人の犠牲者を殺害したことから、ユダヤ人に対する根深い憎しみがそこにあったのだろうと考えられることが多いが、ミルグラムが提案した二つの過程があるおかげで、彼らは罪の意識を感じずにすんだのだろうということは間違いない。

三番目に、ミルグラムの服従研究のパラダイムの特徴の一つは、与えられるショックが次第に強くなっていくということだった。学習者の「苦しみ」が緩やかに、少しずつ強まっていくのである。このようにショックを与えるというやり方が「被験者を役割に強く繋ぎとめている」要素のうちの一つだとミルグラムは考えていた。[54] 実験室での破壊的な服従を促進する要因として、場面が次第に展開するというのが重要であるということは、ナチスがユダヤ人を犠牲にするやり方を次第に過激化させていったことを思い起こさせる。ヒルバーグはこのように書いている。

破壊の過程は決まったパターンで展開されていた……ステップごとの段階を踏むのである……破壊のプロセスの段階は次のような順序で進行する。まず最初に、「ユダヤ人」の概念が定義される。次に、資産の没収作業が始まる。三番目に、ユダヤ人がゲットーに集められる。そして最後にヨーロッパにいるユダヤ人を絶滅するという決定がなされるのである。移動部隊がロシアに送り出され、それ以外のヨーロッパでは犠牲者は殺害するための収容所に運ばれた……これが段階を踏んで進められた官僚的な破壊のプロセスであり、その結果として五百万人の犠牲者が抹殺されたのである。[55]

ミルグラムは、ショックが増加していくという自分の実験手順の特徴について、「この実験室で実験している間は、一つの行為が次の行為に影響を与えるという次第に展開していくプロセスである。服従するという行為は繰り返される行為なのだ」[56]と述べている。これと同じことがヒルバーグの「(すでに述べたようなつながりをもつ性質がある) 破壊のプロセスの手段は、単独で存在するものではない……それにはかならず結果がともなう。破壊のそれぞれのプロセスには次のステップにつながる要素が内在しているのだ」という主張のなかに見て取ることができる。[57]

ミルグラムは、私たちがこれまで知らなかった人間の本質について、つまり私たち自身について、深淵ななにものかを明らかにしてくれたのである。それは、私たちが権威からの命令に従う傾向がどんなに強いものであるかということであり、私たちはそれらの命令が道徳原理と矛盾するときでさえ従うのである。しかし、いったん私たちが権威にごく簡単に従ってしまうことを知りさえすれば、好ましくなかったり、非難に価したりするような命令に対して対抗策をとることができるようになるのである。

これに相当することが発生している重要なところと言えば、アメリカ軍である。アメリカ軍はミルグラムの実験を真摯に受け止め、それに取り組んでいる。一九八五年、服従実験の研究論文に取り組んでいたある大学生が、米国陸軍のウエストポイント士官学校に手紙を書いて、ミルグラムの研究が「学校のなかで重要なプログラムとして取り扱われているのか」どうかを尋ねた。それに対して彼女は、行動科学とリーダーシップ部門長のハワード・T・プリンス大佐から返事を受け取った。それには次のようにあった。「答えは、はっきりとイエスです。アメリカ軍学校のすべての生徒たちは二つの心理学授業を取らなくてはなりません。一般心理学と……そして軍のリーダーシップ学です……これらの両方の授業で、ミルグラムの研究と、その知見の持つ意味についての議論をします(58)」。

さらにまだある。軍の心理学者であるデーブ・グロスマン中佐は、兵隊が人を殺すことに対する抵抗とそれをどのように克服するかについて、洞察に満ちた本を書いた(59)。『戦争における「人殺し」の心理学』という本のなかで、グロスマンは非常に多くをミルグラムの研究から引用している。その本を読んだ後で私はグロスマンに連絡を取り、ミルグラムの仕事が何か目に見える形で軍隊に影響を与えているかどうか尋ねてみた(60)。その答えは驚くべきものだった。彼が士官見習いをしていた一九七〇年代の初期に、兵隊たちに正当性のない命令には「服従しないように」することを教える訓練用映画を見せられたというのである。グロスマンによれば、これは「軍隊の歴史のなかで本当の革命といえるもの(61)」であり、直接的にはミルグラムの知見、そしてミライ村の虐殺事件*の影響を受けたものであるとのことである。

＊訳注　日本ではソンミ村虐殺事件として知られる。

ナチスの血なまぐさい行為が服従研究のきっかけとなったのは確かだが、ミルグラムはその関連があるから自分の研究が重要なのだとは考えていなかったということには留意することが必要である。実際、彼が服従研究を完了した初期の頃には、自分が見出したことをホロコーストにそのまま当てはめることには留保をつけている。一九六四年三月末になって、ミルグラムはある手紙を受け取ったが、そこには、ある女性が州の科学展覧会でミルグラムの服従実験を手本にした実験をしてみせたと書かれていた。「電気ショック」発生器には七つのスイッチがあり、迫真性を増すために、変圧器が火花を飛ばしたり、放電した光の弧を出したりしていた。この女性はミルグラムに、被験者となった十代の学生たちの七七パーセントは、この「学習」実験に完全に服従して、次第に強い電気ショックを与えると教示されていたスイッチを七つともすべて押したと報告してきた。そしてその結論として、このアメリカ人の被験者たちも、ヒトラーの命令にためらうことなく従ったナチスの若者たちのようなものだと書いてきたのである。ミルグラムは、その手紙への返事のなかで「このような実験から、ナチス時代についての一般的な結論を出すのは……かなりの論理の飛躍がある。私自身もときに一般化しすぎてしまったと考えることもあるけれどね。一般化には注意が必要だ」と書いている(62)。

一九六七年にはある原稿の下書きとして次のように書いている。

私は、「服従」研究の問題を紹介するとき、ナチスドイツにおける行動を重ね合わせようとしてみた……しかし、人の行動における問題である服従は、ナチスの話があるから重要だというわけではない。社会を理解するために、またその社会のなかにおいて人が果たす役割を理解するために服従研究が重要であるということは、単にナチスという特別の事例の範囲を超えたものである。実際のところ、実験室で得られた結果をそのままナチスドイツにおける行動についての疑問と結びつけるのはおそらくは間違いだろう。権威に対する服従の問題は、ドイツが存在しなかったとしても、また、ユダヤ人が虐殺の犠牲にならなかったとしても心理学的な分析が必要なことだろう。服従を理解しなくてはいけないのは、それが社会生活を形作る構造のなかでの基本的な要素であるからである。服従ということが社会のなかで十分に機能できるようになっていなければ、社会はうまく動かない。かといって、服従されるままになっていれば、モラルというものもまた、なくなってしまう。(63)

結局のところ、この一節は印刷されることはなかった。(64)明らかにミルグラムのこの問題に対する観点もまだ固まってはいなかったのである。しかし、『服従の心理』を書き上げるときまでにはこの問題は解決していた。本の最後のページには次のようにある。

今はなきゴードン・W・オルポートは、この実験のパラダイムのことをよく「アイヒマン実験」と呼んでいた……おそらくそれは適切な呼び方なのだろうが、そう呼ぶことによってこの研究が持っている重要な側面を見間違えないようにしないといけない。ナチスの行ったことがどんなに唾棄すべきことだろうと、それにのみ焦点を当てたり、非常によく知られた残虐行為のみをこの服従研究に関連があるものとしてとりあげてしまったりすれば、重要な点を見落とすことになる。なぜなら、ここで示した研究は、ごく普通の人が命令に従って行った、ごくありきたりで日常的な破壊行動に関わるものがほとんどであるからである……良心と権威の間の葛藤から生まれるジレンマは社会の本質に内在するものであり、ナチスドイツが存在しなかったとしてもこのジレンマは存在したことだろう。この問題があたかも過去に起こった問題に過ぎないかのように取り扱うとしたら、本来身近な問題であるはずのものを、直接自分とは関係のない問題であるかのように思い違いさせてしまうことになる。(65)

服従実験を巡る倫理に関する論争があった証拠は、人を被験者とする実験にはっきりと残っている。[66] 一九七〇年代の初期に、アメリカ心理学会は、人間の被験者を使う研究に関する倫理綱領を公式に策定し、施設内倫理委員会（ＩＲＢ）を作って被験者が確実に保護されるようにした。一九七四年七月に立法化された国家調査法によって、施設内倫理委員会を使うことが、義務化されたのである。

＊
＊
＊

もちろん、服従実験だけがきっかけになってこうした変化が起こったわけではない。一九五三年、カンザス州のウィチタで、当事者である陪審員に知らせることなく、多数の陪審の討議がシカゴ大学の研究者によってテープ録音された。[67] 一九六〇年代初期には新薬のサリドマイドがヨーロッパからアメリカに輸入され、千人以上の医師たちが、その薬がまだ実験段階にあるということを知らせずに患者に処方した。たくさんの妊婦たちがその薬を飲み、その結果、胎児に障害が残ることになった。一九六三年にはブルックリンにある病院の医療研究者たちが、真の目的を明らかにしないまま衰弱した老人の患者に活性化された癌細胞を注射した。一九七二年には、一九三二年に始まる黒人の男性に対して梅毒を治療しないでいるとどうなるかを調べる研究（タスキーギ研究）の存在が明らかになった。この人たちには、梅毒にかかっていることを知らされなかったり、この研究の被験者であると教えられていなかったのである。病気の進行は四十年間に渡って調べられ続けたが、ペニシリンが入手できるようになった後になっても何の治療もしてもらえなかったのである。

心理学者やそれ以外の行動科学、社会科学の研究者たちは政府による規制が必要であるという意見には反対している。ミルグラム自身は、「社会心理学的な実験に対する（連邦政府による）管理のための上部構造を作り上げるというのは、問題になるはずのないことを解決する手段としては非常にすばらしいものだね」と考えていた。[68] 現在では、多くの社会心理学者はミルグラムと同様、生物医学的な研究の多くは注意深く監視することが必要だが、社会科学分野の研究は一般的には監視は不要だと考えている。この問題に対しての立場のいかんを問わず、今日では実験への参加者の安全と健康に対して、かつてよりも敏感になっている。『アメリカン・サイコロジスト』に寄稿したある人は、「ミルグラム後の倫理に敏感な心理学の時代」とさえ呼んでいる。今現在の時点で、政府機関が関係者の理解や同意を得ることなく多くの人を危険レベルの放射能にさらしたり、梅毒にかかっている患者に対して効果的な治療をしないでいるという研究を行うことなど誰が想像できるだろうか。そういった研究の乱用が事実上、今日では考えられなくなっているというのは、服従実験やそれ以外の広く知られた研究にともなって起こった倫理的な論争とその結果としてその問題に対して人びとが敏感になったからに他ならないのである。

はたしてミルグラムの服従研究は今日のアメリカで実施できるだろうか。原理的には可能だが、実際にはほとんど間違いなく不可能だろう。アメリカ心理学会の倫理綱領や連邦政府の規制では、インフォームド・コンセントを非常に重視している。つまり、実験に参加する可能性のある人に対して、その実験に参加するかしないかを決めることができるための十分な情報をあらかじめ提供しなければならないのである。もし被験者がショックが本物ではなく、学習者が実際は痛いふりをしている役者だとあらかじめ知ってしまったら、服従実験が明確な結果を生み出さないということは明らかだろう。とはいえ、倫理綱領でも政府の規制のいずれにおいても、インフォームド・コンセントの原則が絶対的というわけでもない。どちらの場合でも、被験者あるいは社会へもたらすものが、その研究のもたらしうる危険よりも大きいかどうかを確かめるための費用効果分析を行うことは認めている。しかしながら、制度としてみれば、連邦政府の規制を実際に施行しているのはそれぞれのローカルな施設内倫理委員会である。

心理学者を含む社会科学者たちは、ここのところ何年にもわたって、服従実験よりもずっと穏やかな実験でも施設内倫理委員会の承認を得るのが次第に難しくなってきたことに気づいている。(69) これは、多くの施設内倫理委員会の決定が連邦政府の指針をはるかに越えた独自の解釈に基づいていることから起こっているようだ。そういった決定は、しばしば実際にはめったに起こらないが起こるかもしれない問題点に対して神経過敏になった結果下されるのである。ルイス・ペナーという社会心理学者は、所属する大学の社会・行動研究の施設内倫理委員会の議長をつとめている。彼はこう述べている。

ここではっきり言っておきたい。施設内倫理委員会というのは良いアイデアだと思う……しかし注意して欲しいのは……実際の場面で必ずしも良いものであるとは言っていないことだ……施設内倫理委員会が異なれば、［連邦政府の規制］の解釈も施設内倫理委員会ごとに異なる。研究機関のなかには、施設内倫理委員会に申請書を提出する研究者が「地獄の門」をくぐっているというところもある。その施設内倫理委員会（もしくはその議長）は、研究を自分で行ったこともほとんどなく、政府からなされるかもしれない批判（あるいはそれ以上にひどいもの）、あるいは、それにつけくわえて「権利を侵された」とする研究参加者たちからの訴訟が起こされるかもしれない恐れから自分たちの機関を保護することにしか関心がない……そうではない研究機関もあり、そこでは、施設内倫理委員会（あるいはその議長）は、どの研究が本当に参加者を危険にさらすかを判断するための経験や判断力を持っているが、同時にその組織の研究の任務にも気を配っているのである。しかし、（そしてこれが重要なのだが）このどちらもがまさに同じ連邦政府の規制に基づいて仕事をしているのである。

ミルグラムはかつて、アッシュの同調研究のパラダイムが多くの変種の研究を生み出したということについて、感嘆のコメントを述べたことがある。「私にとってアッシュの実験は永遠の知の宝石がくるくる回っているようなものだ。それに分析の光を当てると、新たな興味深いパターンの反射があるのである」[70]。服従研究が現代の文化、思想にどれほど広まっているか、そしてそれが非常に多様に使われていることを考えたとき、「永遠の知の宝石」というミルグラムの比喩は彼自身の服従パラダイムにまさに適切に当てはまる。

この研究が広い範囲に渡って影響や魅力を及ぼしているという事実はどう説明したらよいのだろうか。考えられるのは、人が権威に従うという強い傾向を持っているということを明らかにしたことによって、ミルグラムは、社会的行動において、時と場所を超越して普遍的であるものの一つを見つけ出したということなのだ。そして、人びとは直感的にそれを感じ取っているのだということである。*

スタンフォード大学の社会心理学者のリー・ロスは、ミルグラムの服従研究がもたらした広い範囲にわたる影響について次のようにうまく記述している。

社会科学の歴史のなかでの実証的な研究のなかでも、ミルグラムの研究が私たちの社会のなかで共有される知的な遺産として最も重要なものなのではないだろうか。それは、まじめに物事を考えようとする人たちが人の本性について議論したり人類の歴史について考えたりするときに自由に引用できるちょっとした歴史的な出来事、聖書の寓話、古典文学のようなものになったのである。[71]

※　※　※

ミルグラムは、服従研究以外のさまざまな現象にも創造的な手法を応用した。服従研究の陰に隠れてしまうこ

*注　付録Cを参照のこと。このような主張をする根拠の一部となる二つのデータ分析の結果を示してある。

とが多いが、他の研究もまた彼の残した研究の重要な部分を占めている。

ミルグラムの「放置手紙調査法」は、態度と意見を測定するときに間接的で人に影響を与えずに行う手法として、これまでまた今でも広く使われているものである。北アイルランドにおけるカトリックとプロテスタントの対立の調査から、妊娠中絶に対する態度の調査まで、さまざまな目的のために使われ続けている。

ここで特別に触れておく必要があると思われる最近の研究がある。というのは、その研究のサンプルサイズがこれまでと比べて飛躍的とも言えるほど大きかったからであり、まさにミルグラムがたくさんのサンプルを使う必要性を述べていたからである。一九九九〜二〇〇〇年にかけて行われたインテル主催の科学的な才能を発見するコンテストの科学的プロジェクトとして、当時ロングアイランドの高校生だったルーカス・ハンフトが一九九九年の夏に三週間にわたって、ニューヨーク市とロングアイランドの郊外にある裕福な地域で千六百通の手紙を「放置した」。ニューヨーク市立大学でのミルグラムのかつての学生で、現在はドリュー大学に勤務するアン・サルツマンがハンフトを指導していた。手紙は次のそれぞれに賛成ないしは反対する組織へ宛てたものであった。それは、学校券（教育成果を挙げられない公立学校から生徒が私立学校に転校するときに生徒に資金援助する制度）、ホモ・セクシュアル、上院議員候補のルーディ・ジュリアーニ、同じく上院議員候補のヒラリー・クリントンであった。予想されるように、拾われて送られてきた手紙は都市と田舎では違っていたが、それは居住者の自由主義的あるいは保守的な政治傾向と一致していたのである。しかし、驚くような発見もいくつかあった。たとえばマンハッタンでは、学校券に対する支持が圧倒的に多かったのである。ハンフトは、ここからわかったことについて次のように洞察に満ちた見解を述べている。

この都市で「学校券を支持します！」宛ての手紙が大量に返送されてきたというのは、一般的に見て、学校券は多様な政治的立場のなかでは保守的な層の人たちに支持されるということを考えると興味深い問題を提起している。一般的に言えばニューヨーカーたちはリベラルなはずなのに、なぜ学校券への支持はこれほど高かったのだろうか。このように支持が高かったというのは、収入の多い家庭では子どもたちを公立の学校ではなく私立学校に行かせることが多いという事実を反映している。そうした家庭では、学校券は「財布の問題」であり、損得の問題であり、少なくともこの研究が示す限りでは、それは政治的な立場よりも優先されるのである。学校券の問題について細かなことを明らかにできたという「放置手紙調査法」の能力が示されたことは、その手法の正確さを裏付けるデータということができる。[72]

ミルグラムの研究のなかで、その影響が長続きしているという点で明らかに服従研究以上に目立っているのが、スモールワールドに関する研究である。この研究は、一般の人たちと科学コミュニティの両方の想像力をかき立てている。このスモールワールド研究が最も直接的に影響を及ぼしたのは、社会ネットワークの研究者たちに対してだった。というのは、研究者たちは、この手法のおかげで知り合いのパターンを研究する新しい方法を手にすることができたからである。社会ネットワークの研究では、一般的に被験者の人たちになんらかの特定の関係にある知り合いの名前を列挙してもらうように質問をするという自己報告法を用いる。ミルグラムのスモールワールド法のおかげでネットワークの研究者たちは被験者の「行動」を社会的なつながりを知るための情報源とすることができるようになった。著名な社会ネットワーク研究者のチャールズ・カドゥシンによれば、長年にわたってそれは「ネットワーク分析に不可欠な道具の一つ」となっている。[73]

一九八〇年代後半になるまで、ミルグラムが発見したスモールワールド現象を知っているのは、主として社会ネットワーク研究者あるいはそれ以外の社会科学者くらいなものだった。たくさんいる人たちのなかでも、この研究を知っているのはほんのわずかな人たちだけだったのである。というのは一九六七年、『サイコロジカル・トゥデイ』の創刊号にこの記事が載ったとき、この雑誌にはほんの少しの読者しかいなかったからである。

しかし、一九九〇年になると、このスモールワールドという考え方は、思ってても見なかったやり方で一般大衆の間にひろまった。ジョン・グアレの手になる『六次の隔たり』という劇がブロードウェイで初めて上演されたのだ。この劇のなかで、登場人物の一人であるウィッサ・キトリッジが台詞のなかで、ミルグラムの発見について遠まわしに次のように述べている。「この星の誰でもが、他の誰かとたった六人の他人を間に挟めば、つながっているのだとどこかで読みました。私たちとこの星に住む人間すべての間にあるのは六次の隔たりなのです」。この劇と、一九九三年の映画があいまって、スモールワールド現象に関するミルグラムの先駆的な研究は多くの人に知られるようになった。

一九九八年に、コーネル大学の応用数学の研究者であるスティーブン・ストロガッツとその教え子の一人であるダンカン・ワッツの二人が驚くべき発見をして新たな地平が開かれることになる。その発見とは、ミルグラムがこの世界にあまねく存在する根本的な原則を見つけ出していたのかもしれないということであった。単に人と人の社会的なつながりの話に限られる話ではなかったのだ。『ネイチャー』の論文で彼らは、巨大なネットワークをほんの少しのステップで移動して回れるというスモールワールドの驚くべき特徴を数量的なシミュレーションによって示している[74]。このスモールワールドの性質は、アメリカ西部の電力供給網から、線虫の神経回路網、インターネットの映画俳優データベースに登録されている二十五万人にも達する俳優のネットワークといった多岐にわたるネットワークに当てはまるのである。ストロガッツは次のように述べている。

スモールワールド問題に関するミルグラムの先駆的な研究が思いもつかなかった分野で再び見直されるようになった。このルネッサンスは、数学、コンピュータ科学、物理学、疫学、神経科学……といった分野に刺激的な影響を与えているのである。共通するのは、スモールワールド現象が単なる社会ネットワークのなかの興味深い話という範囲を越えて、完全に正規なネットワークでも完全にランダムなネットワークでもない巨大で疎なネットワークにおける一般的な特徴であるということがわかってきたからである。[75]

この「ルネッサンス」の多くは、物理学者であるアルバート・ラズロ・バラバシが書いた『新ネットワーク思考』という本のなかに書かれている。[76] 彼のコンピュータ・ネットワークの研究がそのルネッサンスには大きな役割を占めているのである。彼は同僚と、インターネットがスモールワールドの特徴を備えているということを示した。ハイパーリンクの接続を分析してみたところ、ワールド・ワイド・ウェブの二つのページをランダムに選ぶと、その間をつなぐためには、平均で十九クリックあればよいということを発見したのである。

現在、コロンビア大学の准教授であるダンカン・ワッツは、最近野心的なプロジェクトを行った。ミルグラムのスモールワールド手法をインターネットの上で実施してみたのである。ワッツがねらっていたのは、スモールワールド現象を巨大なスケールで追試するということであった。それが可能になったのは、電子メールが使えたからで、それがミルグラムが使った普通の郵便の代わりの役割をはたしていたのである。人びとはこのプロジェクトのウェブサイト（http://smallworld.sociology.columbia.edu.）にログインすることで参加し、送り手になる。すると次に、ランダムに十八人の目的とする相手の内の一人が割り当てられる。ターゲットとなる人は、世界十三カ国に分布していて、年齢も人種も社会経済的な地位も職業もみんな異なっていた。ワッツとそのプロジェクトメンバーであるピーター・シェリダン・ドッズ、ロビー・ムハンマドが二〇〇三年八月の『サイエンス』に書いたところによれば、スモールワールドという考え方の妥当性は、そう単純ではないということであった。[77]

まず一つは、つながりが最後までいった完了率がきわめて低かったということがある。開始された二万四千百六十三本のつながりの内、完了したのはたった三百八十四本だけだった。その一方で、数は少なかったがターゲットまで到達したつながりでは、その平均の長さは四だった。ワッツたちが数学的な計算をして、もしもすべてのメッセージがそれぞれのターゲットに到達していたとしたらその平均値はどうなるかを計算したところ、五と七の間になることが推定された。この結果は、ミルグラムの知見に合致するものである。このコロンビア大学チームは、ミルグラムの他の二つの知見も再確認した。メッセージは親戚よりも友達を通して送られることが多いということと、男性から男性へ、女性から女性へのように同性の間でのメッセージの受け渡しが、異性間のよりも多かったということである。しかし、ミルグラムの研究で見つかった「じょうご」効果は、ワッツたちの調査では見出されなかった。このじょうご効果とは、ミルグラムの研究でネブラスカから発した郵便物の多くが、ある一人の洋服屋さんを経由してからターゲットであるマサチューセッツの株式仲買人に届いた現象を指す。

ミルグラムの研究と軌を一にすることであるが、電子メールを用いた実験での非常に低い完了率も検討する必要がある。この結果は、私たちが小さな世界に住んでいるという考え、すなわち人は巨大な社会的ネットワークという泥沼を抜け出すためのショートカットを作り出すことができるという考えと矛盾するのだろうか。もしも、次に誰にメールを送ったらいいのかを考えつけなくてリンクが切れてしまっていたのだとしたら、たしかに矛盾することになるだろう。しかし、そうではなかったのである。ワッツらによれば、メールを送る相手が見つからないので止めたという理由を挙げたのは、〇・三パーセントに過ぎない。参加者がメールを送るのを止めたのは、興味を失ったから、あるいはやるメリットが見つからないからだろうということが推測できるのである。ミルグラムも、自分の調査でリンクが途切れる理由をこのように推測していた。コロンビア大学の研究でたくさんの脱落者が出たことは、ミルグラムが都市住民の行動を説明するための概念である刺激過負荷でも説明することができるだろう。すべてのとは言わないまでもほとんどの電子メールユーザの「受信箱」は、あふれるばかりのメールで日々過負荷になっているはずだ。そのほとんどは、ユーザが望んでもいないスパムメールなのに。こうした状況に適応するための一つのやり方が、あまり優先度が高くないメールに注意を払わなくなったり、無視したりするようにすることである。インターネットがこれほど混雑していなかった頃だったらそういうメールも読まれていたかもしれないのだが。ミルグラムの過負荷の概念が都市環境での話を超えて拡張されるということは、すでに一九九七年にデイヴィッド・シェンクが書いた『ハイテク過食症——インターネット・エイジの奇妙な生態』という本のなかですでに述べられている。シェンクは、情報技術の進歩のせいで望みもしない情報が過剰に提供されるようになったため、生活の質が低下していると次のように論じている。「ミルグラムの……過負荷の分析は、一九七〇年の都市の住民に有効であったように、一九九七年のデータ過剰症候群の犠牲者たちにも適用可能である(78)」。

マルコム・グラッドウェルは『なぜあの商品は急に売れ出したのか——口コミ感染の法則』という著書のなかで、シカゴで生まれ育ったロイス・ワイスバーグという一人の女性がまるで誰のことでも知っているように見えるのはなぜかを説明するために、スモールワールドの概念を引き合いに出している(79)。『ロサンゼルスタイムズ』の一九九九年十二月十一日号には、有名なハンブルグの新聞であるツァイト紙の記者たちがミルグラムのアイデアを実験してみたことが書かれていた。記者たちは、あるイラク人の移民をランダムに選び出し、世界中に広がる知り合いのリンクを通してその人が望む誰にでもつなげるという試みを手助けしたのである。彼が選んだターゲットは、大好きだったマーロン・ブランドだった。ツァイト紙の四十五万人の読者は、六カ月にわたってリンクのつながりが進んでいく過程に夢中になった。結局のところ、ミルグラムの仮説は検証できたが、若干の限定が付いた。ブランドのエージェントのところまでは、「六次の隔たり」を通して到達できたのだが、ブランドのプライバシーの壁を打ち破ることはできなかったのである。

二〇〇二年十月に、ロンドンの映画製作者、ルーシー・ルヴェグルが小さな世界の概念をきわめてオリジナルなやり方で「テスト」した(80)。彼女は自分自身を「郵便物」として、知り合いから知り合いに送られていき、それがちょうど六回で終わるかどうかを見たのである。参加者は、ミルグラムのルールに従って、ファーストネームで呼び合う関係の人にだけ、彼女を送り出せることになっていた。地球の裏側という遠くでの「ターゲット」を見つけるために、モンゴルの新聞に広告を出し、記録映画のために名前と写真付きで返事をしてくれるボランティアを求めたのである。そして選ばれたターゲットは、プレブーオキール・グンガアという名前の遊牧民で、この国に広がる広大な大草原地帯の真ん中で牧畜を営んでいた。彼女は、もしこの男のところにたどり着けるのならば、誰のところへもたどり着けるだろうと考えたのである。

最初のリンクとして、まず彼女は学生時代の古い友人・フランシスに会うためにダブリンに旅立った。フランシスの家族はロシアを旅行したことがあったのである。彼は姉のエミリーのもとへ彼女を送り出し、エミリーは、ジェノバに住む友人の環境保護活動家・ロルフのもとに送り出した。驚いたことに、ロルフは彼女を直接モンゴルへ送った。彼女は、シベリア鉄道を使って五日間に渡って旅することになる。ベジタリアンだったので、電車のなかで食べるものがほとんどなく、旅は非常につらいものとなったが、モンゴルの首都、ウランバートルに到着し、四番目のリンクであるウルトナサンという高位の政府の役人に会ったのである。その次に、五番目、六番目のリンク先である二人の公務員に会った。そして、七番目のビジネスマンに会ったのである。

この時点で彼女は完全に意気消沈していた。というのは六つのつながりで目的に着くという目標が達成できておらず、ターゲットとしていた牧畜業者はどこにいるのかさっぱり見当もつかなかったからだ。しかし突然事態は好転し始めた。そのビジネスマンは小さな村で教師をしているオユントゥヤのもとに彼女をやるために何百マイルにも渡って広がる荒れ果てた草原へ送り出したのである。これが八番目のリンクである。さらに重要だったのは、オユントゥヤは、まさにその牧畜業者の母親に他ならなかったということだった！　彼女は荒れ果て、凍りついた草原の真中にある息子のテントにルヴェグルを連れて行った。とはいえ、遊牧民のライフスタイルは、六百頭もの馬や牛、羊の群れと一緒に移動するので、オユントゥヤは息子がそこに居るかどうかは保証できなかった。ついに、九番目のなおかつ最後のリンクであるプレブーオキールが馬に乗って向かってくるのが目にはいると、六つのつながりではターゲットにたどり着けなかったという無念さはさっぱり消えてなくなっていた。まさにその通り。ミルグラムの六次のつながりというモデルは、社会生活における鉄壁のルールというわけではない。六という数字は単なる平均値である。ミルグラムの小さな世界の研究では、つながりのリンクの数は二から十までに渡っていた。彼の研究が教えてくれるのは、リンクの数ではなく、非常に巨大で複雑な社会ネットワークのなかをほんの少しのつながりで通り抜けることができるという直感に反する事実なのである。ルヴェグルの追試は、二〇〇三年二月にイギリスのテレビで放映されたが、スモールワールド現象のよいデモとなっている。

❊　❊　❊

ミルグラムは明快で、専門用語のない書物を書いたので幅広い層の読者が読むことができる。その結果として、一般の人びとが日常的な社会的行動を理解するための統制された科学的手法の価値を認識するのに重要な役割をはたしている。

おそらく、さらに重要なことは、ミルグラムが社会心理学を面白いものにしたということだろう。まだ彼が生きていたころ、彼の名前が話にのぼると、決って誰かが「今、彼は何をやっているの？」と聞いたものだ。たいていの場合、それに対する答えは、ミルグラムが今取り組んでいるのは何か本質的に面白いというだけでなく、社会心理学のもともとある領域を拡張するようなことだというものになった。評論家のなかには、社会心理学の基盤となる知見を、誤りであるとか不自然であるとしてどんどん削り取ろうとしている人もいるのだが、ミルグラムはといえば、写真や「親しい他人」、都市のメンタルマップ、地下鉄内の規範などのトピックに関心を向けることによって、社会心理学が対象とする範囲を広げていたのである。社会心理学の危機というのは、何年かごとに言われることで、暗い雰囲気が生まれることもあるが、それを追い払うためには、ミルグラムが「実験を考え出すという楽しい活動[81]」と呼んだものに彼に成り代わって取り組んでみるとよいだろう。たとえば、放置手紙調査法、スモールワールド法、インタラクションのシラニックモードのような革新的なことに触れてみるとよいのだ。

ミルグラムは、知的な面では危険を顧みない冒険的な人だった。そのため彼に対する意見は賛否が極端に分かれる。ある社会心理学者にとってみれば、ミルグラムはアウトサイダーであり、嫌悪の対象であるということになる。またその一方で、科学の分野では境界領域に好んでいたことから、若い世代の社会心理学者のなかでは見本となる役割モデルとなっている。スタンフォード監獄実験でジンバルドに協力したクレイグ・ハーネイは次のように述べている。

服従研究に非常に劇的な影響を受けて、人の本性についてまだ調べられていないところを探るというのを自分の生涯の仕事としようと考えた学生の数は数え切れないほどだ。私もその一人だ。彼の研究が実験研究の倫理的な境界線を変えたのだし、辛辣な社会心理学の評論の政治的な限界も変えたのだった……彼の研究のおかげで……実験場面で何ができるのかについての私たちの感覚が広がったし、実験室から見出された経験的な知識を重要な場面で利用することを励ましてくれさえもしているのだ。[82]

ミルグラムは状況主義の立場の中心的な旗頭だったし、服従研究は、社会心理学の本流において状況主義が中心になっていくための最も重要な手駒でもあった。たとえば、放置手紙調査法やテレビ研究など、ほとんどすべての彼の研究において、彼が最も注目したのは、パーソナリティなどの個人差変数ではなく、環境の操作であった。しかしながら、ミルグラムがこの点について教条主義的であったわけではない。たとえば、一九八二年には、シャロン・プレスリーの学位論文の主査を務めたが、これは政治場面における抵抗者と非抵抗者の間の個人差要因に着目したものであった。社会行動を理解するときにはミルグラムは状況要因を重要であると考えてはいたが、パーソナリティや個人差のことを否定していたわけではない。実際、ミルグラムの著作のなかに個人の特性について注目した部分があるのはすぐにわかるだろう。たとえば写真の心理学を例にとると、ミルグラムは、最もチャレンジングな研究の一つとして、プロの写真家の心理がどうなっているかを詳細に記述することであると述べている。(83)

より一般的な言い方をすれば、ミルグラムは個人の特性に注目するアプローチが自分の社会行動研究への取り組みを補完するものであると見ていたのである。

［私の］実験的研究において暗黙の内に想定しているモデルは、自分の行動は社会的な力に影響を受けていないと信じているけれども、実際には影響されているという人間である。したがって、それは、反応する個人、個人の外から発する力や圧力の受け手の社会心理学なのである。もちろん、この受け手というのは、社会生活の一面である。というのは、人は、内的な欲求から行動を開始することもあるし、私たちが生活している社会的な世界を能動的に作り上げもするからである。しかしながら、社会の性質のなかで私の興味の対象とするものを補完する部分を調べるのは他の研究者たちに任せておきたい。(84)

ミルグラムは、専門職としてのキャリアを持ってからのほとんどをニューヨーク市立大学で過ごした。その間、どの教授よりも社会心理学に関する学位論文を多く指導した。さらに多くの学生たちが講義、セミナー、学位審査委員会のメンバーとして彼と接触するようになった。しかしながら、彼の学生のうちの何人かが行った革新的な研究には彼の強い影響が見られるが、彼の学生たちは社会心理学の分野においてはあまり大きな成果を残していない。社会心理学におけるミルグラム「学派」としてはっきりしたものは存在しないが、その点では、フェスティンガーが認知的不協和の理論に基づいてその学派を作ったのと対照的である。ミルグラムの系譜が続かなかったのは、ミルグラムの研究へのアプローチのせいである。彼のアプローチは理論ベースというよりは、現象志向的であった(85)。あるライターはこのことを「たいていの心理学者は仮説を検証するが、ミルグラムは質問をする(86)」と書いている。ミルグラムの研究のほとんどは彼の興味や彼の主観的な経験からその現象が存在するかどうか、行動に規則性があるかどうかを調べるという彼の探求から生まれたものである。そしていったんそれが確認されると、観察された現象のさまざまなバリエーションを生む要因を特定しようとしたのであった。たとえば、地下鉄の研究では、席に座っている乗客が席を譲るように求められたときに席を譲るかどうかを見つけるのが目的だった。実際に席を譲るということが確認されると、ミルグラムはその席を譲らせるための要求の質をいろいろ変えて、席を譲る率がどれくらい変わるかを調べたのである。

しかし少なくとも理想論として言えば、科学における進歩は、研究の蓄積から生まれる。つまり、ある理論から生まれたたくさんの仮説のうちの一つを検証するための実験があり、その実験がさらなる実験を生み、その理論を改善したり、また最初の実験をやる過程で生まれた疑問に答える役割を果たしたりするのである。これに対して、現象中心の研究は蓄積されない。いったんある現象の規則性が認められ、そしておそらく、その現象の発生する範囲がはっきりすれば、もうそれ以上やることがないのである。たとえば、都市生活から生まれるものとしての「親しい他人」がどういうものかをミルグラムが明らかにしてしまえば、やることはあまりなく、せいぜい「親しい他人」に接近するのをためらわせる心理的な障壁とは何かを尋ねるためのフォローアップの質問をするくらいしかないのだ。

＊　＊　＊

ミルグラムは社会的世界の隠れた仕組みに対して、私たちを敏感にしてくれた。意図と行動との間のギャップに橋渡しをするのが難しいということを示してくれた。道徳的な原則でさえも必ずしも行動にうつされるとは限らず、その場その場の環境要因によって道徳の潜在的な力も踏みにじられてしまうこともあるのである。目の前にある状況の正確で些細な詳細に人は反応することはできるが、一般的に言って、人びとは環境の手がかりや環境の力が自分に及ぼしている影響に気づいていない。社会的な規範は、私たちの行動に対して強い影響を持つことが多い。それは、規範に反したときに予想もしていなかったような不安を感じたりするというやり方で力を及ぼしているのである。

ミルグラムの研究を読んだ人であれば、少なくともなんらかの面で影響を受けてしまうことだろう。私たちに働きかけている巧妙な社会的な圧力について彼が警告してくれたおかげで、自己コントロールの感覚が強まった人もいるだろうし、ホロコーストについて理解を深めた人もいるだろう。都市生活についての新しくバランスがとれて批判的でもないアプローチを理解した人もいるだろう。また、私たちのごく普通でありふれた活動のなかから新鮮な発見をできることの可能性と興奮を感じ取った人もいることだろう。ミルグラムはかつて、あるインタビュアーに次のように語っている。

私は……日常生活を一枚めくったところにパンドラの箱があると思っている。だから、当たり前と思っていることに取り組むことには価値があると思う。そこにはきっとびっくりすることが隠れているから。(87)

付録

付録A

CUNYにおいてミルグラムが指導した博士課程の学生のリストとその学士取得年・学位論文タイトル

名前	年	論文題目
リタ・デイテル（Rita Dytell）	一九七〇	「判断をする際の基準として人がどのように集団を利用するかに関する分析」
スワデッシュ・グラント（Swadesh Grant）	一九七一	「インド北部のある村における空間的な行動とカースト制メンバーシップについて」
ダニエル・ゲラー（Daniel Geller）	一九七五	「服従実験の役割演技によるシミュレーション――関与性を中心として」
ジョン・サビニ（John Sabini）	一九七六	「道徳的非難――概念的および実験的分析」
エリノア・マニュック（Elinor Mannucci）	一九七七	「心理学実験に対して被験者になるかもしれない人はどう考えるか――倫理的な検討」
モーリー・シルバー（Maury Silver）	一九七七	「嫉妬の社会構築論」
マルシア・ニューマン（Marcia Newman）	一九七八	「会話における沈黙の知覚」
ハロルド・タクーシアン（Harold Takooshian）	一九七九	「社会的指標としての援助行動」
アーサー・ブランク（Arthur Blank）	一九八〇	「秩序の決まり――まあ言ってみれば」
アーサー・ウェインバーガー（Arthur Weinberger）	一九八〇	「助けを求めている高齢者への反応――フィールド実験」
エリス・ゴールドスタイン（Elyse Goldstein）	一九八一	「個人的な影響によるテレビのメッセージの媒介過程――実験パラダイムによる」
シャロン・プレスリー（Sharon Presley）	一九八二	「権威への政治的な反抗者の価値と態度」
ロナ・カバズニック（Ronna Kabatznick）	一九八四	「心理学の一般大衆からの認知――四つの対象グループの態度」
クリスティナ・テイラー（Christina Taylor）	一九八四	「婚外関係に対する社会的認知」

付録B
『服従の心理』に対する引用文の例と批評の内容分析

引用文の例

ミルグラムの本は、注意深く構成されているとともによく考えられた研究だが、それだけではなく、現代史の多くのことに対する簡単で科学的な隠喩にもなっている。アウシュビッツからミライ（ソンミ村）の虐殺への共鳴は深いものがあり、そのつながりから免れることはできず、まったく陰鬱な思いをさせられる。

『ローリング・ストーン』誌

ミルグラムの実験はすべての社会心理学の最も独創的な実験のなかでも、とりわけ印象的でドラマチックである……心理学実験の騙しと操作によって、権威の驚くべき危険性についての知識を得ることができる。こうした知識は確実に、そしてゆっくりと私たちに訪れてくるものなのである。こうしたことに関する新たな発見に見て見ぬふりをすることなどできるだろうか。

『コメンタリー』誌

ミルグラム教授の研究に贈るものとしては、賞賛の言葉のほかには何もない。この本が読みやすいと付け加えるなどというのは野暮の骨頂で、実験の結果や分析が明快に、また正確に書かれたことはとてもありがたい。

『ジャーナル・オブ・アナリティカル・サイコロジー』誌

この実験は本という形で詳しく記述する価値が十分にある……。すさまじい議論を呼んだ実験なのである……。その議論のなかには、被験者を騙した（残酷な騙しだという人もいる）という点でミルグラム自身の道徳観を攻撃するものもあった。ある意味では、ミルグラムは、そうすることによって彼の被験者と同様に「科学」に対しての服従を示していただけだったのかもしれないが。

『ブリティッシュ・ジャーナル・オブ・サイカイアトリー』誌

私たちの考えでは、あの実験は残酷なもので、行うべきではなかった。騙しがあんなに入り込んだ実験から、いったい真実が得られるものだろうか疑わしいと思う……。とはいえ、実験の結果は残っている。それは現実のもので、何度も繰り返されている。それが意味することは唖然とさせられるものであり、無視するわけにはいかないのである。

『ニューズウィーク』誌

権威に従うという人の持つ欲求に関するミルグラム教授の研究は、本書に結実したが、この類の調査結果をそのままオープンにしていいものかどうか疑問に思わせるものにもなっている。

『ポリス・レビュー』誌、ロンドン

ミルグラムの研究でもっとも重要なのは、どのようにして人間が服従するかを説明するだけでなく、どのように上手く反抗するかを示唆してくれるという点である。

『サンデー・タイムズ』紙、ロンドン

もし私たちが、気に入らないやり方で自分自身について知るということが「モラルに反している」というならば、これらの実験は間違いなくモラルに反している。だがそれならば、この実験が示すように、モラルの方でも、少なくとも公の形で、釈明しなければならないことがたくさんあるはずである。

『ロンドン・タイムズ・リテラリー・サプリメント』誌

実際に歴史上の事例がたくさんあるのに、非人道的な行為のほんの一部を模擬的で人工的な形で示したからといって、そこからいったい私たちが何を学べるというのだろうか。

『サンデー・テレグラフ』紙、ロンドン

最初の研究はデモという他はなく、実験とはいえない。この研究には、そもそも理論がなく有意性検定さえもなく、結論の多くは、ほかの説明をすることもできる。これがあの有名な服従実験であり、一九六〇年代の社会心理学研究を反映するものとして、歴史に残っていくということを、私は悲しく思うものである。

『コンテンポラリー・サイコロジー』誌

『服従の心理』が出版されるのは当然のことであり、非常に大きな貢献であると思う。告白すると、私はミルグラムの仕事に惚れ込んでいるのだ。彼の仕事こそは、独創的で、エレガントで体系だっていて、計画的でもあり、社会に関わる研究であると思っているのである……。

『オーストラリアン・ジャーナル・オブ・サイコロジー』誌

右の引用からの本の批評は、アメリカとイギリスの学術的な新聞や雑誌の切り抜きを行っている専門業者の助けを得てミルグラムが集めた『服従の心理』の一連の批評の山から抜き出したものである。私は、書誌情報データベースを使って、そのミルグラムが持っていなかった二、三の批評を追加している。一段落しかないような短い本の要約を除いて、新聞、雑誌、そして学術誌に掲載された批評を全部で六十二件持っている。ここで引用した出版物からわかるように、本の批評のコレクションは非常にさまざまなものから成り立っている。アメリカとイギリスの切り抜き専門業者が関わっていることを考えれば、『服従の心理』の批評は、この六十二件でほとんどをカバーしていると推測することができるだろう。

《内容分析》

このようにたくさんの批評が存在するので、単なる質的な印象で判断するのではなく、量的な分析を行うことができた。それによって、ミルグラムの本に対する批評をより詳細に分析することができるだろう。私の生徒であるメラニー・ダンカンと、ドーン・ウォールズの二人の助けを得て、六十二件すべての批評を体系的に内容分析した。この内容分析を行うために、二つの五点尺度を作成した。最初の尺度は、これらの批評が全体として好意的かどうかをみるためのものである。それぞれの数字は次のような段階を表わしている。1＝まったく否定的、2＝かなり否定的、3＝どちらともいえない、もしくはほとんど偏りがない、4＝かなり肯定的、5＝まったく肯定的（図B-1参照）。もう一つの尺度は、批評のなかにある倫理的な判断について評価したものである

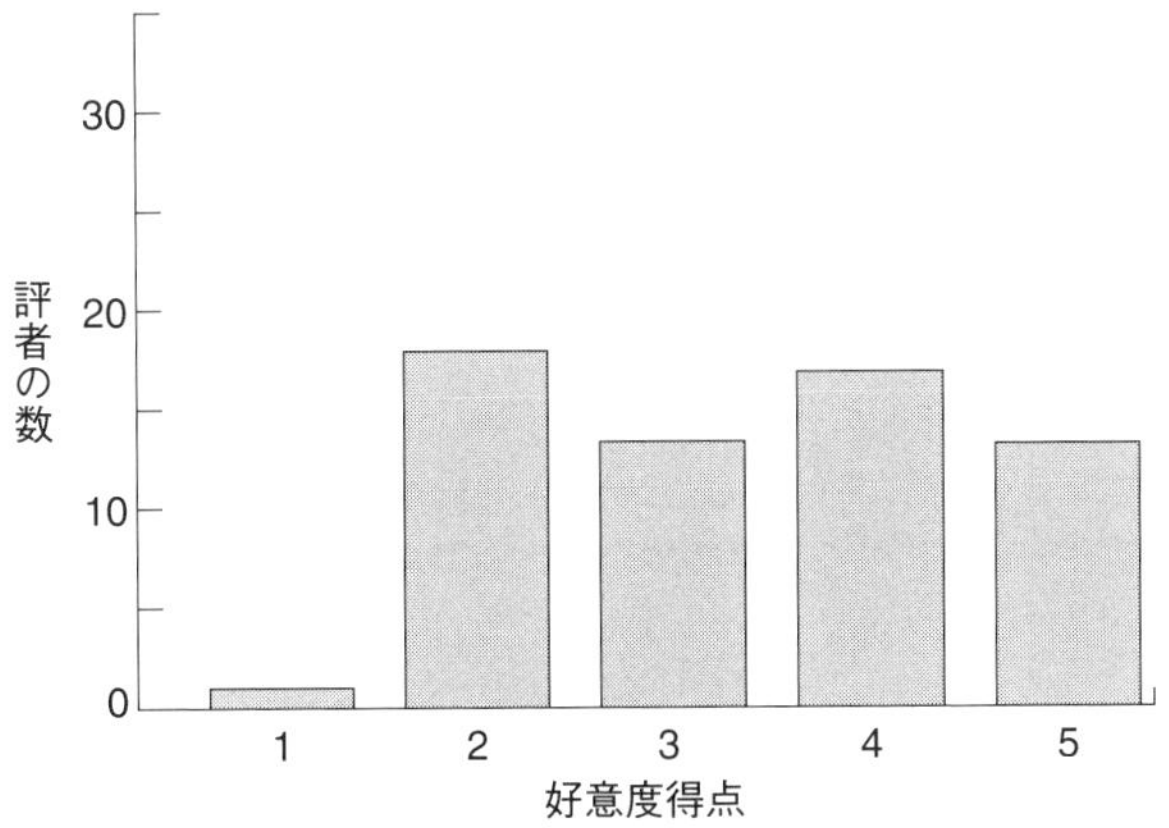

図 B-1　書評の好意度の認定

1. 全く否定的
2. かなり否定的
3. どちらともいえない
4. かなり肯定的
5. 全く肯定的

(図B-2参照)。

これらの尺度を使うために、まず議論と訓練を行い、その後で、学生の一人が六十二件すべての批評を読み、それぞれに一つずつ好意性と倫理性に関する評点をつけた。これらの批評のなかから十五件をランダムに選んで、私たち二人が、それぞれ独立に評定を行い、それにもとづいて評定の信頼度を確認した。一致度得点は、好意性尺度については、六七パーセントで、倫理尺度については七〇パーセントだった。この信頼性はそれほど高いものということはできないが、しばしば複雑であることが多いテキスト素材に対して一般的で一元的な判断をすることが本質的に難しいということの反映である。

好意性の評点の分布は図B-1に示した通りである。もっとも注目に値するのは、「全く否定的」としていたのは、六十二の批評のうちたった一つ（一・六パーセント）だけだったということである。二九パーセントは「かなり否定的」と判断され、「どちらともいえない」、そして「全く肯定的」はそれぞれ批評のうち二一パーセントだった。そして、二七・五パーセントは「かなり好意的」と判断されたのである。「全く肯定的」と「かなり肯定的」を合わ

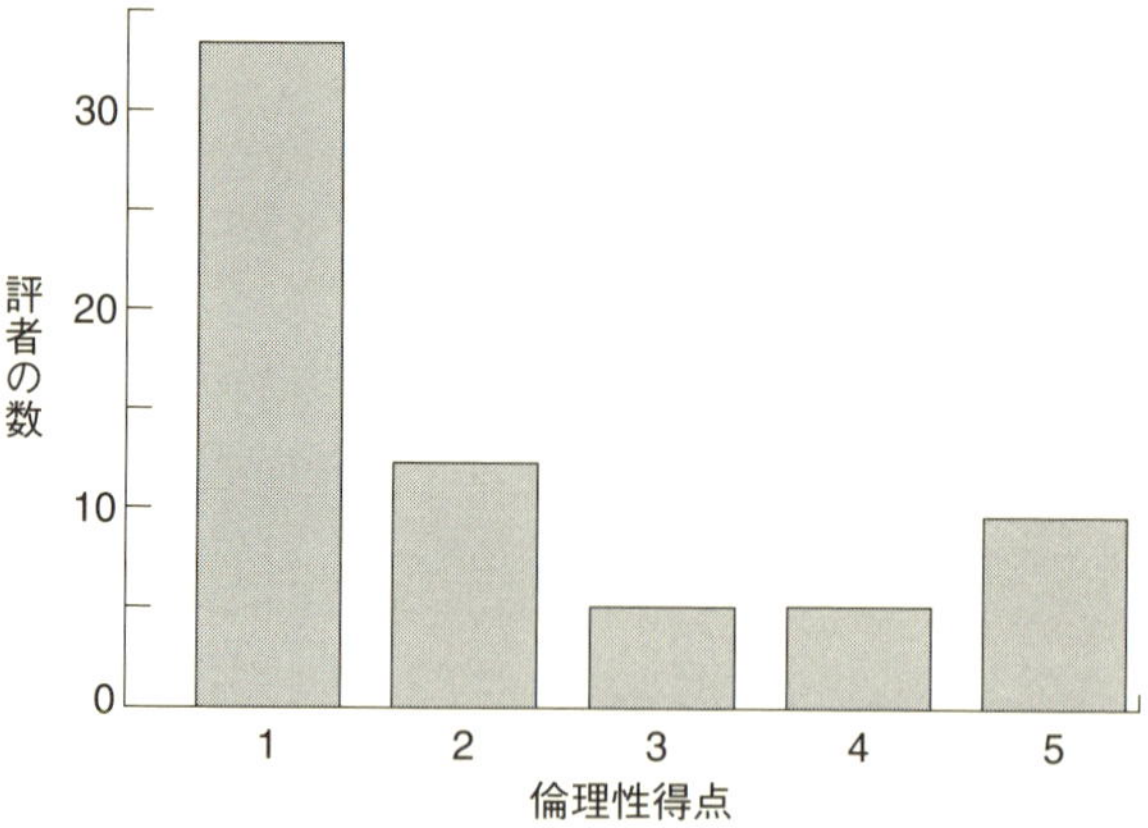

倫理性得点尺度

1. 倫理についての言及なし
2. 本書の内容の一部に倫理に関することがあると言及するだけで，それ以上のコメントなし
3. 実験の倫理に対して批判的
4. 倫理的な問題に言及するが，ミルグラムは適切に処理したと評価
5. 倫理的な問題に言及するが，実験からの知見の重要性の方がより高いと評価

図 B-2　書評に現れた倫理に関する評点

せたものは批評の約半分（四八・五パーセント）であることを考えると、半分の批評では合格点がとれたということになるだろう。「全く否定的」と「かなり否定的」の評点を合わせると、批評者たちの三〇・六パーセントが、この本に欠点を見つけているということである。残りの二一パーセントの批評家たちはどっちつかずの態度である。

この内容分析のなかには倫理的な評価も含めたが、これは服従研究の倫理性については、長く続く論議のタネになっていたからである。倫理に関する評定は、批評家たちが倫理の問題にどれくらいの重きをおくかを見ることによって、より正確な指標を提供しようとした。

倫理性の評点は図B-2のように分布している。もっとも多かったのは1で、批評家たちが倫理性についてはまったく何も触れていなかったことを示している

（六十二の批評のうち三十三人、五三パーセントを占める）。単に本の内容の一部として倫理性のことに触れていたのは一九パーセントで、それ以上のコメントは見られない。批評家たちの約六・五パーセントは実験の倫理性に対して批判的だった。同じ数の批評家が倫理的な問題に触れていたが、ミルグラムはその問題を適切に扱ったと述べている。そして批評家たちの一四・五パーセントはこの実験によって発見されたことは倫理的な問題より重要だと感じていた。

どんな種類の出版物に掲載されていたかによって批評を分類することができた。半分は学術的な専門誌といった専門的な情報源で、ほかの半分は心理学を専門としない一般大衆向けの定期的刊行物、つまり新聞や雑誌から持ってきたものだ。この二種類の情報源と別に、本書（『服従の心理』）の批評に対する好意性と倫理的な評価を内容分析してみたが、目立った違いは何も見られなかった。

付録C

時と場所を越えた服従の安定性

私は、服従する率が時と場所を越えて安定しているということを示す少なくとも二つのデータ分析を行っている。その一つが、ミルグラムが行った標準的な服従実験とほかの人が行ったその追試の結果の関係と、それらが出版された日付を評価したものである。いつ服従実験が行われたかということと、そこで得られた服従率の間にはまったくといっていいほど関係がなかった。相関係数はほとんどゼロである（表C-1参照）。

二つ目の分析では、ミルグラムの標準的な服従実験とほかの人による追試を取り上げ、アメリカで行われたものとそれ以外で行われたものの間での結果の違いを比較した。驚くべきことだが、平均的な服従率は似たようなものになった。アメリカでは、平均して六一パーセントの被験者が完全に服従した。それ以外の国では、服従率は六六パーセントだった。この違いは統計的には有意ではない（表C-2参照）。

付録 C-1　さまざまな服従研究の出版年，研究が行われた国名，判明した服従率

研究	国	服従率（%）
Milgram（1963）	米国	
実験 1		65
実験 2		62.5
実験 3		40
実験 5		65
実験 6		50
実験 8		65
実験 10		47.5
Holland（1967）	米国	75
Ancona and Pareyson（1968）	イタリア	85
Rosenhan（1969）	米国	85
Podd（1969）	米国	31
Edwards, Franks, Friedgood, Lobban, and Mackay（1969）	南アフリカ	87.5
Ring, Wallston, and Corey（1970）	米国	91
Mantell（1971）	西ドイツ	85
Bock（1972）	米国	40
Powers and Geen（1972）	米国	83
Rogers（1973）	米国	37
Kilham and Mann（1974）	オーストラリア	28
Shalala（1974）	米国	30
Costanzo（1976）	米国	81
Shanab and Yahya（1977）	ヨルダン	73
Shanab and Yahya（1978）	ヨルダン	62.5
Miranda, Caballero, Gomez, and Zamorano（1981）	スペイン	50
Schurz（1985）	オーストリア	80

付録 C-2　米国内と米国外で行われた実験での服従率の比較

米国内		米国外		
著者	服従率（%）	著者	国	服従率（%）
Milgram（1974）（実験 1, 2, 3, 5, 6, 8, 10 の平均）	56.43	Ancona and Pareyson（1968）	イタリア	85
Holland（1967）	75	Edwards et. al.（1969）	南アフリカ	87.5
Rosenhan（1969）	85	Mantell（1971）	ドイツ	85
Podd（1969）	31	Kilham and Mann（1974）	オーストラリア	28
Ring et. al.（1970）	91	Shanab and Yahya（1977）	ヨルダン	73
Bock（1972）	40	Shanab and Yahya（1978）	ヨルダン	62
Powers and Geen（1972）	83	Miranda et. al.（1981）	スペイン	50
Rogers（1973）	37	Gupta（1983）（Average of 1 Remote and 3 Voice–Feedback conditions）	インド	42
Shalala（1974）	30	Schurz（1985）	オーストリア	80
Costanzo（1976）	81			

米国内の服従率の平均は 60.94%，米国外の服従率の平均は 65.94%

AHAP　アメリカ心理学史アーカイブ［Archives of the History of American Psychology］

ASM　アレクサンドラ（サーシャ）・ミルグラム個人蔵［Alexandra（Sasha）Milgram］

HUA　ハーバード大学蔵［Harvard University Archives］。若干の例外を除き、ミルグラムの大学院生時代の書類より。

ISW　『社会的世界における個人――エッセイと実験』初版と第二版［Migram, S.（1977c）. *The Individual in a Social World: Essays and Experiments.* Reading, MA: Addison-Wesley. Milgram, S.（1992）. *The Individual in a Social World: Essays and Experiments,* 2nd edition. Edited by J. Sabini and M. Silver. New York : McGraw-Hill.］これは、ミルグラムが公刊した論文類をまとめたアンソロジーである。二つの版があるが、各章のイントロダクションは同じで、掲載されている論文もほとんど同じである。第二版では、いくつかの論文が省かれ、その代わりに初版が出た後で発表されたものが入っている。この注では、再録文献としてISWとあれば、二つの版に含まれている論文を指すこととする。ページ数が指定されているときは、第二版の方のページである。ある論文がこのいずれかの版にしか掲載されていないときには、そのように明示する（たとえば、ISWの第二版にのみ再録、のように）。

OTA　『服従の心理――アイヒマン実験』（改訂版）岸田秀訳、河出書房新社、一九九五年［Milgram, S.（1974）. *Obedience to Authority : An Experimental View.* New York: Harper & Row.］

Remembrance　同僚や学生たちが、ミルグラムがどれほど彼らの生活に影響を与えたかを振り返った手紙。一九九三年八月のアメリカ心理学会の大会は、ミルグラムの服従実験の第一報告から三十周年であり、生きていれば八月十五日には六十歳の誕生日を迎えることになっていたので、それを記念するさまざまなイベントが設定されていた。このイベントと連携して、ミルグラムのかつての学生たちが、彼を偲ぶ手紙を集め、ミルグラムの家族に送ったのである。

SMP　スタンレー・ミルグラム文書、エール大学図書館蔵［Stanley Milgram Papers, Yale University Library, Manuscripts and Archives］

プロローグ

（1）論文、"Ethics of the Fathers," chap. 4, v. 27.
（2）Triplett（1897）.
（3）Cartwright（1948）.
（4）DeGrandpré and Buskist（2000）; Lundin（1996）.
（5）Hilgard（1987）.
（6）Dashiell（1935, p. 1097）.
（7）Marrow（1969）.
（8）Jones（1985 a）.
（9）Lewin, Lippitt, and White（1939）. この研究についての記述は、Jones（1985 b）と Wheeler（1970）を参考にした。
（10）Festinger（1957）.
（11）ミルグラムからキャシー・グラントへの手紙、一九八〇年三月五日、ＳＭＰ。
（12）Marrow, *op. sit.*
（13）Jones（1985 b, p. 68）.

第1章　名前のない街で

（1）ジョエル・ミルグラムへのインタビュー、マサチューセッツ・ケンブリッジにて、一九九三年六月二十四日、マージョリー（ミルグラム）・マートンへのインタビュー、メリーランド・ロックビルにて、一九九六年九月二十六日。
（2）ミルグラムが子どものころについて書いた「名もなき隣人」というタイトルの未公刊のメモ。一九八〇年代の初期に書かれたもの。ＡＳＭ。
（3）同。
（4）アレクサンドラ（サーシャ）・ミルグラムへのインタビューより、ニューヨーク・リバデール、一九九三年四月二十五日、六月十三日。
（5）前掲、「名もなき隣人」

（6）前掲、ジョエル・ミルグラムへのインタビュー。
（7）一九八一年の春、ＣＵＮＹの「社会科学における調査手段としての映像とビデオ」の授業でミルグラムの学生が作った『旧き隣人』というタイトルの映画より。この映画のなかでミルグラムはブロンクス近辺を歩き回るツアーを組み、ＰＳ77小学校やミルグラム一家が住んだビルの一つのような重要な場所を思い出し、指し示している、ＡＳＭ。
（8）マージョリー・マートンとの会話、二〇〇一年一月。
（9）前掲、「旧き隣人」
（10）前掲、サーシャ・ミルグラムへのインタビュー。
（11）前掲、ジョエル・ミルグラムへのインタビュー。
（12）Tavris (1974 b).
（13）タブリスからの引用（1974 a, p. 77）：ＩＳＷに再録、p. xxviii.
（14）前掲、「名もなき隣人」
（15）同。
（16）前掲、サーシャ・ミルグラムへのインタビュー。
（17）前掲、「名もなき隣人」
（18）前掲、ジョエル・ミルグラム、マージョリー・マートン、サーシャ・ミルグラムへのインタビュー。
（19）ミルグラムがバル・ミツバでの演説のために書いた手書きのメモ、ＡＳＭ。
（20）バーナード・フライドへのインタビュー、二〇〇一年二月十八日。
（21）フィリップ・ジンバルドへのインタビュー、トロントにて、一九九八年八月二十二日。
（22）Milgram, A. (2000).
（23）バーナード・フライドへのインタビュー、前掲。
（24）前掲、ジョエル・ミルグラムとマージョリー・マートンへのインタビュー。
（25）前掲、マージョリー・マートンへのインタビュー。
（26）『ピープルズ・カレッジ・オン・ザ・ヒル』（*The People's College on the Hill*, 1987).
（27）ミルグラムの大学時代の成績証明書、ＨＵＡ。クイーンズ・カレッジの卒業アルバムである「シルエット」(Silhouette) 一九五四年版、ジョセフ・ブロステックからの情報。社会科学研究評議会（ＳＳＲＣ）に一九五六年十二月三十一日に提出された申請書、ＡＳＭ。
(28) 前掲、サーシャ・ミルグラムへのインタビュー。
(29) ソルボンヌ大学の“Cours Pratique”への登録書類、ＨＵＡ。
(30) 前掲、ジョエル・ミルグラムへのインタビュー。
(31) 前掲、マージョリー・マートン、ジョエル・ミルグラムへのインタビュー。
(32) 前掲、ＳＳＲＣ奨学金への申請書。
(33) 前掲、サーシャ・ミルグラムへのインタビュー。
(34) Milgram, A.（2000）.
(35) 前掲、バーナード・フライドへのインタビュー。
(36) ミルグラムのクイーンズカレッジでの成績証明書、ＨＵＡ。Milgram, A.（2000）; Tavris（1974 b）.
(37) Tavris（1974 b）.
(38) フォード財団の報告書、一九五四年四月三十日、ＡＨＡＰ。
(39) 前掲、ジョエル・ミルグラムとマージョリ・マートンへのインタビュー。
(40) Baldwin（2001）を参照のこと。
(41) Milgram, A.（2000）：ミルグラムのクィーンズカレッジでの成績証明書、ＨＵＡ。
(42) スプレイグ女史への手紙、一九五五年七月十五日、ＨＵＡ。
(43) オルポートからの手紙、一九五四年六月一日、ＨＵＡ。
(44) スプレーグ女史への手紙、一九五五年七月十五日、ＨＵＡ。
(45) オルポートへの手紙、一九五四年七月八日、ＨＵＡ。
(46) オルポートからの手紙、一九五四年七月十九日、ＳＭＰ。
(47) タブリスからの引用（1974 a, p. 77）。ＩＳＷにも引用あり、p. xxviii.
(48) ミルグラムの日記“Thoughts”の一九五一年六月九日の項、ＡＳＭ。

第2章　ハーバードでの成功

(１) Ｅ・Ｌ・パテュロとの会話、二〇〇一年、（Parsons, 1956）.

（2）前掲、Marrow.
（3）Allport (1935).
（4）Allport (1954) ; Allport and Ross (1967).
（5）Hay (1999).
（6）Brick (1999) ; Vidich (2000).
（7）Allport and Boring (1946).
（8）前掲、Parsons.
（9）オルポートへの手紙、一九五四年九月二十八日、ＳＭＰ。
（10）前掲、Ｅ・Ｌ・パテュロとの会話。
（11）Nichols (1998).
（12）前掲、Parsons.
（13）Kluckhohn, Murray, and Schneider (1967).
（14）前掲、キャシー・グラントへの手紙。
（15）ミルグラムの同僚であったアーウィン・カッツによって主催された一九八五年五月十日のＣＵＮＹ大学院センターでの記念式典で行った講演から。
（16）ミルグラムはこの話について、ＩＳＷのなかで語っている（pp. 253–254）。
（17）前掲、Vidich.
（18）Bunting (1985).
（19）Triplet (1992).
（20）この引用文は、ハーバード大学のウェブページにあったものだが、現在ではそのページは存在しないようである。その代わりとなる引用元を探しているときに、この文章にはいくつか異なるバージョンがあることがわかった。言葉遣いや詳細が若干異なるのである。ハーバード大学のウェブページで見つけた文章と同じ言葉遣いの情報源を見つけ出すことはできなかったが、ほぼ同じでおそらくもっと権威があるものが、カール・ヴァン・ヴェヒテンによって編集された『ゲルトルード・スタイン選集』(New York : Vintage, 1990) の六六ページにある。
（21）ミルグラムの大学院の成績記録文書より、ＨＵＡ。

(22) SMP。
(23) 前掲、大学院の成績記録文書。
(24) 前掲、大学院の成績記録文書。
(25) ブルーナーからロバート・ナップへの一九五五年一月二十五日の手紙。おそらくはナップによって書かれた「ハーバードとコロンビアの同僚についての報告――一九五四～五五年」("Report on Harvard and Columbia Fellows――1954-55")という日付がなく書名もないメモ、AHAP。
(26) 一九五五年五月に発送された質問紙、AHAP。
(27) バーナード・ベレルソンへの手紙、一九五五年二月三日、AHAP。
(28) ミルグラムへの手紙、一九五五年二月十六日、AHAP。
(29) フォード財団への手紙、一九五五年六月六日、AHAP。
(30) アメリカ空軍少佐ウィリアム・P・ヴァンデン・ドリスからカデット・スタンレー・ミルグラムに宛てた手紙、ASM。
(31) ジョセフ・ブロステックへのインタビュー、二〇〇一年五月九日。
(32) ミルグラムのクィーンズカレッジでの成績証明書、HUA。
(33) 前掲、フォード財団への手紙。
(34) ミルグラム宛の手紙一九五五年六月十五日、AHAP。
(35) 一九五七年から五八年の年度の間に、『インパルス』(Impuls)というオスロ大学の心理学の学生向けの謄写版印刷のニュースレターにミルグラムが書いた「ハーバードの社会関係学部での生活と学び」というタイトルの記事より、ASM。
(36) サーシャ・ミルグラムとの会話、一九九九～二〇〇三年。
(37) エレノア・スプレーグ女史からの手紙、一九五五年七月二十一日、HUA。
(38) 前掲、キャシー・グラントへの手紙。
(39) ジェローム・ブルーナーへのインタビュー、ニューヨークにて、二〇〇〇年九月二十六日。
(40) アッシュからパーソンズへの手紙、一九五六年二月二十四日、HUA。アッシュはミルグラムに対しても温かい感謝の手紙を送っている、一九五六年九月三日、SMP。
(41) Asch (1958).
(42) 前掲、Wheeler.

（43）アッシュが同調を実験的に明らかにしようと考えた背景にある哲学的な問題は、明らかに彼が大人になってからのものであるが、それを検討するために彼が考えたあの手法は子どものころの経験からきたものである。

アッシュは一九〇七年にポーランドのワルシャワで生まれ、その郊外のローウィッツ（Lowitz）という小さな町で育った。七歳になったときのことである。その晩は、セダーと呼ばれる過越《すぎこし》の祭りの最初の晩で、子どもたちは初めて夜遅くまで起きていてよいのだった。

何もかもが準備されていた。きらめくばかりの儀式だった。祖母が子どもたちもふくめて、みんなのコップにワインを注いでくれたのだ。そしてさらにもう一つのコップにも。そのとき、誰も座っていない椅子があることに気付いた。私は叔父の隣に座っていたので、叔父にいったいどういうことなのか聞いてみた。叔父は、「過越《すぎこし》の祭りのときには、どこのユダヤの家にも預言者のエリヤが来るんだよ。だから、椅子があるんだ。それに、儀式の途中のある時になれば、ドアを開けて、エリヤを迎え入れ、エリヤはそのために用意しておいたコップからワインを一口飲む」というのである。預言者のエリヤが世界中のユダヤ人の家という家を一晩ですべて巡るという話に強く引きつけられるとともにびっくりした。そこで叔父に「本当にワインを飲むんだね」と聞くと、叔父は「もちろんさ、その時が来たらよく見ているといいよ、コップをね。減っていくから」と答えた。コップにはワインがなみなみと注がれていたのである。その時が来たとき、私は預言者のコップから目を離すことができなくなっていた。私は注視し続け、もしかしたら本当にそれが少し減ったように思えてきたのである……この私が七歳のときに起こったことが四十年後の実験を生んだかどうかって？　それはわからないさ。（Ceraso, Gruber, and Rock, 1990, p. 3 よりの引用）。

（44）同、Ceraso et al., p. 12.

（45）ジョン・シャファーへのインタビュー、一九九九年三月二十九日。ソウル・スタンバーグへのインタビュー、二〇〇一年五月二十四日。ロバート・パルマーへのインタビュー、二〇〇一年五月十四日。ノーマン・ブラッドバーンへのインタビュー、二〇〇一年五月十五日。

（46）スプレーグ女史への手紙、一九五六年三月二日、ＨＵＡ。

（47）モステラーへの手紙、一九五六年五月二十五日、ＨＵＡ。

第3章　ノルウェー、そしてフランス

（1）オルポートへの手紙、一九五六年十月十七日、ＳＭＰ。

(2) 同。
(3) Pettigrew, (1999).
(4) 社会科学研究評議会(SSRC)への手紙、一九五六年八月三十一日、ASM。
(5) エルブリッジ・シブレーからミルグラムへの手紙、一九五六年九月五日、AHAP。
(6) 前掲、オルポートへの手紙、一九五六年十月十七日。
(7) Allport (1954).
(8) オルポートからの手紙、一九五六年十一月四日、SMP。
(9) ミルグラムによるSSRC奨学金への申請書、一九五六年十二月三十一日、ASM。
(10) オルポートからステイン・ロッカンとラグナー・ロメットベイトに、一九五六年十二月十八日、HUA。
(11) ロメットベイトからオルポートへの手紙、一九五七年一月二十一日、ロッカンからオルポートへの手紙、一九五七年一月二十九日、SMP。
(12) シブレーからの手紙、一九五七年三月二十六日、ASM。
(13) ジョセフ・B・カーサグランデからの手紙、ASM。
(14) オルポートからの手紙、一九五七年六月六日、SMP。
(15) オルポートからの手紙、一九五七年六月十三日に対する、シブレーからの返事、一九五七年六月十二日、HUA。
(16) 一九五七年六月十七日付けの手紙、ASM。なぜミルグラムは試験に落ちたのだろうか。学業記録に残っているほかの科目の成績や、彼の一般的な能力から考えると不思議である。彼はシブレーに次のように説明している。社会心理学の博士課程の学生は、社会関係一九一という統計のコースの最終試験に通過することが統計についての必須項目である。たいていの学生はそのコースを受講するのだが、コースに登録せずに試験を受けることも許されている。ミルグラムは、一九五七年の春学期に社会関係一九一のコースに登録したが、それが何であるかははっきりしないが、ほかの活動と重なってしまったので、その単位を落としたのである。しかしながら、コースの必読文献は読み、シラバスに載っていた課題は自分一人でやっていた。このような自分で勝手に学ぶというやり方は、このコースに合格するためには不十分なものだったが、ミルグラムはそのコースに必要な統計の技術は修得していると考えていた。
(17) ミルグラムの電話メモ、一九五七年七月三日、ASM。
(18) シブレーからの手紙、一九五七年七月八日、ASM。

(19) 論文審査委員会報告書、一九五七年九月二十四日、ＨＵＡ。
(20) オルポートからの手紙、一九五七年九月三十日。
(21) イーニッドへの手紙、一九五七年十月十八日、ＡＳＭ。
(22) オルポートへの手紙、一九五七年十一月十八日、ＳＭＰ。
(23) 同。
(24) ミルグラムの博士論文（1960）；Milgram（1961）、ＩＳＷに再録。本書での同調実験の手順と結果は、上記にもとづく。
(25) すべての被験者は男性だった。ミルグラムはその理由を次のように解説している。「数多くの研究から、同調のレベルを決定する重要な変数は性差であるということがわかっている。そこで、この変動要因を削除することによって、国民性という要因による違いが現れる確率を増やすことにした」（Milgram, 1960 , p. 19）.
(26) ミルグラムがグループに対してテープレコーダを使って刺激提示したのは、Blake and Brehm（1954）によって初めて利用された手法を採用したものである。
(27) Milgram（1960, p. 27）. 博士論文を提出してから一年後に、『サイエンティフィック・アメリカン』誌にその博士論文をもとにした論文を書いた（Milgram, 1961）。そこには、つぎのような警句のようなものが書かれていた。「テープレコーダを使えば、サクラのグループを作ることは簡単にできる。テープには時給を支払う必要もないし、いつでも使いたいときに居てくれる」。
(28) Milgram（1960, p. 38）.
(29) 同、p. 194.
(30) 同、p. 200.
(31) オルポートへの手紙、一九五八年二月十九日、ＨＵＡ。
(32) 同。
(33) Milgram（1960, p. 116）.
(34) ミルグラムへの手紙、一九五八年二月二十八日、ＳＭＰ。
(35) 前掲、オルポートへの手紙、一九五八年二月十九日。シブレーからの手紙、一九五七年十二月二十六日、ＡＳＭ。
(36) オルポートからシブレーへ、一九五八年二月二十八日、ＨＵＡ。
(37) ミルグラムは、一九五八年四月十日付けのシブレー宛の手紙で、奨学金を受けた、ＡＳＭ。
(38) ミルグラムはもう一つの「非難」条件の実験も行っている。ここでは、目立つことが非難されるのではなく、ほかの「被験者」からのコメントは、個人的な侮辱であり、何も知らない被験者の能力を疑うものである。被験者が正しい答えを言った後に、「ばかげている」とか「まぬけ」というコメントがされるのである。この「個人的低能力」条件では六五パーセントの同調率が得られたが、これは、反応が社会的に不適当であるとされるときの七五パーセントよりも低いものだった。この差は統計的には有意ではない。ミルグラムはこの「個人的低能力」条件はフランスでは実施しなかった。

(39) **Milgram** (1960, pp. 175–176). 後になって、ミルグラムは博士論文の倫理に関する質問をＩＳＷの第一章に再録した。ここではそれを引用している。彼がそうしたのは、服従実験への批判者に対して彼が倫理に対して敏感であったということを示すためだった。実際、彼は服従実験以前から敏感だったのである。

(40) **Asch** (1956, p. 53).

(41) オルポートへの手紙、一九五八年三月十一日、ＳＭＰ。

(42) イーニッドへの手紙、一九五八年十月、ＡＳＭ。

(43) 母親とジョエルへの手紙、一九五八年八月十九日、ＡＳＭ。

(44) たとえば、一九五八年九月八日、一九五八年十一月二十三日、一九五八年二月二十七日、一九五九年付けの手紙、ＡＳＭ。

(45) ジョン・シャファーへの手紙、一九五八年十一月九日、ＡＳＭ。

(46) スプレーグ女史への手紙、一九五八年九月二十三日、ＨＵＡ。

(47) 前掲、ミルグラムのノート、一九五八年四月二十五日、ＡＳＭ。ロザリンドへの手紙、一九五八年十月十九日、ＡＳＭ。

(48) 前掲、サーシャ・ミルグラムへのインタビュー。前掲、スプレーグ女史への手紙。

(49) ウルフ・トージャーセンへの手紙、一九五八年十月三日、ＡＳＭ。

(50) オルポートへの手紙、一九五八年三月十一日、ＳＭＰ。シブレーへ、一九五八年七月二十九日、ＡＳＭ。オルポートへ、一九五八年八月二十一日、ＨＵＡ。ソール・スタインバーグへ、一九五八年九月十三日、ＡＳＭ。

(51) オスロの電気製品の大きな製造会社、シブレーへの手紙、一九五八年七月六日、ＡＳＭ。

(52) 前掲、ウルフ・トージャーセンへの手紙。

(53) 前掲、ソール・スタインバーグへの手紙。

(54) 前掲、ウルフ・トージャーセンへの手紙。

(55) 日時および宛先不明の手紙の断片より。引用部分から考えると、アメリカ帰国後に書いたものと思われる。一九五九年四月以降のいつかである。ここに引用しなかった部分の手紙から考えると、この手紙は女性の友人に宛てたものと考えられる、ＡＳＭ。

（56）イーニッドへの手紙、一九五八年十二月、ＡＳＭ。

（57）同、イーニッドへの手紙。『ジャーナル・ド・ヴィクトール・リヨン』（*Le Journal de Victor Lyon*）へのミルグラムの投稿の英語への翻訳は、フランソア・ロシャによる。

（58）ロバート・Ｗ・ホワイトからジェラール・ラトルチュ宛の手紙、一九五九年六月二十四日。支援の手紙は、ロバート・Ｇ・ミード、一九五九年四月六日とジェラール・ラトルチュ、一九五九年三月二十七日によるもの。引用は後者の手紙からで、レオナルド・シガーの翻訳にもとづく。この三通の手紙は、ミルグラムの大学院の記録より、ＨＵＡ。

（59）オルポートへの手紙、一九五八年八月二十一日、ＳＭＰ。

（60）Milgram（1960, p. 129）.

（61）Milgram（1960, pp. 152–153）.

（62）前掲、Milgram, 表1-9より。

（63）Milgram（1961, p. SO）, 棒グラフより、ＩＳＷ。二〇八ページに改変を掲載。

（64）先に述べたように、ミルグラムはノルウェーで「非難」条件の後に行った「個人的低能力」条件はフランスでは行わなかった。疑いもなく、「非難」条件のときにフランスの被験者の何人かが示した攻撃的な反応を繰り返すほど危ういことをしたくはなかったのだろう。

（65）Milgram（1961）, ＩＳＷに再録。

（66）ハーコン・ホフスタッドへの手紙、一九五九年三月、ＳＭＰ。

（67）マンより筆者宛の電子メール、二〇〇二年十月十六日。

第4章　プリンストンからエールへ

（1）ミルグラムの大学院の記録文書、ＨＵＡ。

（2）マイクとリーザへの手紙、ＡＳＭ。

（3）一九五九年八月二十九日、ＳＭＰ。

（4）前掲、マイクとリーザへの手紙。

（5）ミルグラムのメモ「アッシュから受け取ったサラリーへの注」一九五九年十月十五日、ＳＭＰ。

（6）日付の入っていない自省録より。おそらくは一九五九年九月に書かれた草稿段階のもの。「親愛なるアッシュ博士へ」という書き出しで始まっているので、アッシュ宛の手紙のようであるが、アッシュと共に働いてもメリットがないというような否定的なコメントを含んでいるので、実際には送られなかったと考えられる。SMP。
(7) ミルグラムからアッシュへの手紙、一九五九年九月十九日、SMP。ミルグラムからオルポートへ、一九五九年九月二十八日、HUA。オルポートからミルグラムへ、一九五九年九月三十日、SMP。
(8) ASM。
(9) 前掲、日付の入っていない自省録より。
(10) 〔S・E・Aへの手紙〕という日付のないもの。おそらくは、一九六〇年の五月か六月に書かれたが、実際には送られていないもの、SMP。
(11) プリンストン高等研究所の図書館にアッシュの書類があるが、これは主にアッシュと研究所スタッフのやりとりからなる。このいずれの手紙のなかにもミルグラムへの言及はない。
(12) アッシュへの手紙、一九六〇年六月三日、SMP。
(13) 同。
(14) アッシュへの手紙、一九六〇年六月十八日、SMP。
(15) エドへの手紙、一九五九年十月二十三日、ASM。
(16) マリリン・ツァイトリンへの手紙、一九五九年、十月十七日、ASM。
(17) イーニッドへの手紙、一九六〇年一月十五日、ASM。
(18) サーシャ・ミルグラムへのインタビュー、前掲。
(19) 前掲、ジョエル・ミルグラム、サーシャ・ミルグラム、マージョリー・マートンへのインタビュー。
(20) オルポートへの手紙、一九五九年十一月四日、HUA。
(21) オルポートからの手紙、一九五九年十一月九日、SMP。
(22) オルポートへの手紙、一九六〇年一月十六日、HUA。
(23) オルポートからの手紙、一九六〇年一月二十日、SMP。
(24) オルポートへの手紙、一九六〇年二月二十九日、HUA。
(25) オルポートからの手紙、一九六〇年三月三日、SMP。
(26) ASM。ミルグラムに会うとよいというアドバイスをデゥーブにしたのは、おそらくはアービング・ジャニスだったろう。彼は、学部の上級メンバーで、一九五七〜五八年の間にスタンレーとオスロで会っている。その期間、ジャニスは、フルブライト財団の派遣研究者として社会調査研究所ですごしていて、ちょうどそのとき、ミルグラムは同調行動の比較文化研究のノルウェー版をやっているところだった。エールでは、ジャニスは上級教授陣のなかでもミルグラムのもっとも親しい友人となり、いつでも励ましてくれていた。

(27) デゥーブへの手紙、一九六〇年五月六日、ASM。
(28) ハーバード大学からの正式な面談の約束の手紙、一九六〇年五月十六日、ASM。
(29) エール大学からの正式な面談の約束の手紙、一九六〇年十月八日、ASM。
(30) オルポート宛の日付のない手紙、おそらくは一九六〇年五月に書かれたもの、SMP。
(31) オルポートからディック［ソロモン］とジェリー［ブルーナー］に宛てたもの、一九六〇年三月九日、HUA。
(32) オルポートからの手紙、一九六二年一月二十八日、SMP。
(33) ケルマンからオルポートへの手紙、一九六〇年五月三日、HUA。
(34) オルポートからの手紙、一九六〇年六月二日、SMP。
(35) ロジャー・ブラウン、ウィリアウム・ジェームズホールとのインタビュー、一九九三年六月二十三日。
(36) ISW。p. 126.
(37) In Tavris (1974 a), p. 80 ; also in ISW, p. xxxi.
(38) オルポートへの手紙、一九六〇年三月二日、SMP。
(39) ジェームズ・コーンによるアッシュへのインタビュー、一九八九年七月十四日、ソロモン・アッシュ論文より、AHAP。
(40) エドへの手紙、一九六〇年九月十八日、三十日、ASM。
(41) この点から見ると、スタンレー・ミルグラム関係文書が保存されている文書保存部門（Manuscripts and Archives department）がこの庭園の隣にあるというのは非常に適切だと思われる。
(42) オルポートへの手紙、一九六〇年十月十日、SMP。このミルグラムの書いている警句は、エール大学に、人間を対象とはせず動物、とりわけネズミを対象として研究を行う心理学者がいたことをやや批判的に述べているのである。
(43) サーシャ・ミルグラムとの会話、一九九九〜二〇〇三年。
(44) “Application for Grant-in-Aid Research,” 一九六〇年十月七日、SMP。
(45) 前掲、オルポートへの手紙。

(46) D・H・ドアティからの手紙、一九六〇年十二月十九日、ASM。
(47) ニョレ・キュデルカへのインタビュー、二〇〇二年。
(48) 手続きの簡単な説明に結果がグラフとして描かれた「ダートゲーム実験」より、SMP。
(49) サーシャ・ミルグラムとの会話、二〇〇一年四月一日。
(50) 前掲、オルポートへの手紙。
(51) ペトルロへの手紙、一九六〇年十月十四日、SMP。
(52) Buss (1961).
(53) フィリップ・ジンバルドからの電子メール、一九九八年五月五日。ミルグラムの奨学金関係書類 G-17916, "Dynamics of Obedience : Experiments in Social Psychology," 全米科学財団（NSF）のなかのヘンリー・リーケンへの手紙、一九六一年九月二十一日。
(54) アーノルド・バスからの手紙、一九六一年九月二十一日、SMP。同、リーケンへの手紙。Milgram (1963, p. 373, footnote 3).
(55) アラン・エルムズへの手紙、一九七三年九月二十五日、SMP。
(56) 公衆衛生局への手紙、一九六〇年十一月十五日。全米科学財団（ヘンリー・リーケン博士）への手紙、一九六〇年九月十七日、ともにSMP。
(57) ミルグラムによる "Recollections of the Yale Psychology Department"、エール大学心理学部議長のウィリアム・ケッセン宛の手紙のなかに含まれていたもの、一九七九年一月十六日。ケッセンは、学部創立五十周年に向けてもとの職員や学生からそうした回想を集めていた、SMP。
(58) 前掲、Milgram (1964 c) ; Proposal for Grant G-17916, NSF Grant file.
(59) 前掲、"Recollections of the Yale Psychology Department".
(60) マーカス・ロビンズエール大学経理経理担当から国立科学財団（NSF）への手紙、一九六一年一月二十七日、SMP。
(61) OTA, p. 170.
(62) 前掲、エール大学のドナルド・V・グリーン（Manager, Office of Gifts, Grants and Contracts）から、NSFのヘンリー・リーケン博士（社会科学事務局長）宛の受理を知らせる電報、一九六一年五月三日、NSF Grant file。
(63) 前掲、リーケンへの手紙、一九六一年九月二十一日、NSF Grant fde。
(64) ハーバード・ケルマン、ウィリアム・ジェームズホールへのインタビュー、二〇〇〇年八月二十日。

(65) 前掲、NSF Grant file.
(66) Milgram (1964 b).
(67) 前掲、NSF Grant file.
(68) 同。
(69) 前掲、サーシャ・ミルグラムへのインタビュー。
(70) ハワード・レーベンタールへのインタビュー、一九九九年春。
(71) 前掲、ミルグラムの "Recollections of the Yale Psychology Department." より引用。
(72) 前掲、サーシャ・ミルグラムへのインタビュー。

第5章　服従――その体験

(1) たとえば、機械メーカーの Grason-Stadler Company に問い合わせの手紙を出して、電気ショックの持続時間を記録する方法を訪ねている、一九六一年六月二十日。一九六一年六月六日付けの手紙でホルト・ラインハルト・ウィンストンにナサニエル・カンター著の『教授学習プロセス』という本を注文している。これは、実験で使われた小道具の一つである。学部の秘書であるミス・ヘンリーに一九六一年七月二十九日付けの手紙で、電気ショックマシンの回路の仕事をした技術者への支払いを求めている、ＳＭＰ。前掲、リーケンへの手紙、一九六一年八月十五日、ＮＳＦ。
(2) リーケンへの手紙、同右。
(3) エール大学警備部門への手紙、一九六一年十月十七日、ＳＭＰ。
(4) ＯＴＡ、十五頁に改変を掲載。
(5) Elms (1995).
(6) バクストンへの手紙、一九六一年六月六日、ＳＭＰ。
(7) ここに掲載したもの、それ以外も含めて実験室での手続きの詳細はＯＴＡと Milgram (1963, 1965 b) にもとづくものである。後者は、ＩＳＷに再録。
(8) 本章および次章で掲載した実験者と被験者の対話は、実験後期にブリッジポートで行った実験からとられたものである（ＯＴＡでの実験10）であり、それ以前にリンズリー・チッテンデン・ホールで行われたものではない。会話のプロトコル（実験者の教示、録音された不平がスケジュール通りに発生される学習者の音声など）は、ベースラインとなる「心臓病問題」実験

（ＯＴＡでの実験５）のそれとまったく同じである。私がこの会話を利用したのは、本書執筆時には、不適切な部分を削除したブリッジポート条件のものしか録音テープがＳＭＰになかったからである。この録音テープの書き起こしに若干手を入れるとともに、ミルグラムの本および映画『服従』から補って、視覚的な側面を若干追加した。さらに、本書で示した最初の被験者についていえば、その被験者に関するデータファイルのなかに、名前不明の観察者のメモがＳＭＰに存在する。

（9）Meyer (1970).

（10）この二人が主な実験者・学習者のチームだったが、実験の都合上、ほかの人が実験者と学習者の役をすることもあった。たとえば、ＯＴＡでの実験６と９、pp. 59, 60, 66.

（11）Tavris (1974 b).

（12）ジェームズ・マクダナフの九人の子どもの末子にあたるロバート・マクダナフからの複数の電子メール、二〇〇〇年十二月九日、十七日。ミルグラムの服従実験のシリーズでは、ジェームズ・マクダナフは心臓の状態に言及している。ロバートによれば、これは実話にもとづいているとのことである。彼の父であるジェームズは、心臓の問題を抱えていて、それが原因で三年後に亡くなっている。

（13）手書きで日付のない二ページのメモである。マクダナフの職業や、給料（時給一ドル七十五セント）、いつこの仕事ができるか、一年間にわたってこの仕事をしたいと考えていることなどについての情報も書かれていた、ＳＭＰ.

（14）ＮＳＦへのミルグラムの補助金申請のタイトルは、「権威への服従――社会心理学の実験」（"Obedience to Authority : Experiments in Social Psychology"）というもので、一九六二年一月二十五日付けのものである、ＳＭＰ。受理されて、G–24512という補助金番号がついた。これは、彼がＮＳＦに申請した服従研究に関する三本の申請（すべて受理されている）のうちの二本目にあたる。

（15）前掲、リーケンへの手紙、一九六一年八月十五日。

（16）同。

（17）統一が取れるように、私は、ミルグラムの用語を使って被験者の非言語的な反応や叫びを記している。ＯＴＡの「学習者の反抗のスケジュール」pp. 56–57 参照。

第6章　服従――その実験

（1）Milgram (1965 b) の第一レポート。これは、ＩＳＷに再録されている、その後、ＯＴＡに掲載。

（2）リーケンへの手紙、一九六二年二月五日、ＳＭＰ。
（3）Milgram (1963).
（4）オルポートへの手紙、一九六二年二月二日、ＳＭＰ。
（5）Ｅ・Ｐ・ホランダーへの手紙、一九六二年九月二十四日、ＳＭＰ。
（6）前掲、リーケンへの手紙、一九六一年九月二十一日、ＮＳＦ。
（7）同。
（8）ＯＴＡ。pp. 45-46.
（9）ＯＴＡ、p. 36, Figure 6 の改変。
（10）これらの知見は、「権威への服従──社会心理学の実験」一九六二年一月二十五日付けのＮＳＦ宛のミルグラムの第二の補助金申請書に記述されている、前掲、ＳＭＰ。この結果をグラフ化したものも同じ申請書にある。本書の図６-２は、さらに専門的に描かれたバージョンを再構成したものであり、申請書より後に描かれたもので、ＳＭＰにある。
（11）アラン・エルムズへのインタビュー、サンフランシスコにて、一九九八年八月十七日。
（12）エルムズへの手紙、一九六一年六月二十七日、ＳＭＰ。
（13）アッシュへの手紙、一九六一年六月二十七日、ＳＭＰ。
（14）たとえば、前掲、キャシー・グラントへの手紙。
（15）アッシュ宛のタイプで打たれた草稿、一九六八年一月十一日、ＳＭＰ。「手書きで若干修正した」という書き込みが下の方にある。
（16）Igor Kusyszyn への手紙、一九六九年二月十八日。アッシュへの手紙、一九六九年八月二十五日、ＳＭＰ。
（17）前掲、リーケンへの手紙、ＮＳＦ。
（18）これについてのさらに詳しい議論は、Blass (1984) にある。
（19）Mischel (1968).
（20）ＯＴＡ。p. 205.
（21）Modigliani and Rochat (1995).
（22）同。p. 114, p. 120.
（23）モディリアーニとロシャはこのようにも説明できるとしている、同右。

（24）Milgram（1965 a）; Experiment 17 in OTA, pp. 116–121.
（25）ＯＴＡ。p. 121.
（26）Elms（1972）.
（27）クラウデ・バクストンから "Messrs. Blatt, Child, Lebethal, Milgram, Norman Miller" へのメモ、一九六一年九月二十七日、ＳＭＰ。
（28）ウィラー社への手紙、一九六二年三月二十二日、ＳＭＰ。
（29）ＯＴＡ7での実験10、pp. 61, 66–70.
（30）ＯＴＡ。pp. 69–70.
（31）ミルグラムは映画とともに読んで学習の手助けとするような小冊子『服従』の準備をしていた。それは、二つの部分からなっていた。一つは、アンドレ・モディリアーニの助力で作られた映画に関して学ぶための質問であり、もう一つは映画の構成を説明したセクションである。本書で私が映画の構成を説明したのはこのセクションの記述にもとづいている。このパンフレットは、アンドレ・モディリアーニの厚意による。後の、このパンフレットの内容は一九八〇年に出版されたＯＴＡと映画のための『教師用マニュアル』に統合された、ＳＭＰ。
（32）ＳＭＰ。
（33）Arendt（1963）.

第7章　ショックの後

（1）ロバート・エーベルソンへのインタビュー、ニューヘブンにて、一九九七年三月二十六日。
（2）前掲、Buss.
（3）前掲、リーケンへの手紙、一九六一年九月二十一日、ＮＳＦ。前掲、フィリップ・ジンバルドからの電子メール。
（4）同。
（5）前掲、Buss.
（6）同、バスからの手紙。前掲、リーケンへの手紙、ＮＳＦ。
（7）エルムズへの手紙、一九七三年九月二十五日。
（8）アラン・ワーツェルからの日付の記されていない手紙、ミルグラムからの手書きの返事（一九八二年十一月三日付け）が下の方に書いてあるもの、ＳＭＰ。

（9）前掲、エーベルソンへのインタビュー。

（10）Harris (1988).

（11）Milgram (1964 b).

（12）エド・ジグラー（エール大学）へのインタビュー、一九九七年三月二十六日。ＡＰＡに抗議がなされたことは、ジグラーから知ったが、彼は誰がその抗議をしたのかについては教えてくれなかった。教えてくれたのは、その男が社会心理学の准教授だったということだけである。

（13）ジェーン・Ｄ・ヒルドレスからの手紙、一九六二年十一月二十三日、ＳＭＰ。

（14）同。そういうことにはならなかった。たとえば、一九六六年には年次大会のＡＰＡの第八分科会（人格と社会心理学）でチェアマンを引き受けている。

（15）Milgram (1977 d)、ＩＳＷに再録、第二版のみ。

（16）前掲、"Obedience to Authority : Experiments in Social Psychology".

（17）ＮＳＦの取締役代行のランダル・Ｍ・ロバートソンからエール大学学長Ａ・ウィットニー・グリスワルドへの手紙、ＳＭＰ。

（18）前掲、クロード・バクストンへの手紙。

（19）匿名の "National Science Foundation Proposal Rating Sheet," ハーバート・ケルマンの厚意による。

（20）一九六三年四月二十九日付けの "Completion of Obedience Study"。これには社会学と社会心理学のプログラムディレクターであるロバート・Ｌ・ホール宛の添え書きが付いていた、ＳＭＰ。一九六三年七月八日付けの手紙で、ホールはミルグラムにその申請書は認可されたと伝えている。ＳＭＰ。ＮＳＦが割り当てた申請書番号は、G–251 である。

　三本の助成金申請によって得られた資金の他に、ミルグラムは一九六二年二月に三千七百ドルの緊急の追加申請をＮＳＦに申し出た。というのは、一九六一年一月に提出した最初の申請書に書いていた予定よりも実験が進みすぎて、予算が尽きかけていたからである。二番目の正規の助成金の申請書が認可されるまでに、実験を中断なく進めていくためには、このお金が必要だった。彼は、この緊急の助成金を受け取ることができた。ＮＳＦのロバート・ホールへの手紙、一九六二年二月十四日、ＳＭＰ。ホールによる内部メモ、一九六二年二月九日と日付のないメモ、ＮＳＦ助成金関係文書。

　第三の助成金を用いた実験は、ミルグラムが一九六三年七月一日から准教授の職を得たハーバード大学の社会関係学部で行われた。その助成金の終了予定日時は、一九六五年九月十五日だったが、「助成金なし」の一年間の延長を二回することができたので、一九六七年の夏まで助成金の使用を引き伸ばしていた。そのときには、ハーバードからニューヨーク市立大学大学院センター（CUNY）に移っていたのである。

(21) Milgram（1963, 1964 a, 1965 a, 1965 b）.

(22) プロダクションマネージャーへの手紙、APA、一九六三年五月二十六日、SMP。

(23) ミルグラムへの手紙、一九六二年三月二十七日、SMP。

(24) メモの一部。日付は記されていないが、他の部分の記述からすると、ミルグラムがエール大学にいたときに書かれたものであると考えられる、SMP。

(25) ロバート・ラカトシュへの手紙、一九六九年六月十一日、SMP。

(26) 一九六三年十一月十三日付けの『セントルイス・ディスパッチ』紙の編集長に宛てたミルグラムの手紙のタイプ原稿。ミルグラムとエール大学が服従実験をおこなったことを批判する一九六三年十一月二日の同紙の社説に対する反論である。同紙は、ミルグラムの反論を一九六三年十一月十六日に掲載したが、一部をカットしている。本書で引用した下りもカットされている、SMP。

(27) ウィリアム・メノルドからの電子メール、二〇〇一年七月八日。

(28) ウィリアム・メノルドへのインタビュー、二〇〇三年二月十四日。

(29) ハーバート・ワイナーが一九四四年四月四日にエール大学バークレーカレッジでおこなった「記憶と学習の実験」という講演の書き起こしより、ハーバート・ワイナーの厚意による。

(30) その当時、ワイナーはエール大学林業学部（School of Forestry）の准教授だった。

(31) "An Experimenter's Dilemma" というタイトルの日付のないメモ、SMP。

(32) 前掲、OTAと映画『服従』のための統合された教師用マニュアル、SMP。

(33) Elms（1975）.

(34) Comstock（1974）.

(35) Orne and Holland（1968）.

(36) Milgram（1972）、ISWに再録。

(37) ISW。p. 164.

(38) バックホートからの手紙、一九六三年十一月四日、SMP。

(39) サリバンへの夜間発の電報、十月二十三日〜二十四日の真夜中に送られたもの、ＳＭＰ。
(40) Milgram (1963, p. 371).
(41) 同。p. 375.
(42) エリオット・アロンソンからの手紙、一九六四年一月十七日、ＳＭＰ。
(43) エリクソンからの手紙、一九六七年四月十四日、ＳＭＰ。
(44) Askenasy (1978, p. 131) からの引用。
(45) エドワード・マークレーからの手紙、一九六七年七月六日、ＳＭＰ。
(46) 未公刊のインタビューの書き起こしより。インタビュアーの名前もインタビューが行われた日時も記されていないが、内容からすると、一九七〇年代のいずれかの時期に行われたことが推測できる、ＳＭＰ。
(47) Baumrind (1964).
(48) 同。pp. 422-423.
(49) Evans (1980) におけるスタンレー・ミルグラムへのインタビュー、一九三ページ。ＩＳＷ一三二ページも。
(50) Arthur Brayfield への手紙、一九六四年八月十八日、ＳＭＰ。
(51) Milgram (1977 d)：ＩＳＷにも、第二版のみ。
(52) Milgram (1964 b)：ＩＳＷに再録、初版のみ。
(53) ミルグラムの調査助手であったムラタ・タケトにより作られた内部閲覧用レポート "Questionnaire to Subjects", SMP.
(54) 前掲、p. 849, 表1への脚注。
(55) 「質問紙を返送してきた人と返送してこなかった人の比較」というタイトルのデータ分析シート、ＳＭＰ。
(56) ハーブ・ケルマンとの会話、二〇〇〇〜二〇〇三年。
(57) 一九六三年六月二十日付け、ＳＭＰ。公刊されたバージョンは、Errera (1972) にある。
(58) ポール・エレッラへのインタビュー、二〇〇〇年九月。
(59) 前掲、ミルグラムによるＮＳＦへの第二の申請書、"Obedience to Authority : Experiments in Social Psychology.
(60) Milgram (1964 b, pp. 851-852) ; ISW, 初版のみ、pp. 145-146.
(61) 前掲、Lewin, Lippitt, and White.
(62) Milgram (1977 d, p. 19) ; ISW, 第二版のみ、p. 180.

(63) Milgram (1963, 1964 a, 1965 a, 1965 b).
(64) Milgram (1965 b).

第8章 学問の楽園への帰還

(1) 前掲、ミルグラム記念集会におけるブラウンの講演、一九八五年五月十日。
(2) オルポートからの手紙、一九六二年一月二十八日、SMP。
(3) ロジャー・ブラウン、ウィリアム・ジェームズ・ホールへのインタビュー、一九九三年六月二十三日、デビッド・ウィンターからの電子メール、一九九七年十一月十八日。
(4) バクストンからオルポートへの手紙、一九六二年十一月二日、HUA。
(5) オルポートからバクストンへの手紙、一九六二年十一月五日、HUA。
(6) オルポートからの手紙、一九六二年三月七日、SMP。
(7) オルポートからの手紙、一九六二年十一月五日、SMP。
(8) ロジャー・ブラウンへの手紙、一九六二年十二月十八日、SMP。
(9) ハーバード大学からの正式な辞令、一九六三年三月十一日、SMP。
(10) 前掲、サーシャ・ミルグラムへのインタビュー。
(11) アリス・ソーレンからミルグラム宛の手紙、一九六三年一月三十一日、SMP。
(12) ソーレンへの手紙、一九六三年二月一日、SMP。
(13) 前掲、ミルグラムからウィリアム・ケッセンに送られた“Recollections of the Yale Psychology Department”.
(14) 同。
(15) ハーワード・レーヴェンタールからの電子メール。前掲、レーヴェンタールへのインタビュー。
(16) 前掲、“Recollections of the Yale Psychology Department”.
(17) レーヴェンタールへの手紙、一九六三年十月十四日、SMP。
(18) ジョン・デイビスからミルグラムへの手紙、一九六三年九月十一日、SMP。
(19) マデリン・トレーシー・ブリデンからデイビスへの手紙、一九六四年二月十二日、SMP。
(20) サーシャ・ミルグラムとの会話、一九九九～二〇〇三年。

(21) レオン・マンからの回想の手紙、一九九三年八月十日、ハロルド・タクーシアンの厚意による。
(22) ゴールドウォーターへの手紙、一九六三年七月二十七日、ＳＭＰ。
(23) 前掲、ジョエル・ミルグラムへのインタビュー。
(24) ポール・ホランダーへの手紙、一九六七年九月、ホランダーの厚意による。
(25) ポール・ホランダーへの手紙、一九六八年八月三十日、ＳＭＰ。
(26) サーシャ・ミルグラムとの会話、一九九九〜二〇〇三年。
(27) アーサー・ミラーへの手紙、一九八四年三月十四日、ＡＳＭ。
(28) バリー・ウェルマンからの回想の手紙、一九九三年八月。
(29) 『ハーバード・クリムゾン』紙、一九六三年十一月二十五日月曜、ＳＭＰ。
(30) 同。
(31) 同。
(32) スーザン［ハーター］とレオン［マン］への手紙、一九六四年九月二十八日、ＳＭＰ。
(33) Milgram, Mann, and Harter (1965).
(34) 前掲、レオン・マンからの回想の手紙。
(35) Milgram (1969)、ＩＳＷに再録。
(36) “General Scheme for Letter-Dropping Experiment”というタイトルの謄写版の用紙、ＳＭＰ。
(37) “April 4, 1963, Anti-defamation League”というタイトルのメモ、ＳＭＰ。
(38) データの概要を記したシート、“Lost Letter Technique Tabulation as of 4/16,” SMP.
(39) “Post Office Department Routing Slip”という回覧票、一九六三年四月九日、ＳＭＰ。
(40) Milgram (1969). Also in ISW.
(41) 手書きの記録日誌、五月十六日、五月十七日付け、ＳＭＰ。
(42) “To be Table VII”というタイトルのデータの概要を示したシートより、ＳＭＰ。
(43) Milgram (1969) とＩＳＷ。
(44) 同。
(45) ＩＳＷ。pp. 282–283.

(46) 同。pp. 283-285.
(47) 一九六三年一月七日に、ハーバードにおける給与について社会関係学部の長であるデビッド・マクレランドに宛ててミルグラムは、「私はもうすぐ三十歳になるが、服従実験を終えた今ではもっと年を取った気分です」と書いている、ASM。
(48) トム・ペティグリューへのインタビュー、サンフランシスコ、一九九八年八月十四日。
(49) 前掲、未公刊のインタビュー。
(50) Rogers and Kincaid (1981), p. 107.
(51) Milgram (1967 b), ISWに再録。
(52) Milgram (1967 b, p. 62) ; ISW, p. 259.
(53) Rand (1964).
(54) 前掲、Milgram (1967 b).
(55) 同。
(56) Travers and Milgram (1969).
(57) Korte and Milgram (1970).
(58) 社会関係学部における会議の議事録、一九六三年十月十五日、HUA。
(59) ハーバード大学社会関係学部年次報告書、一九六四〜六五年、SMP。
(60) 同。
(61) ブレンダン・マハーへのインタビュー、二〇〇一年五月十五日、六月四日。
(62) 社会関係学部における会議の議事録、一九六五年一月二十六日、HUA。
(63) 前掲、ブレンダン・マハーへのインタビュー。
(64) 社会関係学部における会議の議事録、一九六四年十一月二十四日、HUA。
(65) 社会関係学部年次報告書、一九六三〜六四年、SMP。
(66) 社会関係学部の教授陣のリスト、E・L・パテュロの厚意による。
(67) ハンス・トッホへのインタビュー、二〇〇二年七月十五日。
(68) Milgram and Toch (1969). その章の大部分、ミルグラムによって書かれた群衆のセクションは、ISWに再録、初版のみ。
(69) 前掲、ハンス・トッホへのインタビュー。

(70) ポール・ホランダーへのインタビュー、一九九九年三月二十四日。サーシャ・ミルグラムとの会話、一九九九～二〇〇三年。
(71) ポール・ホランダーからの回想の手紙、一九九三年八月五日。ホランダーの厚意による。
(72) 同。
(73) ニューヨークでのミルグラムの葬儀における話、一九八四年十二月二十三日、ポール・ホランダーの厚意による。
(74) いたずらの手紙、一九七六年六月十四日。ポール・ホランダーの厚意による。
(75) ハーバート・ダンジガーへの手紙、一九六五年四月五日、SMP。
(76) レオン・マンへの手紙、一九六六年十二月二十九日、SMP。
(77) トム・ペティグリューへのインタビュー、一九九八年八月十四日。
(78) デーブ・マーローへの手紙、一九六六年三月二十四日、SMP。
(79) E・L・パテュロとの会話。ロバート・ローゼンタールへのインタビュー、二〇〇二年八月七日。
(80) 前掲、ロジャー・ブラウンへのインタビュー。
(81) 前掲、ミルグラムの未公刊のインタビュー。
(82) 前掲、ローゼンタールへのインタビュー。
(83) 前掲、ブラウンへのインタビュー。
(84) 前掲、デビッド・ウィンターからの電子メール。
(85) 前掲、ペティグリューへのインタビュー。
(86) 前掲、トッホへのインタビュー。
(87) 前掲、ペティグリューへのインタビュー。
(88) 同。
(89) 前掲、サーシャ・ミルグラムへのインタビュー。前掲、未公刊のインタビュー。
(90) 前掲、未公刊のインタビュー。
(91) サーシャ・ミルグラムとの会話、一九九九～二〇〇三年。
(92) 前掲、ローゼンタールへのインタビュー。
(93) マンからの手紙、一九六九年九月十六日、SMP。
(94) 私の六日戦争に関する説明は、「六日戦争」『エンサイクロペディア・ジュダイカ』(*Encyclopedia Judaica*) Vol. 14, 1972,

pp. 1623–1641.

(95) アラン・マズールへの手紙、日付はないがおそらくは一九六七年秋のもの。
(96) アラン・マズールからの手紙、日付はないがおそらくは一九六七年秋のもの。
(97) 前掲、マズールへの手紙。
(98) 同。
(99) アーウィン・シルバーマンからの手紙、一九六七年一月二十五日。デビッド・マーローから、一九六七年一月十六日。ハリー・レヴィンから、一九六七年二月二十八日。すべてSMP。
(100) 前掲、サーシャ・ミルグラムへのインタビュー。
(101) ジョン・サビニとの会話、一九九九年三月。
(102) テオドア・サビニへの手紙、一九六七年二月十五日、SMP。
(103) アーヴィング［ジャニス］への手紙、一九六七年三月十三日、SMP。
(104) 前掲、ハーワード・レーヴェンタールへのインタビュー。
(105) ミナ・リースからの手紙、一九六七年一月十六日、SMP。
(106) リースへの手紙、SMP。
(107) 前掲、ハーワード・レーヴェンタールへのインタビュー。
(108) マクレランドへの手紙、一九六七年二月八日、SMP。
(109) マクレランドからの手紙、一九六七年二月十日、SMP。
(110) SMP。
(111) ハーバード大学では、個人記録の保護期間を八十年と定めているので、テニュア（終身在職権）委員会の最終結論がなされたのがいつかを正確に指摘することは難しい。ハーバード大学芸術科学部長、ジェレミー・R・ノウルズから私への手紙、二〇〇二年六月二十一日。
(112) リースへの手紙、一九六七年三月一日、SMP。
(113) 前掲、サーシャ・ミルグラムへのインタビュー。
(114) ロイ［フェルドマン］への手紙、一九七三年十一月八日。
(115) 前掲、サーシャ・ミルグラムへのインタビュー。

(116) バリー・マクローリンへの手紙、一九六七年三月九日、ＳＭＰ。
(117) ハリー・レヴィンへの手紙、一九六七年三月二日、ＳＭＰ。
(118) 前掲、アーヴィング［ジャニス］への手紙。
(119) ポール・ホランダーへの手紙、一九六七年九月、ホランダーの厚意による。
(120) ポール・ホランダーへの手紙、一九六七年六月二十八日、ホランダーの厚意による。
(121) エリック［レネバーグ］への手紙、一九六七年九月五日、ＳＭＰ。
(122) ハーワード・レーヴェンタールへの手紙、一九六七年九月二十五日、ＳＭＰ。

第9章　都市心理学

(1) ポール・ホランダーへの手紙、一九六七年六月二十八日、ホランダーの厚意による。
(2) ハロルド・タクーシャンの記述にもとづくもの、二〇〇一年二月十二日。
(3) ポール・ホランダーへの手紙、一九六七年九月、ホランダーの厚意による。
(4) ここで私が述べているＣＵＮＹの大学院センターの歴史に関する記述は、以下にもとづいている。ＣＵＮＹ大学院副学長オフィスのロザモンド・ドナへのインタビュー（二〇〇二年九月十日と九月十二日）と彼女から提供された資料、大学院センターの公文書係のジョン・ロスマンとのインタビュー（二〇〇二年八月二十二日）と彼から提供された資料。シーラ・Ｃ・ゴードンの博士論文「ニューヨーク市立大学の変貌——一九四五－一九七〇」、コロンビア大学、一九七五。ミナ・リースの伝記は、「女性数学者の伝記」のウェブサイトより、アグネス・スコット大学、アトランタ、ＧＡ。ミナ・リースによる報告書「ニューヨーク市立大学大学院センターの最初の十年」、ＣＵＮＹ大学院センターの記録文書より。
(5) 前掲、ロザモンド・ドナへのインタビュー。
(6) ミナ・リースによる未公刊のレポート、一九八八年、ロザモンド・ドナの厚意による。チャス・スミスへのインタビュー、二〇〇二年八月二十日。
(7) ハロルド・タクーシャンの記述にもとづくもの、二〇〇一年二月十二日。
(8) 前掲、ミナ・リースによるレポート、"The first ten years...".
(9) 一九六六年十月二十六日付の『ハーバード・クリムゾン』紙に掲載されたリンダ・Ｊ・グリーンハウスによる記事。"What makes Paris Paris? Group will try to measure cities' milieu".

（10）Milgram and Hollander (1964)、ＩＳＷに再録。
（11）同。p. 602 ; ISW, p. 32.
（12）社会心理学分野における博士課程プログラムに関する報告（一九六九〜一九七〇年）、ＳＭＰ。
（13）同。
（14）前掲、シーラ・Ｇ・ゴードンの博士論文、p. 142.
（15）Milgram (1970 a)、ＩＳＷに再録。
（16）Migram (1970 b).
（17）Sabini (1986).
（18）Milgram and Jodelet (1976)、ＩＳＷに再録、p. 112.
（19）Tavris (1974 a, pp. 73 and 76)、ＩＳＷに再録、p. xxvii より引用。
（20）Milgram et al. (1972)、ＩＳＷに再録。
（21）同。p. 197 ; ISW, p. 78.
（22）同。p. 199 ; ISW, pp. 80–82.
（23）サーシャ・ミルグラムとの会話、一九九〇〜二〇〇三年。
（24）Tavris (1974 a).
（25）同。p. 72 ; ISW, p. xxiii.
（26）同。p. 72 ; ISW, p. xxiv.
（27）Milgram and Sabini (1978)、ＩＳＷに再録、第二版のみ。
（28）Takooshian (1972, pp. 10–11).
（29）ハロルド・プロシャンスキーへの手紙、一九七二年三月十四日、ＳＭＰ。
（30）Sabini (1976) : ジョン・サビニ、マウリー・シルバーへの共同インタビュー、ペンシルベニア大学、一九九三年六月三日。
（31）同、ジョン・サビニへのインタビュー。
（32）Milgram (1977 a)、ＩＳＷに再録 : A. Condey と八人のクラスメートによる "The Familiar Stranger : A Strangely Familiar Phenomenon"、未公刊のクラスレポート、一九七一年四月、ミルグラムの実験社会心理学のクラス。
（33）ISW, pp. 69 and 71.

(34) フローレンス・デンマークへのインタビュー、ニューヨーク、五月十九日。
(35) アーウィン・カッツへのインタビュー、一九九三年五月十九日。
(36) Waters (2000, p. 26).
(37) 前掲、ジョン・サビニへのインタビュー。
(38) ロバート・パンザレラへのインタビュー、ニューヨークにて、二〇〇〇年夏。
(39) 前掲、ジョエル・ミルグラムへのインタビュー。
(40) ハロルド・タクーシャンへのインタビュー、一九九三年六月十七日。
(41) 前掲、ロバート・パンザレラへのインタビュー。
(42) 同。
(43) 前掲、ハロルド・タクーシャンへのインタビュー。
(44) 前掲、Waters.
(45) 前掲、ジョン・サビニへのインタビュー。
(46) サロモン・レティグへのインタビュー、二〇〇二年八月六日。
(47) 筆者が会っていない人の身体的特徴に関する記述は、ハロルド・タクーシャンとの会話から得た情報に基づく。
(48) 同。
(49) 前掲、ジョン・サビニへのインタビュー。
(50) Takooshian (2000, p. 19).
(51) ロンナ・カバツニックへのインタビュー、二〇〇二年八月三十日。
(52) 前掲、ジョエル・ミルグラムへのインタビュー。
(53) ジョン・サビニとの会話、一九九九年三月。前掲、アーウィン・カッツへのインタビュー。
(54) 自分向けのメモ、一九五七年二月十日、ＡＳＭ。
(55) イーニッドへの手紙、一九五九年八月十一日、ＡＳＭ。
(56) ミシェル・マークスへのインタビュー、二〇〇三年九月十四日。
(57) 前掲、ロジャー・ブラウンへのインタビュー。
(58) Remembrance, July 30, 1993.

（59）前掲、Waters.
（60）Remembrance, August 5, 1993.
（61）Remembrance, August, 1993.
（62）Takooshian (2000).
（63）前掲、Waters, pp. 30-31.
（64）ポール・ホランダーへの手紙、一九七〇年一月十八日、ホランダーの厚意より。
（65）Tavris（1974 a, p. 72）より引用。さらに、ISW, p. xxv より。
（66）Milgram and Shotland（1973）：短縮版がＩＳＷに掲載されている。
（67）同。
（68）ヴィンセント・シャーマンへのインタビュー、二〇〇三年春。
（69）ヴィンセント・シャーマンへの手紙、一九八三年三月十五日、ＳＭＰ。

第10章　ひのき舞台へ

（1）ハリー・フロムへのインタビュー、ニューヨーク、一九九三年六月十七日。
（2）サーシャ・ミルグラムとの会話、一九九九～二〇〇三年。
（3）奨学金の申請書のコピー、ＡＳＭ。ロジャー・ブラウンへの手紙、一九七一年十月十二日、一九七二年三月十七日、ブラウンの厚意による。
（4）グッゲンハイム助成金委員長ゴードン・N・レイからの手紙、一九七二年三月十四日、ＡＳＭ。
（5）サーシャ・ミルグラムとの会話、一九九九～二〇〇三年。
（6）レオン・マンへの手紙、一九七二年三月二十日、ＳＭＰ。
（7）マリー・メルビンへのインタビュー、二〇〇三年。
（8）ヴァージニア・ヒルからの手紙、一九六五年十月五日、ＳＭＰ。
（9）『社会心理学ハンドブック』の章から。ヒルへの手紙、一九六五年十月十二日、ＳＭＰ。
（10）ヒルへの手紙、一九六九年九月十日、ＡＳＭ。
（11）Milgram（1967 a）. ヴァージニア・ヒルへの手紙、一九六九年四月十八日、ＡＳＭ。

(12) ヒルからの手紙、一九六九年十一月五日、SMP。
(13) ヒルからの手紙、一九七〇年七月二十一日、ASM。
(14) ヒルへの手紙、一九七〇年八月十三日、ASM。
(15) ヒルからの手紙、一九七〇年八月二十日、ASM。
(16) ヒルからの手紙、一九七〇年九月十八日、ASM。
(17) ヒルへの手紙、一九七一年四月五日、ASM。
(18) ヒルへの手紙、一九七一年九月十七日、ASM。
(19) サーシャ・ミルグラムとの会話、一九九九～二〇〇三年。
(20) ホランダーへの手紙、一九七二年十月十二日、SMP。
(21) レオン・マンへの手紙、一九七一年十月二十六日、SMP。
(22) サーシャ・ミルグラムとの会話、一九九九～二〇〇三年。
(23) サーシャから筆者への電子メールのなかでの引用、二〇〇三年二月七日。
(24) 同。
(25) ポール・ホランダーへの手紙、一九七二年十月十二日、ホランダーの厚意による。
(26) ホランダーへの手紙、一九七二年十月三十日、ASM。
(27) 同。
(28) スタンレーからサーシャ、マーク、ミシェル宛の手紙、一九七三年一月十八日、ASM。
(29) 同。
(30) スタンレーからサーシャ、マーク、ミシェルへの手紙、一九七三年一月二十、二十一日、ASM。
(31) サーシャへの手紙、一九七三年一月二十三、二十四日、ASM。
(32) 前掲、Milgram and Shotland.
(33) サーシャ、マーク、ミシェルへの手紙、一九七三年一月二十四日、ASM。
(34) サーシャからの手紙、一九七三年一月二十四日、ASM。
(35) サーシャ・ミルグラムとの会話、一九九九～二〇〇三年。
(36) エリヒュー・カッツからの手紙、一九七三年六月十二日、SMP。

(37) 母（アデル・ミルグラム）への手紙、一九七三年一月十一日、ASM。ミルグラムの連続講演に関するヘブライ語での広報、SMP。
(38) 同、母への手紙。
(39) ホランダーへの手紙、一九七三年三月十三日、SMP。
(40) ホランダーへの手紙、一九七三年四月二十六日、SMP。
(41) サーシャ・ミルグラムとの会話、一九九九〜二〇〇三年。
(42) http://www.metailie.info.
(43) モスコヴィッチからの日付のない手紙、おそらくは一九六三年六月ごろ、SMP。
(44) Milgram (1978).
(45) 前掲、モスコヴィッチからの日付のない手紙。
(46) モスコヴィッチへの手紙、一九六三年七月三十日、SMP。
(47) 同。
(48) 前掲、モスコヴィッチからの日付のない手紙。
(49) モスコヴィッチへの手紙、一九六三年十月十日、SMP。
(50) 英語版はその次の年には出版された、Milgram (1964 c).
(51) 筆者は、この雑誌が重要なものであるということをフランソア・ロシャに教えられた。
(52) モスコヴィッチからの手紙、一九六四年二月十日、SMP。
(53) モスコヴィッチへの手紙、一九七三年九月二十一日、モスコヴィッチからの手紙、一九七三年十二月、ともにSMP。
(54) アメリカ学士院（AAAS）への手紙、一九七三年三月十五日、七月二十四日。モスコヴィッチへの手紙、一九七三年九月二十一日、すべてSMP。
(55) モスコヴィッチへの手紙、一九七六年十一月六日。そしてエリック・ワナーへの手紙、ハーヴァード大学出版局、一九八二年一月十五日、ともにSMP。
(56) モスコヴィッチへの手紙、一九七二年七月十日、SMP。
(57) モスコヴィッチからピエール・エグランへの手紙、一九七三年四月三日、SMP。筆者のためにフランソア・ロシャがフランス語からの翻訳をしてくれた。

(58) ミルグラムとジョデレット、前掲。ＩＳＷに再録。
(59) ISW, p. 92.
(60) 同、p. 91.
(61) 同、pp. 89–90.
(62) 同、p. 95.
(63) 同、p. 109.
(64) 同、p. 112.
(65) モスコヴィッチへの手紙、一九七三年九月二十一日、ＳＭＰ。
(66) 同。
(67) サーシャ・ミルグラムとの会話、一九九九〜二〇〇三年。
(68) ロジャー・ブラウンからヴァージニア・ヒルへの手紙、一九七三年六月三日、そしてブラウンとヒルから、一九七三年七月二十日、ブラウンの厚意による。
(69) Milgram（1973 a）.
(70) タイラー・ブランチからミルグラムへの手紙、一九七三年十月九日、ＳＭＰ。このタイラー・ブランチは、十五年後に *'Parting the waters'* という受賞作品を書いた人と同一人物である。
(71) 前掲、サーシャ・ミルグラムへのインタビュー。
(72) マーク・ミルグラムへのインタビュー、マサチューセッツ・ウォータータウンにて、一九九三年六月二十三日。
(73) ミシェル・マークスへのインタビュー、トロントにて、一九九六年八月。彼女が"Stanley Milgram Retrospective–40 Years After 'Behavioral Study of Obedience'" というシンポジウムで行った話より、トロント、二〇〇三年八月十日。
(74) リンゼーとアロンソンへの手紙、一九六五年三月二十五日、ＳＭＰ。
(75) レーン・コンへのインタビュー、二〇〇二年七月十七日。
(76) Milgram and Toch（1969）.
(77) ミルグラムへの手紙、一九六六年十月十二日、ＳＭＰ。
(78) ミルグラムへの手紙、一九六七年五月七日、ＳＭＰ。
(79) Milgram（1974）.

(80) Milgram (1964 b).
(81) Milgram (1973 b).
(82) Abse (1973).
(83) ＯＴＡ、p. 134.
(84) この問いに対する詳細な検討については、Blass (1992) を参照のこと。
(85) ＯＴＡ、Experiment 8, pp. 61–63, 207.
(86) 私自身の研究によれば (Blass, 1999)、これはきわめて信頼できる知見である。他の人が行った追試も含めて、服従率に関する男女差は見いだされていない。
(87) 同。p. 122.
(88) ＯＴＡでの実験11、pp. 61, 70–72.
(89) 同。pp. 166–167.
(90) 同。p. 72.
(91) ＯＴＡでの実験12、pp. 90–92, 94.
(92) これには、最近の解説が付いた改良版がある。その改良版を作成した製作者のセリア・ローウェンスタインによれば、これがＢＢＣ４で放映されたのは、二〇〇三年三月十日のことである（二〇〇三年三月十五日付けの私宛の電子メール）。ミルグラム自身の映画を除いて、これがミルグラムの研究をもっともよく表わしたドキュメンタリーである。
(93) ほとんどのものがアメリカと英国のニュース記事収集サービスの手で集められ、ＳＭＰに保存されている。この会社はミルグラムが契約したものと考えられる。
(94) その後、『ニューヨーク・タイムズ』書評欄は、編集者宛の手紙としてミルグラムを弁護する側としてロジャー・ブラウンの手紙を、批判側としてローレンス・コールバーグからの手紙を掲載している。
(95) *Dick Cavett Show*, March 15, 1979.
(96) Ｒ・ダンカン・ルースからの手紙、一九八三年三月八日、ＳＭＰ。
(97) ルースへの手紙、一九八三年三月十九日、ＳＭＰ。
(98) ピーター・ガブリエルからの手紙、一九七九年十一月三十日、ＳＭＰ。
(99) Marcie Dodson-Yarnell からの日付無しの手紙、ＳＭＰ。

(100) ミルグラムからの手紙、一九八一年二月二十六日、ＳＭＰ。
(101) ミルグラムの返事の手紙、一九八二年三月三日、ＳＭＰ。
(102) グレン・ハワードへの手紙、一九七三年七月一日、ＡＳＭ。
(103) ミルグラムの映画は現在でも入手可能であり、Penn State Media Sales から販売されている。
(104) Milgram, Bickman, and Berkowitz (1969)、ＩＳＷに再録。
(105) ハリー・フロムへのインタビュー、ニューヨーク、一九九三年六月十七日。
(106) 同。
(107) 前掲、Milgram and From (1978).
(108) 同、フロムへのインタビュー。
(109) フロムとの会話。
(110) 同。
(111) American Film Institute への助成金申請、Independent Filmmaker Program, 一九七五年九月十二日、ＡＳＭ。
(112) ＩＳＷ。p. xix.
(113) 一九八三年五月七日付け、フライドの厚意による。
(114) ジョージ・ベラックへのインタビュー、ニューヨーク、一九九三年五月十九日。
(115) パーシー・シャインの『ボストン・グローブ』での記事、"Tenth Level to Be Aired–Finally", 一九七六年八月二十二日。
(116) 前掲、ベラックへのインタビュー。
(117) 前掲、パーシー・シャインの記事。
(118) イサドア・ミラーへの手紙、ＣＢＳテレビジョン・ネットワーク、一九七五年二月十日、ＡＳＭ。
(119) アーサー・ウェインバーガーへの手紙、一九七五年一月二十六日、ＳＭＰ。
(120) ボブ・ウェクセルバウムへの手紙、一九七六年九月一日、ＡＳＭ。
(121) 受賞証明書のコピー。ジョージ・ベラックの厚意による。
(122) トム・ペティグリューからの電子メール、一九九七年十一月十九日。
(123) 前掲、ジョエル・ミルグラムへのインタビュー。

第11章　苛立ち、シラノイド、そして晩年

（1）前掲、サーシャ・ミルグラムへのインタビュー。
（2）このときまでに彼は、講演依頼をさばくために、講演者サービスの事務所である Program Corporation of America に登録されている。たとえば、一九七五年九月二十五日には、その事務所のセールスディレクターからキャスパー大学で予定されている講演依頼への謝礼が、正味で二千ドル、それに必要経費が追加される旨の手紙が来ている、ＳＭＰ。
（3）前掲、ハリー・フロムへのインタビュー。
（4）前掲、ジョエル・ミルグラムへのインタビュー。
（5）ジュディス・ウォーターズとの会話。
（6）前掲、ボブ・ウェクセルバウムへの手紙。
（7）ポール・ホランダーへの手紙、一九七六年三月三日、ホランダーの厚意による。
（8）ホランダーへの手紙、一九六八年六月十七日、ホランダーの厚意による。
（9）前掲、ハリー・フロムへのインタビュー。
（10）Milgram（1977 b）.
（11）Milgram and Sabini（1979）．ＩＳＷに再録、第二版のみ。
（12）前掲、フロムへのインタビュー。
（13）題名は“Ethics in Human Research: Three Films,”ＳＭＰ。
（14）前掲、ジュディス・ウォーターズとの会話。
（15）ジャン・ハーグ（アメリカ映画協会）からの手紙、一九七六年二月四日、ＡＳＭ。
（16）グレン・ハワードへの手紙、一九七六年二月九日、ＳＭＰ。
（17）Berkun, et al.（1962）.
（18）Campbell, Sanderson, and Laverty（1964）.
（19）キャラハンへの電話についての自分向けのミルグラムのメモ、一九七七年三月十六日、ＳＭＰ。
（20）前掲、倫理助成金申請書。
（21）タイトルは“Ethics in Psychological Research: Film and Evaluation,”一九七九年六月二十日、ＳＭＰ。

(22) Milgram (1984 a). ＩＳＷに再録、第二版のみ。
(23) ＡＳＭ。
(24) 一九七九年二月二十三日付け、ＳＭＰ。
(25) ケリー・シェーバーへの手紙、一九七九年二月二十六日、ＳＭＰ。
(26) シェーバーへの手紙、一九七九年八月一日、ＳＭＰ。
(27) バロンからの手紙、一九七九年十月三十日、ＳＭＰ。
(28) スティーブン・ブレックラーからの電子メール、二〇〇三年二月六日、ＮＳＦ。
(29) バロンからの手紙、一九八〇年三月二十六日、ＳＭＰ。
(30) 一九八三年十月八日、ＡＳＭ。
(31) Milgram (1984 a).
(32) Blass (1980).
(33) 前掲、フローレンス・デンマークへのインタビュー。
(34) サーシャ・ミルグラムとの会話、一九九九〜二〇〇三年。
(35) 社会関係学部における会議の議事録、一九八〇年二月五日、ＳＭＰ。
(36) ＣＵＮＹ大学院副学長オフィスのロザモンド・ドナからの電子メール、二〇〇三年三月二十八日。
(37) サーシャ・ミルグラムとの会話、一九九九〜二〇〇三年。
(38) ロジャー・ブラウンへの手紙、一九八〇年七月七日、ブラウンの厚意による。
(39) サーシャ・ミルグラムとの会話、一九九九〜二〇〇三年。
(40) ホランダーへの手紙、一九八三年八月二十五日、ＡＳＭ。
(41) 前掲、ジョエル・ミルグラムへのインタビュー。
(42) スタンレーとサーシャからの友達に宛てた年末恒例の挨拶の手紙、二〇〇二年十二月、ＡＳＭ。
(43) モスコヴィッチへの手紙、一九八二年四月十三日、ＳＭＰ。
(44) エヴァ・フォーゲルマンへのインタビュー、ニューヨーク、二〇〇〇年夏。
(45) アーサー・ウェインバーガーへのインタビュー、ニューヨーク、二〇〇〇年八月十七日。
(46) "Remarks delivered at the funeral of Stanley Milgram," アーウィン・カッツの厚意による。

(47) 前掲、友達に宛てた年末恒例の挨拶の手紙、一九八二年、ＡＳＭ。
(48) サーシャ・ミルグラムとの会話、一九九九〜二〇〇三年。
(49) 前掲、年末恒例の挨拶の手紙、一九八二年。
(50) アラン・エルムズへの手紙、一九八二年九月二十四日、ＳＭＰ。
(51) Milgram et al.（1986）. ＩＳＷに再録、第二版のみ。
(52) Milgram（1984 b）. ＩＳＷに再録、第二版のみ。
(53) ロジャー・ブラウンへの手紙、一九八三年六月十四日、ブラウンの厚意による。
(54) ロジャー・ブラウンへの手紙、一九八三年五月十九日、ブラウンの厚意による。
(55) マージョリー・マートンとその家族に宛ててミルグラム一家より送られた絵葉書、一九八三年七月二十三日、マージョリー・マートンの厚意による。
(56) ミルグラム一家より友人に宛てた年末恒例の挨拶の手紙、一九八三年十二月、ＡＳＭ。
(57) モーリーン・ダウドによるその会議についての『ニューヨークタイムズ』の記事のなかで引用されたもの、一九八四年三月十二日月曜、p. Bl.
(58) サーシャ・ミルグラムとの会話、一九九九〜二〇〇三年。
(59) "A Patient's View of the Hospital Strike," August 23, 1984, ASM. これが生前に出版された最後の遺作となった。
(60) これは、イスラエルの首相だったメナシェム・ビギンのことである。彼は妻が一九八二年に亡くなった後、職を辞し、ほとんど公衆の前に姿を見せなかった。
(61) ジェームズ・ペンベーカーからの手紙、一九八四年一月十一日、ＡＳＭ。
(62) 吹き出しのなかにかかれている「シャロン」という名前は、ミルグラムの博士課程の学生だったシャロン・プレスリーのことである、プレスリーの厚意による。
(63) ペンベーカーへのインタビュー、二〇〇三年一月十七日。
(64) ＡＳＭ。
(65) 前掲、アーウィン・カッツへのインタビュー。
(66) スミスへの返事。そのメモの下にタイプされたもの、一九七七年八月三十一日、ＳＭＰ。
(67) ＳＭＰ。

(68) サーシャによれば、ある年、スタンレーは、ロシュ・ハシャナと呼ばれるユダヤ教の新年祭のための美しいカードのモチーフとしてザクロを選んだ。ここで引用されている文は、ミルグラムという家の名前のルーツの説明としてこのカードに書いたものである。
(69) ラビのアビ・ウェイスへのインタビュー、ニューヨーク、二〇〇一年四月十八日。
(70) ＡＳＭ。
(71) この詩は、ラビのアビ・ウェイスから学んだものである。前掲、ウェイスへのインタビュー。
(72) 前掲、カッツへのインタビュー。
(73) サーシャ・ミルグラムとの会話、一九九九～二〇〇三年。

第12章　ミルグラムの遺したもの

(1) 前掲、ロジャー・ブラウンへのインタビュー。
(2) Haggbloom (2002).
(3) Milgram (1967b). ＩＳＷに再録.
(4) 前掲、Travers and Milgram, Korte and Milgram.
(5) Aronson and Carlsmith (1968).
(6) 経済学（Akerlof, 1991）、教育（Atlas, 1985）、政治科学（Helm and Morelli, 1979, 1985）、哲学（Patten, 1977）。
(7) Green, et al. (1996).
(8) Laurent (1987).
(9) Modig (2003).
(10) Clothier (2002).
(11) ロビー・チャフィッツへのインタビュー、一九九九年春。
(12) これは政治的な暗殺に関するスリラー映画である。とある国の大統領がオープンカーで大衆の前をパレードしているときに銃撃される。ある面でいえば、このプロットはケネディ暗殺事件とウォーレン委員会による調査を薄っぺらくなぞったものである。そのとある国の国旗は、赤・白・青でできていて、殺人者として告発された男の名前はダズロー（Daslow）であり、これはケネディ暗殺犯と言われたオズワルド（Oswald）の名前のアナグラムである。もうひとつのレベルでは、ベルヌーイはこの映画を使って、ミルグラムの服従実験をフランスの人たちに紹介しようとしたのである。ここでオズワルドにあたる登場人物がミルグラム式の服従実験の被験者だったことが判明し、この被験者がエールのアナグラムであるレーヤ大学で服従実験の被験者となった場面を描く二十分がこのドラマのハイライトとなる。フランソワ・ロシャとの会話より。フランソワ・ラプレールからの複数の電子メール、二〇〇二年一月二十四日、およびレイ・ランカスターより、二〇〇二年三月四日。

スタンフォード大学の社会心理学者であるブノア・モナンによれば、この映画は、「ミルグラムの仕事をフランスの人たちに広めるのにほかのものよりはるかに効果的だった」とのことである。彼の思い出すところによれば、ＥＳＳＥＣ（パリにあるビジネススクール）の学生だったころ、服従実験がテーマの授業が行われるときは、必ずこの映画の一部が使われていた。最近になっても、フランスにおけるＮＳＦ（全米科学財団）に相当する Centre National de la Recherche Scientifique の人を被験者にすることについての公的なレポートのなかで、『「イはイカルスのイ』という映画に示されているように」と書かれている。モナンからの電子メール、一九九九年五月二十一日。

(13) この劇（前掲、Abse, *op. cit.*）のなかでは、ミルグラムの実験の変種が使われている。単語を組み合わせる課題ではなく、算数の問題が学習課題として使われているのである。そのテーマはミルグラムのものと同じで、ごく普通の人が悪の命令におどろくほど簡単にしたがってしまうということで、そこから、ナチスの残酷な行為の意味することが導かれるのである。アブセの劇の登場人物は、「人がより高等な大義のために何かをしていると考えていれば……良心はいつでも驚くほど簡単に崩れ落ちてしまうのだ」。しかし、この劇にはもう一つのサブテーマがある。それは、教師役の被験者が犠牲者になり、彼が「ひっかけられ、ばかにされ、……だまされて」自分の信念とは合致しないことをやらされたというものである。これはミルグラムの考えとは異なる。ミルグラムはこの考えには強烈に反発していた。ミルグラムにとってみれば、被験者の人たちは自由な人であり、実験という権威にいつでも逆らうことができたというのである。

(14) 主人公のトリヴァーは強制収容所を生き延び、今は大学の教授である。学生に「学習」実験に参加するように要請し、そして、盲目的な服従が危険であることを教えるために、電気ショック機の高いボルトまで送った学生を落第にするのである。

(15) ボルチモアの劇作家であるハルは、この作品のことを「集団にとっての存在論的なジレンマである。われわれは何処から来たのか、われわれは何者か、われわれは何処へ行くのか。過去、現在、未来についての、皮肉たっぷりのオーウェル流の暴露をしたものである」といっている。彼女による服従実験は非常によくできている。教師は学習者に質問をするのだが、それには客観的な答えはないのである。実験者が学習者の答えの正否を決定するのである。

次に示すのは、その劇の一部である。

ドクター　二番目の質問に移ってください。
被験者　（リストを読む）二番目です。素晴らしい時代はどこに行ったのでしょうか。
学習者　どこにも行っていません。ここにあります。
被験者　（ドクターを見て）ええと？
ドクター　間違いです。第二レベルのショックを与えてください。
被験者　（凝視しながら、指で探って）わかりました。ちょっと待って、はい、三十ボルト。いきます。（スイッチを押す、学習者は少し激しく身をよじる）

(16) 主人公のサミュエル・ミラー博士はミルグラムのような教授で、有名な大学の心理学部のメンバーで、権威への服従に関する科学的な実験を行っている。この研究を行っているときに、ナチスの戦争犯罪人が捕らえられ、イスラエルで裁判にかけられる。そのナチスの犯罪人の弁護士が、ミラーの研究を聞きつけ、裁判で証言してくれるように依頼してきたので、彼は苦悩を伴うジレンマに直面するのである。

(17) アラン・エルムズへの手紙、一九七三年九月二十五日、ＳＭＰ。

(18) Milgram (1976, p. 24).

(19) 前掲、Abse (p. 29).

(20) Milgram (1973 b, p. 39).

(21) ＯＴＡ。p. 188.

(22) Ferrell and Gardiner (1991).

(23) Hartwell (1990, pp. 142–143).

(24) Colman (1991).

(25) Saltzman (2000).

(26) ヴィンセント・Ｊ・リーゼンフェルドからの手紙、一九八二年四月十日、ＳＭＰ。

(27) エドアルド・グラッキーからの電子メール、二〇〇〇年十月十七日。

(28) ベラ・クベラからの電子メール、二〇〇〇年十二月十一日。

(29) “Norton, DC.”、二〇〇三年一月十四日。

(30) 『ワシントンポスト』マーク・フィッシャーによる、一九九六年四月二十五日。

(31) Goldhagen (1996).
(32) OTA。pp. 5–6.
(33) OTA。p. 175.
(34) ASM。
(35) Arendt (1963).
(36) Wiesenthal (1989, p. 66).
(37) Browning (1992, p. 174).
(38) Hilberg (1980).
(39) Weisberg (1996, pp. xviii–xix).
(40) Hilberg (1985).
(41) Geuter (1987).
(42) Berger (1983).
(43) Robinson (1965).
(44) Bauer (1982).
(45) Gilbert (1985, p. 297).
(46) Reeves (1987).
(47) 前掲，Bauer, p. 212.
(48) Herzstein (1980, p. 142) よりの引用。
(49) Birnbaum (1993, pp. x–xi).
(50) Arendt (1966, p. xxiv).
(51) Hilberg (1985).
(52) OTA。p. 145.
(53) Hilberg (1985, p. 120).
(54) OTA。p. 149.
(55) Hilberg (1985, pp. 53 and 47).

（56）　ＯＴＡ。p. 149.

（57）　Hilberg（1985, p. 54）.

（58）　ハワード・Ｔ・プリンスから Mrs. Carol Dusseadt への手紙、一九八五年十二月十二日、ＡＳＭ。

（59）　Grossman（1995）. 邦訳は、グロスマン（二〇〇四）安原和見訳、ちくま学芸文庫。

（60）　グロスマンの本（1995）以外にもホロコーストや人の破壊的傾向についてたくさんのものが出版されているが、そのほとんどはミルグラムの仕事に大きく依存している。そのなかには、アシュケナージの『我々はみなナチスなのか』（*Are We All Nazis?*）、ケルマンとハミルトンの『服従の罪』（*Crimes of Obedience*）、Kressel の『大衆憎悪』（*Mass Hate*）、カッツの『服従する人びとと驚くべき悪』（*Ordinary People and Extraordinary Evil*）、バウマンの『モダニティとホロコースト』（*Modernity and the Holocaust*）などがある。

（61）　デーブ・グロスマン中佐へのインタビュー、一九九九年三月十八日。

（62）　ハリエット・トービンへの手紙、一九六四年四月九日、ＳＭＰ。

（63）　SMP.

（64）　Milgram（1967 a）.

（65）　ＯＴＡ。pp. 178–179.

（66）　倫理的な論争だけでなく、服従実験に関するさまざまな論点についてのきわめてよく考えられ、読みやすいまとめが Miller（1986）にある。

（67）　倫理的に問題がありうる事例についての記述は、国立精神衛生研究所が作成したビデオシリーズの一つである *"Evolving Concern: Protection for Human Subjects"* に基づくものである（日時未詳）。

（68）　フォーダム大学リンカーンセンター・キャンパスでのミルグラムの講演 "Social Psychology in the Eighties" より、一九八〇年五月三日。ハロルド・タクーシャンの厚意による。

（69）　ここで述べた議論の展開は、人格・社会心理学会の公的なニュースレターである『ダイアローグ』誌に掲載された三つの記事にもとづくものである。"IRB Ax Falls, Heads Roll," *Dialog*, 14（Autumn 1999）, p. 8 ; E. Diener, "Over–Concern with Research Ethics," Dialog, 16（Fall 2001）, p. 2 ; L. A. Penner, "IRB and U : What Institutional Review Boards Are Supposed to Do," *Dialog*, 17（Spring 2002）, pp. 28–29.

（70）　ＩＳＷ。p. 196.

(71) Ross (1988, p. 101).
(72) ルーカス・ハンフトによる "Suburban Versus Urban Attitudes in Regard to Current Political and Sociological Issues, as Measured by the Lost Letter Technique" から, Intel Science Talent Search 1999–2000, p. 16, アン・サルツマンの厚意による。
(73) Kadushin (1989, p. xxiv).
(74) Watts and Strogatz (1998).
(75) スティーブン・ストロガッツからの電子メール、二〇〇〇年五月四日。
(76) Barabasi (2002).
(77) Dodds, Muhamad, and Watts (2003).
(78) Shenk (1997), p. 39.
(79) Gladwell (2000).
(80) Leveugle recounted her odyssey in *The Guardian*, January 13, 2003.
(81) ISW。p. xx.
(82) Zimbardo, Maslach, and Haney (2000, pp. 223–224).
(83) ISW。
(84) ISW。p. xix.
(85) しかし彼にはいい仲間がいた。ロジャー・ブラウンもソロモン・アッシュも現象中心で研究を行っていたのである。
(86) Tavris (1974 b, p. 75).
(87) Tavris (1974 a, p. 71). ISW, pp. xxii–xxiii.

訳者あとがき

スタンレー・ミルグラムが五十一歳で亡くなってから二十年以上経つ。ミルグラムは、一九六〇年代初めに本書で詳述される「アイヒマン実験」で人びとに「電気ショックを与えた」後、二十年にわたって社会心理学の世界で毀誉褒貶相半ばする有名人として活躍し続けた。そして、一九八四年の早すぎる死の後も、ミルグラムに関する話題はとぎれることなく続いている。本書（Blass, 2004）は、ミルグラムとその服従実験に関する数多くの著作（Blass, 2002）を発表している心理学者、メリーランド大学ボルチモアカウンティ校（ＵＭＢＣ）のトーマス・ブラス教授がミルグラムの生涯をたどり、その研究の社会的影響と意味を明らかにした労作である。

本書を一読していただければわかるように、ミルグラムはきわめて創造的な人だった。「アイヒマン実験」と呼ばれた服従研究だけでなく、数多くの新しいトピックに取り組み、それぞれのトピックを社会心理学の分野において、後に残るテーマとしている。放置手紙調査法、スモールワールド調査法、親しい他人、テレビと暴力の問題、都市のメンタルマップ等、今でもトピックとして面白く、研究としても引き続き取り上げられているものばかりである。

本書のなかで最も大きく取り上げられているのは服従実験である。実験を行ってから四十年も過ぎた現在でも、想像もできないほど残酷な出来事が起こると、この実験が引き合いに出される。たとえば、初版から三十年後の二〇〇四年にアメリカで出版されたミルグラムの『服従の心理』の改訂版の序文では、心理学の大御所であるジェローム・ブルーナー教授が、イラク在留米軍兵士の一部がイラクの「アブグレイブ刑務所」で行ったと言われる捕虜虐待の問題を服従実験にからめて議論している（Bruner, 2004）。服従実験は、今後ともこうした事件のみならず、日常における権威主義的な行動を考える際には必ず引用される基本文献であり続けることだろう。

また、この実験によって提起された、人を対象とした実験は倫理的でありうるかという問題は、心理学の実験に興味をもつ人ならば避けて通れないものである。著者のブラス氏は、このテーマについても幅広い文献レビューを行い、ミルグラムがそもそも倫理問題に敏感であり、一部で非難されたような実験のためなら何でもやるマッド・サイエンティストではなかったということも明らかにしている。本書では、実験の詳細な説明が二章にわたって書かれている。服従実験は社会心理学の授業のなかでは必ず触れられるトピックであるにもかかわらず、詳細を知る人は必ずしも多くはない。実験の実態がどのようなものであったのかをよく理解していただきたい。


服従実験は歴史上きわめて重要なものではあるが、現時点で多くの人がミルグラムの名前を知るのは、むしろ、スモールワールド研究における「六次の隔たり」(six degrees of separation) への貢献からかもしれない。六次の隔たりとは、本書にも説明があるように、地球上すべての人が六人の知り合いを間に挟むことによってつながるということを比喩的に述べたものである。読者の皆様にも考えていただきたいのであるが、相互に名前を知っている関係の知り合いをたどってアメリカの大統領に手紙を渡そうとしたら、仲介者は何人必要だろうか。五十人？　百人？　実は、そんなには必要ない。たとえば、もし皆さんが大学生ならば、ゼミの先生・学部長・学長・文部科学省の偉い役人・文科大臣・首相をたどれば、アメリカの大統領につながるのである（もちろん、本当に手紙が渡るかどうかは別の問題である）。

これは、意外に思える結果であり、それがゆえに多くの人びとの興味を惹いてきた。日本においても、三隅・木下（一九九二）による追試がある。それによれば、福岡に住む人から出発して、その人の知らない大阪の特定のターゲットに到達するまで平均して六・二人の仲介者が必要だったという。また、知り合いをたどってターゲットに到達するまで何人必要かという企画がテレビでも催されることが多い。たとえば、一九八八年に放映された毎日放送「ともだち――宗谷岬発武庫川行」という番組では、稚内の海岸にいた八十九歳の女性から出発して、ターゲットとして選ばれた武庫川在住の十四歳の中学生の女の子につながるまで、十三人の仲介者が必要であった。この番組は、一九八八年の芸術祭賞放送作品賞を受賞している。ことほどさように、人の興味をひくわかりやすい実験なのである。

しかしながら、この六次の隔たりの六人という数字に本当に意味があるものなのかについては、長らく議論がなされてきた。調査の方法論的な問題もあり、ターゲットまでの知り合いのつながりが途中で中絶してしまうことが多かったからである。そして、平均六人というとき、中絶したつながりの仲介者数は計算に入れていなかったのである。人と人の関係は、点（人）と線（つながり関係）で表現されることがあるが、このつながり関係が実在するかどうかをどのようにしてデータとして得るかは困難な課題だった。それは、人がどれくらいの知人を持っているかを調べるための研究を振り返ってもよくわかる。

あなたは、自分の友達の数、生まれてからこのかたコミュニケーションをした相手の人数をわかっているだろうか。コーヘン（Kochen, 1989）の本でも、この人間関係を記述し、測定するためのさまざまな試みが提案されており、一人の人の知人の数が数百人から数千人の間であるというデータも示されているが、どれも信頼性に欠ける。六次の隔たりの結果が私たちにとって意外なのは、私たち自身がいったいどれくらいの知人を持っているか、その規模の見当さえもつかないからなのである。しかし、その状況を一変させたのが、インターネット時代の到来だった。人と人のつながりを示すメールのやりとりは記録に残り、誰と誰が情報交換をしているかも簡単にわかる。さらに、ワールドワイドウェブにおけるページ間のつながり（リンク）は、まさに、ミルグラムが知りたかった世界の情報のつながりを可視化したものといえる。そうした観点から、ミルグラムの「スモールワールド研究」が再発見され、そこにグラフ理論という強力な分析道具が導入されることにより、社会構造のネットワーク分析という新しい研究分野が生まれたのである。その意味では、ミルグラムの研究が直接に現在のスモールワールド研究を生んだというわけではないが、彼の都市問題、人間関係の変化などに関する問題意識のするどさが、その後の研究を引き出したということは言えるだろう。

一九六〇年代から七〇年代にかけてのミルグラムの研究は、現時点から見てもかなり先を行っているものだった。都市生活のなかで、たとえば、通勤電車のなかで毎朝見かけるが話かけるわけではない「親しい他人」の存在、あふれんばかりの情報の洪水に人がどのように対応しているかという「情報過負荷」の問題、テレビなどのメディアが人の攻撃的な行動にどういう影響を及ぼすかというテレビの影響についての検討……。こうした問題意識をミルグラムは、四十年以上も前から、人・車・情報にあふれるニューヨークという大都会で生活するなかで、具体的な心理学の実験として目に見える形にしてきた。その後の技術の進歩、インターネットなどのコミュニケーション・メディアの進展に伴う人のつながりのあり方の変化は、ミルグラムが六十年代以降に感じ取っていた社会の変容をさらに拡大・先鋭化してきた。そして、これらの問題は、情報過負荷の環境のなかで都市に生きる現在の私たちの問題でもある。

現代に生きる人の心理をテーマとして取り上げたミルグラムは、たくさんのユニークな実験を行い、論文やエッセイも数多く書いた。たしかに彼は理論を重視する研究者ではなく、興味深い現象を発見し、それを端的に示してみせるタイプの研究者だった。そのため、ミルグラムは、有名ではあったが、心理学の分野では正当に評価されてきたとはいえなかった。本書を通じてミルグラムの研究史をたどることによって、読者がミルグラムの研究の多様性を知るとともに、それが彼にとって必然的なものであり、そして私たちの現在の問題につながっていると言うことを知っていただけると、著者のブラス氏と訳者の私たちはうれしい。また、波瀾万丈であったミルグラムの生涯は、読み物としても面白いものになっていると思う。楽しんで研究をするのが好きだったミルグラムと同じように、楽しんで本書を読んでいただきたい。

翻訳に当たっては、多くの方々のご援助を得た。著者のブラス氏には、日本語版への序文をいただくとともに、本文中の疑問点についても問い合わせをさせていただいた。彼の管理しているページ（http://www.stanleymilgram.com）には、本書を含め、ミルグラムに関するたくさんの情報があるので、ぜひ一度訪問していただきたい。

訳者の一人（野島）の二十年来の友人であるワシントン大学のマーク・クリスピンさんとそのパートナーのアニー・リーさんには、翻訳に当たっての疑問点の数多くに答えていただいた。簡単な単語のつながりであっても、生活のなかで英語を使っている人でなければわからない言い回しなどについて、貴重な助言をいただいた。ここに深く感謝する。クリスピンさんたちの手助けがなければ、さらに誤訳の数が増えていたに違いない。

最後になるが、個人的なことも含め、本書の翻訳の経緯について少し語らせていただきたい。大学時代に社会心理学を専攻した野島にとってミルグラムは、ヒーローの一人だった。服従実験の衝撃、放置手紙調査法のシンプルさ、六次の隔たりの生み出すイメージの巨大さ。また、「びっくりカメラ」に示す興味などからわかる好奇心の旺盛さ。ほかの社会心理学者と比べても飛び抜けて魅力的に見えた。その後、野島の研究分野は社会心理学から若干異なる認知科学に移ったが、常にミルグラムのことは気になっていた。いったいミルグラムというのはどういう研究者であり、彼の研究にはどういう意味があったのか、それがどのように受け入れられていたのか（あるいは、拒否されていたのか）。こうした疑問の一部は、ブラス氏が一九九二年の『実験社会心理学の進歩』

に寄稿した「スタンレー・ミルグラムの社会心理学」（Blass, 1992）で解決することができたが，ミルグラムの全体像については，わからないままだった。たまたま，そのブラス氏がミルグラムの伝記を書いたことを知り，ぜひこれは翻訳しなければならないと思い立ったのである。

翻訳に当たっては，藍澤が全体の訳を作り，それをベースに野島が追加修正した。読みやすい文章にするように十分注意を払ったつもりではあるが，誤訳・誤解など問題があれば訳者の責任である。ご教示いただければありがたい。ミルグラムの研究については熟知しているつもりであったので，翻訳も短期で終わると思っていたが，予想外に長く時間がかかってしまった。この作業を始めたときは，ＮＴＴ厚木研究開発センターでの同僚であった二人だが，その後，野島は大学へと所属を変え，藍澤も結婚して生活の場をアメリカに移している。編集者である松山由理子さんには，予定をはるかに越える時間がかかったにもかかわらず，おおらかに受け入れていただいたことに感謝したい。

日本では，個人の伝記はあまり売れないと聞く。他人の，それも環境が全く異なる他国の人の話を読んでも参考にならないと思うからだろう。また，研究と研究者個人の人生は切り離して考えるべきだとする人も多いことだろう。しかしながら，ミルグラムの生涯には，心理学の研究者のみならず，人の心の働きについて興味を持つ人にとっても参考になることがたくさん含まれている。ミルグラムの服従研究や都市生活の心理学を本当に理解するためには，彼の人生を知ることが役に立つはずである。それに，ミルグラムは人間としても，きわめて興味深く魅力的な人なのだ。本書が，多くの人に受け入れられるように願っている。

二〇〇七年十二月

野島久雄・藍澤美紀

参考文献

（＊本書発行後の追加情報、邦訳文献リストなどについては、http://www.nozy.org/milgram.html をご参照いただきたい）。

Blass, T.（1992）The Social Psychology of Stanley Milgram. In M. P. Zanna（Ed.）, Advances in Experimental Social Psychology（Vol. 25, pp. 277-329）. New York, NY : Academic Press, Inc.

Blass, T.（Ed.）（2000）Obedience to authority : Current perspectives on the Milgram paradigm. Mahwah, NJ : Lawrence Erlbaum Associates.

Blass, T.（2004）The Man who Shocked the World : The Life and Legacy of Stanley Milgram. New York, NY : Basic Books.（本書の原著）

Bruner, J. S.（2004）Foreword, In S. Milgram, *Obedience to Authority. Perennial Classics Edition*, New York, NY : HarperCollins Books.

Kochen, M.（Ed.）（1989）The Small World. Norwood, NJ : Ablex.

毎日放送（一九八八）「映像八〇ともだち――宗谷岬発武庫川行」（ディレクター：山本利樹、横浜にある放送ライブラリー http://www.bpcj.or.jp でこの番組を視聴することができる）

三隅譲二・木下冨雄（一九九二）「〈世間は狭い〉か？　日本社会の目に見えない人間関係ネットワークを推定する」『社会心理学研究』7(1), 8-18.

Milgram, S.（1974）. *Obedience to authority : An experimental view*. New York : Harper & Row.（二〇〇四年に Harper Collins Books より改訂版）

ミルグラム・S（一九九五）『服従の心理――アイヒマン実験』改訂版、岸田秀訳、東京：河出書房新社。

Shenk, D. (1997). *Data smog: Surviving the information glut.* San Francisco: HarperCollins.

Sullivan, W. (1963, October 26). 65% in test blindly obey order to inflict pain. *The New York Times*, p. 10.

Takooshian, H. (1972, March 28). An observational study of norms in the New York City subway. Paper written for Milgram's Experimental Social Psychology class.

Takooshian, H. (2000). How Stanley Milgram taught about obedience and social influence. In T. Blass (Ed.), *Obedience to authority: Current perspectives on the Milgram paradigm* (pp. 9–24). Mahwah, NJ: Erlbaum.

Tavris, C. (1974a, June). The frozen world of the familiar stranger. *Psychology Today*, pp. 71–73, 76–80.

Tavris, C. (1974b, June). A sketch of Stanley Milgram: A man of 1,000 ideas. *Psychology Today*, pp. 74–75.

Travers, J., & Milgram, S. (1969). An experimental study of the small world problem. *Sociometry*, *32*, 425–443.

Triplet, R. G. (1992). Harvard psychology, the Psychological Clinic, and Henry A. Murray: A case study in the establishment of disciplinary boundaries. In C. A. Elliott & M. W. Rossiter (Eds.), *Science at Harvard University: Historical perspectives* (pp. 223–250). Bethlehem: Lehigh University Press.

Triplett, N. (1897). The dynamogenic factors in pacemaking and expectation. *American Journal of Psychology*, *9*, 507–533.

Vidich, R. J. (2000). The Department of Social Relations and systems theory at Harvard: 1948–50. *International Journal of Politics, Culture, and Society*, *13*, 607–648.

Waters, J. (2000). Professor Stanley Milgram—Supervisor, mentor, friend. In T. Blass (Ed.), *Obedience to authority: Current perspectives on the Milgram paradigm.* Mahwah, NJ: Erlbaum.

Watson, J. B. (1913). Psychology as the behaviorist views it. *Psychological Review*, *20*, 158–177.

Watts, D. J., & Strogatz, S. H. (1998). Collective dynamics of "small-world" networks. *Nature*, *393*, 440–442.

Weisberg, R. H. (1996). *Vichy law and the Holocaust in France.* New York: New York University Press.

Wheeler, L. (1970). *Interpersonal influence.* Boston: Allyn & Bacon.

Wiesenthal, S. (1989). *Justice not vengeance.* New York: Grove Weidenfeld.

Wirth, L. (1938). Urbanism as a way of life. *American Journal of Sociology*, *44*, 1–24.

Zimbardo, P. G., Maslach, C., & Haney, C. (2000). Reflections on the Stanford Prison experiment: Genesis, transformations, consequences. In T. Blass (Ed.), *Obedience to authority: Current perspectives on the Milgram paradigm* (pp. 193–237). Mahwah, NJ: Erlbaum.

Psychology, *23*, 175–183.

Presley, S. L. (1982). *Values and attitudes of political resisters to authority*. Doctoral dissertation, City University of New York (University Microfilms International No. 8212211).

Rand, C. (1964). *Cambridge, U.S.A.: Hub of a new world*. New York: Oxford University Press.

Reeves, R. (1987, July 13). France's courage. *The Sun* (Baltimore), p. A9.

Ring, K., Wallston, K., & Corey, M. (1970). Mode of debriefing as a factor affecting subjective reactions to a Milgram-type obedience experiment: An ethical inquiry. *Representative Research in Social Psychology*, *1*, 67–85.

Robinson, J. (1965). *And the crooked shall be made straight: The Eichmann trial, the Jewish catastrophe, and Hannah Arendt's narrative*. New York: Macmillan.

Rogers, E. M., & Kincaid, D. L. (1981). *Communication networks: Toward a new paradigm for research*. New York: Free Press.

Rogers, R. W. (1973). *Obedience to authority: Presence of authority and command strength*. Paper presented at the annual convention of the Southeastern Psychological Association (Abstract).

Rosenhan, D. (1969). Some origins of concern for others. In P. Mussen, J. Langer, & M. Covington (Eds.), *Trends and issues in developmental psychology* (pp. 134–153). New York: Holt, Rinehart, and Winston.

Ross, L. D. (1988). Situationist perspectives on the obedience experiments [Review of *The obedience experiments: A case study of controversy in social science*]. *Contemporary Psychology*, *33*, 101–104.

Sabini, J. P. (1976). *Moral reproach: A conceptual and experimental analysis*. Doctoral dissertation. City University of New York.

Sabini, J. (1986). Obituary: Stanley Milgram (1933–1984). *American Psychologist*, *41*, 1378–1379.

Saltzman, A. L. (2000). The role of the obedience experiments in Holocaust studies: The case for renewed visibility. In T. Blass (Ed.), *Obedience to authority: Current perspectives on the Milgram paradigm* (pp. 125–143). Mahwah, NJ: Erlbaum.

Schurz, G. (1985). Experimentelle Uberprufüng des Zusammenhangs zwischen Persönlichkeitsmerkmalen und der Bereitschaft zum destruktiven Gehorsam gegenüber Autoritäten [Experimental examination of the relationships between personality characteristics and the readiness for destructive obedience toward authority]. *Zeitschrift für experimentelle und angewandte Psychologie*, *32*, 160–177.

Shalala, S. R. (1974). *A study of various communication settings which produce obedience by subordinates to unlawful superior orders*. Doctoral dissertation, University of Kansas, Lawrence (UM #75-17,675).

Shanab, M. E., & Yahya, K. A. (1977). A behavioral study of obedience in children. *Journal of Personality and Social Psychology*, *35*, 530–536.

Shanab, M. E., & Yahya, K. A. (1978). A cross-cultural study of obedience. *Bulletin of the Psychonomic Society*, *11*, 267–269.

sky, W. H. Ittelson, & L. G. Rivlin (Eds.), *Environmental psychology: People and their physical settings* (2nd ed., pp. 104–124). New York: Holt, Rinehart, and Winston.

Milgram, S., Liberty, H. J., Toledo, R., & Wackenhut, J. (1986). Response to intrusion into waiting lines. *Journal of Personality and Social Psychology, 51*, 683–689.

Milgram, S., Mann, L., & Harter, S. (1965). The lost-letter technique: A tool of social research. *Public Opinion Quarterly, 29*, 437–438.

Milgram, S., & Sabini, J. (1978). On maintaining urban norms: A field experiment in the subway. In A. Baum, J. E. Singer, & S. Valins (Eds.), *Advances in environmental psychology*, Vol. 1, pp. 31–40). Hillsdale, NJ: Erlbaum.

Milgram, S., & Sabini, J. (1979). Candid Camera. *Society, 16*, 72–75.

Milgram, S., & Shotland, R. L. (1973). *Television and antisocial behavior: Field experiments.* New York: Academic Press.

Milgram, S., & Toch, H. (1969). Collective behavior: Crowds and social movements. In G. Lindzey & E. Aronson (Eds.), *The handbook of social psychology* (2nd ed., Vol. 4, pp. 507–610). Reading, MA: Addison-Wesley.

Miller, A. G. (1986). *The obedience experiments: A case study of controversy in social science.* New York: Praeger.

Miranda, F. S. B., Caballero, R. B., Gomez, M. N. G., & Zamorano, M. A. M. (1981). Obediencia a la autoridad [Obedience to authority]. *Psiquis, 2*, 212–221.

Mischel, W. (1968). *Personality and assessment.* New York: Wiley.

Modig, M. (2003). *Den nödvändiga olydnaden.* Stockholm: Natur och Kultur.

Modigliani, A., & Rochat, F. (1995). The role of interaction sequences and the timing of resistance in shaping obedience and defiance to authority. *Journal of Social Issues, 51*(3), 107–123.

Morelli, M. (1983). Milgram's dilemma of obedience. *Metaphilosophy, 14*, 183–189.

Naumann, B. (1966). *Auschwitz.* New York: Praeger.

Nichols, L. T. (1998). Social Relations undone: Disciplinary divergence and departmental politics at Harvard, 1946–1970. *American Sociologist.* 29, 83–107.

Orne, M. T., & Holland, C. H. (1968). On the ecological validity of laboratory deceptions. *International Journal of Psychiatry, 6*, 282–293.

Parsons, T. (1956). *The Department of Social Relations at Harvard—Report of the chairman on the first decade: 1946–1956.* Cambridge, MA: Harvard University.

Patten, S. C. (1977). Milgram's shocking experiments. *Philosophy, 52*, 425–440.

The people's college on the hill. (1987). Flushing, NY: Queens College Office of Publications.

Pettigrew, T. F. (1999). Gordon Willard Allport: A tribute. *Journal of Social Issues, 55*, 415–427.

Podd, M. H. (1969). *The relationship between ego identity status and two measures of morality.* Doctoral dissertation, State University of New York at Buffalo.

Powers, P. C., & Geen, R. G. (1972). Effects of the behavior and the perceived arousal of a model on instrumental aggression. *Journal of Personality and Social*

Milgram, S. (1970a). The experience of living in cities. *Science*, *167*, 1461–1468.
Milgram, S. (1970b). The experience of living in cities: A psychological analysis. In F. F. Korten, S. W. Cook, & J. I. Lacey (Eds.), *Psychology and the problem of society*. Washington, DC: American Psychological Association.
Milgram, S. (1972). Interpreting obedience: Error and evidence (A reply to Orne and Holland). In A. G. Miller (Ed.), *The social psychology of psychological research* (pp. 138–154). New York: Free Press.
Milgram, S. (1973a, December). The perils of obedience. *Harper's*, pp. 62–66, 75–77.
Milgram, S. (1973b). Responses I and II. In D. Abse, *The Dogs of Pavlov* (pp. 37–44, 125–127). London: Valentine, Mitchell & Co.
Milgram, S. (1974). *Obedience to authority: An experimental view*. New York: Harper & Row.
Milgram, S. (1976, August 21). Obedience to authority: A CBS drama deals with the shocking results of a social psychologist's experiments. *TV Guide*, pp. 24–25.
Milgram, S. (1977a). The familiar stranger: An aspect of urban anonymity. In S. Milgram, *The individual in a social world: Essays and experiments* (pp. 51–53). Reading, MA: Addison-Wesley.
Milgram, S. (1977b). The image-freezing machine. In S. Milgram, *The individual in a social world: Essays and experiments* (pp. 339–350). Reading, MA: Addison-Wesley.
Milgram, S. (1977c). *The individual in a social world: Essays and experiments*. Reading, MA: Addison-Wesley.
Milgram, S. (1977d). Subject reaction: The neglected factor in the ethics of experimentation. *Hastings Center Report*, *7*, 19–23.
Milgram, S. (1978). A work of great potential influence [Review of Moscovici's book *Social influence and social change*]. *Contemporary Psychology*, *23*, 125–130.
Milgram, S. (1983). Reflections on Morelli's "Dilemma of obedience." *Metaphilosophy*, *14*, 190–194.
Milgram, S. (1984a, August 26). Cyranoids. Talk delivered at the annual convention of the American Psychological Association, Toronto, Canada.
Milgram, S. (1984b, Spring/Summer). The vertical city. *CUNY Graduate School Magazine*, *3*(1), 9–13.
Milgram, S. (1992). *The individual in a social world: Essays and experiments* (2nd ed.). Edited by J. Sabini & M. Silver. New York: McGraw-Hill.
Milgram, S., Bickman, L., & Berkowitz, L. (1969). Note on the drawing power of crowds of different size. *Journal of Personality and Social Psychology*, *13*, 79–82.
Milgram, S., & From, H. (1978). Human aggression: A film. *Centerpoint: A journal of interdisciplinary studies*, *2*, 1–13.
Milgram, S., Greenwald, J., Kessler, S., McKenna, W., & Waters, J. (1972, March-April). A psychological map of New York City. *American Scientist*, pp. 194–200.
Milgram, S., & Hollander, P. (1964, June 15). The murder they heard. *Nation*, pp. 602–604.
Milgram, S., & Jodelet, D. (1976). Psychological maps of Paris. In H. M. Proshan-

ture, society and culture (2nd edition). New York: Knopf.

Korte, C., & Milgram, S. (1970). Acquaintance networks between racial groups: Application of the small world method. *Journal of Personality and Social Psychology, 15*, 101–108.

Kressel, N. J. (2002). *Mass hate: The global rise of genocide and terror* (Revised and updated). Cambridge, MA: Westview Press.

Laurent, J. (1987). Milgram's shocking experiments: A case in the social construction of "science." *Indian Journal of History of Science, 22*, 247–272.

Lewin, K., Lippitt, R., & White, R. K. (1939). Patterns of aggressive behavior in experimentally created "social climates." *Journal of Social Psychology, 10*, 271–299.

Lundin, R. W. (1996). *Theories and systems of psychology* (5th ed.). Lexington, MA: D. C. Heath.

Mantell, D. M. (1971). The potential for violence in Germany. *Journal of Social Issues, 27*(4), 101–112.

Marrow, A. J. (1969). *The practical theorist: The life and work of Kurt Lewin*. New York: Basic Books.

Meyer, P. (1970, February). If Hitler asked you to electrocute a stranger, would you? Probably. *Esquire*, pp. 73, 128, 130, 132.

Milgram, A. (2000). My personal view of Stanley Milgram. In T. Blass (Ed.), *Obedience to authority: Current perspectives on the Milgram paradigm* (pp. 1–7). Mahwah, NJ: Erlbaum.

Milgram, S. (1960). *Conformity in Norway and France: An experimental study of national characteristics*. Doctoral dissertation, Harvard University, Cambridge, MA.

Milgram, S. (1961, December). Nationality and conformity. *Scientific American*, pp. 45–51.

Milgram, S. (1963). Behavioral study of obedience. *Journal of Abnormal and Social Psychology, 67*, 371–378.

Milgram, S. (1964a). Group pressure and action against a person. *Journal of Abnormal and Social Psychology, 69*, 137–143.

Milgram, S. (1964b). Issues in the study of obedience: A reply to Baumrind. *American Psychologist, 19*, 848–852.

Milgram, S. (1964c). Technique and first findings of a laboratory study of obedience to authority. *Yale Science Magazine, 39*, 9–11, 14.

Milgram, S. (1965a). Liberating effects of group pressure. *Journal of Personality and Social Psychology, 1*, 127–134.

Milgram, S. (1965b). Some conditions of obedience and disobedience to authority. *Human Relations, 18*, 57–76.

Milgram, S. (1967a). Obedience to criminal orders: The compulsion to do evil. *Patterns of Prejudice, 1,* 3–7.

Milgram, S. (1967b, May). The small-world problem. *Psychology Today, 1*, 60–67.

Milgram, S. (1969, June). The lost-letter technique. *Psychology Today*, pp. 30–33, 66, 68.

Grossman, D. (1995). *On killing: The psychological cost of learning to kill in war and society*. Boston: Little, Brown and Company.
Haggbloom, S. J. (2002). The 100 most eminent psychologists of the 20th century. *Review of General Psychology*, *6*, 139–152.
Harris, B. (1988). Key words: A history of debriefing in social psychology. In J. G. Morawski (Ed.), *The rise of experimentation in American psychology* (pp. 188–212). New Haven: Yale University Press.
Hartwell, S. (1990). Moral development, ethical conduct, and clinical education. *New York Law School Law Review, Vol. 35.*
Hay, F. J. (1999). Clyde Kay Maben Kluckhohn. *American National Biography*, Vol. 12. New York: Oxford University Press.
Helm, C., & Morelli, M. (1979). Stanley Milgram and the obedience experiment: Authority, legitimacy, and human action. *Political Theory*, *7*, 321–345.
Helm, C., & Morelli, M. (1985). Obedience to authority in a laboratory setting: Generalizability and context dependency. *Political Studies*, *33*, 610–627.
Herzstein, R. E. (1980). *The Nazis.* Alexandria, VA: Time-Life Books.
Hilberg, R. (1980). The nature of the process. In J. E. Dimsdale (Ed.), *Survivors, victims, and perpetrators: Essays on the Nazi Holocaust*. Washington, DC: Hemisphere.
Hilberg, R. (1985). *The destruction of the European Jews* (Revised and definitive edition). New York: Holmes & Meier.
Hilgard, E. R. (1987). *Psychology in America: A historical survey*. San Diego: Harcourt, Brace, Jovanovich.
Holland, C. D. (1967). *Sources of variance in the experimental investigation of behavioral obedience*. Doctoral dissertation, University of Connecticut, Storrs. (University Microfilms No. 69-2146).
Jones, E. E. (1985a). History of social psychology. In G. A. Kimble & K. Schlesinger (Eds.), *Topics in the history of psychology* (Vol. 2, pp. 371–407). Washington, DC: American Psychological Association.
Jones, E. E. (1985b). Major developments in social psychology during the past five decades. In G. Lindzey & E. Aronson (Eds.), *The handbook of social psychology*, Vol. 1 (3rd ed., pp. 47–107). New York: Random House.
Kadushin, C. (1989). The small world method and other innovations in experimental social psychology. In M. Kochen (Ed.), *The small world* (pp. xxiii–xxvi). Norwood, NJ: Ablex.
Katz, F. E. (1993). *Ordinary people and extraordinary evil: A report on the beguilings of evil.* Albany: State University of New York Press.
Kelman, H. C., & Hamilton, V. L. (1989). *Crimes of obedience: Toward a social psychology of authority and responsibility*. New Haven: Yale University Press.
Kilham, W., & Mann, L. (1974). Level of destructive obedience as a function of transmitter and executant roles in the Milgram obedience paradigm. *Journal of Personality and Social Psychology*, *29*, 696–702.
Kluckhohn, C., Murray, H. A., & Schneider, D. M. (Eds.) (1967). *Personality in na-*

periments," *Journal of Communication, 34*, 155–158.

Costanzo, E. M. (1976). *The effect of probable retaliation and sex related variables on obedience.* Doctoral dissertation, University of Wyoming (UM 77-3253).

Damico, A. J. (1982). The sociology of justice: Kohlberg and Milgram. *Political Theory, 10*, 409–434.

Dashiell, J. F. (1935). Experimental studies of the influence of social situations on the behavior of individual human adults. In C. Murchison (Ed.), *A handbook of social psychology* (pp. 1097–1158). Worcester, MA: Clark University Press.

DeGrandpré, R. J., & Buskist, W. (2000). Behaviorism and neobehaviorism. In A. E. Kazdin (Ed.), *Encyclopedia of Psychology* (Vol. 1, pp. 388–393). Washington, DC: American Psychological Association.

Dodds, P. S., Muhamad, R., & Watts, D. J. (2003, August 8). An experimental study of search in global social networks. *Science, 301*, 827–829.

Edwards, D. M., Franks, P., Friedgood, D., Lobban, G., & Mackay, H.C.G. (1969). *An experiment on obedience.* Unpublished student report, University of the Witwatersrand, Johannesburg, South Africa.

Elms, A. C. (1972). *Social psychology and social relevance.* Boston: Little, Brown and Company.

Elms, A. C. (1975). The crisis of confidence in social psychology. *American Psychologist, 30*, 967–976.

Elms, A. C. (1995). Obedience in retrospect. *Journal of Social Issues, 51* (No. 3), 21–31.

Errera, P. (1972). Statement based on interviews with forty "worst cases" in the Milgram obedience experiments. In J. Katz (Ed.), *Experimentation with human beings* (p. 400). New York: Russell Sage.

Evans, R. I. (1980). *The making of social psychology: Discussions with creative contributors.* New York: Gardner Press.

Ferrell, O. C., & Gardiner, G. (1991). *In pursuit of ethics: Tough choices in the world of work.* Springfield, IL: Smith Collins.

Festinger, L. (1957). *A theory of cognitive dissonance.* Evanston, IL: Row-Peterson.

Geuter, U. (1987). German psychology during the Nazi period. In M. G. Ash & W. R. Woodward (Eds.), *Psychology in twentieth-century thought and society* (pp. 165–188). Cambridge, England: Cambridge University Press.

Gilbert, M. (1985). *The Holocaust: A history of the Jews of Europe during the Second World War.* New York: Holt, Rinehart and Winston.

Gladwell, M. (2000). *The tipping point: How little things can make big differences.* Boston: Little, Brown and Company.

Goldhagen, D. (1996). *Hitler's willing executioners: Ordinary Germans and the Holocaust.* New York: Knopf.

Green, M. J., Mitchell, G., Stocking, C. B., Cassel, C. K., & Siegler, M. (1996). Do actions reported by the physicians in training conflict with consensus guidelines on ethics? *Archives of Internal Medicine, 156*, 298–304.

Press.
Baumrind, D. (1964). Some thoughts on ethics of research: After reading Milgram's "Behavioral study of obedience." *American Psychologist, 19*, 421–423.
Berger, L. (1983). A psychological perspective on the Holocaust: Is mass murder part of human behavior? In R. L. Braham (Ed.), *Perspectives on the Holocaust* (pp. 19–32). Boston: Kluwer-Nijhoff.
Berkun, M. M., Bialek, H. M., Kern, R. P., & Yagi, K. (1962). Experimental studies of psychological stress in man. *Psychological Monographs: General and Applied, 76* (15, Whole No. 534).
Birnbaum, M. (with Rosenblum, Y.) (1993). *Lieutenant Birnbaum: A soldier's story.* Brooklyn, NY: Mesorah Publications.
Blake, R. R., & Brehm, J. W. (1954). The use of tape recordings to simulate a group atmosphere. *Journal of Abnormal and Social Psychology, 49*, 311–313.
Blass, T. (1980, January 9). Conspiracy theories: Why they are so popular. *The Baltimore Sun* (Opinion-Commentary Page).
Blass, T. (1984). Social psychology and personality: Toward a convergence. *Journal of Personality and Social Psychology, 47*, 1013–1027.
Blass, T. (1992). The social psychology of Stanley Milgram. In M. P. Zanna (Ed.), *Advances in experimental social psychology* (Vol. 25, pp. 227–329). San Diego, CA: Academic Press.
Blass, T. (1999). The Milgram paradigm after 35 years: Some things we now know about obedience to authority. *Journal of Applied Social Psychology, 29*, 955–978.
Bock, D. C. (1972). *Obedience: A response to authority and Christian commitment.* Doctoral dissertation, Fuller Theological Seminary Graduate School of Psychology.
Brick, H. (1999). Talcott Parsons. *American National Biography*, Vol. 17. New York: Oxford University Press.
Browning, C. (1992). *Ordinary men: Reserve Police Battalion 101 and the Final Solution in Poland.* New York: Harper/Collins.
Bunting, B. (1985). *Harvard: An architectural history*. Cambridge, MA: Belknap Press.
Buss, A. H. (1961). *The psychology of aggression.* New York: Wiley.
Campbell, D., Sanderson R. E., & Laverty, S. G. (1964). Characteristics of a conditioned response in human subjects during extinction trials following a single traumatic conditional trial. *Journal of Abnormal and Social Psychology, 68*, 627–639.
Cartwright, D. (1948). Social psychology in the United States during the Second World War. *Human Relations, 1*, 333–352.
Ceraso, J., Gruber, H., & Rock, I. (1990). On Solomon Asch. In I. Rock (Ed.), *The legacy of Solomon Asch: Essays in cognitive and social psychology* (pp. 3–22). Hillsdale, NJ: Erlbaum.
Clothier, S. (2002). *Bones would rain from the sky.* New York: Warner Books.
Colman, A. M. (1991). Crowd psychology in South African murder trials. *American Psychologist, 46*, 1071–1079.
Comstock, G. A. (1974). Review of "Television and anti-social behavior: Field ex-

文　献

Abse, D. (1973). *The dogs of Pavlov*. London: Valentine, Mitchell & Co.

Akerlof, G. A. (1991). Procrastination and obedience. *American Economic Review, 81*, 1–19.

Allport, F. H. (1924). *Social psychology*. Boston: Houghton Mifflin.

Allport, G. W. (1935). Attitudes. In C. Murchison (Ed.), *A handbook of social psychology* (pp. 798–844). Worcester, MA: Clark University Press.

Allport, G. W. (1954). *The nature of prejudice*. Reading, MA: Addison-Wesley.

Allport, G. W., & Boring, E. G. (1946). Psychology and social relations at Harvard University. *American Psychologist, 1*, 119–122.

Allport, G. W., & Ross, J. M. (1967). Personal religious orientation and prejudice. *Journal of Personality and Social Psychology, 5*, 432–443.

Ancona, L., & Pareyson, R. (1968). Contributo allo studio della aggressione: La dinamica della obbedienza distruttiva [Contribution to the study of aggression: The dynamics of destructive obedience]. *Archivio di Psicologia, Neurologia, e Psichiatria, 29*, 340–372.

Arendt, H. (1963). *Eichmann in Jerusalem: A report on the banality of evil*. New York: Viking.

Arendt, H. (1966). Introduction to Naumann, B., *Auschwitz*. New York: Praeger.

Aronson, E., & Carlsmith, J. M. (1968). Experimentation in social psychology. In G. Lindzey & E. Aronson (Eds.), *The handbook of social psychology, Vol. 2* (2nd ed., pp. 1–79). Reading, MA: Addison-Wesley.

Asch, S. E. (1956). Studies of independence and conformity: I. A minority of one against a unanimous majority. *Psychological Monographs: General and Applied, 70* (9), 1–70.

Asch, S. E. (1958). Effects of group pressure on the modification and distortion of judgments. In E. E. Maccoby, T. M. Newcomb, & E. L. Hartley (Eds.). *Readings in social psychology* (3rd ed., pp. 174–182). New York: Holt, Rinehart and Winston.

Askenasy, H. (1978). *Are we all Nazis?* Secaucus, NJ: Lyle Stuart.

Atlas, A. J. (1985). ***Enlightenment eclipsed: German schools and society*****. Doctoral Dissertation, Boston University School of Education.**

Baldwin, N. (2001). *Henry Ford and the Jews: The mass production of hate*. New York: Public Affairs.

Barabasi, A-. L. (2002). *Linked*. Cambridge, MA: Perseus.

Bauer, Y. (1982). *A history of the Holocaust*. New York: Franklin Watts.

Bauman, Z. (1989). *Modernity and the Holocaust*. Ithaca, NY: Cornell University

ヤ行

ラ行

ワ行

サ行

タ行

索　引

訳者紹介

野島　久雄（のじま　ひさお）

1956年生まれ

1979年　東京大学文学部卒業

1983年　東京大学大学院教育学研究科修士課程修了

現　在　成城大学社会イノベーション学部教授
　　　　博士（情報科学）　専門：認知科学・心理学

著訳書　ノーマン『誰のためのデザイン？』新曜社 1990，アイゼンク編『認知心理学事典』（共訳）新曜社 1998，キムラ『女の能力、男の能力』（共訳）新曜社 2001，共著『方向オンチの科学』講談社 2001，共著『人が学ぶということ』北樹出版 2003，共編著『＜家の中＞を認知科学する』新曜社 2004

藍澤美紀（あいざわ　みき）

1999年　明治学院大学社会学部卒業

現　在　翻訳家（フリーランス）

トーマス・ブラス著

服従実験とは何だったのか
——スタンレー・ミルグラムの生涯と遺産

2008年2月5日　第1刷発行
2010年1月25日　第2刷発行

訳　者　野島久雄
　　　　藍澤美紀
発行者　柴田敏樹
印刷者　日岐浩和

発行所　株式会社　誠信書房

〒112-0012　東京都文京区大塚3-20-6
電話03（3946）5666
http://www.seishinshobo.co.jp/

中央印刷　協栄製本

ISBN 978-4-414-30299-8 C1011